新能源汽车理论与技术丛书

欧阳明高　主编

电动汽车驱动电机系统
Drive Motor System for Electric Vehicles

郭淑英　李益丰 等　著

科学出版社

北　京

内 容 简 介

本书详细介绍了电动汽车驱动电机系统的工作原理、构成及构型，描述了驱动电机系统与车辆等关联对象的耦合关系；对常用的异步驱动电机系统、永磁同步驱动电机系统的工作特点、设计方法进行了阐述；针对性地分析了驱动电机系统设计中需关注的热管理问题、电磁兼容问题、功能安全问题等；对驱动电机系统的试验检测、安装维护、运输贮存等进行了介绍；对适用于驱动电机系统的相关标准进行了分析解读。

本书可供从事新能源汽车研发及试验检测的工程技术人员阅读，也可供高校师生教学参考。

图书在版编目(CIP)数据

电动汽车驱动电机系统= Drive Motor System for Electric Vehicles / 郭淑英等著. —北京：科学出版社，2023.1

（新能源汽车理论与技术丛书/欧阳明高主编）

ISBN 978-7-03-073585-0

Ⅰ. ①电…　Ⅱ. ①郭…　Ⅲ. ①电动汽车-电动机-控制系统
Ⅳ. ①U469.72

中国版本图书馆 CIP 数据核字(2022)第 195721 号

责任编辑：吴凡洁　王楠楠 / 责任校对：王萌萌
责任印制：师艳茹 / 封面设计：赫　健

科 学 出 版 社 出版
北京东黄城根北街 16 号
邮政编码：100717
http://www.sciencep.com

北京科信印刷有限公司 印刷
科学出版社发行　各地新华书店经销
*
2023 年 1 月第 一 版　开本：787×1092　1/16
2023 年 1 月第一次印刷　印张：30 3/4
字数：726 000
定价：298.00 元
（如有印装质量问题，我社负责调换）

驱动电机系统为电动汽车的关键部件，直接影响电动汽车的性能和可靠性。我国从20世纪90年代开始进行驱动电机系统的研究，尤其自2001年以来在科技部、财政部、工信部和地方政府的大力支持下，在各研究企业、高校和科研院所的积极参与下，无论是装车数量还是技术水平均取得了令人瞩目的成就。

为促进驱动电机系统性能指标的进一步提升与有关设计、控制、试验和运用理论的进一步完善，本书特将中车株洲电力机车研究所有限公司驱动电机系统研究团队二十年的研究实践和科研成果进行整理和总结。期待本书的出版能对我国驱动电机系统的发展做出贡献。

本书共12章，涉及驱动电机系统、驱动电机和电机控制器的发展现状、理论、设计、试验和运行维护，各章的主要内容如下：

第一章介绍电动汽车对驱动电机系统的要求、驱动电机类型、驱动电机系统的工作特点及工作制、驱动电机系统的关键技术指标、驱动电机系统的发展现状及发展趋势。

第二章介绍驱动电机系统在电动汽车应用中的构型、驱动电机系统的重要发展趋势及集成技术。

第三章从系统层面介绍驱动电机系统与关联对象的耦合关系、驱动电机与电机控制器的耦合关系，同时提出驱动电机系统的设计流程。

第四章介绍提升驱动电机系统功率密度和可靠性的重要设计手段——热管理技术，包括冷却方式的选择、水冷和油冷的冷却结构的设计及复合冷却结构的设计。

第五章和第六章分别介绍两种常用的驱动电机(异步驱动电机和永磁同步驱动电机)的设计方法，在介绍驱动电机基础理论和系统匹配技术的基础上，以设计流程为主线，介绍驱动电机设计的两大重要步骤——电磁设计和结构设计，在永磁同步驱动电机设计中，还介绍了永磁电机的设计精髓——定子绕组结构和磁路拓扑结构。

第七章以电机控制器设计流程为主线，介绍电机控制器结构以及关键器件和部件的设计。

第八章介绍异步驱动电机和永磁同步驱动电机的常用控制策略及适应电动汽车特殊应用的控制方法。

第九章和第十章分别介绍驱动电机系统的基础——电磁兼容和功能安全。

第十一章以GB/T 18488—2015为基础，介绍驱动电机系统、驱动电机以及电机控制器的认证测试试验和研发验证试验项目、试验方法，重点介绍关键试验项目的试验流程。

第十二章从使用角度介绍驱动电机的维护等工作。

本书由从 2001 年开始从事驱动电机系统研究的中车株洲电力机车研究所有限公司郭淑英教授级高工、李益丰教授级高工撰写,郭淑英负责本书的框架构思和统筹。各章的撰写人员如下:第一章郭淑英、李益丰,第二章杨洪波、卢钢、李益丰、史文波,第三章李益丰,第四章吴江权,第五章李益丰,第六章何明杰、李益丰、彭俊、符敏利,第七章张旭辉,第八章杨洪波,第九章闵建军,第十章陈磊,第十一章李益丰,第十二章崔龙。在撰写过程中,还得到朱柄全、陈建明、王亚杰等多位工程技术人员的帮助,在此对他们表示衷心的感谢。

本书由国家重点研发计划项目"宽禁带半导体电机控制器开发和产业化(2017YFB0102300)"和中车时代电动汽车股份有限公司提供资助。

中车时代电动汽车股份有限公司伍理勋教授级高工初审了第七章至第十章。全书由上海大学黄苏融教授终审。

本书参考了大量的文献、网站、相关企业和公司的技术信息及产品资料,作者尽量在参考文献和正文中做了说明。在此,对所有参考文献和资料的作者、企业等表示感谢。

本书内容丰富,全方位地介绍驱动电机系统以及驱动电机、电机控制器的理论和设计流程,既有理论基础又有工程实践,可供从事驱动电机系统、驱动电机和电机控制器研究、设计、试验、运行和维护的工程技术人员作为工具书使用,也可供高等院校驱动电机系统专业及汽车专业的师生作为参考书使用。

本书在撰写过程中力求内容正确无误,但限于学识、经验和水平,书中难免出现不当之处,恳请广大读者不吝指正(电子邮箱:guosy@csrzic.com, liyif@csrzic.com)并给予谅解。

作　者

2022 年 8 月

目录

前言

第一章　绪论 ··· 1

　　一、概述 ·· 1

　　二、电动汽车对驱动电机系统的要求 ······························ 1

　　三、驱动电机类型 ·· 2

　　四、驱动电机系统的工作特点及工作制 ···························· 4

　　五、驱动电机系统的关键技术指标 ································ 6

　　六、驱动电机系统的发展现状及发展趋势 ·························· 13

　　参考文献 ·· 18

第二章　驱动电机系统构型及集成技术 ································· 19

　第一节　混合动力系统用驱动电机系统构型 ······················ 19

　第二节　集中式驱动和分布式驱动 ································ 23

　　一、集中式驱动 ·· 23

　　二、分布式驱动 ·· 26

　第三节　分立式驱动系统和集成式驱动系统 ······················ 31

　　一、电机-减速箱"二合一"集成式驱动系统 ···················· 32

　　二、电机-控制器"二合一"集成式驱动系统 ···················· 37

　　三、电机-控制器-减速箱"三合一"集成式驱动系统 ············ 40

　第四节　中央集成桥 ·· 41

　第五节　多功能集成控制器 ·· 44

　　一、乘用车用多功能集成控制器 ·································· 46

　　二、商用车用多功能集成控制器 ·································· 48

　　参考文献 ·· 49

第三章　驱动电机系统匹配与设计技术 ································· 50

　第一节　驱动电机系统与车辆的耦合关系及匹配设计 ·············· 51

　　一、车辆的类型 ·· 51

　　二、车辆基本参数、动力性能要求及运行工况 ···················· 51

　　三、驱动电机系统的安装与悬置 ·································· 53

　第二节　驱动电机系统与机械传动系统的耦合关系及匹配设计 ······ 53

　　一、减(变)速箱及传动比 ·· 53

二、电机与减(变)速箱的机械耦合 ··· 55

第三节　驱动电机系统与冷却系统的耦合关系及匹配设计 ······················· 56
一、冷却方式 ·· 56
二、流量及流阻 ··· 57
三、进出口冷却介质的温度及温度差 ··· 58

第四节　驱动电机系统与储能系统的耦合关系及匹配设计 ······················· 59
一、直流母线电压对驱动电机系统的影响 ··· 59
二、匹配设计 ··· 61

第五节　驱动电机系统与环境条件的耦合关系及匹配设计 ······················· 62
一、环境条件对驱动电机系统的影响 ··· 63
二、环境适应性设计措施 ·· 66

第六节　电机与控制器的相互影响 ·· 67
一、控制器输出电压的特点及对驱动电机系统的影响 ·· 67
二、电机端子的尖峰电压产生机理、后果及预防措施 ·· 69
三、电机轴电压产生的机理、后果及预防措施 ··· 71

第七节　驱动电机系统的设计流程及方法 ··· 76
一、输入条件和输出要求 ·· 77
二、电机转矩-转速特性的确定 ·· 78
三、电机额定功率、额定转速和工作制的确定 ··· 80
四、指标的分解 ··· 82

参考文献 ··· 85

第四章　热管理技术 ··· 86

第一节　驱动电机的允许温升限值 ·· 86
一、温度测量方法 ··· 87
二、温升限值 ··· 87

第二节　驱动电机的发热过程及冷却方式 ··· 89
一、驱动电机各部分的损耗及其分布 ··· 89
二、驱动电机热传递方式及传递路径 ··· 90
三、驱动电机发热过程 ··· 94
四、驱动电机冷却方式 ··· 95

第三节　机壳水冷结构 ··· 99
一、机壳水冷的热管理设计流程 ·· 99
二、冷却水在水道中的基本特性 ·· 100
三、冷却液的类型 ·· 102
四、流量的选择 ··· 103
五、水道的基本类型及成型方式 ·· 103
六、水道的尺寸 ··· 107
七、流阻的预测 ··· 108
八、电机温升预测 ·· 111

第四节　油冷结构 ·· 116

　一、典型的油冷结构 ·· 116

　二、冷却油的选择 ·· 122

　三、油冷结构设计要点 ·· 123

　四、流阻与温升预测 ·· 124

第五节　复合冷却方式 ·· 124

　一、基于传导的定向冷却 ·· 125

　二、基于对流的定向冷却 ·· 126

　三、典型的复合冷却结构 ·· 128

　四、复合冷却结构的选取原则 ·· 129

参考文献 ·· 130

第五章　异步驱动电机 ·· 131

第一节　异步驱动电机设计流程 ·· 131

第二节　异步驱动电机的运行特性 ·· 134

　一、异步驱动电机运行原理 ·· 134

　二、固定频率下的稳态运行特性 ·· 135

　三、瞬态运行特性 ·· 139

　四、变频运行特性 ·· 140

　五、非正弦供电时异步驱动电机的运行特点 ···································· 143

第三节　异步驱动电机与电机控制器的匹配关系 ································ 148

　一、异步驱动电机参数对电机控制器的影响 ···································· 149

　二、进入满电压频率点对驱动电机系统的影响 ································ 149

　三、电机控制器参数对异步驱动电机的影响及抑制措施 ·················· 151

第四节　电磁仿真 ·· 153

　一、电磁仿真手段 ·· 154

　二、主要电磁结构参数的选取 ·· 154

　三、基于"路"的异步驱动电机基波性能参数的计算 ···················· 156

第五节　结构设计 ·· 160

　一、异步驱动电机结构的特殊性 ·· 161

　二、典型结构及工艺流程 ·· 162

　三、转子结构 ·· 163

　四、速度传感器 ··· 168

　五、绝缘系统 ·· 170

　六、轴承系统 ·· 172

　七、IP67 密封系统 ··· 175

参考文献 ·· 178

第六章　永磁同步驱动电机 ·· 179

第一节　永磁同步驱动电机设计流程 ··· 179

第二节　永磁同步驱动电机运行特性 ··· 181

一、基本工作原理和调速原理 ·· 181

二、稳态运行特性 ·· 182

三、固定频率下的瞬态运行特性 ·· 187

四、堵转运行特性 ·· 188

五、变频运行特性 ·· 189

六、非正弦供电时永磁同步驱动电机的运行特点 ·················· 191

第三节　永磁同步驱动电机与电机控制器的匹配关系 ·············· 194

一、最高反电动势 ·· 194

二、直轴电感 ·· 197

三、凸极率 ··· 197

第四节　电磁仿真 ··· 198

一、电磁仿真方法 ·· 200

二、硅钢片和永磁体的选择 ··· 200

三、有效部分结构参数的选取 ·· 208

四、基于场路结合法的永磁同步驱动电机性能参数的计算 ······· 211

第五节　定子绕组结构 ·· 218

一、集中绕组和分布绕组 ·· 219

二、分数槽绕组和整数槽绕组 ·· 221

三、圆线绕组和扁线绕组 ·· 222

第六节　永磁同步驱动电机的磁路拓扑结构 ························· 227

一、典型的磁路类型 ·· 230

二、提升凸极率的措施 ··· 231

三、优化气隙磁场波形的措施 ·· 233

四、改善反电动势波形的措施 ·· 235

五、减小齿槽转矩的措施 ·· 236

六、降低永磁体成本的措施 ··· 239

七、增加转子结构强度的措施 ·· 240

八、减小转子损耗的措施 ·· 242

九、提升永磁体抗失磁能力的措施 ······································· 243

第七节　结构设计 ··· 243

一、典型结构和工艺流程 ·· 243

二、转子结构 ·· 245

三、旋转变压器 ··· 248

参考文献 ·· 250

第七章　电机控制器 ··· 252

第一节　概述 ·· 252

第二节　电机控制器的硬件构成与设计步骤 ·························· 254

一、电机控制器硬件构成 ·· 254

二、电机控制器设计步骤 ·· 255

第三节　逆变电路与功率模块 ··256
　　一、逆变电路拓扑结构 ··257
　　二、IGBT 模块 ···257
　　三、SiC MOSFET 模块 ··269
第四节　支撑电容和复合母排 ··271
　　一、逆变电路的高频等效电路及功率模块的尖峰电压 ··························271
　　二、支撑电容 ···273
　　三、复合母排 ···276
第五节　控制电路板 ··279
　　一、DSP 最小系统 ···281
　　二、信号处理电路 ···283
第六节　驱动电路板 ··286
　　一、驱动电路原理图 ··287
　　二、外围电路设计 ···289
　　三、驱动电路板的测试 ···292
第七节　散热器 ··295
　　一、IGBT 模块损耗计算 ··296
　　二、水冷散热器结构设计 ···298
　　三、温升计算与温升抑制措施 ···299
　　四、流阻计算 ···300
第八节　结构设计 ··301
参考文献 ··304
第八章　电机控制策略 ··305
第一节　电压调制方式 ··306
　　一、逆变器的控制模型 ···306
　　二、理想条件下的电压 PWM ···308
　　三、考虑非线性因素的脉宽调制 ···314
第二节　异步电机的矢量控制 ··318
　　一、异步电机矢量控制的基本思路 ···319
　　二、异步电机的数学模型及分析 ···320
　　三、转子磁场间接定向矢量控制 ···324
　　四、定子磁场间接定向矢量控制 ···330
第三节　永磁同步电机的矢量控制 ···332
　　一、永磁同步电机的数学模型及分析 ···332
　　二、永磁同步电机转子磁极定向矢量控制 ···333
　　三、永磁同步电机定子磁场定向矢量控制 ···337
第四节　电动汽车驱动电机特殊控制问题 ··342
　　一、驱动电机转矩脉动抑制 ···342
　　二、永磁同步电机的堵转运行及保护措施 ···346

参考文献 348

第九章 电磁兼容技术 350

第一节 驱动电机系统电磁兼容环境、要求及试验评价方法 350
一、驱动电机系统电磁兼容环境 350
二、驱动电机系统电磁兼容环境特点 353
三、驱动电机系统电磁兼容性要求及试验评价方法 355

第二节 主电路 PWM 波产生的电磁干扰 359
一、电机控制器电压产生的机理 359
二、梯形电压的频谱特性 360
三、干扰源及干扰电压 361

第三节 干扰耦合路径 365
一、辐射干扰耦合路径 365
二、传导干扰的耦合路径 370

第四节 电磁干扰的抑制 374
一、降低干扰源强度的措施 374
二、切断耦合路径 376
三、提高敏感设备的抗干扰能力 382

参考文献 384

第十章 基于功能安全的电机控制器设计 385

第一节 GB/T 34590—2017 标准简介 386
一、标准的作用和思路 386
二、标准各部分的主要内容和关联关系 388
三、各阶段的主要活动内容和流程 389
四、危害分析和风险评估及 ASIL 等级划分 395

第二节 电机控制器的功能安全——概念设计 397
一、相关项定义 398
二、启动 400
三、危害分析和风险评估 400
四、功能安全概念 401

第三节 电机控制器的功能安全——系统设计 403
一、启动系统层面产品开发 403
二、技术安全要求的定义 403
三、系统设计 404
四、相关项集成和测试 407
五、安全确认 407
六、功能安全评估 407

第四节 电机控制器的功能安全——硬件设计 408
一、启动硬件层面产品开发 408
二、硬件安全要求的定义 408

三、硬件设计 ··· 408
四、硬件设计安全分析 ·· 410
五、硬件架构度量的评估 ··· 410
六、随机硬件失效导致违背安全目标的评估 ·········· 412
七、硬件集成和测试 ·· 413
第五节　电机控制器的功能安全——软件设计 ········· 413
一、启动软件层面产品开发 ······································· 413
二、软件安全要求定义 ·· 413
三、软件架构设计 ··· 413
四、软件单元设计和实现 ··· 416
五、软件单元测试 ··· 416
六、软件集成和测试 ·· 416
七、软件安全要求验证 ·· 416
参考文献 ·· 416

第十一章　试验验证技术 ·· 417
第一节　驱动电机系统试验验证标准体系的简介 ····· 417
一、国际组织相关的驱动电机系统试验验证标准 ···· 417
二、我国驱动电机系统试验验证标准的发展 ·········· 419
第二节　我国驱动电机系统试验验证标准简介 ········· 420
一、GB/T 18488—2015 简介 ···································· 420
二、GB/T 29307—2012 简介 ···································· 420
三、QC/T 1068—2017 简介 ······································ 420
四、QC/T 1069—2017 简介 ······································ 421
五、GB/T 36282—2018 简介 ···································· 421
第三节　检验规则、技术要求和试验项目 ················ 421
一、检验规则 ··· 421
二、技术要求 ··· 422
三、试验项目 ··· 425
第四节　试验方法 ··· 429
一、试验地点 ··· 430
二、试验配置 ··· 430
三、试验仪器 ··· 433
四、试验电源 ··· 434
五、布线 ·· 435
六、冷却装置 ··· 435
第五节　试验流程 ··· 435
一、驱动电机超速试验 ·· 435
二、驱动电机温升试验 ·· 437
三、转矩-转速特性及效率试验 ··································· 438

四、电压工作范围试验 ·· 441

五、馈电特性试验 ·· 441

六、转矩控制精度试验 ·· 442

七、转速控制精度试验 ·· 443

八、转矩响应时间试验 ·· 443

九、转速响应时间试验 ·· 444

十、永磁同步驱动电机空载反电动势的测量 ·················· 445

十一、异步驱动电机的空载试验 ···································· 445

十二、异步驱动电机的堵转试验 ···································· 446

第六节 研发验证试验 ·· 448

一、性能试验 ··· 448

二、环境适应性试验 ·· 449

三、可靠性和耐久性试验 ·· 452

四、安全性试验 ·· 453

五、性能标定试验 ··· 454

参考文献 ·· 455

第十二章 安装、调试和维护 ·· 456

第一节 安装 ·· 456

一、安装前的准备工作 ·· 457

二、接地线连接 ·· 457

三、驱动电机的安装 ·· 458

四、电机控制器的安装 ·· 461

五、高压线束的连接 ·· 462

六、低压线束的连接 ·· 463

七、导线的固定 ·· 464

八、冷却水管的连接 ·· 465

第二节 调试 ·· 465

一、调试前的准备工作和注意事项 ··································· 466

二、一般检查 ··· 466

三、绝缘检查 ··· 466

四、试运行 ·· 466

五、道路运行测试 ··· 467

六、收尾 ··· 467

第三节 维护 ·· 467

一、维护前的准备工作和注意事项 ··································· 468

二、日常维护 ··· 468

三、定期维护 ··· 468

第四节 包装、运输与贮存 ·· 469

一、吊运或者搬运 ··· 469

二、包装 ··· 469

三、运输 ··· 470

四、贮存 ··· 470

第五节　常见故障处理及维修 ··· 471

一、故障现象及处理方法 ··· 471

二、维修 ··· 473

参考文献 ··· 473

第一章

绪　　论

一、概述

驱动电机系统是电动汽车的核心部件，其性能和可靠性直接决定了整车的性能和可靠性。驱动电机系统的功能如下：

(1)牵引工况：将储能系统的电能转换成机械能，通过机械传动系统转换成车辆的动能，驱动车辆前进。

(2)制动工况(能量回馈工况)：将车辆运行的机械能(动能)转换成电能，给储能系统充电。

根据《电动汽车用驱动电机系统 第 1 部分：技术条件》(GB/T 18488.1—2015)，驱动电机系统的定义为：驱动电机、驱动电机控制器以及它们工作必需的辅助装置的组合。

(1)驱动电机：将电能转换成机械能为车辆行驶提供驱动动力的电气装置，该装置也可具备机械能转换成电能的功能。

(2)驱动电机控制器：控制动力电源与驱动电机之间进行能量传递的装置，由控制信号接口电路、驱动电机控制电路和驱动电路组成。

(3)辅助装置：一般包括驱动电机系统的冷却装置以及电机控制器与驱动电机之间的功率电缆线和控制电缆线。

图 1-1 为典型的驱动电机系统构成。其中驱动电机和电机控制器是两个重要的部件。

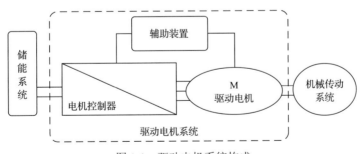

图 1-1　驱动电机系统构成

二、电动汽车对驱动电机系统的要求

驱动电机系统安装在车辆上，为车辆提供动力，是车载电气设备，其对电动汽车的重要性类同于发动机对传统汽车的重要性。从该层面上讲，电动汽车对驱动电机系统的要求体现在传统汽车的"通用要求"和电动汽车的"特殊要求"两个方面。

为满足传统汽车的"通用要求",要求驱动电机系统:

(1)具有良好的牵引-制动特性,即具有在整个储能系统的电压(驱动电机系统直流母线电压)范围内保证车辆爬坡、加速以及最高车速下的剩余加速度和制动减速度的转矩-转速特性(牵引工况和制动工况)。

(2)与传统发动机相同的可靠性。可靠性是电动汽车的重要指标,作为车载设备的驱动电机系统,其可靠性要求应与传统汽车零部件相同。

(3)驱动电机系统及其零部件的寿命与整车寿命相同,即在整车全生命周期内驱动电机系统及其零部件不能更换,只能进行适当的维护。

(4)良好的环境适应性,即能适应汽车的全候性以及路面引起的冲击振动。与传统汽车一样,装载在电动汽车上的驱动电机系统的环境条件较差,主要表现在高温、低温、高低温冲击、雨、雪、水、潮气、盐雾等侵蚀以及冲击振动等。

(5)满足整车"舒适性"的要求,即振动噪声小。

(6)价格合理,经济性好且适合于批量生产。

为满足电动汽车的"特殊要求",要求驱动电机系统:

(1)整个运行范围内的高效率。电动汽车由"能量有限"的储能系统(电池组或燃料电池等)供电,因此为保障电动汽车的续驶里程,驱动电机系统本身的能量消耗量应最小,即具有在整个运行范围内的高效率。

(2)体积小、重量轻,即具有较高的体积密度和功率/转矩密度。由于汽车的安装空间紧张,要求驱动电机系统体积小,而过大的驱动电机系统重量不仅增加整车重量而消耗能量,还可能引发较大的冲击振动。

(3)具有良好的安全性。驱动电机系统一般电压较高,超过了人体的安全电压,因此为了保证人身的"电气安全",驱动电机系统必须具有良好的高压安全功能。另外,作为依靠"控制系统"进行车辆操控的电气设备,防止"误操作"和"冗余"的功能安全也是保证运行安全的重要手段。

(4)具有良好的电磁兼容性。在驱动电机系统中,存在高压和低压等电路,这些电路可能对外围设备产生电磁干扰,同时车载设备也可能对驱动电机系统产生电磁干扰。这些干扰是影响驱动电机系统和整车可靠运行的危害因素。

(5)具有良好的可控性、稳态精度和动态性能。

(6)对机械传动装置的冲击小,即驱动电机系统的转矩脉动小,稳定性良好。

总体来讲,电动汽车对驱动电机系统的要求可以概括为6H1L:6H 为高功率密度(high power density)、高体积密度(high volume density)、高效率(high efficiency)、高可靠性(high reliability)、高品质(high quality)和高安全性(high safety),其中高品质指低振动噪声、低转矩脉动和良好的电磁兼容性;1L 为低成本(low cost)。

三、驱动电机类型

经过 100 余年的发展,电机技术的基本理论已经相当成熟,电机类型也基本定型。但在所有类型的电机中适合"牵引"和"车载"的基本电机类型也只有以下几类:直流电机、异步电机、永磁同步电机、电励磁同步电机和开关磁阻电机。

从 20 世纪 90 年代开始，随着电动汽车行业的兴起，各研究机构对这些类型的电机在电动汽车中的应用进行了大量的研究、试验和实践工作，图 1-2 为不同类型电机在电动汽车中的应用历史图谱。

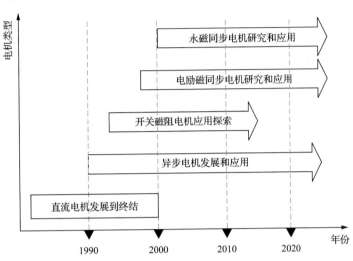

图 1-2 不同类型电机在电动汽车的应用历史图谱

1）直流电机

早期的电动汽车用驱动电机大多数采用直流电机，其属于第一代驱动电机。

直流电机具有优良的转矩特性，控制装置简单，控制部分成本低。但因为采用了换向器和电刷，电机结构复杂、转速受限、可靠性较低、功率密度不高，目前直流电机已完全退出市场。

2）异步电机

鼠笼式异步电机属于第二代驱动电机，是伴随着开关器件和控制技术的进步而发展的。异步电机具有结构简单、经济性好、可靠性高、功率密度和体积密度较高、能经受大幅度的工作温度变化、环境适应能力强等特点，21 世纪初在市场上得到了普遍应用。但相比于永磁同步电机，异步电机功率因数、效率和功率密度较低，同时由于转子上较大的损耗，存在转子和轴承温度较高等问题，目前已逐步被永磁同步电机所取代，尤其是在乘用车应用领域。

3）永磁同步电机

永磁同步电机属于第三代驱动电机，是伴随着永磁材料的产业化、开关器件和永磁电机控制及设计制造技术的不断成熟而发展起来的。永磁同步电机具有高效节能、功率和体积密度高等优点，目前在电动汽车上，尤其是在乘用车领域得到了广泛的应用。但永磁同步电机也有制造工艺复杂、成本较高、弱磁能力差和环境适应性相对较差等不足之处。

4）电励磁同步电机

电励磁同步电机是伴随着永磁同步电机的发展而出现的一种驱动电机类型，主要出发点是不采用永磁同步电机所必需的"稀缺资源"——永磁体，并且可以通过调节励磁电流大小来控制励磁强度从而实现弱磁，而不像永磁同步电机那样只能通过增加定子电流的去磁分量来实现弱磁，弱磁能力强。但电励磁同步电机必须通过电刷和滑环(有刷电机)或者集成的整流装置(无刷电机)或者采用感应供电模式将直流电施加在转子上，其可靠性和可维护性较差，而且转子上也存在损耗，电机整体效率低。因此只有少数公司在早期采用该技术路线，如德国大陆集团公司(Continental AG，以下简称大陆公司)和瑞士 Brusa 电气公司(Brusa Elektronik AG，以下简称 Brusa 公司)。大陆公司在第一代和第二代驱动电机系统上采用这种电励磁同步电机，但第三代驱动电机系统已摒弃了该类型电机。

5) 开关磁阻电机

开关磁阻电机具有结构及工艺简单及较好的经济性等优点，一度被认为是一种"理想"的驱动电机，但到目前为止，其振动和噪声大的"致命"问题尚未得到根本解决，而且控制技术复杂，电机功率密度较低，其应用和发展受到很大的制约。目前尚无一款开关磁阻电机在市场上得到批量应用。

表 1-1 给出了上述几种电机优缺点的比较。由于开关磁阻电机的局限性，不对该类型电机进行比较。

通过不断地实践和筛选，在五种类型的电机中，目前大批量应用的是永磁同步电机和异步电机，其中永磁同步电机占主流。这两种类型的电机各有优劣，但也没有绝对的好坏，因此根据车辆的定位不同、性能需求不同，可以选择不同的电机类型。这也与燃油车一样，不同价位、级别的车型采用的动力方案也不尽相同。每款车型如何选择电机类型，需要从成本、性能和耐用性等方面综合考量。

表 1-1　不同类型驱动电机的优缺点比较

电机类型	直流电机	异步电机	电励磁同步电机	永磁同步电机
功率密度	低	较高	较高	高
体积	大	较大	较大	小
效率	低	较高	较高	高
可靠性	低	高	较高	较高
可维护性	差	好	较好	较好
结构坚固性	差	好	较好	较差
可制造性	差	好	较好	较好
经济性	差	好	较差	较差
对控制器的要求	低	较低	较低	较低

四、驱动电机系统的工作特点及工作制

1. 作为车载设备的工作特点

作为车载设备，驱动电机系统运行的环境条件较差，与车辆所面临的严酷环境条件相同，如高海拔、高温、低温、高湿度、高冲击振动和较严重的化学污染等。

第三章将详细介绍这些环境条件及其对驱动电机系统的影响。驱动电机系统的一个基本要求就是对这些恶劣环境具有良好的适应性。

2. 作为牵引设备的工作特点

作为牵引设备，其运行负载条件和运行工况与传统工业电机系统相比，存在很大的差别。对于大多数工业电机系统，其负载和转速是不变的，而驱动电机系统的运行特点则完全不同。

驱动电机系统的转矩-转速特性是驱动电机系统的最基本特性，也是车辆动力性能的基本保证。该特性能保证车辆的加速性能、爬坡性能和最高速度下的性能，但驱动电机系统实际上并不是沿着其最大转矩-转速曲线的包络线运行，而是根据线路条件等因素"无规律"地运行，其运行特点为：负荷随时间不断变化，启动、制动频繁。典型的运行模式为：启动加速-恒速运行-惰行-制动减速-停车。其中"惰行"是指电动汽车在运行中，驾驶员不踩油门，让汽车自然滑行并减速运行，此时驱动电机系统不从储能系统吸收任何能量。

图 1-3 为某台 8.5m 公交客车用驱动电机在中国城市公交工况(China city bus cycle, CCBC)下的电机转矩、功率与时间之间的关系曲线[1]。为保证整车最高速度 70km/h、最大爬坡度 15% 和 15s 的 0～50km/h 的加速时间，要求驱动电机的峰值功率为 150kW、峰值转矩为 1800N·m、最高转速为 7000r/min(图 1-4)。从图 1-3 可以看出，驱动电机大部分运行功率和转矩均小于其峰值。驱动电机系统这种工作模式对应的工作制为《旋转电机 定额和性能》(GB/T 755—2019)规定的 S9 工作制(参见图 1-5)，即负载和转速做非周期变化的工作制。

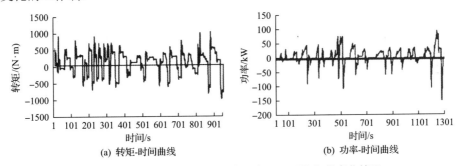

(a) 转矩-时间曲线　　　　(b) 功率-时间曲线

图 1-3　某驱动电机在中国城市公交工况下的负载变化情况

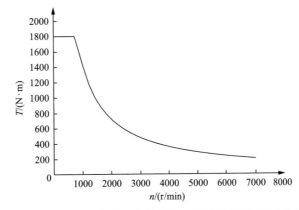

图 1-4　用于 8.5m 公交客车的驱动电机转矩-转速(T-n)特性

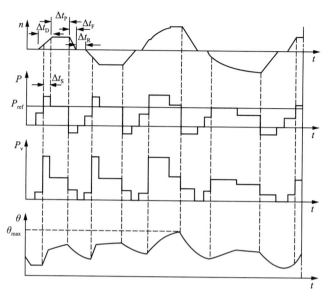

图 1-5 S9 工作制

P-负载；P_{ref}-基准负载；P_v-电气损耗；θ-温度；θ_{max}-达到的最高温度；n-转速；t-时间；Δt_D-起动/加速时间；
Δt_P-恒定负载运行时间；Δt_F-电制动时间；Δt_R-停机断能时间；Δt_S-过载时间

工作制是指"驱动电机系统所承受的一系列负载状况的说明，包括起动、电制动、空载、停机断能及其持续时间和先后顺序等"。根据 GB/T 755—2019，共有十种工作制，即连续工作制(S1)、短时工作制(S2)、断续周期工作制(S3)、包括起动的断续周期工作制(S4)、包括电制动的断续周期工作制(S5)、连续周期工作制(S6)、包括电制动的连续周期工作制(S7)、包括负载-转速响应变化的连续周期工作制(S8)、负载和转速做非周期变化的工作制(S9)和离散恒定负载和转速工作制(S10)。

五、驱动电机系统的关键技术指标

1. 转矩-转速特性和功率-转速特性

图 1-6 为驱动电机系统在某一直流母线电压下的转矩-转速特性和功率-转速特性，包括牵引工况和制动工况。牵引工况下的转矩-转速特性或者功率-转速特性应满足车辆的以下动力性能要求：

(1)加速性能。

(2)爬坡性能。

(3)最高速度下的剩余加速度。

对于电动汽车的应用，一般情况下，牵引工况下的转矩和功率均大于制动工况下的转矩和功率。因此用牵引工况下转矩-转速特性中的以下四个指标作为转矩-转速特性的表征指标：

(1)峰值功率 P_{max}。

(2)峰值转矩 T_{max}。

(3)恒功功率 P_c。

(4) 恒功率转速范围 $(n_{con1} \sim n_{con2})$。

在图 1-6 中，输出功率 $P_2 = P_{max}$。

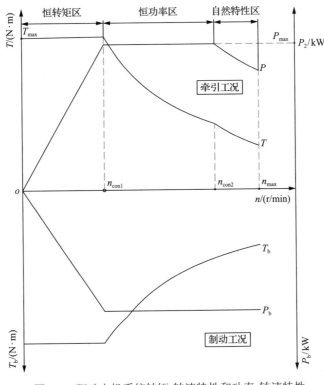

图 1-6 驱动电机系统转矩-转速特性和功率-转速特性

2. 额定功率和额定转矩

对于驱动电机系统来说，判断其发挥所规定的牵引力，并在规定的线路条件下可靠运行的标准为：在该线路条件运行时，驱动电机和控制器各部分的温升不超过其允许的温升限值。

驱动电机系统在实际运行中负载是变化的，在试验台上按实际运行工况进行温升试验比较困难，为此可将驱动电机系统在该线路条件下的"变化负荷"转换成一个"恒定的等效负荷"。在该负荷下，驱动电机系统的温升与在实际线路条件下的运行温升相同。该等效负荷用以 S1 工作制为基准的额定功率和额定转矩来表征，即 GB/T 755—2019 所提到的"一个以 S1 为基准的合适的恒定负载为基准值"。根据 GB/T 755—2019 的规定，该额定功率以 S1 工作制为基准。但在电动汽车驱动电机系统的具体应用中，也可采用短时工作制 S2（如 S2：60min、S2：30min）。该额定功率和额定转矩一般根据线路条件和电机参数以"等效"法仿真计算得出，常用的方法（详见第三章）有[2]：①基于等效温升法确定额定功率；②基于等效电流法确定额定功率。

从这个意义上讲，"额定功率"和"额定转矩"在实际运行时没有实际含义，仅仅是为了方便在试验台上的试验，通过仿真计算得出的值。

3. 电机的功率密度和转矩密度

驱动电机(以下简称为电机)的功率密度和转矩密度是考量电机技术先进性的重要指标。目前有以下两种定义。

(1)《国家高技术研究发展计划(863 计划)现代交通技术领域"节能与新能源汽车"重大项目 2008 年度第一批课题申请指南》对电机的功率密度和转矩密度的定义为

$$\rho_{Pm1} = P_N / G_{M1} \tag{1-1}$$

$$\rho_{Tm1} = T_{max} / G_{M1} \tag{1-2}$$

式中，ρ_{Pm1} 为电机功率密度，kW/kg；ρ_{Tm1} 为电机转矩密度，N·m/kg；P_N 为电机的额定功率，kW；T_{max} 为电机的峰值转矩；G_{M1} 为驱动电机总重，kg。

(2)《国家高技术研究发展计划(863 计划)现代交通技术领域电动汽车关键技术与系统集成(一期)重大项目课题申请指南》对电机的功率密度和转矩密度的定义为

$$\rho_{Pm2} = P_{max} / G_{M2} \tag{1-3}$$

$$\rho_{Tm2} = T_{max} / G_{M2} \tag{1-4}$$

式中，ρ_{Pm2} 为电机功率密度，kW/kg；ρ_{Tm2} 为电机转矩密度，N·m/kg；P_{max} 为电机的峰值功率，kW；T_{max} 为电机的峰值转矩，N·m；G_{M2} 为电机产生电磁转矩的有效部分的重量之和，kg。

表 1-2 给出了不同类型电机的有效部分。

表 1-2　不同类型电机的有效部分

异步电机	永磁同步电机	电励磁同步电机	开关磁阻电机
定子冲片 转子冲片 定子线圈 转子导条 转子端环	定子冲片 转子冲片 定子线圈 永磁体	定子冲片 转子冲片 定子线圈 转子励磁绕组	定子冲片 转子冲片 定子线圈

该考核评价方式参考了美国 Remy 国际公司(2015 年被博格华纳公司收购)对电机的考核评价方法，也是目前通用的评估方法。

第一种定义考核的不仅是电机的电磁设计和热设计水平，还考核电机的机械结构设计水平，是一个综合评价且"可考核"的指标，对整车厂具有实际意义。

第二种定义仅考核的是电机的电磁设计和热设计的水平，由于电机制造完成以后，很难对有效部分的重量进行分解称重，是一个侧重于"理论"的"较难考核"的指标。

但必须指出的是，由于电机的功率密度和转矩密度的影响因素很多(详见第三章)，无论采用哪种定义，这两个考核指标都可以用于评价同一应用场合下不同电机的技术水平。如果将该指标用于考核不同应用场合的电机技术水平则是不严谨的。

4. 电机控制器的功率密度

电机控制器(以下简称为控制器)的功率密度可作为考核其技术先进性的重要指标,其定义为

$$\rho_{sc} = S_{max} / G_c \tag{1-5}$$

式中,ρ_{sc} 为控制器的功率密度,kVA/kg;S_{max} 为控制器的峰值容量,kVA;G_c 为控制器的总重量,kg。

5. 体积密度

体积密度用于衡量驱动电机及控制器的体积大小,其定义为

$$\rho_{VM} = P_{max} / V_M \tag{1-6}$$

$$\rho_{VC} = S_{max} / V_C \tag{1-7}$$

式中,ρ_{VM} 为电机体积密度,kW/L;ρ_{VC} 为控制器体积密度,kVA/L;P_{max} 为电机的峰值功率,kW;S_{max} 为控制器的峰值容量,kVA;V_M 为电机的体积,L;V_C 为控制器的体积,L。

6. 效率和高效区

效率是体现驱动电机系统"节能性"的主要指标。在驱动电机系统中,用以下两个指标来考核:①额定效率(指驱动电机系统在额定工况下的效率);②高效区。

在任一工况下,电机效率 η_m、控制器的效率 η_c 和驱动电机系统的效率 η_s 的定义分别为

$$\eta_m = P_2 / P_1 \tag{1-8}$$

$$\eta_c = P_1 / P_0 \tag{1-9}$$

$$\eta_s = P_2 / P_0 \tag{1-10}$$

式中,P_2 为电机的输出功率(轴功率),kW;P_1 为电机输入的有功功率,kW,也是控制器输出的有功功率;P_0 为控制器的输入功率,kW。

高效区是指在电机转矩-转速区最大包络线内驱动电机系统效率大于 80%的部分所占的区域。

7. 噪声

噪声是衡量驱动电机系统尤其是电机的主要指标之一,直接影响电动汽车驾乘人员的舒适度。

尽管可以用以下量来评判驱动电机系统的声品质[3]:①响度;②声计权;③临界带;④尖锐度;⑤粗糙度;⑥语音清晰度;⑦声噪比和突出比,但目前通常采用以下方法来

评判驱动电机(含动力系统总成):

(1)不同转速和载荷下的 A 计权的声功率级。典型的有普通工业电机所采用的《旋转电机噪声测定方法及限值 第 1 部分:旋转电机噪声测定方法》(GB/T 10069.1—2006)。当然由于驱动电机运行范围更宽,该标准规定的噪声限值对于驱动电机来说显得不够严格。

(2)噪声的频谱特性。即在不同转速(频率下)和载荷时的 1/2 或 1/3 倍频程下的噪声的声功率级。

(3)不同转速和载荷下的 A 计权的声功率级加突出比。中国汽车工程学会的团体标准《电动汽车电驱动总成噪声品质测试评价规范》(T/CSAE 176—2021)即采用该法。在该标准中根据 A 计权声功率级和突出比将噪声品质分为 5 级。表 1-3 为具体分类,而表 1-4 为表 1-3 所述的 A 计权声功率级限值线所对应的公式。当然该标准对应的限值显得偏大,尤其对于乘用车用电机来说。

表 1-3 噪声品质等级评判表

噪声品质等级	判断方法
1 级	A 计权声功率级全部在限值线 I 以下且突出比≤20.0dB
2 级	A 计权声功率级全部在限值线 II 以下且突出比≤23.0dB
3 级	A 计权声功率级全部在限值线III以下且突出比≤26.0dB
4 级	A 计权声功率级全部或部分在限值线III以下且突出比≤29.0dB
5 级	其他

表 1-4 A 计权声功率级限值线公式

A 计权声功率级限值线	限值线公式
I	$L = \begin{cases} 1.86 \times 10^{-11} n^3 - 5.69 \times 10^{-7} n^2 + 5.71 \times 10^{-3} n + 75.00, & n \leqslant 12000 \\ 95.00, & n > 12000 \end{cases}$
II	$L = \begin{cases} 1.86 \times 10^{-11} n^3 - 5.69 \times 10^{-7} n^2 + 5.71 \times 10^{-3} n + 80.00, & n \leqslant 12000 \\ 100.00, & n > 12000 \end{cases}$
III	$L = \begin{cases} 1.86 \times 10^{-11} n^3 - 5.69 \times 10^{-7} n^2 + 5.71 \times 10^{-3} n + 85.00, & n \leqslant 12000 \\ 105.00, & n > 12000 \end{cases}$

注:L 为声功率,dB(A);n 为电机转速,r/min。

(4)不同转速不同输出功率下的重点阶次下的声功率级。例如,8 极 48 槽永磁同步电机重点关注的阶次为 24 阶和 48 阶。

(5)主观评价。对于整车厂,尤其是乘用车整车厂,通常参考传统汽车噪声评价的规定,用主观评价通过人体对噪声的"可接受程度"对驱动电机系统(含减速箱)的噪声进行评价。表 1-5 为采用"等级评分法"对整车主观评价的规定,该规定也可用于对驱动电机系统噪声的主观评价[4]。

表 1-5　噪声主观评价标准

等级	评价	说明
1	非常坏	不能运行
2	坏	限制运行
3	很差	所有乘客都抱怨非常糟糕
4	差	所有乘客都抱怨有些糟糕
5	不满意	所有乘客受到一定干扰
6	可接受	所有乘客受到一点干扰
7	满意	所有乘客受都能注意到
8	好	只有对噪声很敏感的乘客能注意到
9	很好	只有有经验的评价者能注意到
10	极好	有经验的评价者也不能注意到

8. 控制器的转矩响应时间

转矩响应时间是指控制器对转矩指令的响应能力，其定义为：控制器从接到指令信息开始到第一次达到规定转矩所需要的时间（GB/T 18488.1—2015）。

目前没有相关的标准和规范规定该时间，但 30ms 是可接受，也能达到的满足电动汽车应用要求的数值。

9. 控制器的转矩控制精度

转矩控制精度定义为：电机转矩输出的实际值与控制器所给定的转矩值之间的偏差，即

$$\Delta T = \frac{|T_1 - T_{set}|}{T_{set}} \times 100\% \tag{1-11}$$

式中，ΔT 为转矩控制精度，%；T_1 为转矩测量值，N·m；T_{set} 为转矩给定值，N·m。

在 GB/T 18488.1—2015 中，没有规定转矩控制精度。但在满转矩-转速特性曲线上，任一转速下的实际输出转矩不小于 95% 的给定转矩值即能满足电动汽车的要求。

10. 控制器的转速响应时间

转速响应时间是指控制器对转速指令的响应能力，其定义为：控制器从接到指令信息开始到第一次达到规定转速所需要的时间（GB/T 18488.1—2015）。

转速响应时间只对对转速精度有要求的系统提出要求，如自动变速箱（AMT）应用中，在不同挡位切换时，对转速响应时间有要求。

11. 控制器的转速控制精度

转速控制精度定义为：输出转速实际值与控制器的转速给定值之间的偏差（GB/T

18488.1—2015)，即

$$\Delta_n = \frac{|n_1 - n_{set}|}{n_{set}} \tag{1-12}$$

式中，Δ_n 为转速控制精度，%；n_1 为转速测量值，r/min；n_{set} 为转速给定值，r/min。

同样，转速控制精度只对对转速控制精度有要求的系统提出要求，如自动变速箱在不同挡位切换时，如果转速控制器精度差，会对挡位切换的平稳性造成影响。

12. 永磁同步电机的脉动转矩

根据《电动汽车用永磁同步驱动电机系统》(QC/T 1069—2017)，脉动转矩的定义为：由齿槽转矩、不理想的反电势波形、反馈元件误差、电干扰和控制误差等造成的转矩波动(图 1-7)，其值为圆周方向转矩最大值与最小值之差，即

$$T_{pk2pk} = T_{max} - T_{min} \tag{1-13}$$

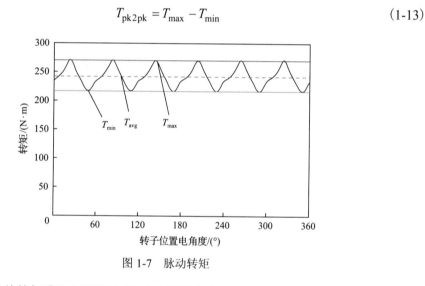

图 1-7 脉动转矩

目前没有相关的标准和规范规定脉动转矩的大小。

13. 成本

驱动电机系统的成本是一个综合性经济指标。

目前一般用单位功率的价格来评价电机及控制器的成本，即

$$Y_m = C_m / P_{max} \tag{1-14}$$

$$Y_c = C_c / S_{max} \tag{1-15}$$

式中，Y_m 为电机单位功率的价格，元/kW；Y_c 为控制器单位容量的价格，元/kVA；C_m 为电机价格，元；C_c 为控制器价格，元；P_{max} 为电机的峰值功率，kW；S_{max} 为控制器的峰值容量，kVA。

14. 寿命

驱动电机系统的寿命指驱动电机系统从装车应用开始到完全不能使用为止的时间。一般情况，驱动电机系统及其零部件的寿命与整车的寿命相同。

15. 可靠性

驱动电机系统的可靠性可用以下几个指标来评价：

(1) 平均故障间隔时间(mean time between failure，MTBF)指相邻两次故障之间的平均工作时间；

(2) 平均故障间隔里程(mean distance between failure，MDBF)指相邻两次故障之间的平均运行里程；

(3) 失效率(λ)：单位时间内发生失效的概率。

根据《电动汽车用驱动电机系统故障分类及判断》(QC/T 893—2011)，驱动电机系统故障分为：致命故障(1级故障)、严重故障(2级故障)、一般故障(3级故障)和轻微故障(4级故障)。

一般只将1级故障、2级故障和3级故障纳入可靠性计算范围。

六、驱动电机系统的发展现状及发展趋势

从20世纪80年代开始，伴随着电动汽车产业的发展，国内外有大量的研究机构和企业进行电动汽车驱动电机系统的研究开发。通过多年的发展，国内外驱动电机系统的技术均取得了明显进步。

国外从20世纪80年代开始进行驱动电机系统的研究，目前已构建了较为完善的驱动电机系统开发体系和生产制造体系，开发出一系列具有较强的竞争力的驱动电机系统产品。

我国是从20世纪90年代开始进行电机研究的，特别是从2001年起，科技部开始实施"十五"至"十三五"连续四个五年计划的电动汽车重大专项计划，加上国家发展改革委、财政部、工信部等部委的各种政策支持，我国电动汽车产销量已连续几年居于世界首位，占全球产销量的50%以上。

伴随着电动汽车的快速发展，我国驱动电机系统技术及其产业化得到了长足的进步，具体体现在：

(1) 构建了较完善的永磁同步驱动电机系统和异步驱动电机系统开发平台；

(2) 开发出功率(峰值功率)等级10～250kW的风冷和水冷用异步驱动电机系统和永磁同步驱动电机系统，批量应用于纯电动及混合动力商用车、乘用车和物流车。其中部分产品批量出口欧美国家。

(3) 电机的功率密度、最高效率和最高转速等主要性能指标与国外产品相当。表1-6为目前已实现的"十二五"国家科技支撑计划规定的驱动电机系统的主要指标。表1-7为"十三五"国家重点研发计划规定的驱动电机的主要指标。

(4) 电机和控制器的制造工艺水平和批量制造能力达到国际先进水平。

(5) 驱动电机系统的功能安全、电磁兼容性等日趋完善，如电磁兼容水平达到 *Vehicles,*

boats and internal combustion engines-radio disturbance characteristics- limits and methods of measurement for the protection of on-board receivers(车辆、船和内燃机-无线电干扰特性-车载接收机保护的限值和测量方法)(CISPR25:2006)所规定的 class 3。

(6)电机和控制器主要材料及零部件实现国产化,一直是发展瓶颈的关键材料和元器件的 IGBT 芯片、IGBT 模块、SiC 芯片和模块、控制芯片以及轴承等均有替代产品并得到部分批量应用。

表 1-6 "十二五"国家科技支撑计划规定的驱动电机系统主要指标

指标	要求
电机功率密度/(kW/kg)	≥1.8
控制器重量密度/(kVA/kg)	≥4.0
系统最高效率/%	≥93
驱动电机系统高效区(η≥80%)/%	≥65

表 1-7 "十三五"国家重点研发计划规定的驱动电机的主要指标

驱动电机类型	项目		指标
高效轻量化乘用车驱动电机	量产	峰值功率密度(≥30s)	≥3.2kW/kg
		连续功率密度	>2.2kW/kg
		最高转速	≥12000r/min
		驱动电机系统最高效率	>93%
	下一代	峰值功率密度(≥30s)	≥4kW/kg
		连续功率密度	>2.5kW/kg
		最高转速	≥15000r/min
		驱动电机系统最高效率	>92%
高效高转矩密度商用车电机	驱动电机峰值转矩密度(≥60s)		≥18N·m/kg
	连续转矩密度		>10N·m/kg
	电机最高效率		>96%
	最高转速(直驱)		3200r/min
轮毂电机(A 级和 A00级纯电动轿车)	轮毂电机峰值功率密度(≥30s)		≥2.5kW/kg
	峰值转矩密度		18N·m/kg
	连续功率密度		>1.8kW/kg
	驱动电机系统最高效率		>90%
	最高转速		1500r/min
量产轮边电机(A 级和 A00 级纯电动轿车)	峰值功率密度(≥30s)		≥3.2kW/kg
	峰值转矩密度		18N·m/kg
	连续功率密度		>2.0kW/kg
	驱动电机系统最高效率		>92%
	最高转速		12000～15000r/min

(7)构建了比较完善的驱动电机系统的标准体系(表 1-8)。

表 1-8 驱动电机系统标准一览表

序号	标准号	标准名称
1	GB/T 18488.1—2015	电动汽车用驱动电机系统 第 1 部分：技术条件
2	GB/T 18488.2—2015	电动汽车用驱动电机系统 第 2 部分：试验方法
3	GB/T 29307—2012	电动汽车用驱动电机系统可靠性试验方法
4	GB/T 36282—2018	电动汽车用驱动电机系统电磁兼容性要求和试验方法
5	GB/T 38090—2019	电动汽车驱动电机用永磁材料技术要求
6	GB/T 34215—2017	电动汽车驱动电机用冷轧无取向电工钢带(片)
7	QC/T 1068—2017	电动汽车用异步驱动电机系统
8	QC/T 1069—2017	电动汽车用永磁同步驱动电机系统
9	QC/T 893—2011	电动汽车用驱动电机系统故障分类及判断
10	QC/T 896—2011	电动汽车用驱动电机系统接口

尽管经过多年的技术攻关和市场应用，驱动电机系统技术取得了很大进步，基本能满足目前电动汽车的应用需求，但距用户对未来零部件性能的要求仍有较大的差距。驱动电机系统的发展目标是进一步提升前述的"6H1L"所涉及的内容。

为达到上述目标，各国均提出了具体的目标，典型的有美国能源部所提出的《2025年电机电控发展路线图》[5]和中国汽车工程学会于 2020 年发布的《节能与新能源汽车技术路线图 2.0》。

表 1-9 为美国《2025 年电机电控发展路线图》中对 100kW 功率等级的驱动电机系统所提出的关键技术指标。表 1-10 和表 1-11 分别为我国《节能与新能源汽车技术路线图 2.0》中对驱动电机系统和电驱动总成所提出的关键技术指标。需要说明的是，《节能与新能源汽车技术路线图 2.0》所给定的数值为具体值，而表 1-10 和表 1-11 将这些数值作为下限(即用符号"≥"表示)或者上限(即用符号"≤"表示)，并且将"扭矩"改为"转矩"。

为实现驱动电机系统的上述目标，驱动电机系统下一阶段的技术发展趋势如下：

(1)永磁化：由于永磁驱动电机具有效率高、功率密度高等先天优势，随着永磁驱动电机设计制造技术及控制技术的日臻完善，永磁驱动电机将成为驱动电机的主流。

表 1-9 驱动电机系统关键技术指标目标值(美国 2025 年计划)

指标	2020 年	2025 年
驱动电机功率密度/(kW/kg)	1.6	≥5.7
驱动电机体积密度/(kW/kg)	5.7	≥50
控制器体积密度/(kW/kg)	13.4	≥100
驱动系统最高效率/%	95	≥97
驱动电机成本/(美元/kW)	4.7	3.3
控制器成本/(美元/kW)	3.3	3.7
驱动电机系统的可靠性	15 年/15 万 mi	15 年/30 万 mi

注：1mi=1.609344km。

表 1-10　驱动电机系统关键技术指标目标值(中国)

部件	指标	2025 年	2030 年	2035 年
乘用车用驱动电机	功率密度/(kW/kg)	≥5.0	≥6.0	≥7.0
	高效区(效率超过 80%)/%	≥90	≥93	≥95
	成本/(元/kW)	≤28	≤25	≤20
乘用车用控制器	功率密度/(kW/kg)	≥40	≥50	≥70
	成本/(元/kW)	≤30	≤25	≤20

表 1-11　电驱动总成关键技术指标目标值(中国)

部件	指标	2025 年	2030 年	2035 年
纯电动驱动电机系统总成	功率密度/(kW/kg)	≥2.0	≥2.4	≥3.0
	综合使用效率(CLTC)/%	≥87	≥88.5	≥90
机电耦合总成	重量	相对于 2020 年降低 20%	相对于 2020 年降低 35%	相对于 2020 年降低 50%
	综合使用效率/%	≥83	≥84.5	≥86
商用车驱动电机	转矩密度/(N·m/kg)	≥20	≥24	≥30
商用车控制器	功率密度/(kW/L)	≥30	≥40	≥60
轮毂电机	峰值转矩/(N·m/kg)	≥20	≥24	≥30
轮边电机	功率密度/(kW/kg)	≥5	≥6	≥7

注:CLTC 为 China light-duty vehicle test cycle,中国轻型汽车行驶工况。

(2)高速化:正如第三章将要描述的,提升电机的转速是提升功率密度和降低成本较为明显的方法。

(3)集成化:集成化是指对电机、控制器及机械传动系统,甚至是电气系统等进行不同程度的集成,通过集成可以降低整个驱动电机系统的质量、体积、成本。第二章将对集成技术进行阐述。

(4)数字化:数字化主要指控制系统的数字化,包含硬件与软件两方面。硬件数字化指通过采用高速、高集成度、低成本的专用芯片,使控制电路更为小型化、集成化;软件数字化则体现在电机控制算法(通过采用高性能的转矩转速控制和在线辨识、可靠的故障监控和系统保护、自动适应恶劣工况的变化的控制系统,提升控制系统的稳定性和自适应性等)和具有完善的可靠性测试和高安全性的软件架构上。

(5)平台化和模块化:通过驱动电机系统的平台化和模块化,可以缩短开发周期并降低驱动电机系统的成本。

图 1-8 为实现上述目标的主要实施路径,主要包括以下研究内容:

(1)基础理论的研究:经过一百多年的发展,电机,包括驱动电机的基础理论和工程实践已非常完善,经过近 60 年的发展,控制器和控制理论也日趋完善,"可发展性"潜力有限。尽管如此,这些基础理论依旧是驱动电机系统设计和研究的基础,因此本书对两种主流的驱动电机(异步驱动电机和永磁驱动电机)控制器和控制策略的理论进行概括性阐述。

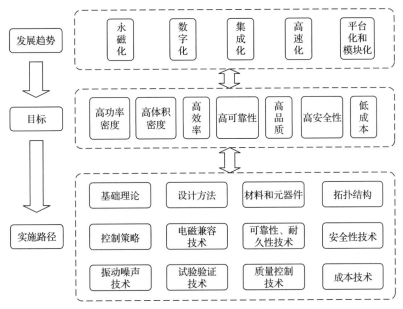

图 1-8 实现驱动电机系统目标的实施路径

(2) 设计方法的研究：同样经过长期的发展，尤其是设计软件的多样化及功能的日趋完善，为驱动电机系统的设计提供了非常便利的条件。但驱动电机系统是一个多学科融合的系统，涉及机械、功率电子、微电子和材料等学科。因此在掌握这些软件的同时，知晓单独的电机、控制器和控制策略的设计要求及设计流程是产品设计的基础，熟悉驱动电机系统之间以及与"关联对象"的相互影响，是设计出"系统最优"的驱动电机系统的前提。另外，不断提升的转矩密度、功率密度和成本等要求使得设计不断超越以往经验的极限，驱动电机系统的材料利用已达到极限，其内部的电磁场、应力场、温度场和流体场相互耦合和相互影响，因此进行多物理场的耦合设计是设计方法的最高境界。本书将在介绍驱动电机系统匹配关系的基础上，重点介绍单个部件的设计流程。单个部件的设计流程和设计方法是"多物理场耦合设计"的基础，也是"集成化设计"的基础。

(3) 材料和元器件的发展：应该说，每一次电机和控制器的技术进步均是依托材料和元器件的进步而发展的。电机和控制器新的应用需求也对材料和元器件的性能提出了更高要求，促进其不断发展。对于驱动电机系统设计者，首要的任务是了解现有材料和元器件的特点和性能，选择合适的材料和元器件。本书在每一个部件设计流程中，都将材料和元器件的选型和应用作为重要内容。

(4) 新型驱动电机系统拓扑结构的研究：包括控制器的主电路、永磁电机的磁路结构和绕组结构、新型电机结构(如记忆电机、变磁通电机、多相电机、容错电机、混合励磁电机等)。严格意义上讲，由于电机和控制器理论的完善，驱动电机系统不存在新的拓扑结构，但根据电动汽车特定的运行场景，选择合适的"拓扑结构"，将该"拓扑结构"用到极致，则是研究者追求的目标。

(5) 控制策略的研究：基于矢量控制或者直接转矩控制的驱动电机控制策略已较为完善，但电动汽车"高效、高动态稳定性"的应用特点向电机控制器策略提出了新的研究需求。

(6)可靠性和耐久性技术研究：目前针对驱动电机系统可靠性的理论和实践尚不成熟，除了按照《汽车行业质量管理体系 汽车生产件及相关服务件应用 ISO 9001:2015 的特别要求》(IATF 16949:2016)对驱动电机系统的开发、生产、试验等方面进行管理，并按照相应的质量控制工具开展相关工作外，开展驱动系统环境适应性、电磁兼容性、试验验证技术和批量制造技术等方面的研究，是提升驱动电机系统可靠性的重要手段。开展"材料-部件-整机-系统"分层分级的耐久性和寿命预测与研究，是预测驱动电机系统寿命和可维护性的重要基础工作。

(7)安全性的研究：作为车载高压电气设备，安全性是驱动电机系统的红线。安全性包括侧重于"硬件"的高压安全和侧重于"软件"的功能安全软件构架。

(8)振动噪声技术的研究：作为车载设备，驱动电机系统的振动噪声是影响司乘人员舒适性的重要指标，目前，驱动电机振动噪声研究是最薄弱的环节，包括机理、噪声预测、噪声测量评价方法以及噪声抑制手段等。振动噪声的产生机理非常复杂，主要体现在：振动不仅与电机本体有关，还与整车的机械耦合关系、机械传动系统的耦合关系、控制器的输出谐波等密切相关，驱动电机-减速箱-电机控制器"三合一"的集成更是给噪声研究提出了新的挑战。这些均为下一阶段驱动电机系统的研究提出了新的课题。

(9)成本技术的研究：驱动电机系统的成本直接影响电动汽车的推广应用。但成本技术是一个复杂的问题，贯穿于驱动电机系统的需求评估、设计、生产、试验和运用等全生命周期，涉及设计、生产制造、供应链、试验和维护等多方面的技术。在满足总体要求前提下，降低材料用量、采用合适的材料、采用适合批量生产的设计技术、模块化、系列化等均是降低成本的有效手段。

但必须指出，"6H1L"的终极目标是一个"多目标"系统，有些目标是相互制约的，如为了提高效率必须采用价格较贵的材料，这与低成本是矛盾的。同时达到多个目标最优，即多目标问题的绝对最优解是不存在的。驱动电机系统设计者的任务是根据不同的车型、不同的应用场景，综合考虑各种指标的相互制约因素，对每个目标取合适的加权系数和优先级，选择合适的技术实现路径，在保证可靠性和安全性的前提下，开发出满足需求的"性价比"最优的驱动电机系统。

参 考 文 献

[1] 丰林波, 张磊. 基于循环工况的纯电动客车驱动电机匹配研究[J]. 客车技术与研究, 2017, (12): 7-12.

[2] 符敏利, 李益丰, 李蓉, 等. 电动汽车驱动电机额定功率的确定和验证方法[J]. 电机与控制应用, 2014, (6): 56-59.

[3] 贡俊. 电动汽车工程手册第五卷 驱动电机与电力电子[M]. 北京: 机械工业出版社, 2019.

[4] 钱堃. 电动汽车声品质评价分析及控制技术研究[D]. 长春: 吉林大学, 2016.

[5] US Drive. Electrical and electronics technical team roadmap[I]. Washington D.C., 2017.

第二章

驱动电机系统构型及集成技术

正如第一章所述，驱动电机系统由驱动电机和电机控制器所组成，它与整车、发动机和机械传动系统等关联对象存在多种耦合方式，驱动电机系统中电机和控制器之间也有不同的机械和电气耦合方式。在电动汽车中，电机(部分或全部)取代了发动机，使得车辆动力源随之发生了很大变化，也呈现出多种组合形式。

这种动力源的多样化，以及驱动电机系统内部与外部关联对象耦合方式的多种组合，使得驱动电机系统构型形式多样。根据不同的分类方式，目前驱动电机系统的构型主要有以下几类：

(1)根据所应用的汽车类型，可分为混合动力驱动和纯电驱动。其中纯电驱动即车轮动力完全来自电机的驱动方式，纯电动车和串联式混合动力车属于典型的纯电驱动，纯电驱动也是现阶段的主流技术路线。

(2)根据电机、控制器以及减速箱的耦合方式，可分为分立式和集成式结构。

(3)根据车辆动力分布方式，可分为集中式驱动和分布式驱动。

(4)根据电气系统和控制器的布置方式，可分为独立式控制器和多功能集成控制器。

了解驱动电机系统构型的种类、结构及特点，有助于从宏观上了解驱动电机系统在整车中所处的位置、功率需求以及运行环境等，为设计出"系统最优"的驱动电机系统奠定基础。

本章简单介绍混合动力系统用驱动电机系统的构型，着重介绍纯电驱动电机系统构型，包括集中式驱动和分布式驱动电机系统、中央集成桥和多功能集成控制器。

需说明的是，无论采用哪种构型，电机及控制器的基本工作原理和基本结构均一样，不同之处在于其安装方法、环境条件、电机的功率需求和工作工况等。

第一节 混合动力系统用驱动电机系统构型

在混合动力系统中，车辆的动力或来自驱动电机，或来自发动机，或者二者同时提供动力，驱动电机系统的能量来源于储能系统或者发电机系统。

混合动力系统分为串联式、并联式、混联式和插电式。每种混合动力系统的构型各异，驱动电机系统的工作特性各异。混合动力系统对驱动电机系统的主要影响要素包括电机的安装方式、传动方式、功率需求、发动机的振动及热辐射影响程度等。第三章将介绍这些要素对驱动电机系统的具体影响。

1. 串联式混合动力系统

图 2-1 为串联式混合动力系统基础构型。在串联式混合动力系统中，发动机驱动发电机，发电机发出的电经整流后给控制器供电，或者控制器由储能系统供电。串联式混合动力车辆的全部动力均由电动机提供，是"纯电驱动模式"，发动机的工作状态不受行驶工况的限制，可以始终工作在一个较为稳定高效的区域，使发动机油耗在最低值。

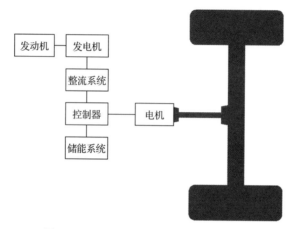

图 2-1　串联式混合动力系统的基础构型

2. 并联式混合动力系统

并联式混合动力系统的动力由发动机或者驱动电机提供，驱动电机和发动机"并联"工作。在并联式混合动力系统中，典型的特征是只有一个电机。当整车需求功率较大并且超过发动机输出功率时，电机工作，与发动机共同驱动车辆。而当整车需求功率较小时，电机可以单独驱动车辆或从发动机获得部分能量给电池充电，使得发动机在车辆行驶中处在较为经济的工作区域内。根据电机放置的位置(图 2-2)，并联式混合动力系统共有六种构型[1]。

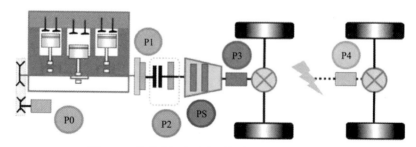

图 2-2　并联式混合动力系统中电机位置示意图

(1)P0 构型的电机一般称为 BSG(belt-driven starter generator)电机，位于发动机前端，通过皮带和发动机曲轴连接。一般用于自动启停、微混、48V 弱混系统中。从位置上看，其位于变速箱和离合器的前端。图 2-3 为 P0 系统的基础构型。

(2)P1 构型的电机又称为 ISG(启动/发电一体化电机)，固定在发动机上，发动机的曲轴作为 ISG 的转子。该构型可以实现启停、制动能量回收等，但无法实现纯电运行。从位置上看，电机位于变速箱前端。图 2-4 为 P1 系统的基础构型。

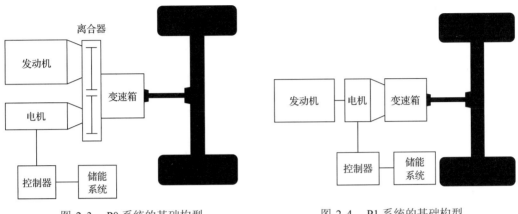

图 2-3 P0 系统的基础构型   图 2-4 P1 系统的基础构型

(3)P2 构型的电机在离合器之后、发动机与变速箱之间，可以采用减速齿轮、皮带传动等多种方式与变速箱输入轴连接，并实现纯电驱动。图 2-5 为 P2 系统的基础构型。

(4)P3 构型的电机置于变速箱的输出端。图 2-6 为 P3 系统的基础构型。

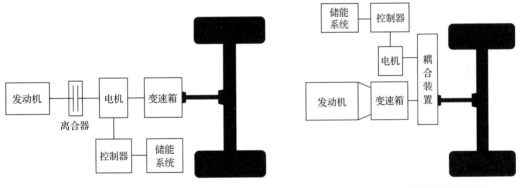

图 2-5 P2 系统的基础构型   图 2-6 P3 系统的基础构型

(5)P4 构型的电机置于变速箱之后，与发动机的输出轴分离。一般将电机放在驱动桥上，直接驱动后车轮。图 2-7 为 P4 系统的基础构型。

(6)PS 构型是介于 P2 构型和 P3 构型之间的一种构型，又称 P2.5 构型，电机位于变速箱内部。

3. 混联式混合动力系统

混联式混合动力系统中车辆动力也是由发动机或者电机提供的，但其结合了串联式混合动力系统和并联式混合动力系统的优点，二者的工作模式都可以实现。车辆低速行驶时，主要以串联方式工作，而在高速行驶时，主要以并联方式工作，所以混联式混合动力汽车适应各种工况，使得车辆在不同工况下，动力系统都能工作在最优状态。但混联式混合动力系统结构更为复杂，对整车控制策略要求较高，成本相对也较高。

混联式混合动力系统构型较多，图 2-8 为混联式混合动力系统最为常用的基础构型。

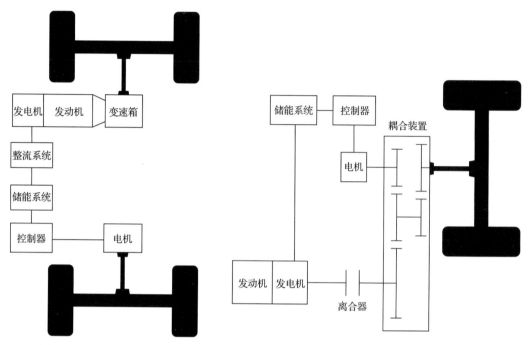

图 2-7　P4 系统的基础构型　　　图 2-8　混联式混合动力系统最为常用的基础构型

4. 插电式混合动力系统

插电式混合动力系统在各种混合动力系统基础上增加了为储能系统（如动力电池）充电的供电系统，从而可以通过外部电源对车载动力电池进行充电，以增加车辆的行驶里程。图 2-9 为插电式串联混合动力系统的基础构型。

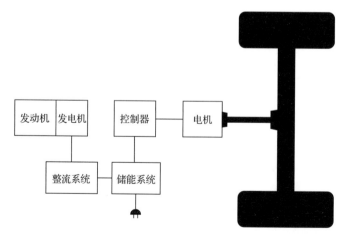

图 2-9　插电式串联混合动力系统的基础构型

第二节 集中式驱动和分布式驱动

所谓集中式驱动,是指一根车轴上两个车轮的动力由一个电机提供。而分布式驱动是指同一车轴上两轮的动力分别来自不同的电机。

图 2-10 为集中式驱动和分布式驱动示意图。

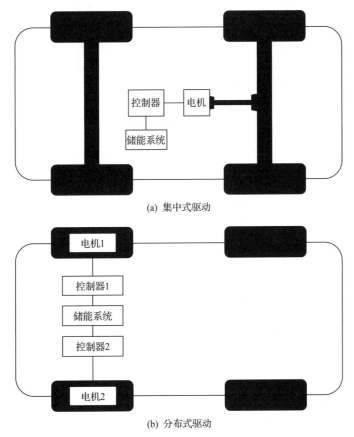

(a) 集中式驱动

(b) 分布式驱动

图 2-10 集中式驱动和分布式驱动

一、集中式驱动

图 2-11 为集中式驱动的基础构型。在该构型中,电机与车辆行进方向平行布置(纵向布置)。以牵引工况为例,电机的转矩传递路径,即传动链为:控制器由储能系统(如动力电池)供电,将来自储能系统的直流电转换成交流电给电机供电,电机产生的转矩通过位于电机侧的减速箱/变速箱(如有)、传动轴传递到车桥上,再通过车桥的减速箱/变速箱、差速器、车轴,最终传递到轮胎,驱动车辆前进。

电机一般位于车辆中央,因此集中式驱动的电机又称为"中置电机"或者"中央电机"。

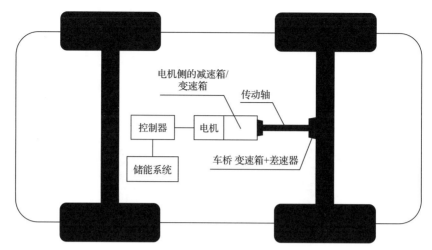

图 2-11　集中式驱动的基础构型

从图 2-11 可以看出，该构型包含电机侧减速箱/变速箱(如有)、车桥、传动轴等关联对象。当电机与这些关联对象，尤其是减速箱/变速箱采用不同的耦合方式时，便派生出不同的构型。

1. 直驱式

在该构型(图 2-12)中，取消了电机侧的减速箱/变速箱，电机的转矩通过传动轴直接传递到车桥上。这种构型结构简单，不需要减速箱/变速箱，在目前的商用车中应用广泛。但该构型要求电机转矩较大，因而导致电机的体积大、重量大。

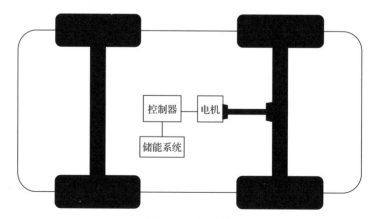

图 2-12　直驱式

2. 电机+减速箱

在该构型(图 2-13)中，电机侧安装一个固定速比的减速箱，电机的转矩经减速箱放大后，通过传动轴传递到车桥上。采用该构型，电机转矩相对较小，因而电机体积较小、重量较小。

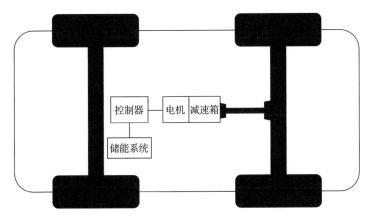

图 2-13　电机+减速箱

3. 电机+变速箱

在该构型(图 2-14)中，电机侧安装一个 2～4 挡的变速箱，电机的转矩经变速箱放大后，通过传动轴传递到车桥上。采用该构型，电机转矩相对较小、电机体积较小、重量较小，并且可以根据车辆转速的同步，通过调节变速箱的挡位，保证电机总是运行在高效区，但变速箱结构复杂。

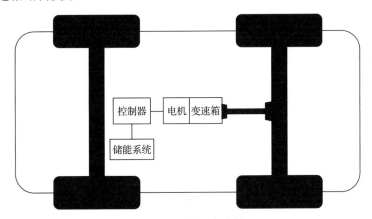

图 2-14　电机+变速箱

4. 双电机驱动

为适应车辆爬坡所需要的高转矩和高速运行的高转速两种极端工况，电机必须选得较大，但实际上电机大部分工况是低负荷运行，因此会出现"大马拉小车"的现象，这不但使电机较重，而且不能运行在高效区。

为此，可以在车辆上配置两台电机，两台电机分别由不同的控制器供电。根据行驶工况，动态地选择是由一个电机工作，还是由两个电机一起工作。当电机负荷较轻时，采用单电机驱动，当负荷较重时，采用双电机驱动，这样可保证每个电机都经常运行在高效区。

图 2-15 为双电机驱动的典型结构。其中图 2-15(a)为两台电机通过耦合装置驱动后轴，而图 2-15(b)为两台电机分别驱动前轮和后轮。

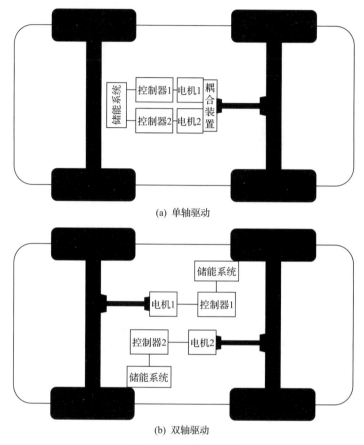

(a) 单轴驱动

(b) 双轴驱动

图 2-15　双电机驱动

另外，当车辆的动力要求较高，一台电机不能满足要求时，也可采用双电机，分别驱动前轮和后轮。

二、分布式驱动

分布式驱动是指同一车轴上两轮的驱动力分别来自不同的电机。根据每辆车上轮子的动力数量，可分为单轴驱动图 2-10(b)和全轴驱动(图 2-16)。

与集中式驱动相比，分布式驱动具有如下优势：

(1)取消了中央机械式差速器、半轴等机构，提升了传动效率，传动机构的体积和重量大幅度减小。

(2)可降低车辆地板高度。由于电机分散布置在车辆两侧(或轮内)，可实现车内的低地板通道。

但采用分布式驱动，车辆的簧下质量明显增加，并且要采用差速控制。

根据电机是否带减速箱，分布式驱动又可分为直驱和带减速箱驱动(图 2-17)；根据电机是否在轮毂内，分布式驱动还可分为轮毂驱动[图 2-10(b)]和轮边驱动(图 2-18)。当采用直接驱动时，电机一般在轮毂内，而采用轮边驱动时，一般带有减速箱。

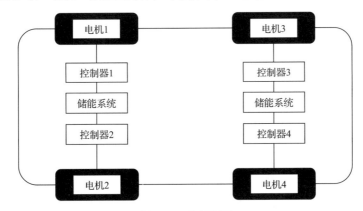

图 2-16　全轴驱动

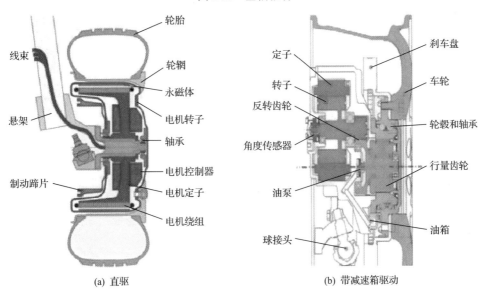

(a) 直驱

(b) 带减速箱驱动

图 2-17　直驱和带减速箱驱动

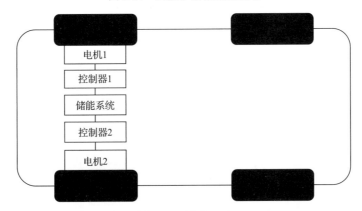

图 2-18　轮边驱动

1. 轮边驱动

轮边驱动即电机装在车轮内侧面以单独驱动该车轮,在车桥两侧分别设置一套电机+减速箱。轮边驱动要与车桥集成在一起才能形成一个完整的驱动系统。

德国采埃孚股份公司(以下简称采埃孚公司)是率先开发商用车用轮边驱动车桥的企业,该公司的轮边驱动技术最早用于沃尔沃商用车。图 2-19(a)为该公司用于 10m 以上公交车的一款轮边驱动车桥。比亚迪公司、长江客车集团公司等的轮边驱动车桥在 2014 年相继问世。图 2-19(b)是比亚迪公司的可应用于 10m 以上公交车的轮边驱动车桥。表 2-1 为采埃孚公司和比亚迪公司轮边驱动车桥参数。

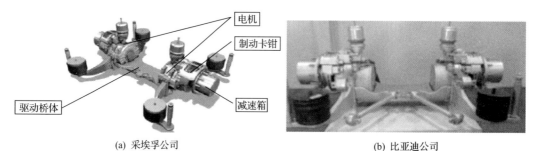

| (a) 采埃孚公司 | (b) 比亚迪公司 |

图 2-19 轮边驱动车桥

表 2-1 采埃孚公司和比亚迪公司轮边驱动车桥参数

参数	采埃孚公司	比亚迪公司
额定轴荷/kg	13000	13000
峰值功率/kW	240	318
额定功率/kW	160	160
最大输出转矩/(N·m)	10500	18400
总减速比	22.63	22.63
最高车速/(km/h)	80	80
直流母线电压/V	576	576

2. 轮毂驱动

轮毂驱动是将电机、传动装置和制动装置集成后置于车轮内,集成为所谓的"电动轮",电机则称为"轮毂电机"。

与轮边驱动相比,轮毂驱动的最大特点是将动力装置也整合到车轮内,集成度更高,提升了传动效率,给车辆布置释放更多的空间。

根据电机是否带减速箱,轮毂驱动又分为直驱和带减速箱驱动两种驱动方式。

1)直驱

直驱[图 2-17(a)]是指电机直接驱动车轮行驶,其特点是电机采用外转子结构,电机定子与悬架连接,电机转子与轮胎连接,车轮随转子一起旋转。

目前在乘用车和商用车上均有轮毂电机产品的应用。在乘用车方面，典型的产品有 Protean 和 Elaphe 等公司的轮毂电机。图 2-20 为这两家公司的轮毂电机。在商用车方面，典型的产品有 E-traction 公司、Lohr 公司和 ZAWheel 公司的产品。图 2-21 是 E-traction 公司的轮毂驱动产品。表 2-2 为 Protean 公司、Elaphe 公司和 E-traction 公司代表性轮毂电机参数的比较。

(a) Protean公司　　　　　　　　　(b) Elaphe公司

图 2-20　乘用车用轮毂电机

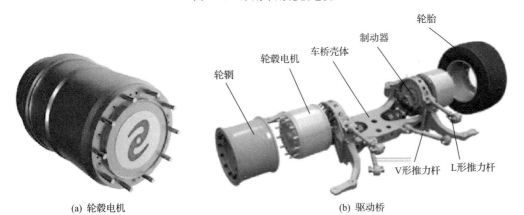

(a) 轮毂电机　　　　　　　　　　　(b) 驱动桥

图 2-21　E-traction 公司商用车用轮毂电机及驱动桥

表 2-2　几款轮毂电机的参数

参数	Protean 公司	Elaphe 公司	E-traction 公司
轮毂电机型号	PD18	M700	SM500/3
应用车型	乘用车	乘用车	商用车
额定功率/kW	54	40	113
峰值功率/kW	75	60	182
额定转矩/(N·m)	650	400	2700
峰值转矩/(N·m)	1000	700	6000

续表

参数	Protean 公司	Elaphe 公司	E-traction 公司
最高转速/(r/min)	1600	1500	485
直流母线电压/V	400	400	540
绝缘系统热分级	180	180	180
防护等级	IP67	IP67	IP67
冷却方式	水冷	水冷	水冷
重量/kg	38	39	500

在直驱方式中,大部分只在轮毂中集成电机,但也有的集成了控制器模块及制动盘,典型产品有 Lohr 公司(图 2-22)和 Protean 公司的产品(图 2-23)。

图 2-22　Lohr 公司轮毂驱动系统

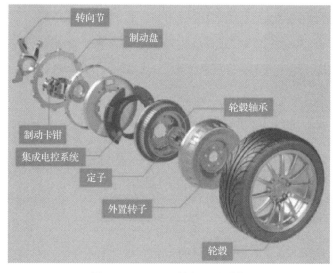

图 2-23　Protean 轮毂驱动系统

2) 带减速箱驱动

带减速箱驱动[图 2-17(b)]是指电机的输出转矩通过减速机构驱动车轮前进,内转子轮毂电机和轮边电机在传动结构上已经趋同,都是内转子电机+减速箱,所不同的是一个把电机放在轮毂里，另一个放在轮边。相对于直驱轮毂驱动方式，因为其电机转速较高，电机的功率密度更高，所以具有体积小、重量轻、输出转矩大、爬坡性能好等优点。缺点是增加减速箱后结构复杂，且不易散热、噪声比较大。在电动汽车领域，带减速箱驱动的典型产品为米其林公司的轮毂电机[图 2-24(a)]。在该系统中，电机与减速箱、车轮悬挂减振机构等组成了动态吸振轮毂驱动系统，利用驱动电机系统自重吸振原理，抑制簧下质量增大对驱动轮接地性和车身平顺性的不利影响，主要缺点是悬置机构压缩了本来轮内就十分狭小的空间，增加了电机设计难度。

在特种车辆领域，典型的产品有 Magtec 公司的产品[图 2-24(b)]，表 2-3 是其主要参数。

(a) 米其林公司   (b) Magtec公司

图 2-24 带减速箱的电动轮

表 2-3 Magtec 公司轮毂电机参数

参数	数值	参数	数值
额定功率/kW	120	电压/V	540
峰值功率/kW	150	绝缘系统热分级	180
额定转矩/(N·m)	1050	防护等级	IP67
峰值转矩/(N·m)	2050	冷却方式	水冷
最高转速/(r/min)	3100	重量/kg	120

第三节 分立式驱动系统和集成式驱动系统

当电机、控制器和减速箱等部件安装在车辆上时，它们可以分开布置，也可集成在一起，即有"分立式"和"集成式"两种方式。所谓分立式，是指电机、减速箱和控制器各自独立，整车组装时，通过机械连接接口或者电气连接将它们组成一个系统。若三者中两个或者全部在制造时就组合成一体，构成一个完整的驱动电机系统，则为集成式驱动电机系统。通常有以下几种基本的集成方式：①电机-减速箱集成的二合一结构；②电机-控制器集成的二合一结构；③电机-减速箱-控制器集成的三合一结构。

与分立式驱动系统相比，集成式驱动系统具有如下优点：

(1)各相关部件集成时，可以共用某些零部件，这不仅可以减小体积和重量，还可以降低成本。

(2)同样由于共用许多零部件，各零部件相互之间的空间距离缩短，可以省去各部件间的电缆线、插接头、水管以及水管接头等部件，一定程度上可以降低系统的成本和重量等。

(3)减少了接口数量，降低了系统复杂性。

(4)缩短了电缆线，一定程度上提升了高压安全性和电磁兼容性。

(5)有利于产品的平台化和系列化，而平台化和系统化不仅可以缩短开发周期，也可以降低成本。

(6)简化主机厂的装配工序，降低了装配难度，提高产品合格率。

但集成化也为设计者带来了挑战，包括：

(1)要求集成式驱动电机系统供应商有较好的系统集成能力，包括三个子部件的设计开发、制造和试验以及系统集成能力等。

(2)使本来就很复杂的NVH(noise、vibration、harshness，噪声、振动、声振粗糙度)、电磁兼容和热管理变得更加复杂化。

(3)对试验验证方法和能力提出了更高的要求。

集成化的核心是系统工程能力，从各子部件到集成化的开发必须全过程多维度地进行考量和评估，实现性能与成本、开发时间与风险控制的最佳平衡。

一、电机-减速箱"二合一"集成式驱动系统

为了降低电机的体积和重量，在电机侧配置了一个减速箱。在早期，减速箱与电机为两个独立的单体，减速箱壳体与电机端盖通过止口定位并用螺栓连接，电机与减速箱之间通过花键耦合来传递力矩[图 2-25(a)]。图 2-25(b)为一种典型的产品。

采用这种结构的好处是电机与减速箱可以单独开发、组装和试验，开发难度较小，也便于单独维护，但也存在明显的缺点：

(1)减速箱与电机采用止口、螺栓及花键定位的机械连接，装配相对复杂，并且可能存在过约束问题。

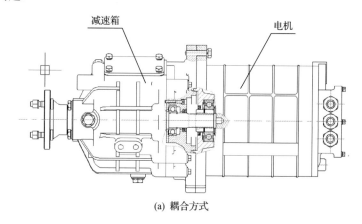

(a) 耦合方式

(b) 典型产品

图 2-25 分立式电机与减速箱的耦合及典型产品

(2) 为了便于电机与减速箱的装配，花键之间通常采用间隙配合，在电机脉动负载、正反向交替旋转以及振动冲击的作用下，花键容易磨损，可靠性差。

(3) 轴向尺寸较大，整个系统较重。

为了克服电机和减速箱分立式结构的明显不足，电机和减速箱开发商联合开展电机与减速箱一体化结构设计。较早的产品为 Enova System 公司开发的 EDU120（图 2-26）。

目前电机-减速箱一体化结构在乘用车和商用车中均得到广泛应用，并形成了不同耦合方式的一体化产品。

1. 共端盖和共壳体的集成耦合方式

驱动电机系统一体化集成的目的之一是共用某些结构件，以降低系统的零部件数量、减少体积，同时降低成本。按此思路，有两种耦合方式，即共端盖和共壳体。

图 2-27(a) 为共端盖的耦合结构示意图，采用这种方式的典型产品有 Enova System 公司开发的 EDU120，表 2-4 为其基本参数。在该耦合方式中，取消电机端盖，减速箱的壳体即电机传动端的端盖，电机的轴承利用减速箱的润滑油进行冷却和润滑。

图 2-26 EDU120 电机-减速箱一体化驱动系统

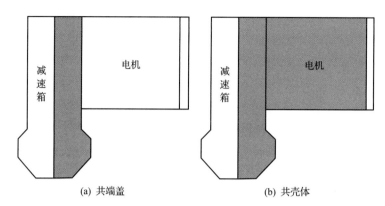

(a) 共端盖　　　　　　　　　　(b) 共壳体

图 2-27　电机-减速箱不同共用件的耦合方式

阴影部分为共用部分

表 2-4　EDU120 基本参数

部位	参数	具体信息
驱动电机 EDM120	类型	异步驱动电机
	功率	峰值功率 120kW、额定功率 65kW
	转矩	峰值转矩 650N·m
	转速	最高转速 7200r/min
	冷却	液冷，流速 16L/min，液温 60℃
	质量	160kg
减速箱单元 GRU120	类型	单速比传动减速箱
	输入转矩	650N·m
	润滑方法	单一飞溅润滑
	驻车制动	奔德士鼓式制动器
	减速比	2.56

　　图 2-27(b) 为共壳体耦合结构示意图，典型产品有 Borgwarner 公司的 E-powertrain 系列集成驱动产品(图 2-28)，其基本参数为：电机峰值输出功率为 80～200kW，输出峰值转矩为 280N·m，减速比可选范围为 6～10。在该耦合方式中，电机的机座与减速箱的外壳一体铸造成型，成为整体结构。其突出特点是无须考虑机械连接强度问题，集成度和可靠性较高，但此外壳的铸造难度大、成本较高，且系统的组装非常复杂。

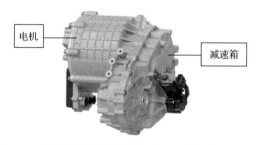

图 2-28　电机-减速箱共壳体集成驱动系统(Borgwarner)

2. 花键连接和共轴连接

电机所产生的转矩必须通过一定的方式传递到减速箱。在电机-减速箱分立式结构中，基本上采用的是花键。而电机-减速箱一体化结构中，有花键和共轴耦合两种方式。

花键连接是指电机输出轴与减速箱的输入轴采用内外花键连接，一般电机轴采用外花键，减速箱输入轴采用内花键。图 2-29(a) 为典型结构。采用花键连接传动，可靠性和导向性较好，有利于电机高速化。但是花键制造工艺较复杂，且存在磨损的风险。

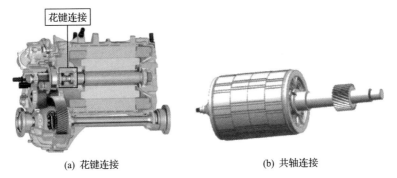

(a) 花键连接　　　　　　　　　(b) 共轴连接

图 2-29　花键连接和共轴连接

共轴连接是指电机轴与减速箱输入轴共用一根轴，图 2-29(b) 为典型结构。采用这种结构，减速箱与电机对中性能良好，无花键磨损的风险，并且可以减少一个轴承，从而降低成本。不足之处是：较长的轴系使得轴的刚度较差，从而影响振动噪声；三个轴承与一个油封的轴系结构存在过定位现象；油封磨损后减速箱的油可能会窜进电机内部；装配工艺复杂。

3. 平行轴和同轴耦合方式

平行轴耦合方式是指电机轴与减速箱输出轴互相平行[图 2-30(a)]，这种耦合结构具有装配较为简便的优点，但横向和径向尺寸较大。典型产品有图 2-31(a) 所示的采埃孚公司的集成化产品。

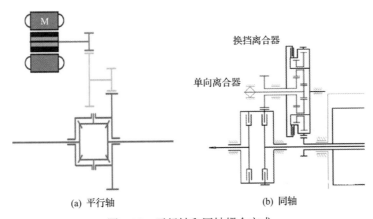

(a) 平行轴　　　　　　　　　(b) 同轴

图 2-30　平行轴和同轴耦合方式

同轴耦合方式是指电机轴与减速箱输入输出轴为同一轴线[图2-30(b)],这种耦合方式具有体积小的优点。典型产品有 GKN 公司的 e-twinster 集成电驱动系统[图2-31(b)],表2-5为该产品的具体参数。

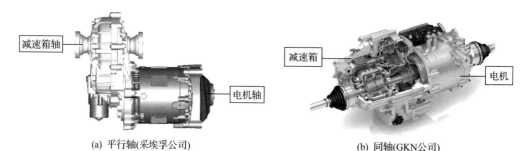

(a) 平行轴(采埃孚公司)　　　　　　　　(b) 同轴(GKN公司)

图 2-31　平行轴和同轴电机-减速箱集成产品

表 2-5　GKN 同轴电机-减速箱系统的参数

部位	参数	具体信息
电机	类型	永磁同步驱动电机
	峰值功率	120kW@1800r/min
	峰值转矩	210N·m
	峰值转速	18000r/min
减速传动单元	类型	双速比扭矩矢量分配式
	传动比	一挡17，二挡9.5

4. 减速箱或变速箱

集成驱动系统可以配置单级减速箱或者多挡位的变速箱。

单级减速箱只有一个齿轮组,减速箱的传动比是固定的,转矩输出连续无间断,具有整车乘坐舒适性较好的优点。但是无法改变固定工况下的电机工作区间,无法进行经济性能优化。图2-32(a)为典型产品。

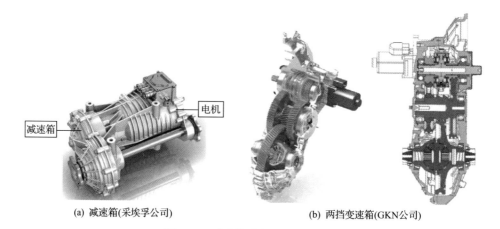

(a) 减速箱(采埃孚公司)　　　　　　　　(b) 两挡变速箱(GKN公司)

图 2-32　减速箱或变速箱传动方式

而多挡变速箱由多个齿轮组构成，通过换挡机构选择齿轮组进行传动，每个齿轮组具有不同的传动比，从而满足高、低速时的性能要求。对于一般用途的电动汽车，结构相对简单的两挡变速箱即能满足需求，也是目前最常用的。图 2-32(b) 为两挡变速箱典型产品。

5. 其他耦合方式

根据不同的应用，可以将驻车锁、差速器等附加装置集成在电机-减速箱的集成结构中，形成一个功能齐全但结构复杂的一体化产品。图 2-33 为集成不同附加装置的典型产品。

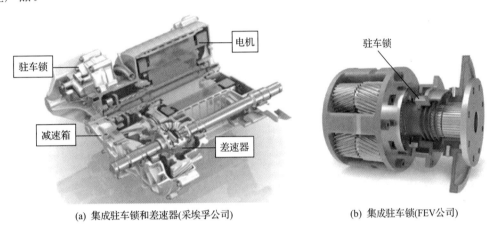

(a) 集成驻车锁和差速器(采埃孚公司)　　(b) 集成驻车锁(FEV公司)

图 2-33　集成不同附加装置的电机-减速箱集成驱动系统

二、电机-控制器"二合一"集成式驱动系统

早期开发的驱动电机系统中，电机与控制器单独设计制造，为分体式结构(图 2-34)，电机通过高压电缆线与控制器相连，通过低压连接插头将电机的转速(位置)及温度信号与控制器相连。

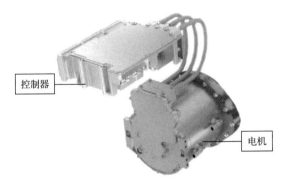

图 2-34　分体式结构的电机与控制器

这种方式结构简单、布置灵活，但系统体积大、电气连线长，不利于热管理和电磁兼容管理。为此将二者集成起来，形成电机-控制器"二合一"集成驱动系统。但这种集

成多应用在乘用车上，在商用车上应用较少，主要原因是商用车控制器体积较大，不便于与"较小"的电机集成，而且集成在电机上的控制器承受的冲击振动比乘用车要大得多，且更不便于维护。

目前，电机-控制器集成的主要构型有以下几类。

1. 控制器顶置式和端置式结构

根据控制器相对于电机的位置，分为顶置式和端置式两种结构。

（1）顶置式结构［图 2-35(a)］：控制器安装在电机上方，二者通过螺栓相连接。采用这种结构的优点为：相比于分体式结构，可缩减纵向尺寸，并可取消控制器支架；三相高压铜排在内部直连，外部由金属壳体包裹，电磁兼容性好；共用冷却水管，缩减成本。该结构多用于前桥驱动上。图 2-35(b)为该构型的典型产品，其基本参数为：电机持续功率为 25kW，峰值功率为 55kW，峰值输出转矩为 175N·m。

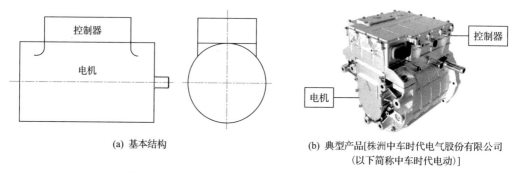

(a) 基本结构　　　　　　　　　　(b) 典型产品[株洲中车时代电气股份有限公司
　　　　　　　　　　　　　　　　　　　(以下简称中车时代电动)]

图 2-35　顶置式电机-控制器集成驱动系统基本结构

（2）端置式结构［图 2-36(a)］：控制器安装在电机的非传动端一侧。该构型的主要优点是径向尺寸(尤其是高度尺寸)较小，通常用于高度尺寸较紧张的后桥驱动上。图 2-36(b)为该端置式结构的典型产品。其基本参数为：永磁同步驱动电机持续功率为 60kW，峰值功率为 140kW，最高转速为 12000r/min。

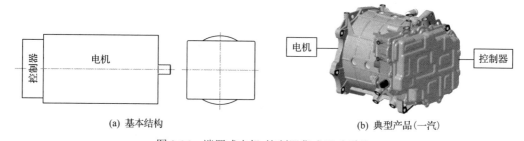

(a) 基本结构　　　　　　　　　　　(b) 典型产品(一汽)

图 2-36　端置式电机-控制器集成驱动系统

2. 电机和控制器机械耦合方式

根据控制器与电机机械耦合方式，可以分为分立式结构、共壳体结构与共端盖结构。

（1）分立式结构：独立的电机和控制器通过简单的安装方式而成为一个"集成结构"。

电机与控制器均具有自己独立的冷却水道、独立的高低压引出线等。电机与控制器通过螺栓连接，高低压引出线、水路均经过中间接头连接。这是一种最为简单的耦合方式，早期的产品多为此种方式。带来的好处是降低了装配与设计难度，但整体重量与体积较大。目前这种结构只有控制器顶置式结构。图 2-37 为控制器顶置式结构的基本耦合方式和典型产品。

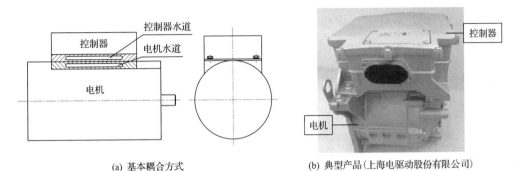

(a) 基本耦合方式　　　　　　　　(b) 典型产品(上海电驱动股份有限公司)

图 2-37　分立式结构

（2）共壳体结构：电机和控制器共水道结构，控制器的底部壳体与电机壳体是一体式的，其间的水道既冷却电机又冷却控制器。在这种结构中，电机的三相高压线束直接连接到控制器内。这种耦合方式集成度极高，优势明显，也是主流技术方向，劣势在于控制器维修与更换较为困难。图 2-38 为共壳体结构的基本耦合方式和典型产品。

（3）共端盖结构：控制器位于电机后端盖，将控制器壳体与电机后端盖做成一体结构。其优点为：可以减轻总成质量，提升总成功率密度；大幅度缩小轴向与横向尺寸。该构型非常适合整车前后桥装配。图 2-39 为共端盖结构的基本耦合方式和典型产品。

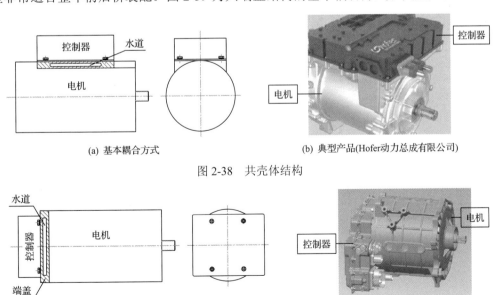

(a) 基本耦合方式　　　　　　　　(b) 典型产品(Hofer动力总成有限公司)

图 2-38　共壳体结构

(a) 基本耦合方式　　　　　　　　(b) 典型产品(中车时代电气)

图 2-39　共端盖结构

三、电机-控制器-减速箱"三合一"集成式驱动系统

在电机-减速箱集成、电机-控制器集成的基础上，各公司还进行了集成度更高的电机-控制器-减速箱三合一集成方式的研究，开发出不同构型的集成产品并得到应用。

在"三合一"集成的驱动电机系统中，耦合方式更为灵活多样，前述的电机-减速箱二合一一体化以及电机-控制器二合一一体化的耦合方式均可以应用在"三合一"上。基于充分利用空间的出发点，"三合一"还派生出其他耦合方式，呈现出"百花齐放"的局面。同理，"三合一"集成方式主要应用在乘用车上，而在商用车上较少应用。

1. 控制器顶置式

在这种结构中，控制器布置于电机与减速箱上方，这也是目前应用较为普遍的产品结构形式，优点是集成设计相对较为简单、布置较为合理。同样由于轴向尺寸较小，这种结构常用于轴向空间紧张的前桥驱动上。图 2-40 为其布置方式和典型产品。

2. 控制器侧置式

在这种构型中，控制器置于减速箱与电机的侧面，可充分利用异轴减速箱与电机之间的空间，减小整个驱动系统的高度，提升空间利用率。但在控制器设计时，应避免其可能与差速箱一端输出半轴的运动干涉。图 2-41 为该构型的布置方式和典型产品(基本参数为：峰值功率为 65kW，轮端输出峰值转矩为 2000N·m，重量为 54kg)。这种构型目前主要应用在纯电动汽车的前桥装配与混合动力汽车 P4 结构的后桥装配场合。

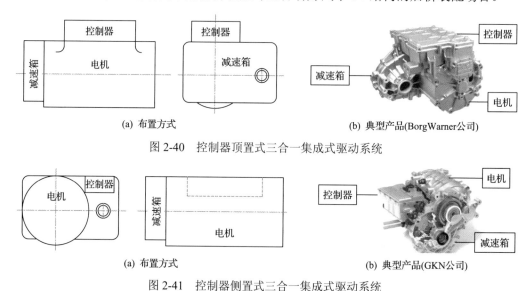

(a) 布置方式　　　　　　　　　　(b) 典型产品(BorgWarner公司)

图 2-40　控制器顶置式三合一集成式驱动系统

(a) 布置方式　　　　　　　　　　(b) 典型产品(GKN公司)

图 2-41　控制器侧置式三合一集成式驱动系统

3. 控制器与电机对置式

在这种构型中，电机与控制器置于减速箱两个侧面，其特点是可将控制器外壳设计成圆柱体，整个系统的高度方向尺寸较小，水平和横向尺寸较大，质量配比较为均

衡，一般用于后桥驱动中。图 2-42 为其布置方式和典型产品。特斯拉(Tesla)Model 3 即采用此种结构，其驱动电机峰值功率为 175kW，峰值转矩为 375N·m，最高转速为 18000r/min。

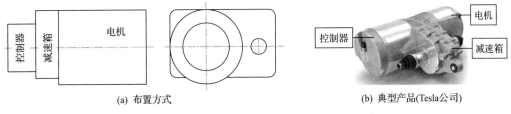

(a) 布置方式　　　　　　　　　　　　　(b) 典型产品(Tesla公司)

图 2-42　控制器与电机对置式三合一集成驱动系统

4. 控制器端置式

在这种构型中，控制器布置在电机非传动端一侧，其特点是高度较小，但控制器与动力输出轴有可能产生干涉。这种结构主要适用于高度空间紧张的场合以及后桥驱动。图 2-43 为其布置方式和典型产品。

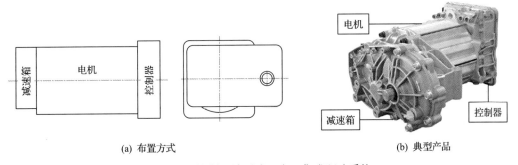

(a) 布置方式　　　　　　　　　　　　　(b) 典型产品

图 2-43　控制器端置式三合一集成驱动系统

第四节　中央集成桥

在采用电机中置式集中驱动的电动汽车上，电机(+减速箱)通过万向轴将转矩传递到车桥，所用车桥与传统汽车相同，由主减速箱、差速器、传动装置和桥壳等组成。通过车桥的增扭、降速并改变转矩传递方向，将电机的转矩转换成车辆的动力。其优点是可以借用成熟的车桥，设计变动量小，但传动链长，传动效率低。

为提高机械传动效率、缩短传动链，将电机与传统的车桥联合集成，形成集式式电驱动桥。电机位于桥的中央，因此又称为中央集成桥。这种集成式电驱动桥也是典型的集中电驱动。

采用集中电驱动的中央集成桥有以下明显优势：①减小机械传动链长度，提升传动效率，节省空间，可以给整车提供更灵活的结构布置；②充分发挥电机宽转速范围的优势；③将分散的零部件集成化，节省成本，给整车提供系统解决方案。

根据电机布置方式的不同,中央集成桥衍生出垂直轴式、平行轴式和同轴式三种构型。

1. 垂直轴式

在垂直轴式中,电机与车轴垂直,省去了传动轴,电机直接与桥壳减速箱连接。整个中央集成桥由电机、桥壳主减速箱、差速器、桥壳及半轴等零部件组成。这种构型具有如下特点:动力经电机输出到桥壳主减速箱,再由差速器输出到两端的车轮,传动链较短,传动效率高。但由于在这种构型中一般还是使用传统车桥主减速箱,速比的提升受到限制,因而电机转速不能过高,即电机功率密度无法大幅提升。

垂直轴式驱动由于对传统车桥改动量小,且使用可靠,因此在商用电动汽车上得以广泛应用,包括采埃孚公司、艾科泰公司和美驰公司等都有产品推出。图2-44为其结构示意图和美驰公司8t垂直轴式中央集成桥产品图,表2-6为该中央集成桥参数。

2. 平行轴式

在平行轴式构型中,电机与车轴平行,中央集成桥由电机、减速箱、差速器和桥壳及半轴等零部件组成。这种构型的特点为:电机直接平行于桥壳布置,减速箱可以采用圆柱齿轮,因此与垂直轴式构型必须采用伞齿轮相比,其减速箱在成本、精度以及NVH等方面具有明显的优势。这种方式还具有结构紧凑、占用空间小、传动链短、传动效率高等优点。

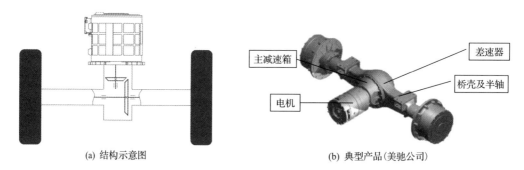

(a) 结构示意图　　　　　　　　(b) 典型产品(美驰公司)

图2-44　垂直轴式的中央集成桥

表2-6　美驰公司8t垂直轴式中央集成桥参数

参数	数值	参数	数值
额定轴荷	8000kg	总减速比	15.3
最大功率	150kW	最高车速	70km/h
额定功率	90kW	直流母线电压	550V
最大输出转矩	10400N·m	额定效率	>90%
最大反拖力矩比	100%	适用车型	8~9m公交车

平行轴式构型的缺点为:由于电机悬挂于桥壳一侧,对桥壳支撑处增加了较大的额外倾覆力矩作用,不仅降低桥壳的疲劳寿命,还可能引起桥壳的振动并导致桥壳的共振破坏。

目前陕西汉德车桥有限公司(以下简称汉德公司)、东风德纳车桥有限公司(以下简称东风德纳)和方盛车桥(柳州)有限公司等均推出了相应的平行轴式中央集成桥。图 2-45 为平行轴式中央集成桥的结构示意图及汉德公司 8t 平行轴式中央集成桥产品图,表 2-7 为该中央集成桥的参数。

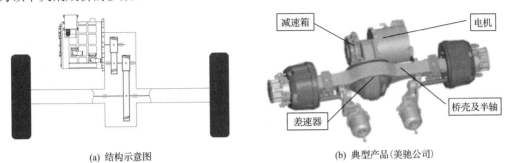

(a) 结构示意图　　　　　　　　(b) 典型产品(美驰公司)

图 2-45 平行轴式的中央集成桥

表 2-7 汉德公司 8t 平行轴式中央集成桥参数

参数	数值	参数	数值
额定轴荷	8000kg	总减速比	17.81
最大功率	205kW	最高车速	70km/h
额定功率	91kW	直流母线电压	550V
最大输出转矩	12400N·m	额定工况效率	>90%
最大反拖力矩比	100%	适用车型	8~9m 公交车

3. 同轴式

在同轴式构型中,电机与车轴共轴,中央集成桥由电机、减速箱、差速器和桥壳及半轴等部件组成,即取消了车桥伞齿轮。这种构型具有如下特点:电机与减速箱集成后置于两车轮中间,整个车桥的重心与车轮的行驶中心在同一条直线上,具有传动效率高、传动链最短、节省驱动系统空间、方便整车的布局等优点。但集成度高,导致结构复杂,并且电机散热、维护均比较困难。

该构型目前主要应用于小型载货轻卡,图 2-46 为同轴式车桥结构示意图和东风德纳同轴式中央集成桥产品图,表 2-8 为中央集成桥参数。

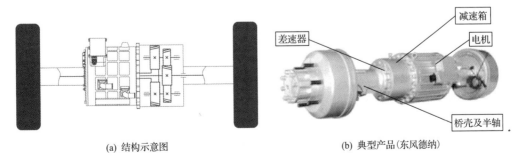

(a) 结构示意图　　　　　　　　(b) 典型产品(东风德纳)

图 2-46 同轴式的中央集成桥

表 2-8　东风德纳同轴式中央集成桥参数

参数	数值	参数	数值
额定轴荷	3500kg	总减速比	17.4
最大功率	135kW	最高车速	100km/h
额定功率	75kW	直流母线电压	350V
最大输出转矩	5394N·m	额定效率	>90%
最大反拖力矩比	100%	适用车型	4.5t 物流车/6m 轻客

第五节　多功能集成控制器

电动汽车的动力系统和辅助装置均采用电力驱动，与传统汽车相比，车载电气设备数量更多。图 2-47 为一辆电动汽车可能配置的车载电气设备，包括电机控制器、发电机控制器(混合动力车)、给电动油泵供电的 DC/AC 电源、给电动气泵供电的 DC/AC 电源、DC/DC、整车控制器以及电空调、电加热、电除霜及其高压配电装置等。

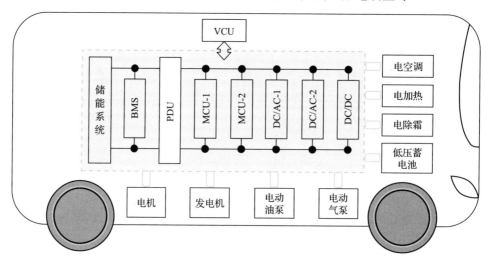

图 2-47　电动汽车车载电气系统框图

BMS：电池管理系统；DC/AC：交流电源变换器；PDU：高压配电装置；DC/DC：直流电源变换器；
MCU：电机控制器；VCU：整车控制器

在物理结构上，这些电气设备可以是独立的部件(图 2-48)，分布在整车上，各部件通过电缆线与高压电源或者低压电源及控制信号连接，部分设备还需要连接冷却液管路。

采用这种分立式布置方式，每个部件可以单独设计和试验，产品开发相对容易，也可以充分利用车上的空间。但缺点是：①空间利用率差；②机械安装点多，需要对每个设备做安装设计，过多的安装点除了降低机械可靠性外，整车装配工作量也较大；③电气接线端点多，造成电气连接关系复杂，布线和防护困难，也降低了整车安全性和可靠性；④由于连线长且多，整个系统的电磁兼容性较差。

整车控制器　　　　DC/DC　　　　MCU-1　　　　MCU-2

高压配电箱　　　　DC/AC-1　　　　DC/AC-2

图 2-48　分立式电气设备

因此，从 21 世纪初开始，就有开发商将所有电气设备集成在一个电气控制箱内，开发出多功能集成控制器，或者说是电气箱，也可以说是广义的"电机控制器"。该集成控制器安装在车顶或者车尾。图 2-49 为德国 Kiepe 公司于 2001 年为无轨电车开发的一款车顶安装的电气箱。

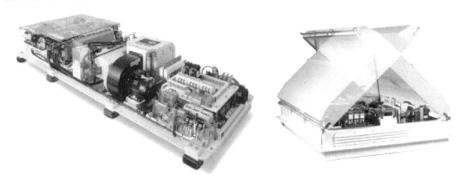

图 2-49　车顶安装的集成式电气箱（Vossloh Kiepe 公司）

表 2-9 为中车时代电动汽车股份有限公司的八合一多功能集成控制器（图 2-50）与分立式结构的比较。采用这种集成式控制器，除提高了防护等级外，重量降低了 65%，体积减小了 68%，高压连接点数由 42 降低到 16，低压连接点数由 8 降低到 2，机械安装点由 32 个降低到 4 个。

表 2-9　分立式控制器与集成式控制器的对比

控制器	部件数量/个	高压连接点/个	低压连接点/个	机械安装点/个	安装空间/L	重量/kg	防护等级
分立式	8	42	8	32	250	100	部分 IP67
集成式	1	16	2	4	80	35	整体 IP67

这种多功能集成控制器集成度高、优点明显，但对设计、制造和维护等提出了较高的要求。

由于多功能集成控制器所带来的明显优势，随着热管理技术、电磁兼容技术及制造工艺等的不断进步，我国从 2010 年左右起开始进行多功能集成控制器的研究，已开发出一系列产品并得到广泛应用。

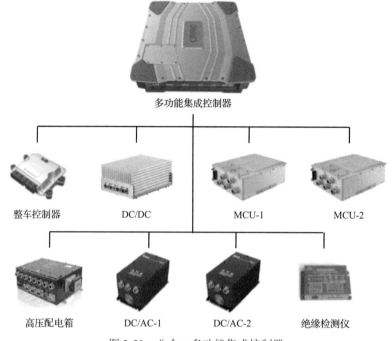

图 2-50　八合一多功能集成控制器

在发展过程中，多功能集成控制器呈现不同的技术形态。其中由于乘用车和商用车电气部件功能要求及技术实现方案的不同，技术形态也明显不同。

一、乘用车用多功能集成控制器

图 2-51 为电动乘用车常用的集成式电气功能单元，其包括：PDU、MCU 和 DC/DC 这三个功能单元，一些车型还配置了车载充电机(OBC)，混合动力车还有发电机控制器(GCU)。

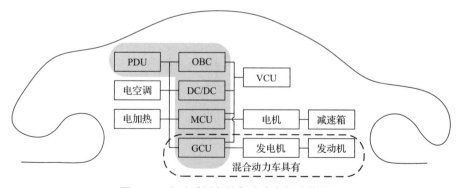

图 2-51　电动乘用车的集成式电气功能单元

总的来说，乘用车多功能集成控制器主要是对 PDU、OBC、DC/DC、MCU 和 GCU 进行不同方式的集成，典型集成结构有以下几类：

1. MCU+DC/DC 二合一多功能集成控制器

这种方案的技术特点是将 MCU 与 DC/DC 两个功能单元集成在一起,两个功能单元共用一个水道、箱体和输入电路。这种集成方式在早期的纯电动乘用车上普遍应用,宝马、大众、日产和长安等车企均有采用,博世、中车时代电动和上海电驱动股份有限公司等部件供应商也都开发出了这类产品,图 2-52 为其关联关系图和中车时代电动的一款二合一多功能集成控制器产品。

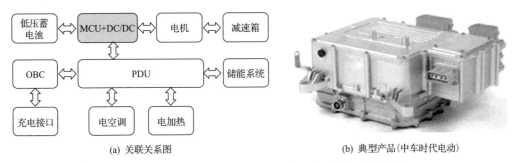

(a) 关联关系图　　　　　　　　　(b) 典型产品(中车时代电动)

图 2-52　乘用车 MCU+DC/DC 二合一多功能集成控制器

2. OBC+DC/DC+PDU 三合一多功能集成控制器

三合一控制器将 OBC、DC/DC 和 PDU 三个功能单元集成在一个箱体内,共用主电路,也是目前行业内的主流技术方案,在日产 Leaf、北汽 EV260 和比亚迪秦 EV300 等车型上应用,深圳市英威腾电气股份有限公司(以下简称英威腾)、深圳市新锐科技发展有限公司、深圳市核达中远通电源技术股份有限公司和深圳市依思普林科技有限公司等均开发出了相应的产品,图 2-53 为该三合一多功能集成控制器在整车电气系统中的位置和关联关系图以及日产第二代 Leaf 纯电动车的一款三合一多功能集成控制器产品。

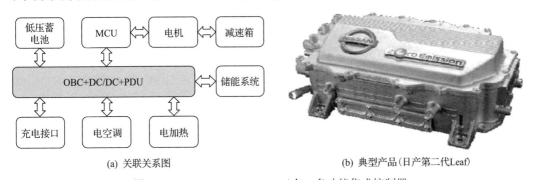

(a) 关联关系图　　　　　　　　　(b) 典型产品(日产第二代Leaf)

图 2-53　OBC+DC/DC+PDU 三合一多功能集成控制器

3. MCU+OBC+DC/DC+PDU 四合一多功能集成控制器

四合一集成方式对所有高压电气控制类部件都进行了集成。这种集成方案除最大限度地减小了外部高低压接线外,还具有体积小、可靠性高和外观整洁等特点,是电动乘用车未来系统集成的主流发展方向。目前宝马 i3 和沃蓝达等车型已开始采用这种集成方式，图 2-54 是该型控制器的关联关系图和宝马 i3 采用的四合一多功能集成控制器。

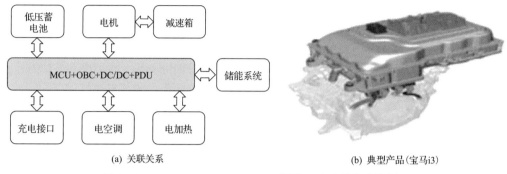

(a) 关联关系　　　　　　　　　　　　　　(b) 典型产品(宝马i3)

图 2-54　MCU+OBC+DC/DC+PDU 四合一多功能集成控制器

二、商用车用多功能集成控制器

电动商用车的车载电气设备(图 2-47)包括：储能系统、BMS、电机及其控制器 MCU-1、发电机及其控制器 MCU-2(混合动力车)、电动油泵用 DC/AC 电源、电动气泵用 DC/AC 电源、低压蓄电池及 DC/DC、VCU，以及电空调、电加热、电除霜及 PDU 电路等。

在这些部件中，除了 BMS 通常与储能系统集成，由电池厂家开发和提供外，其他电气类部件，包括 PDU、MCU、DC/DC 和 DC/AC，可以根据应用情况进行不同类型的一体化集成。

1. PDU+DC/DC+双路 DC/AC 的四合一多功能电气装置

这种集成方案将 PDU、DC/DC、双路 DC/AC(包括电动油泵用 DC/AC 电源和电动气泵用 DC/AC 电源)四个功能单元集成在一起。与控制器相比，这些整车的"辅助"设备仅仅为一个电源，因此可对不同车型进行通用化设计。将这些功能单元集成在一起，可以共用高低压输入线路、箱体和散热器，甚至可以共用一块控制电路板，这样可以明显减小装置的体积、降低材料成本。目前深圳市汇川技术股份有限公司、英威腾和深圳市蓝海华腾技术股份有限公司(以下简称蓝海华腾)等公司已开发出此类电气装置。图 2-55 为 PDU+DC/DC+双路 DC/AC 四合一多功能电气装置的关联关系和蓝海华腾为物流车开发的四合一电气装置。

2. PDU+DC/DC+双路 DC/AC+双路 MCU 的多合一集成控制器

在上述四合一的基础上再集成两个控制器，就形成了多合一方案。这种结构最早用于混合动力系统上，两个控制器分别为驱动电机用控制器和发电机用控制器。出于简统化和通用化的目的，也可将该多合一集成控制器应用到纯电动汽车上。

多合一集成控制器包含了给电机供电的主电机控制器，因此产品的外形、安装方式和电气接口等参数都与整车机械和电气设计密切相关，需要与整车厂紧密合作，采用定制开发模式。图 2-56 为该结构的关联关系图以及两款为公交车定制的多合一集成控制器。

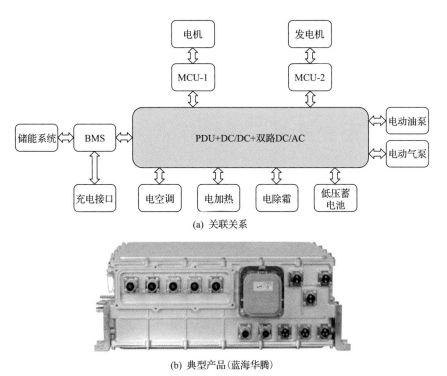

(a) 关联关系

(b) 典型产品(蓝海华腾)

图 2-55 PDU+DC/DC+双路 DC/AC 四合一多功能电气装置

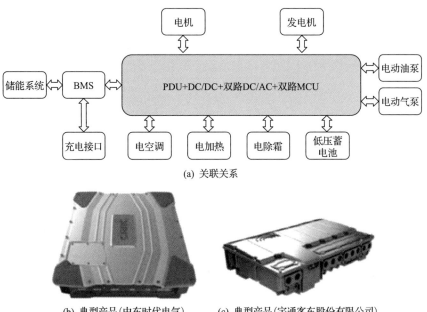

(a) 关联关系

(b) 典型产品(中车时代电气)　　(c) 典型产品(宇通客车股份有限公司)

图 2-56 多合一集成控制器

参 考 文 献

[1] 中国电动汽车百人会.电驱动系统产业链研究——新一代汽车全产业链研究(第一部分)[R]. 北京, 2019.

第三章

驱动电机系统匹配与设计技术

驱动电机系统的设计任务是根据整车的需求，规划出合适的驱动电机系统要求，并向电机和控制器设计者(供应商)提出设计要求。

安装在整车上的驱动电机系统并不是孤立的个体，其与周边部件以及环境条件等关联对象密切相关。这些关联对象影响到驱动电机系统的功率密度、寿命、成本和可靠性等。同样，驱动电机系统内的两个部件(电机和控制器)也不是孤立的个体，它们之间也是密切相关、相互影响的。全面了解各关联对象与驱动电机系统的耦合关系、电机和控制器之间的耦合关系是驱动电机系统设计的基础。

图 3-1 为驱动电机系统关联关系图。

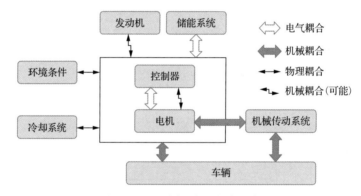

图 3-1 驱动电机系统关联关系图

(1)车辆：驱动电机系统的安装和应用载体。

(2)储能系统：储能系统为各类动力电池、燃料电池等。在牵引工况，储能系统为驱动电机系统提供能量；在制动工况，驱动电机系统将动能转换成电能，给储能系统充电。

(3)发动机：对于串联式混合动力系统，发动机驱动发电机，发电机通过整流后给储能系统充电。发动机与发电机存在机械耦合关系，但与驱动电机系统没有机械上的耦合关系，但电机可能受发动机的热辐射影响。对于并联和混联式混合动力系统，发动机驱动发电机供电，并与电动机一起给车辆提供动力，发动机、发电机与电机之间可能存在机械耦合关系，电机也可能受发动机的热辐射影响。

(4)机械传动系统：对于纯电动车辆，机械传动系统包括电机侧减速箱、传动轴及车桥等。对于混合动力车辆，机械传动系统包括减速箱、电机等一系列复杂的结构。本章不对混合动力车辆的机械传动系统做详细阐述，感兴趣的读者可参考相关书籍。

(5)环境条件：指车辆正常运行时外界的大气条件，包括海拔、温度、湿度、振动冲击和化学污染等。

(6)冷却系统：指车辆能给驱动电机系统提供的冷却方式和冷却参数(如流量、压力等)。

驱动电机系统与关联对象的耦合关系包括机械耦合、电气耦合和物理耦合,其中机械耦合指它们之间的机械联系,如机械安装和机械连接等;电气耦合指它们之间的电气连接,如储能系统通过动力电缆给控制器提供直流电压、电机通过低压线束给控制器提供温度、位置等信号;物理耦合关系指除机械耦合和电气耦合之外的耦合。

本章以设计出"系统最优"的驱动电机系统为目标,以驱动电机系统关联关系图为基础,介绍驱动电机系统与各关联对象的耦合关系以及电机和控制器的耦合关系,并给出驱动电机系统的设计流程。

第一节 驱动电机系统与车辆的耦合关系及匹配设计

驱动电机系统安装在车辆上,为整车提供动力。对于纯电动汽车,电机是唯一的动力源;对于混合动力汽车,电机与发动机一起成为其动力源。

驱动电机系统与车辆的主要耦合包括:①车辆的类型;②车辆基本参数、动力性能要求及运行工况;③驱动电机系统的安装与悬置。

一、车辆的类型

电动汽车包括以下几种类型:①纯电动汽车;②串联式混合动力汽车;③并联式混合动力汽车;④混联式混合动力汽车;⑤插电式混合动力汽车。

对于纯电动汽车和串联式混合动力汽车,其动力完全由驱动电机系统提供,这种驱动模式又称为纯电驱动。对于并联式混合动力汽车和混联式混合动力汽车,其动力一部分由驱动电机系统提供,另一部分由发动机提供。

根据驱动电机系统占整个动力系统的比例(即混合度),混合动力系统可分为强混(混合度≥40%)、中混(混合度为15%～40%)、轻混(混合度为5%～15%)和微混(混合度≤5%)。其中混合度 H 的定义为

$$H = \frac{P_{elec}}{P_{total}} \times 100\% \tag{3-1}$$

式中, P_{elec} 为电机最大输出功率,kW; P_{total} 为动力系统最大功率,kW。

从混合度的定义也可以看出当车辆动力性能一定时,电机的功率随混合度的增加而增加。纯电驱动实际上是混合度为100%的混合动力驱动。

二、车辆基本参数、动力性能要求及运行工况

车辆的动力性能可用车辆的牵引特性(牵引力-速度特性,即 F-V 特性)和制动特性(制动力-速度特性,即 F_b-V 特性)表征[图 3-2(a)]。对于纯电动汽车,车辆的牵引特性

(F-V特性)和制动特性(F_b-V特性)完全由驱动电机系统的转矩-转速特性所决定。电动汽车的动力性能和运行条件是驱动电机系统的重要设计输入条件。

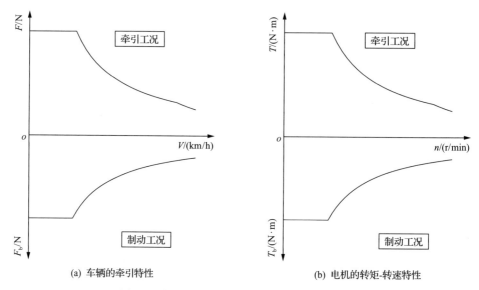

(a) 车辆的牵引特性　　　　　　　　　　(b) 电机的转矩-转速特性

图 3-2　车辆的牵引特性和电机的转矩-转速特性

图 3-2(a)为整车在牵引工况下的牵引特性(F-V)曲线和制动工况下的制动特性(F_b-V)曲线。当已知车辆轮胎滚动直径和总传动比时,可以将整车的牵引特性(F-V)和制动特性(F_b-V)转换成电机的牵引工况下的牵引转矩-转速特性(T-n)曲线和制动工况下的制动转矩-转速特性(T_b-n)曲线[图 3-2(b)]。对于纯电驱动系统,具体转换公式为

$$\begin{cases} n = \dfrac{5.3iV}{D_w} \\ T = \dfrac{FD_w}{2i\eta} \\ T_b = \dfrac{F_b D_w \eta}{2i} \end{cases} \tag{3-2}$$

式中,n 为电机转速,r/min;i 为包括电机侧减速箱和车桥减速箱的总减速比;V 为车辆速度,km/h;T 为电机转矩,N·m;F 为车辆牵引力,N;T_b 为电机制动转矩,N·m;F_b 为车辆制动力,N;D_w 为车辆轮胎滚动直径,m;η 为包括电机侧减速箱和车桥减速箱的总传动效率。

运行工况指电动汽车在具体线路上运行的条件,包括停站时间、道路坡度和平均运行速度等。以公交车为例,典型的运行工况有:①欧美国家的城市工况(urban driving cycle, UDC)、市郊循环工况(extra urban driving cycle, EUDC)、新欧洲汽车法规法循环工况(new Europe driving cycle, NEDC);②中国的中国汽车行驶工况(China automotive test cycle, CATC),包括 CLTC 和中国重型商用车辆行驶工况(China heavy-duty commercial vehicle test cycle, CHTC),可参见《中国汽车行驶工况 第 1 部分:轻型汽车》(GB/T 38146.1—

2019）和《中国汽车行驶工况 第2部分：重型商用车辆》（GB/T 38146.2—2019）。

电动汽车的整备质量、最大装载质量、迎风面积等整车结构参数，最大爬坡度、加减速性能和最高车速等整车性能参数以及机械传动系统的传动比和传动效率等参数决定了整车的牵引特性（F-V）和制动特性（F_b-V），即电机的转矩-转速（T-n）特性。

整车的运行工况和动力类型等也决定了电机的额定功率和额定转速。正如第五章和第六章将论述的那样，电机的转矩-转速特性和额定功率基本上决定了驱动电机系统的体积和重量。

电机的转矩-转速特性、额定功率和额定转速的确定是整车和驱动电机系统设计者的重要工作内容。电动汽车整车、驱动电机系统及机械传动系统等参数的确定以及它们之间的合理匹配至关重要。在整车设计阶段，驱动电机系统设计者应该与整车设计保持深度联动，确定满足车辆需求的合适的参数，既要满足车辆动力需求，又不至于留有过高的裕量，造成驱动电机系统的过设计。

三、驱动电机系统的安装与悬置

驱动电机系统与整车在安装悬挂方式的关联关系体现在以下两方面。

（1）驱动电机系统的安装环境，如发动机的热辐射会抬高驱动电机系统的工作环境温度，发动机运行时的振动冲击会影响安装在发动机周边的驱动电机系统的可靠性。因此在整车设备布置时，宜采取相应的措施，尽量减小外部因素对驱动电机系统的影响，包括：将发动机机舱隔离，防止发动机热辐射到驱动电机系统；驱动电机系统应尽量远离振动较大的发动机；设置适当的挡板，防止雨雪飞溅到驱动电机系统上；驱动电机系统与周边部件之间要留有足够的维修空间等。

（2）电机与控制器在整车上的安装悬置方式会影响其可靠性，悬置点的设置及悬置处的刚度等参数应合理设计，以避免电机和控制器受到振动冲击。在整车悬置设计时，应该将车架、驱动电机系统及机械传动系统作为一个大系统进行仿真。

第二节 驱动电机系统与机械传动系统的耦合关系及匹配设计

对于纯电驱动的驱动电机系统，机械传动系统包含电机侧减（变）速箱、传动轴以及车桥等。电机与机械传动系统的耦合关系体现在机械传动系统的传动比以及电机与机械传动系统的机械连接方面。其中与驱动电机系统耦合的参数有传动比和传动效率，传动比包括电机侧减（变）速箱传动比和车桥主减速箱传动比。

一、减（变）速箱及传动比

电机有效部分的体积为[1]

$$\begin{cases} D_a^2 l_a \propto \dfrac{T_1}{B_\delta A_1} = \dfrac{K_{CM} T_N}{B_\delta A_1} \\ T_N = 9550 \dfrac{P_N}{n_N} \end{cases} \tag{3-3}$$

式中，D_a 为电机的电枢直径，mm；l_a 为电机的电枢长度，mm；T_1 为折算转矩，N·m；B_δ 为气隙磁密，T；A_1 为电负荷，A/m；T_N 为额定转矩，N·m；P_N 为额定功率，kW；n_N 为额定转速，r/min；K_{CM} 为恒功比。

由式(3-3)可知，电机有效部分的体积由折算转矩确定，而不是由功率决定。当电机的功率一定、运行转速提高时，转矩降低，电机的体积和重量将降低，功率密度将提升。

在电机后侧加一个减速箱，提升电机转速，是提高电机功率密度最为有效的措施。比如，在乘用车上通常在电机后面设置减速比为 8 的减速箱，在采用减速比为 6.33 的主桥的商用车上，电机后设置一个减速比为 3.5 的减速箱，电机的转矩可分别降低为不带减速箱时的 $\dfrac{1}{8}$ 和 $\dfrac{1}{3.5}$，因此，理论上电机的功率密度可分别提高 8 和 3.5 倍。

根据式(3-2)可知，在电机转矩-转速特性一定时，为了保证低速牵引力，要求采用减速比较大的减速箱，而为了保证最高车速，则需要采用减速比较小的减速箱。为解决这一问题，可以选用两挡或者多挡变速箱，在高速运行时采用低传动比挡，在低速运行时选用大传动比挡，但变速箱成本会随之增加。

尽管电机具有较宽的恒功范围、较高的峰值转矩的特点，但其在整个运行范围内只在某个区段内处于高效区，如 2007 Toyota Camry 驱动电机系统，其高效区基本分布在 1500～4000r/min 和 40～250N·m 的范围内(图 3-3)[2]。为了保证驱动电机系统经常运行在高效区，降低整个车辆的能耗，可以采用多挡变速箱来调整驱动电机的运行转速。

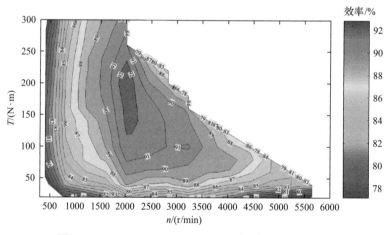

图 3-3　2007 Toyota Camry 驱动电机系统的效率分布

采用高减速比减速箱或者多挡变速箱，可以给驱动电机系统带来如下好处。

(1)降低了电机的转矩需求，从而降低电机的体积和重量，提升功率密度，减少材料用量。

(2)降低了电机峰值转矩，也可降低电机最大电流，即控制器的最大输出电流，从而降低了控制器的容量和成本。

(3)降低储能系统容量和增加续驶里程。由于驱动电机系统可以经常运行在高效区，驱动电机系统的能耗将降低。特别是采用多挡变速箱时，增加了传动比的自由度，因此低挡位大传动比可以减小电机的最大转矩，高挡位小传动比可以降低电机最高速度。通过换挡可以对电机的工作点进行调节，使电机运行在最佳经济模式，提升整车的经济性，增加续驶里程。

但采用高减速比减速箱或多挡变速箱，也给驱动电机系统及机械传动系统带来以下不利影响。

(1) 增加了电机轴承选择的难度：轴承是电机的关键机械部件。影响电机轴承选择的因素较多，但其极限转速是制约轴承可靠性的一个重要因素。一般来说，轴承越小，其极限转速越高。因此电机越小，转子重量越轻，承受的负荷越小，可选用极限转速越高的轴承，即电机的转速可以选得越高。这也是体积较小的乘用车电机的最高转速可以选得比体积较大的商用车电机要高的主要原因。

(2) 要求电机转子强度更高：离心力与转速的平方成正比，因此转速越高，离心力越大，转子承受的应力越高，要求转子强度越高。

(3) 增加了电机的振动和噪声：电机转速越高，供电频率越高，可能引起的电磁噪声将会越大。随着转速的增加，运行转速可能接近其固有频率，从而引起振动增加。

(4) 增加电机制造难度：电机转速越高，对动平衡、部件加工精度的要求越高。

(5) 增加减速箱/变速箱的设计难度：电机的转速增加，减速箱的传动比也随之加大，可能带来减速箱设计的难度，也会引起减速箱振动噪声和温升的增加。

(6) 增加了系统的成本：减(变)速箱将作为"额外"的设备增加系统的重量和成本。

(7) 降低系统的效率：减(变)速箱在运行时会产生一定的损耗，相应地会降低整个系统的效率。

(8) 降低系统的可靠性：由于增加了机械系统较为复杂的减/变速箱，故障点和故障概率增加。

尽管从驱动电机系统角度，有必要增加合适传动比的减速箱或者变速箱，但相比发动机的"从零转速到怠速区间无转矩和功率输出"特性相比，电机在零转速时的输出转矩即可达到峰值转矩且恒功范围较宽，即具有"天然"的良好加速性能，因此在电动汽车上，不需要像传统汽车那样，配置8挡以上的变速箱，只需要2挡，最高4挡的变速箱即可。也就是说，驱动电机系统对变速箱的要求大幅度降低。

基于以上原因，电机、整车及机械传动系统三方必须反复沟通，根据"系统最优"的原则，选择合适的减(变)速箱方案(主要是挡位数量和各挡的速比)和驱动电机的最高转速。目前对于乘用车用电机，最高转速已到20000r/min，而商用车用100kW的电机的最高转速在8000～10000r/min。

二、电机与减(变)速箱的机械耦合

无论是采用分体式结构还是一体化集成结构，电机与减速箱之间都存在机械耦合关系。当电机与减速箱采用分体式结构时，其主要耦合关系(图3-4)如下：

(1) 减速箱通过止口与电机端盖相连接，电机的端盖作为减速箱的悬挂部件。

(2) 减速箱输入轴与电机输出轴通过花键连接，传递转矩，目前采用的花键类型主要有矩形花键和渐开线花键。

电机与减速箱的匹配直接影响电机及机械传动系统的可靠性、振动噪声等。在设置这种匹配关系时，必须将二者作为一个整体考虑，作为一个小系统进行综合设计，尤其要考虑以下因素：①减速箱与电机的止口配合、花键之间的配合要防止过约束；②在进行振动噪声分析时，应将二者作为一个整体进行模态分析；③减速箱附加在电机端盖上，成为电机的一个附加载体，因此在设置电机悬置点时，应考虑减速箱的重量及受力情况，必要时在减速箱上设置附加的悬置点；④电机花键承受来自正反转方向且含有较大脉动分量的转矩，该负载特性是花键磨损故障的主要诱因，在选择花键大小及配合时，必须充分考虑这些因素；⑤当异步驱动电机发生突然短路时，会产生约 5 倍最大转矩的短路转矩，当永磁同步驱动电机发生突然短路时，会产生约 3 倍最大转矩的短路转矩，该短路转矩会对减速箱及电机产生较大的冲击，因此在进行系统的机械强度设计时应考虑到此工况带来的影响。

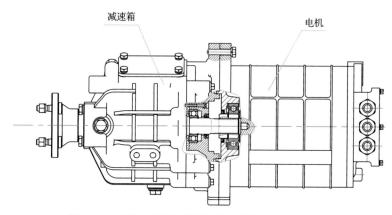

图 3-4　电机与减速箱采用分体式结构时的机械耦合

第三节　驱动电机系统与冷却系统的耦合关系及匹配设计

驱动电机系统在运行中产生损耗，应采取一定的冷却方式将该损耗产生的热量带走，以降低驱动电机系统各部件的温升，保证其正常工作。

冷却系统与驱动电机系统耦合的因素有：冷却方式、流量及流阻、进出口冷却介质的温度及温度差等。

一、冷却方式

目前电动汽车用控制器的冷却方式有风冷和水冷两种方式。电机的冷却方式有自然冷却、风冷、机壳水冷和油冷等。表 3-1 为控制器几种冷却方式的比较。表 3-2 为电机几种冷却方式的比较。

自然冷却由于冷却效果差，只在功率较小的电机中采用。油冷方式要求电机密封性能极高，只在功率密度要求极高和环境工作温度极高的电机中采用，如 Prius 电机。目前常用的冷却方式为液体冷却，其冷却介质多为添加了乙二醇的冷却水。

表 3-1 控制器不同冷却方式的比较

冷却方式	风冷(独立风机)	水冷
结构的复杂性	简单	较复杂
是否需要冷却装置	不需要	需要
是否需要辅助功率	需要	需要
噪声	较高	低
冷却效果	较差	好
功率密度	低	较高

表 3-2 电机不同冷却方式的比较

冷却方式	自然冷却	风冷		机壳水冷	油冷
		带同轴风扇	独立风机		
结构的复杂性	简单	较简单	简单	较复杂	非常复杂
是否需要冷却装置	不需要	不需要	不需要	需要	需要
是否需要辅助功率	不需要	不需要	需要	需要	需要
噪声	低	高	较高	低	低
冷却效果	差	较差	较好	好	很好
功率密度	很低	较低	低	较高	很高

图 3-5 为常用的基于串联水路的液体冷却电机冷却系统图。冷却水经控制器后进入电机内部，控制器和电机的损耗所产生的热量使冷却液体温度提升，温度升高后的冷却介质进入散热器，通过散热器的热交换，将热量传递到周围空气中，降低冷却介质的温度，然后通过冷却泵再回到控制器，进入下一个循环。

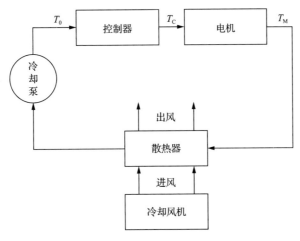

图 3-5 冷却系统图

二、流量及流阻

对于液体冷却系统，流量大小是以电机或者控制器温升达到稳定以后，该流量所能带走的热量等于电机或者控制器的损耗为依据来确定的。在驱动电机系统中，电机的损耗大于控制器的损耗，因此流量通常以电机的损耗为依据而定，即

$$Q = \frac{\Sigma P}{\rho C_p \Delta T} \tag{3-4}$$

式中，Q 为冷却介质流量，m^3/s；ΣP 为电机的损耗，W；ρ 为冷却介质密度，kg/m^3；C_p 为冷却介质比热容，$J/(kg \cdot K)$；ΔT 为进出口冷却介质温度差，K。

冷却介质在流道内流动会产生阻力，必须由外部动力——冷却泵来保证冷却介质的正常流动。冷却泵的功率需求为

$$P_{泵} = k(Z_1 + Z_2 + Z_3)Q^3 \tag{3-5}$$

式中，$P_{泵}$ 为冷却泵所需功率，kW；k 为系数；Z_1 为控制器的流阻，$Pa \cdot s/m$；Z_2 为电机的流阻，$Pa \cdot s/m$；Z_3 为其他管路的流阻，$Pa \cdot s/m$。

从式(3-5)可知，冷却泵的功率与流量的三次方成正比，与流阻成正比。为了降低冷却系统的功率消耗，冷却流量及流阻应尽量小。

三、进出口冷却介质的温度及温度差

冷却介质流经控制器、电机后，温度不断升高，由冷却风机将散热器的温度降下来。当流量确定时，不考虑管路散热的影响，各部分的温度(图3-5)为

$$\begin{cases} T_C = T_0 + \Delta T_C \\ T_M = T_C + \Delta T_M \\ \Delta T = T_M - T_0 = \Delta T_M + \Delta T_C \end{cases} \tag{3-6}$$

式中，T_0 为冷却介质散热器出口的温度，即控制器入口的温度，℃；T_C 为冷却介质控制器出口的温度，即电机入口的温度，℃；T_M 为冷却介质电机出口的温度，即散热器入口的温度，℃；ΔT_C 为冷却介质在控制器出、进口的温度差，K；ΔT_M 为冷却介质在电机出、进口的温度差，K；ΔT 为冷却介质在驱动电机系统出、进口的温度差，即散热器进、出口的温度差，K。

从式(3-4)~式(3-6)可以看出：

(1)为了降低控制器和电机的工作温度，要求冷却介质的入口温度越低越好，但入口温度越低，要求散热器的散热面积或者冷却风机的功率越大，散热系统的体积和成本就越高。

(2)试验结果表明，当冷却介质的流量超过某一值时，流量对控制器或者电机的温升影响较小，但流量直接决定冷却介质出口温度。

(3)流量决定了冷却泵及冷却风机的功率，冷却泵的功率与流量的三次方成正比，冷却风机的功率与流量的三次方成正比。

(4)冷却泵的功率与流阻成正比，流量一定时，流阻越大，冷却泵的功率也越大。反

之，当冷却泵的功率一定时，流阻越大，流量越小。

因此驱动电机系统除了在冷却结构设计时应采用流阻小的高效冷却结构外，还应该与散热系统共同确定驱动电机系统的流量、流阻限值以及冷却介质分别在控制器、电机的进出口的温度差，也应将体现流阻大小的压头分别作为控制器和电机的技术要求及试验验证项目。

第四节　驱动电机系统与储能系统的耦合关系及匹配设计

储能系统是驱动电机系统的输入端，为驱动电机系统提供输入能量。驱动电机系统与储能系统耦合的关联参数为直流母线电压，包括额定直流母线电压、最低直流母线电压和最高直流母线电压。

尽管储能系统的电压主要由整车厂确定，但其电压大小对驱动电机系统的影响较大。本节介绍直流母线电压对驱动电机系统的影响以及与驱动电机系统的匹配设计。

一、直流母线电压对驱动电机系统的影响

1. 对驱动电机系统电流的影响

当电机的输出功率为 P_2 时，控制器和电机的输入电流分别为

$$\begin{cases} I_{con} = \dfrac{P_2}{U_{dc}\eta_{con}\eta_{motor}} \\[2mm] I_{motor} = \dfrac{P_2}{\sqrt{3}U_1 \cos\varphi\eta_{motor}} = \dfrac{P_2}{\sqrt{3}kU_{dc}\cos\varphi\eta_{motor}} \\[2mm] U_1 = kU_{dc} \end{cases} \tag{3-7}$$

式中，I_{con} 为控制器电流，A；I_{motor} 为电机电流，A；U_{dc} 为直流母线电压，V；U_1 为电机输入电压，V；η_{con} 为控制器效率；η_{motor} 为电机效率；$\cos\varphi$ 为电机功率因数；k 为控制器电压转换系数。

根据式(3-7)，直流母线电压 U_{dc} 越高，电机和控制器的电流将越小。

2. 对电机体积和基波效率的影响

根据式(3-3)，电机有效部分的体积只与折算转矩有关，与电压无关。同样只要有合理的设计，在不考虑电机内部连线及电缆线的损耗和电机的附加损耗时，电机的效率(基波)也与电压无关，因此直流母线电压大小不影响电机有效部分的体积和效率。

但是，当直流母线电压较高时，将会降低控制器的电流，即控制器可能有一定的电流裕量，此时电机设计时，可以充分利用这种裕量，采用"小电机-大控制器"的设计原则，从而降低电机的体积。Prius 第三代电机功率密度大幅提高的一个原因也是利用了该原理。图 3-6 为 Prius 第二代和第三代电机的转矩-转速特性，表 3-3 为二者之间的比较。

可以看出，相比于第二代电机，第三代电机的直流母线电压由 500V 提高到 650V，峰值功率提高了 20%，峰值电流降低 26%。

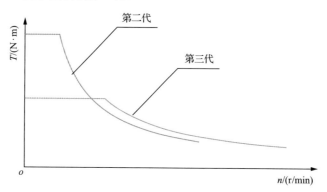

图 3-6　Prius 第二代和第三代电机的转矩-转速特性

表 3-3　Prius 第二代和第三代电机的参数比较

参数	第二代	第三代
直流母线电压/V	500	650（+30%）
峰值转矩/(N·m)	400	207（-48.25%）
峰值功率/kW	50	60（+20%）
峰值电流/A	230	170（-26%）

3. 对控制器体积和重量的影响

尽管随着直流母线电压的提升，电流会降低，相应的内部连线截面积会减小，可以减小控制器的体积，但由于电压的提高，爬电距离、电容的体积等会相应增加，考虑到元器件的通用性等因素，控制器的体积及重量没有本质性的变化。

4. 对电机附加损耗和系统稳定性的影响

对于异步驱动电机和永磁同步驱动电机，直流母线电压越高，电机的漏抗越大，对控制器的谐波抑制能力越强，所引起的谐波损耗越低。这种损耗的降低，当电机体积一定时，可以降低其温升，提高效率，提升电机的可靠性。或者，在保持同样的温升情况下，可以降低电机的体积和重量，从而提升功率密度。

另外，较大的电机漏抗也有助于提升系统的稳定性。

5. 对电缆线的影响

由于直流母线电压的升高，整个驱动电机系统的电流将减小，可以减小动力电缆线的线径，降低驱动电机系统的重量和成本，且便于布线。

6. 对电磁兼容性的影响

电磁兼容性与驱动电机系统的电流相关，在相同布线条件下，电流越小，电磁兼容性越好，因此直流母线电压越高，驱动电机系统的电磁兼容性越好。

7. 对驱动电机系统耐压的影响

直流母线电压越高，对电机的绝缘耐压要求越高，控制器的支撑电容、功率器件的电压等级也越高。这可能会增加驱动电机系统的体积和成本。

8. 对输出能力的影响

对于已定型的电机，由于电磁结构参数一定，当直流母线电压 U_{dc} 提高后，即提高电机的最大输出电压后，电机的电压 U_1 变化规律如图 3-7 所示，即进入满电压的频率(转速)随直流母线电压近似呈正比例提升。在进入满电压之前，电机以恒磁通方式运行。电机的性能与直流母线电压变化规律如下：

(1)由于不能改变电机的磁密和电流，因而峰值转矩不会变化。

(2)根据式(3-7)，当电流不变时，电机的功率与电压成正比，因此随着直流母线电压的提升，电机的峰值功率提升。

(3)同样当额定电流不变时，若不考虑随转速变化的铁耗，电机的温升将会保持不变，因此随着直流母线电压的提升，可以通过提升额定电压和额定转速来提高电机的额定功率。

(4)异步驱动电机最大转矩与电压的平方成正比，永磁同步驱动电机的失步转距与电压的 1～2 次方成正比，因此提高直流母线电压可以提升电机在高速下的输出能力。

综上，在绝缘系统允许的前提下，提升直流母线电压，可以提升已经定型的电机的输出能力。

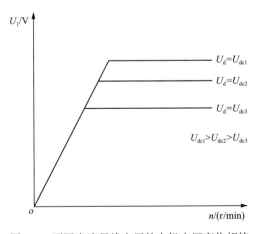

图 3-7 不同直流母线电压的电机电压变化规律

二、匹配设计

驱动电机系统与直流母线电压匹配设计主要包括：全直流母线电压范围内的输出转矩的发挥、电机绝缘系统的耐压能力、控制器关键器件的电压匹配性以及试验验证等方面。

1. 全直流母线电压范围内的输出转矩的发挥

驱动电机系统设计的一个重要任务是保证驱动电机系统(尤其是电机)在整个电压范围内(从最低直流母线电压到最高直流母线电压)能满足车辆所需要的转矩-转速特性,并且保证:①电机的最大电流不超过控制器所允许的最大电流;②电机在最低直流母线电压和最高转速下的最大转矩倍数(对于异步驱动电机)或失步转矩倍数(对于永磁同步驱动电机)必须大于某一值(一般取 1.2);③电机在最低直流母线电压和最高转速下的电流不超过控制器所允许的最大电流。

2. 电机绝缘系统的耐压能力

电机的绝缘系统可视为电机的心脏。电机绝缘系统的主要性能是应具有较强的耐压能力。在电机的绝缘系统中,作为主绝缘的槽绝缘及匝间绝缘的材料和厚度必须能承受最高直流母线电压和运行中直流母线电压变化时的电压冲击。

3. 控制器关键器件的电压匹配性

控制器关键器件包括功率器件、支撑电容和低感母排等。这些器件直接与储能系统相连,承受直流母线电压。最高直流母线电压的大小是选择或者设计这些功率器件的重要依据。

4. 试验验证

电机、控制器以及电机和控制器内的各部件的耐压试验的耐压值均由最高直流母线电压值所决定。当采用工频电压进行耐压试验时,电机和控制器整机的耐压值为

$$U_{\text{test}} = 2U_{\text{dcmax}} + 1000 \tag{3-8}$$

式中,U_{test} 为耐压值,V;U_{dcmax} 为最高直流母线电压,V。

第五节　驱动电机系统与环境条件的耦合关系及匹配设计

环境条件是指驱动电机系统所处的外部条件,即所承受的外部环境负荷,包括气候负荷、固体/液体负荷、机械负荷和化学负荷[3-6]。

气候负荷指驱动电机系统所承受的与气候环境条件相关的应力,包括海拔、温度(含温度的变化)、湿度和盐雾。

固体/液体负荷是指驱动电机系统所处运行环境的雨、雪、水、沙尘等。

机械负荷指驱动电机系统运行时其本身转矩之外的附加负荷,主要包括:①车辆运行给驱动电机系统造成的振动和冲击;②发动机运行时给电机造成的振动、冲击以及扭振。

化学负荷指驱动电机系统在运行或者维修时可能受到化学腐蚀剂的侵蚀。

电动汽车运行时，要经受雨雪、沙尘、恶劣路况以及车辆的振动和发动机室内的高温环境等的影响，这些环境条件将直接影响驱动电机系统的寿命、可靠性以及性能。因此了解环境负荷对驱动电机系统的影响机理，并采取相应的措施，对提高驱动电机系统的可靠性、耐久性等至关重要。

一、环境条件对驱动电机系统的影响

1. 气候负荷

1）海拔

海拔对驱动电机系统的影响主要体现在散热能力和绝缘强度两个方面。

海拔越高，空气越稀薄，散热条件就越差(尤其对于风冷驱动电机系统)，因此驱动电机系统在高海拔地区运行时比在低海拔地区运行时的温升要高。以 1000m 为基准，海拔每上升 100m，电机温度将上升 1%。即运用在高海拔地区的电机功率密度比在低海拔地区的电机要低。由于随着海拔的增加，环境温度降低，因此，根据 GB/T 755—2019 的规定，在一定的海拔范围内，可不对温升限值进行修正。

海拔越高，空气越稀薄，绝缘性能将下降。海拔每增加 1000m，绝缘强度降低 8%～10%。因此当海拔增加时，应适当加大爬电距离。

另外海拔越高，紫外线强度越高，绝缘和表面防护层的寿命将降低。

2）温度

对于驱动电机系统，有以下几种关于温度的定义：大气环境温度、工作环境温度、贮存温度、生存温度和工作温度。

(1)大气环境温度(t_1)：指驱动电机系统没有工作时，在遮阴条件下的大气温度。

(2)工作环境温度(t_2)：指驱动电机系统安装在车辆上时，其他相关部件工作但驱动电机系统没有工作时的周围的温度。

驱动电机系统在运行时，由于受到太阳的照射、路面热量的辐射、发动机热量的影响等，最高工作环境温度比大气环境温度要高得多，尤其是与发动机直接耦合的混合动力车用驱动电机系统。表 3-4 为《汽车电气设备基本技术条件》(QC/T 413—2002)规定的汽车电气设备的最高工作温度，该温度也可指导电动汽车驱动电机系统最高工作温度的选择。

表 3-4　汽车电气设备的最高工作温度

安装部位	最高工作温度/℃
装在发动机上的产品	120，105，90
装在发动机罩下或受日光照射的产品	85，70
装在其他部位的产品	65，55

(3)贮存温度(t_3)：驱动电机系统存放时的环境温度。

(4)生存温度(survival temperature)(t_4)：包含驱动电机系统及车辆在内的所有部件全部不工作时，驱动电机系统可能承受的温度。例如，车辆停在户外，在夏天由于太阳照射和地面的辐射，驱动电机系统周围的温度会达到50℃，冬天或者采用空运时，当飞机飞行高度达13000m时，驱动电机系统的周边温度可能会达到-50℃。

(5)工作温度(t_5)：驱动电机系统运行时，由于损耗所产生的温升与工作环境温度叠加之后的温度。

通常情况下

$$\begin{cases} t_5 > t_2 \geqslant t_1 \\ t_{3min} \leqslant t_{1min} \end{cases} \tag{3-9}$$

式中，t_{3min}为最低贮存温度，℃；t_{1min}为最低环境温度，℃。

并且，环境温度越高，工作环境温度越高，工作温度越高。

温度对驱动电机系统的影响如下：

(1)随着工作温度的升高，电机的损耗增加，效率降低。对于永磁同步驱动电机，工作温度升高，输出转矩降低。

(2)在温度的作用下，驱动电机系统所用材料的机械、电气、物理性能将逐步变差，而当温度上升到一定程度时，特性会发生本质的变化，最终失去功能和性能，包括：①电机绝缘材料失去绝缘性能；②永磁同步驱动电机的永磁体失磁；③异步驱动电机的转子导电材料(铝或铜)呈软化特性，机械性能大幅度下降；④电机在高温作用下，油脂和轴承钢失效，游隙变小；⑤控制器功率器件与水冷板之间的导热胶失效；⑥控制器导线间焊料在高温下加速氧化，热阻增加；⑦控制器的功率器件、支撑电容、电路板的元器件失效。

驱动电机系统设计者的一个重要任务是保证正常运行时，各部分的温度在其允许的限值内。

(3)随着温度的降低，元器件会出现功能丧失而造成"控制器不能启动"的现象；非金属材料会变脆，金属材料的机械性能会降低而出现"开裂"现象，如用于密封的橡胶材料和电路板在低温下会失去弹性。

因此所选择的元器件必须保证控制器在最低环境温度下能正常启动；所选择的金属材料和非金属材料在最低生存温度下一定时间内不会失效；轴承的油脂在最低环境温度下不会变硬而失效。

3)湿度

驱动电机系统在潮湿的环境中时，绝缘材料会吸湿受潮而导致绝缘电阻减小，耐压能力降低；金属材料表面容易腐蚀，轴承油脂受潮而变质，支撑电容因受潮而使绝缘电阻和电气性能下降，电子元器件等的绝缘电阻下降。

由于新能源汽车运用地区的广域性，驱动电机系统应能在100%湿度(凝露)的条件下正常工作。

4)温度和湿度

实际上，驱动电机系统不会只单独承受温度或湿度的作用，通常是二者共同作用，即所谓的湿热作用。湿热作用会对驱动电机系统造成如下影响：①吸附和凝露作用使绝缘材料的电阻降低引起爬电，介质损耗增加导致绝缘电气性能降低；②腐蚀焊料，使焊点失效；③腐蚀机壳、端盖、铁心、控制箱等金属材料，降低材料的机械性能；④腐蚀控制器的电子元器件，降低控制器的电气性能，缩短控制器的使用寿命；⑤密封件吸潮，密封性能降低或失效。

5）温度冲击

电机和控制器均由不同材质组成，由于各种材质的热膨胀系数不同，一旦温度发生剧烈变化，各材质的变化位移不同，从而造成相互之间的位移。如果反复受到这种温度冲击的作用，材料间可能出现不可恢复的缝隙和空隙，从而导致电机或者控制器出现故障。比如，电机定子铁心和机座的热膨胀系数不同，一旦温度变化过大，轻则二者之间的间隙加大而影响散热，重则发生定子铁心转动而不能传递转矩等。

另外，当温度剧烈变化时，也会造成"呼吸现象"，使得电机或者控制器内部出现凝露现象，并影响绝缘等方面的性能。

6）盐雾

绝缘材料长期在盐雾环境下（如沿海地区）使用时，材料的物理/化学性能发生改变，从而加速绝缘材料的老化，降低绝缘系统的电气性能和耐老化寿命。此外，盐雾中的高浓度钠离子和氯离子与金属材料发生化学反应生成强酸性的金属盐，腐蚀电机或者控制器表面。

2. 固体/液体负荷

当雨、雪、水、沙尘等固体/液体介质等负荷进入电机或者控制器内部后，会对电机或者控制器的各零部件带来如表 3-5 所示的影响。

表 3-5 固体/液体负荷对驱动电机系统造成的影响

物质	进入的驱动电机系统的部位	对驱动电机系统造成的影响
雨、雪、水	电机轴承内	稀释润滑脂、腐蚀轴承，从而加速电机轴承磨损和失效，缩短轴承使用寿命
	电机内	腐蚀绝缘材料，使绝缘材料短路、击穿 电机漏电，影响人身安全 腐蚀铁心、永磁体等金属部件
	电机接线盒内	电机短路 爬电
	控制器	腐蚀电子元器件 控制器漏电，影响人身安全 控制器短路 爬电
沙尘	电机	进入轴承内，破坏轴承，加速轴承的磨损，缩短轴承的使用寿命 附着在电机绝缘上，影响电机的散热，有可能将绝缘磨坏 灰尘中的铁粉附着在转子上，破坏转子和电机性能
	控制器	附着在控制器的电子元器件上，影响控制器的散热 腐蚀电子元器件，降低控制器的电气性能，缩短控制器的使用寿命 控制器短路

3. 机械负荷

车辆运行时,驱动电机系统会受到来自恶劣路面以及发动机运转的冲击和振动。这种冲击振动将影响驱动电机系统的可靠性,主要体现在:①加速电机轴承磨损和损伤,缩短轴承使用寿命;②造成紧固件松动;③电机断轴;④电机和控制器的结构件开裂,安装悬挂部位断裂,影响可靠性和安全性;⑤产生较大的振动和噪声,影响驾乘的舒适性;⑥振动造成电机端部绑线松动,使端部绕组之间相互摩擦,损伤电机绝缘,缩短电机使用寿命,甚至烧毁电机。

4. 化学负荷

化学负荷包括:①驱动电机系统正常运行时,大气中的化学污染物;②驱动电机系统在维护、维修时受到的化学腐蚀剂的侵蚀。这些化学腐蚀剂主要包括:柴油、蓄电池液、防冻液、防护漆、防护漆去除剂、发动机油、低温清洗剂、甲醇、酒精、变速箱(差速箱)油、车用化学清洗剂、玻璃清洗剂、煤油等。

化学负荷对驱动电机系统的影响体现在:①造成电机和控制器的密封失效;②造成电机和控制器外表面金属腐蚀;③造成电机和控制器的裸露母排腐蚀;④造成电机内部的金属件,如铁心、转轴以及永磁体生锈;⑤造成绝缘材料的物理/化学性能发生改变,从而加速绝缘材料的老化导致绝缘系统绝缘电阻下降甚至失效。

二、环境适应性设计措施

驱动电机系统运行区域广阔,承受的环境条件非常恶劣。驱动电机系统是电动汽车的关键部件,其可靠性直接决定了车辆的正常运行与否,因此驱动电机系统环境适应性的设计十分重要。

驱动电机系统环境适应性设计包括驱动电机系统侧和整车侧。驱动电机系统侧是在其本体设计时采取的主动防护措施。表 3-6 给出了从驱动电机系统侧针对不同的环境负荷所采取的适应性设计措施。

驱动电机系统安装在车辆上,因此与车辆设计者紧密配合,从车辆侧采取相应的环境适应性措施同样重要,包括:①采取适当的隔热措施,防止发动机等热源传递到驱动电机系统;②选择合适的安装位置和通风散热方式,将驱动电机系统及关联部件(主要是发动机)产生的热量及时排到车辆外,避免驱动电机系统运行时的工作环境温度持续上升;③选择合适的安装悬挂方式和减振措施,减小驱动电机系统的冲击和振动;④在电机下方增加挡雨板,可以有效防止雨雪天气中的水溅到电机上。

表 3-6 环境适应性设计措施(驱动电机系统侧)

序号	环境负荷	设计措施	
		电机侧	控制器侧
1	海拔	按 GB/T 755—2019 的规定修正电机的温升限值 爬电距离按对应的海拔设计	降低控制器的温升限值 爬电距离按对应的海拔设计

续表

序号	环境负荷		设计措施	
			电机侧	控制器侧
2	温度	低温	选择耐低温非金属材料 采用耐低温油脂 选用耐低温绝缘材料	选用耐低温非金属材料 选用耐低温绝缘材料 选用耐低温的元器件
3		高温	按 GB/T 755—2019 修正电机的温升限值	降低温升限值
4		温度变化	通过湿热试验	通过湿热试验
5		工作温度	电机在各种定额下的温升不得超过 GB/T 18488.1—2015 所规定的温升限值	控制器在各种定额下的温升不得超过关键元器件的允许温升
6	湿度		电机必须通过湿热试验 采用 IP67 以上的密封结构	控制器必须通过湿热试验 采用 IP67 以上的密封结构
7	雨、雪		采用 IP67 以上的密封结构	采用 IP67 以上的密封结构
8	尘		采用 IP67 以上的密封结构 定期清洗表面灰尘	采用 IP67 以上的密封结构 定期清洗表面灰尘
9	盐雾		采用 IP67 以上的密封结构 适应盐雾的表面涂层	采用 IP67 以上的密封结构 适应盐雾的表面涂层
10	化学污染		采用 IP67 以上的密封结构； 适应化学污染物的表面涂层	采用 IP67 以上的密封结构 适应化学污染物的表面涂层
11	振动冲击		按可能承受的冲击进行机械仿真 增强电机各部件的强度 振动冲击试验验证	按可能承受的冲击进行机械仿真 增强控制器各部件的强度 振动冲击试验验证

第六节　电机与控制器的相互影响

作为驱动电机系统组成部分的电机和控制器，二者相互关联、相互影响。一方面电机等效电路参数和性能参数会影响控制器的体积容量及控制性能；另一方面基于电压源的控制器所输出电压的脉冲性和非正弦性会在电机上产生过电压和高频轴电压，在驱动电机系统引发电磁兼容等问题，从而给驱动电机系统的可靠性和稳定性造成不良影响。

异步驱动电机和永磁同步驱动电机等效电路参数和性能对控制器的影响以及控制器输出的非正弦性对电机的影响将分别在第五章和第六章介绍，电磁兼容性将在第九章详细介绍，本节仅介绍控制器输出的脉冲性对电机的影响，分析电机端子上尖峰电压和轴承两端高频轴电压的产生机理和后果，提出相应的预防和抑制措施。

一、控制器输出电压的特点及对驱动电机系统的影响

1. 脉冲性

控制器利用 IGBT 或者 SiC 等功率器件的"开""关"变换将储能系统的直流电转换成频率、电压可变的交流电，所输出的电压呈现出与开关频率相同的脉冲特性。

由于电压不能突变，电压上升或者下降呈现一个比较陡的变化，即出现较大的 dU/dt（图 3-8）。不同功率器件的开关特性如表 3-7 所示。

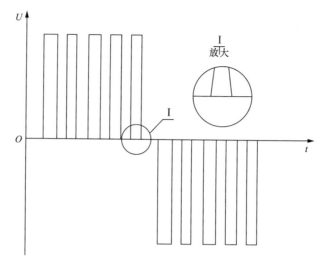

图 3-8　控制器输出的电压

表 3-7　不同功率器件的开关特性

功率器件	IGBT	SiC
开关频率 f_t/Hz	4000～10000	＞10000
dU/dt/(V/μs)	6000	＞20000

$\mathrm{d}U/\mathrm{d}t$ 代表电压的变化率，而开关频率 f_t 代表单位时间内产生的脉冲电压次数。

这种输出电压的脉冲性，通过控制器和电机之间的电缆线、电机内部的杂散电容以及控制器内部杂散电容的耦合，会在电机端子上产生较大的尖峰电压，在轴承两端产生高频轴电压，在驱动电机系统中产生电磁干扰。

2. 非正弦性

如图 3-8 所示，控制器的输出电压由不同的方波电压所组成。通过傅里叶级数分解，输出电压中不仅含有基波分量，还有大量的谐波分量。这种电压通过电机的电感、电阻的作用而在电机中产生电流。该电流同样不仅含有基波分量，还含有谐波分量(图 3-9)。谐波电流会在驱动电机各部分产生损耗并产生脉动转矩，从而降低电机效率，增加温升、振动和噪声。

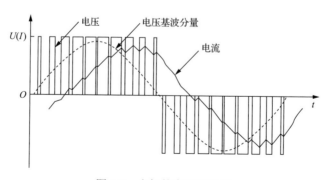

图 3-9　电机的电压和电流

二、电机端子的尖峰电压产生机理、后果及预防措施

由于控制器输出电压的脉冲性，电压的突变会通过控制器与电机之间的功率电缆线在电机端子上产生瞬态变化电压。目前已有众多的研究[7,8]揭示这种瞬态变化产生的机理。

图 3-10 为电机与控制器之间的电路图。

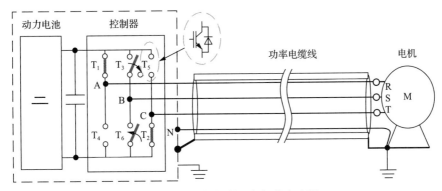

图 3-10 电机与控制器之间的电路图

控制器的输出电压通过功率电缆线传输到电机接线端。根据传输理论，控制器的脉冲电压在功率电缆线中传输，将产生反射、折射、振动和衰减，并在电机输入端子上产生具有较大尖峰的瞬态电压。电机端电压的尖峰电压 U_P 与控制器的直流母线电压 U_{dc} 的倍率为

$$\begin{cases} \dfrac{U_P}{U_{dc}} = 1 - \beta_1\beta_2 \\[2mm] \beta_1 = \dfrac{Z_1 - Z_0}{Z_1 + Z_0} \\[2mm] \beta_2 = \dfrac{Z_2 - Z_0}{Z_2 + Z_0} \\[2mm] Z_0 = \sqrt{\dfrac{l_c}{C_c}} \end{cases} \tag{3-10}$$

式中，β_1 为功率电缆线首端反射系数；β_2 为功率电缆线末端反射系数；Z_1 为控制器波阻抗；Z_0 为功率电缆线的波阻抗；Z_2 为电机的波阻抗；l_c 为单位长度的功率电缆线的电感；C_c 为单位长度的功率电缆线的电容。

由于 $Z_1 \ll Z_0$，则 $\beta_1 \approx -1$，有

$$\frac{U_P}{U_{dc}} \approx \frac{2Z_2}{Z_2 + Z_0} \tag{3-11}$$

通常电机的波阻抗 Z_2 远远大于功率电缆线的波阻抗 Z_0，因此在功率电缆线末端(电机接线端)产生尖峰电压，并产生高频振荡(图 3-11)[8]。尖峰电压幅值倍数与 dU/dt 和功

率电缆线长度等有关。根据式(3-11)，其大小在 1～2，极端情况下尖峰电压幅值可以达到直流母线电压的 2 倍。dU/dt 越大、功率电缆线长度越长，尖峰电压幅值倍数越大。这种尖峰电压出现的频次与开关频率 f_t 成正比。

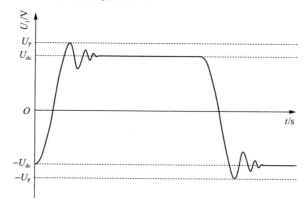

图 3-11 电机接线端子上的电压波形

电机绕组各匝间存在分布电容，因此电机端子上的高频振荡电压使得线圈的各匝之间电压分布不均匀，越靠近线端的几匝线圈电压越高，其中首端数匝线圈上的电压约为该尖峰电压的 80%，即所承受的匝间电压超过正弦波供电时的匝间电压的 20 倍。该电压可能使首匝附近出现匝间绝缘击穿，严重时当绕组匝间电压超过局部放电起始电压(partial discharge inception voltage，PDIV)时，会出现局部放电，即产生电晕现象。

由于控制器的开关频率通常在 4000Hz 以上，即 1s 时间内，绝缘系统会承受 4000 次以上的尖峰电压作用，几小时产生的脉冲数为正弦供电条件下数十年的脉冲数。这样长期重复的局部放电作用会加速绝缘老化直至损坏，降低绝缘寿命。

为了降低这种尖峰过电压对绝缘系统的影响，可以采取如下措施。

(1)在不大幅度损失控制器输出性能的前提下，适当降低控制器的开关频率 f_t 和 dU/dt。

(2)尽量减小控制器与电机之间功率电缆线的长度。

(3)电机的电磁线采用能承受一定电晕的耐电晕漆包线。这也是通常采用的最为经济的方案。耐电晕漆包线是在铜线表面涂覆一定厚度的纳米无机填料的耐电晕漆。由于纳米效应的作用，在高频脉冲电压作用下，耐电晕漆包线比普通漆包线具有更长的绝缘寿命。例如，在《变频调速专用三相异步电动机绝缘规范》(GB/T 21707—2018)所规定的如下条件下进行试验：

(1)脉冲频率：20kHz。

(2)脉冲占空比：50%。

(3)脉冲波形：方波。

(4)脉冲极性：双极。

(5)电压峰峰值：3kV。

(6)温度：155℃±2℃。

当脉冲上升时间分别为 400ns、200ns 和 100ns 时，耐电晕漆包线寿命分别可达到 50h、20h 和 12h。而对于普通漆包线，即使脉冲上升时间只有 400ns，其寿命也仅为 1～2h。

三、电机轴电压产生的机理、后果及预防措施

1. 电机轴电压产生的机理及后果

对于工频电动机，尤其是对于 400kW 以下的工频供电的电机，产生轴电压的原因为磁路不对称。非对称磁路在轭部产生一个圆周交流磁通，并在电机轴、轴承、端盖和机座之间所组成的导电回路中感应出低频交流电压，从而产生轴电流。

当电机由逆变器(控制器)供电时，由于逆变器采用脉宽调制方式，通过开关切换的方式将直流母线电压 U_{dc} 变换成三相电压。电机端的线电压为 $+U_{dc}$ 或 $-U_{dc}$，因此在任意瞬间三相电压之和不可能为零。这个瞬态非零电压即共模电压，图 3-12 为典型的共模电压 U_{cm} 波形。

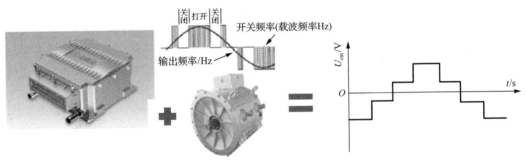

图 3-12　典型的共模电压波形

由于电机内部，如定子铁心与机座间、定子与转子间、轴承之间等存在杂散电容，共模电压与这些杂散电容产生容性耦合，在轴承两端产生高频轴电压。图 3-13 为异步驱动电机的容性耦合和共模模型[9]。在图中，L_0 和 R_0 为定子绕组的共模电感和电阻；C_{sf}、C_{sr} 和 C_{rf} 分别为定子绕组对机壳电容、定子绕组对转子电容和转子对机壳的电容；C_b 为轴承电容、Z_1 为轴承电阻；U_{cm}、U_{sng} 和 U_{rg} 分别为控制器的输出共模电压、定子绕组中性点对地电压和轴电压；$i(t)$ 为共模电流；R_b 为轴承电阻；i_b 为轴电流。

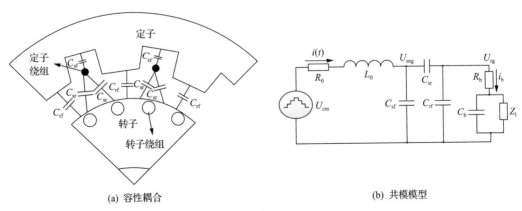

(a) 容性耦合　　　　　　　　　　　　(b) 共模模型

图 3-13　容性耦合和共模模型

目前已有大量的研究成果揭示了逆变器供电的电动机(尤其是异步电动机)轴电压产生的机理、传播途径和幅值[9-12]。总体上讲,当轴承两端的电压超过润滑脂的绝缘能力时,油膜将被击穿,从而产生放电加工(electric discharge machining,EDM)电流,即"轴电流"。这种 EDM 电流会在电机轴承,甚至机械传动系统中的齿轮、减速箱的轴承上产生电腐蚀现象。电腐蚀的严重程度与轴电流密度相关。当电流密度较小时,长期的电腐蚀会使轴承滚道出现搓衣板形状的纹路,滚珠表面粗糙发暗(图 3-14)。而当电流较大时,电腐蚀将使轴承在较短时间内烧损。

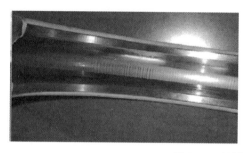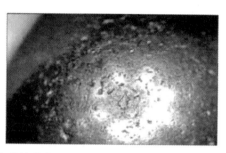

图 3-14　轴承电腐蚀现象

2. 共模电流的路径

由于电动汽车用电机体积相对较小,磁路不对称所产生的低频轴电压和共模电压所引起的高频轴电压均较小,基本上可以忽略。其轴电压和轴电流主要是由高频共模电压所引起的。对于转速为 10000~12000r/min 的电机,这种高频的轴电压可达到 5~40V,当控制器的开关频率超过 12kHz 时,可以在极短的时间内形成上百万个电腐蚀坑穴[13]。

预测这种轴电压及轴电流大小比较困难,但轴电压、轴电流的大小及其类型与电机是否有接地回路、电机轴端是否与机械传动系统绝缘有关(图 3-15)。

在图 3-15 所示的电气原理图中,在电机轴承中产生了以下不同类型的电流:

(1)类型一:经定子、轴承和转轴的高频循环电流。

(2)类型二:经定子、气隙、转轴和轴承的高频循环电流。

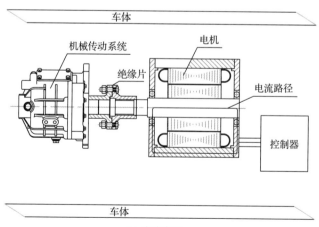

(a) 电流类型一

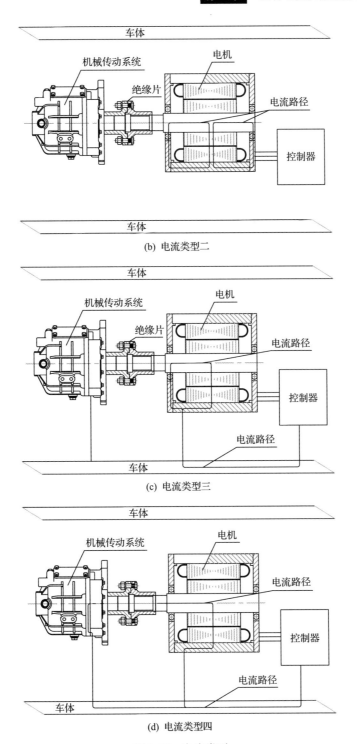

(b) 电流类型二

(c) 电流类型三

(d) 电流类型四

图 3-15 电流类型

(3)类型三：经定子、转子、轴承、机座、电机接地线、车体、控制器接地线、控制器、定子的高频循环电流。

(4)类型四：经定子、转子、转轴、联轴器、机械传动系统、车架、控制器的高频循环电流。

表 3-8 给出了电机不同布置方式的轴电流类型。

表 3-8 电机不同布置方式的轴电流类型

有无接地回路	有接地回路		无接地回路	
电机与机械传动系统之间有无绝缘	电机与机械传动系统之间有绝缘	电机与机械传动系统之间没有绝缘	电机与机械传动系统之间有绝缘	电机与机械传动系统之间没有绝缘
电流类型一	√	√	√	√
电流类型二	√	√	√	√
电流类型三	√	√	×	×
电流类型四	×	√	×	×

注："√"代表有轴电流；"×"代表无轴电流。

3. 电腐蚀的抑制措施

从前面的分析可以知道，轴承电腐蚀的主要原因是高频共模电压在轴承上产生的轴电压所产生的轴电流。过大的轴电流会造成轴承的电腐蚀，轴承长久承受这种电腐蚀的作用时将失效而引发故障。

一般来说，可从"降""堵""疏"三个维度采取措施来降低电腐蚀。"降"是指降低轴电压；"堵"是指堵住轴电流通过轴承的通道；"疏"是指将轴电流通过其他路径流走而不经过轴承。

1）降低轴电压

轴电压是产生电腐蚀的根源，因此降低轴电压是减少轴承电腐蚀最为有效的措施。根据轴电压产生的机理，一般可采取以下两种方法。

(1)轴电压的峰值是由共模电压中的高频分量激励产生的，因此要降低轴电压幅值，可以通过降低共模电压的 dU/dt 来实现，常用的办法是在控制器输出端口增加滤波器或者调整开关器件的驱动电路，但这样会增加控制器的成本、重量、体积和损耗。

(2)根据驱动电机系统的实际情况，通过接地系统优化，改变轴电压的作用回路，即改变整个系统的阻抗匹配，使得共模电压作用到轴承上的值尽可能小。这种方法是解决轴承电腐蚀问题效费比最优的方法。

2）堵住轴电流的回路

从原理上讲，只要轴承回路的阻抗足够大，流经轴承的轴电流就会足够小。按此思路有以下三种方法：

(1)采用价格较高的绝缘轴承，即将轴承内圈或者外圈加一层绝缘层。但必须指出，该轴承的绝缘层并不能有效抑制高频电压或电流，因此对于采用高频开关器件的电动汽车驱动电机系统而言，这种方法抑制效果有限。

(2)采用陶瓷滚子轴承，由于轴承的滚子为绝缘材料，可以彻底避免电腐蚀问题的发生，但陶瓷滚子轴承价格更高。

(3)采用绝缘端盖，即在端盖上加一层绝缘层[10]，阻止轴电流流过轴承，但这也会增加端盖的制造成本和制造难度(图 3-16)。

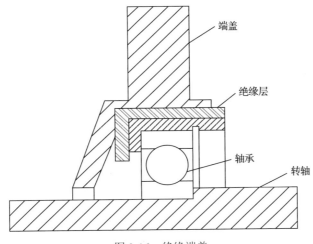

图 3-16 绝缘端盖

3)疏导定、转子之间轴电流的流通回路

其基本思路是在轴承旁加一个低阻回路，使得本来应该流经轴承的电流流过该低阻回路。按此思路有以下三种方法。

(1)采用接地碳刷，即在固定部位(如端盖)上安装刷架，在转轴上安装滑环，轴电流经过低阻的碳刷回到转子，而不经过轴承。图 3-17[13]为在地铁牵引电动机上采用的一种接地碳刷装置示意图，其基本思路也可以用于电动汽车电机上。增加接地碳刷会增加电机的复杂程度、轴向尺寸及成本，并且在整个电机的全生命周期内可能要更换碳刷，增加维护工作量和成本。

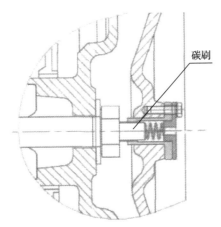

图 3-17 接地碳刷装置

(2)采用接地环。接地环由固定件和极细的低阻金属丝组成，安装在电机端盖或者轴承盖的固定部分上。轴电流通过接地环回到转子，而不经过轴承，从而达到保护轴承的目的。图 3-18[13,14]为在地铁牵引电动机上采用的接地环的结构示意图，同样其基本思路也可以用于电动汽车电机上。目前，特斯拉 Model S 的前驱动电机在轴端加装了碳纤维的导电接地环。同样，采用这种接地环会增加电机的复杂程度、轴向尺寸及成本。

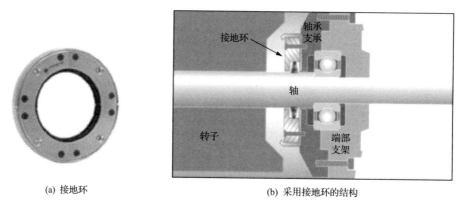

(a) 接地环　　　　　　　　　　(b) 采用接地环的结构

图 3-18　电机接地环

（3）采用导电油脂，轴电流通过油脂而不通过轴承本身，从而避免轴承出现电腐蚀。

第七节　驱动电机系统的设计流程及方法

如前所述，驱动电机系统的设计任务是根据整车的要求，综合考虑关联对象对驱动电机系统的影响，选取合适的方案，将驱动电机系统的指标和要求分解到电机和控制器，给电机和控制器下达设计要求和指标。

图 3-19 为基于正向开发的驱动电机系统设计流程图。其基本思路是自上（整车）而下（驱动电机系统）进行需求分解。

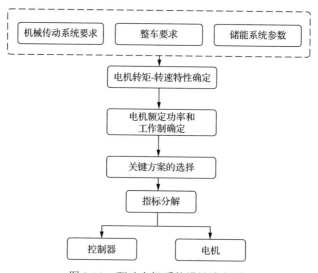

图 3-19　驱动电机系统设计流程图

整个设计过程是驱动电机系统设计者、整车及关联对象设计者、电机设计者、控制器设计者相互交流、相互协调的过程，也是一个不断迭代的过程。

其中关键方案的选择是指利用现有的平台和工作基础，根据用户对驱动电机系统的关键指标要求，确定为满足该指标应采取的技术路线和实施路径，如电机类型和冷却方案等。具体选择方法及原则在相关章节中会详细阐述。

一、输入条件和输出要求

输入条件是驱动电机系统设计的基础，也是其约束条件。正确识别和理解输入条件对驱动电机系统的影响是电机设计的基础。输入条件包含性能参数指标和机械安装接口要求等，其中机械安装接口的确定要与整车等设计者多次沟通才能完成。

设计性能参数输入条件的顶层指标是整车性能，但储能系统性能参数以及机械传动系统的参数也是必不可少的。表 3-9 为设计性能参数的输入条件。尽管表 3-9 中包含了多个关联对象的参数，但严格意义上讲，负技术责任的是整车设计者。

表 3-9　设计性能参数的输入条件

序号	参数来源	输入参数	
		参数	单位
1	整车参数	车辆类型	—
2		最高车速 V_{max}	km/h
3		车速 V	km/h
4		整备质量 G	kg
5		爬坡度 α	(°)
6		迎风面积 A	m^2
7		轮胎滚动直径 D_w	m
8		滚动阻力系数 f	—
9		风阻系数 C_D	—
10		加速度 a	m/s^2
11		安装悬挂方式	—
12	储能系统参数	额定直流母线电压	V
13		最高直流母线电压	V
14		最低直流母线电压	V
15	冷却系统参数	冷却方式	—
16		冷却介质类型	—
17		流量	L/min
18		入口温度	℃
19		出口温度	℃
20	环境条件	海拔	m
21		最高环境温度	℃

序号	参数来源	输入参数	
		参数	单位
22	环境条件	最低环境温度	℃
23		最高工作温度	℃
24		贮存温度	℃
25		生存温度	℃
26		湿度	—
27		盐雾	—
28		化学污染物	—
29		振动冲击	—
30	机械传动系统	传动比	—
31		传动效率	—
32		传动方式	—

输出要求即供应商所要提供的、满足输入条件的驱动电机系统性能参数要求。输出参数包括(但不限于)：①电机转矩-转速特性(牵引和制动)；②额定功率和额定转速；③峰值功率；④峰值转矩；⑤工作制；⑥效率；⑦RAMS(reliability、availability、maintainability、safety，可靠性、可用性、可维护性、安全性)指标；⑧噪声；⑨转矩(转速)响应时间；⑩重量。

对驱动电机系统输出参数负技术责任的是驱动电机系统供应商，而不是电机供应商或者控制器供应商，即使电机供应商和控制器供应商同为一家。

二、电机转矩-转速特性的确定

电机的转矩-转速特性是驱动电机系统最重要也是最基本的特性之一。

严格意义上讲，电机的转矩-转速特性由驱动电机系统采购方(一般为整车厂)提供，但驱动电机系统供应商必须具有根据整车需求进行仿真计算电机转矩-转速特性的能力。

最简单的转矩-转速特性计算是已知整车的牵引特性(F-V)就可以计算出电机的转矩-转速特性(参见图 3-2)，具体计算见式(3-2)。

牵引特性曲线只要满足车辆的牵引性能，可以为不规则曲线。但一般采用如图 3-2 所示的"规则"曲线，该曲线分为以下几段：

(1)恒转矩段：保证车辆的爬坡能力，在该区域内，电机的转矩保持不变。

(2)恒功率段：保证车辆的加速性能，在该区域内，电机的输出功率保持不变，转矩与转速成反比。

(3)自然特性段：在该区域内，电机的输出功率与转速成反比，转矩与转速的平方成反比。在最高转速点，电机的功率必须保证车辆的最高运行速度所需的动力。

可以将图 3-2 所示的特性分成几个特征点：

(1)峰值转矩 T_{max}。

(2)峰值功率 P_{max}。

(3)恒功功率 P_2，该值一般与峰值功率 P_{max} 相同。

(4)最高转速(速度)下的转矩(功率)。

这些特征点的参数是根据车辆行驶阻力、整车动力性能和传动系统参数所确定的。

下面以采用单级减速箱的纯电动汽车电机为例，给出关键特征点参数的计算方法[15-17]。计算的基础是车辆必须克服运行时的各种阻力。

车辆在行驶时的阻力 F_t 为

$$F_t = F_f + F_W + F_T + F_j = Ggf\cos\alpha + \frac{C_D A}{21.15}V^2 + Gg\sin\alpha + \delta Ga \tag{3-12}$$

式中，F_f 为滚动阻力，N；F_W 为空气阻力，N；F_T 为坡道阻力，N；F_j 为加速阻力，N。δ 为旋转质量转换系数；g 为重力加速度，其余含义见表 3-9。

在速度为 V 时的轮缘所需的功率 P_t 为

$$P_t = F_t V / 3600 \tag{3-13}$$

1. 峰值转矩的确定

峰值转矩必须满足车辆的爬坡度的要求，即

$$T_{max} \geqslant \frac{(Ggf\cos\alpha + Gg\sin\alpha)D_W}{2i\eta} \tag{3-14}$$

但峰值转矩所对应的车辆牵引力必须小于路面黏着所允许的牵引力，保证车辆车轮不打滑。沥青、水泥路面的黏着系数经验值为 $\varepsilon=0.8$，即

$$T_{max} < \frac{\varepsilon Gg D_W}{2i\eta} \tag{3-15}$$

2. 最高转速下功率的确定

电机在最高转速下的功率 P_{m1} 应保证车辆在平直道路上以最高车速 V_{max} 稳定运行，即

$$P_{m1} \geqslant \frac{1}{3600\eta} \times \left(9.81Gf\cos\alpha + 9.81G\sin\alpha + \frac{C_D A V_{max}^2}{21.15}\right)V_{max} \tag{3-16}$$

3. 峰值功率的确定

电机的峰值功率 P_{max} 必须满足最高转速下的功率 P_{m1}、最大爬坡度功率 P_{m2} 以及加速时间的功率 P_{m3}。其中

$$P_{m2} = \frac{V_i}{3600\eta}\left(9.81Gf\cos\alpha_{max} + 9.81Gf\sin\alpha_{max} + \frac{C_D AV_i^2}{21.15}\right) \tag{3-17}$$

$$P_{m3} = \frac{V_a}{3600\eta}\left\{9.81Gf + \frac{\delta GV_a}{0.36}\left[1 - \left(\frac{t_a - 0.1}{t_a}\right)^x\right] + \frac{C_D AV_a^2}{21.15}\right\} \tag{3-18}$$

式中，V_i 为爬坡速度，km/h；V_a 为车辆加速时间所规定的末速度，km/h；x 为拟合系数，一般取 0.5；t_a 为加速时间，s；α_{max} 为最大爬坡度，(°)。

对于商用车，从 0km/h 加速到 30km/h（加速末速度）的时间不得大于 18s，从 0km/h 加速到 50km/h（加速末速度）的时间不得大于 25s；而对于纯电动乘用车，从 0km/h 加速到 50km/h 和从 50km/h 加速到 80km/h 的加速时间应分别不超过 10s 和 15s。

如果峰值功率 P_{max} 小于式（3-16）计算所得到的 P_{m1}，则 P_{max} 取 P_{m1}。

4. 恒功起始点的确定

恒功起始点，也就是恒转矩结束点，该点的转速 n_{con1} 为

$$n_{con1} = \frac{9555P_c}{T_{max}} \tag{3-19}$$

三、电机额定功率、额定转速和工作制的确定

驱动电机系统的运行工况为 S9 工作制。严格来说，应该按照车辆特性、实际运行工况等对驱动电机系统进行温升试验，然而，这种基于实际线路运行工况变化负荷的温升试验不便操作，因此为了试验台温升试验考核的便利性，引入了基于恒定不变负荷的等效功率，即额定功率、额定转速及持续时间（工作制）的概念[18]。

1. 额定转速

额定转速 n_n 指车辆在某一线路运行时的平均速度所对应的电机转速。

2. 额定功率

电机在该功率和额定转速下运行规定的时间，其最高温升与在实际工况运行时承受断续周期负载产生的温升相同。

电机额定功率和额定转速主要是为了方便在试验台上考核电机的温升，通过等效计算而得出的功率，并不具备实际含义。

以电动公交车为例，当车辆运行线路和电机特性确定后，根据线路断面图、运行要求等，基于等效温升法和等效电流法可以确定电机的额定转速和额定功率。

1）基于等效温升法确定额定功率

根据电机在实际运行中每一个较小时间段的损耗和冷却条件，采用不稳定温升的计

算方法，计算电机在运行线路区间内的定子绕组的最高温升 ΔT_1。

按照设定的额定功率 P_N、额定转速 n_n 下的损耗和冷却条件计算出在规定时间 t 后的定子绕组的温升 ΔT_2。

若 $\Delta T_1 = \Delta T_2$，则所选择的额定功率适当，若不相等，则调整额定功率，重复上述步骤。

2) 基于等效电流法确定额定功率

尽管基于等效温升法来确定电机的额定功率是较为精确的一种方法，但计算方法非常复杂。因此实际上一般采用等效电流法确定额定功率。

根据电机转矩-转速特性、线路断面图、运行要求等可以计算出任一时刻的电流曲线 $i=f(t)$。

等效电流 I_N 为

$$I_N = \sqrt{\frac{\int_0^{T_1} i^2 \mathrm{d}t}{T_1}} \tag{3-20}$$

式中，T_1 为电机工作周期；i 为某一时刻电机的电流，A。根据等效电流，可以计算出对应的额定功率。

3. 工作制

严格意义上讲，基于等效定额的额定功率可以采用持续定额，也可以采用短时定额。当规定的时间为无穷大时，其定额为持续工作制(S1)，当规定的时间为某一具体值时，为短时工作制(S2)，如时间为 60min，则为 S2:60min。采用不同定额所得到的额定功率大小不同。

图 3-20 为电机的温升与额定功率、持续时间的关系。从图中可以看出：①当采用持续定额时，电机功率越大，温升越高；②当采用短时定额时，如果温升一定，定额时间越短，额定功率越大；③当温升一定时，采用持续定额的额定功率比采用短时定额的额定功率要小。

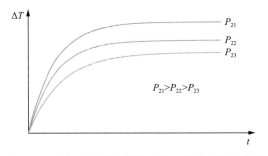

图 3-20 电机的温升与额定功率、持续时间的关系

换言之，功率密度与工作制关系密切，脱离工作制来定义功率密度是不严谨的。

为了提升驱动电机系统的可靠性，可以规定多种定额：①额定工况；②峰值工况；

③最高车速工况。

定额可以为持续定额、短时定额。但根据《电动汽车 动力性能 试验方法》(GB/T 18385—2005),电动汽车在最高车速下必须稳定运行至少 30min,因此最高车速下的定额为短时定额(S2:30min)。

表 3-10 给出了目前驱动电机系统的定额及时间约定。

表 3-10 目前驱动电机系统的定额及时间约定

参数	纯电动		混合动力	
	乘用车	商用车	乘用车	商用车
额定工况	持续	S2:60min	S2:60min	S2:60min
峰值工况	S2:30~60s	S2:1~2min	S2:30~60s	S2:30~60s
最高车速	S2:30min			

四、指标的分解

一旦确定了驱动电机系统的指标,就可以将这些指标分解到电机和控制器,作为这两个部件设计的输入条件和输出要求。表 3-11 给出了电机和控制器的输入条件。GB/T 18488.1—2015 的要求也是设计输入条件的一部分。

表 3-11 输入条件

序号	指标	电机	控制器	备注
1	最高直流母线电压	√	√	
2	额定直流母线电压	√	√	
3	最低直流母线电压	√	√	
4	不同直流母线电压下的转矩-转速曲线	√	√	
5	峰值转矩及工作制	√	√	
6	峰值功率及工作制	√	√	
7	额定转矩及工作制	√	√	
8	额定功率及工作制	√	√	
9	最高车速下的功率及转矩	√	√	
10	最高转速	√		
11	效率要求	√	√	
12	重量限值	√	√	
13	功率(容积)密度	√	√	
14	转矩密度	√	√	
15	体积密度	√	√	
16	外形尺寸限值	√	√	
17	安装方式	√	√	
18	传动方式	√		

序号	指标	电机	控制器	备注
19	反电势限值	√		仅对永磁同步驱动电机系统
20	稳态短路电流限值	√		仅对永磁同步驱动电机系统
21	突然短路转矩限值	√		
22	齿槽转矩限值	√		仅对永磁同步驱动电机系统
23	脉动转矩限值	√	√	仅对永磁同步驱动电机系统
24	最大电流(峰值电流)限值	√		
25	额定电流限值	√		
26	控制器开关频率	√		
27	控制器输出电压 dU/dt	√		
28	控制器输出电压的频谱特性	√		
29	转矩响应时间		√	
30	转速响应时间		√	
31	转矩控制精度		√	
32	转速控制精度		√	
33	冷却方式	√	√	
34	最大允许流量	√	√	不适合自带风扇的风冷方式
35	最大允许流阻	√	√	不适合自带风扇的风冷方式
36	冷却介质类型	√	√	
37	冷却介质入口温度	√	√	
38	冷却介质出口温度	√	√	
39	海拔	√	√	
40	最高环境温度	√	√	
41	最低环境温度	√	√	
42	最高工作温度	√	√	
43	贮存温度	√	√	
44	生存温度	√	√	
45	湿度	√	√	
46	盐雾	√	√	
47	化学污染物	√	√	
48	振动冲击值	√	√	
49	寿命	√	√	
50	RAMS 指标	√	√	
51	经济性指标	√	√	
52	噪声限值(含频谱特性)	√	√	

电机及控制器设计完成后，除两者之间相互提供某些设计参数(详见第五章和第六

章)外,还应向驱动电机系统甚至整车提供设计输出参数。这些参数也是产品技术条件的重要组成部分。表 3-11 的输入条件也可作为输出参数。但某些参数作为"输入条件"时,是一个范围(限值),但作为"输出参数"时,由于电机参数已经确定,这些参数就成为一个确定值。比如,电机重量,输入条件的要求为≤58kg,一旦电机设计并验证后,该值为一个固定值,如 55kg。表 3-12 为输出参数。

表 3-12　输出参数

序号	指标	电机	控制器	备注
1	最高直流母线电压	√	√	
2	额定直流母线电压	√	√	
3	最低直流母线电压	√	√	
4	峰值转矩及工作制	√	√	
5	峰值功率及工作制	√	√	
6	额定转矩及工作制	√	√	
7	额定功率及工作制	√	√	
8	最高车速下的功率及转矩	√	√	
9	最高转速	√		
10	额定参数	√		
11	极数	√		
12	等效电路参数	√		
13	在不同直流母线电压下的特性曲线	√		
14	效率 MAP 图	√	√	
15	重量	√	√	
16	电机有效部分重量	√		
17	体积	√	√	
18	外形图	√	√	
19	最大反电势	√		仅对永磁同步驱动电机系统
20	稳态短路电流	√		仅对永磁同步驱动电机系统
21	突然短路转矩	√		
22	齿槽转矩	√		仅对永磁同步驱动电机系统
23	脉动转矩	√	√	仅对永磁同步驱动电机系统
24	最大电流(峰值电流)	√		
25	转矩响应时间		√	
26	转速响应时间		√	
27	转矩控制精度		√	
28	转速控制精度		√	
29	冷却方式	√	√	
30	流量	√	√	不适合自带风扇的风冷

续表

序号	指标	电机	控制器	备注
31	流阻	√	√	不适合自带风扇的风冷
32	冷却介质类型	√	√	
33	冷却介质入口温度	√	√	
34	冷却介质出口温度	√	√	
35	寿命	√	√	
36	RAMS 指标	√	√	
37	噪声(含频谱特性)	√	√	

参 考 文 献

[1] 汤蕴璆. 电机学[M]. 4 版. 北京: 机械工业出版社, 2011.

[2] Olszewski M. Evaluation of the 2007 Toyota Camry hybrid synergy drive system[R]. Knoxville: Oak Ridge National Laboratory, 2008.

[3] 中华人民共和国国家质量监督检验检疫总局, 中国国家标准化管理委员会. 道路车辆 电气及电子设备的环境条件和试验 第 1 部分: 一般规定: GB/T 28046.1—2011[S]. 北京: 中国标准出版社, 2012.

[4] 中华人民共和国国家质量监督检验检疫总局, 中国国家标准化管理委员会. 道路车辆 电气及电子设备的环境条件和试验 第 3 部分: 机械负荷: GB/T 28046.3—2011 [S]. 北京: 中国标准出版社, 2012.

[5] 中华人民共和国国家质量监督检验检疫总局, 中国国家标准化管理委员会. 道路车辆 电气及电子设备的环境条件和试验 第 4 部分: 气候负荷: GB/T 28046.4—2011 [S]. 北京: 中国标准出版社, 2012.

[6] 中华人民共和国国家质量监督检验检疫总局, 中国国家标准化管理委员会. 道路车辆 电气及电子设备的环境条件和试验 第 5 部分: 化学负荷: GB/T 28046.5—2011 [S]. 北京: 中国标准出版社, 2012.

[7] 何恩广, 周升, 刘学忠, 等. PWM 变频电机绝缘技术的研究进展[J]. 绝缘材料, 2002, (4): 18-21

[8] 齐路路. PWM 驱动系统中电机端过电压现象分析及抑制[D]. 哈尔滨: 哈尔滨理工大学, 2012.

[9] 张怡海. PWM 逆变器驱动异步电机系统的共模电压的研究[D]. 成都: 西南交通大学, 2014.

[10] 王禹. PWM 逆变器驱动感应电机高频轴电流关键问题研究[D]. 沈阳: 沈阳工业大学, 2015.

[11] 张海蛟. PWM 变频供电异步电机高频循环型轴承电流的计算[D]. 北京: 北京交通大学, 2014.

[12] 相阿峰, 郭秀违. 高速动车组牵引电机轴承电蚀及对策[J]. 铁道机车车辆, 2015, 35(2): 103-106.

[13] 闫光临, 支永键, 陈湘, 等. 地铁车辆牵引电机轴承电腐蚀原理及抑制技术研究[J]. 机车电传动, 2010, (4): 103-106.

[14] AGIS 公司. AGIS® 轴承保护手册[EB/OL]. 3 版. 2016. www.est-aegis.com.

[15] 张雷. 纯电动客车驱动电机系统匹配及控制策略研究[D]. 长春: 吉林大学, 2018.

[16] 陶小松, 王鹏, 陈乐. 纯电动汽车动力系统参数匹配与性能仿真[J]. 山东交通大学学报, 2018, (4): 7-13.

[17] 赵强, 曲万达, 张国栋, 等. 纯电动牵引车动力系统参数匹配与仿真[J]. 汽车技术, 2017, (9): 53-56.

[18] 符敏利, 李益丰, 李蓉. 电动汽车驱动电机额定功率的确定和验证方法[J]. 电机与控制器应用, 2014, 41(6): 56-59.

第四章

热管理技术

驱动电机系统在运行时会产生各种损耗，这些损耗最终都转换成热量，使驱动电机系统各部分的温度升高，从而对驱动电机系统的运行性能和可靠性带来众多不利的影响，包括：

(1)驱动电机的定子绕组或者转子绕组的温度上升，直流电阻增加，在相同电流下定子铜耗和转子铜耗增加，效率降低。

(2)当温度上升到一定值后，驱动电机绝缘材料损坏以致丧失绝缘性能，电机控制器功率器件失效。

(3)轴承游隙减小，油脂流失甚至失效，从而导致轴承烧损。

(4)非金属材料失效。

(5)金属材料的机械性能降低，零件发生变形，直接影响驱动电机系统的安全运行。

(6)永磁体磁性降低甚至失磁。

驱动电机系统能否满足设计和工作要求的一个重要标志，就是驱动电机系统在试验验证以及实际运行时各部分的温升是否不超过允许温升限值，也就是说功率极限受温升限值所制约，即温升制约了驱动电机系统的功率密度。

要降低驱动电机系统的温升，除了在设计阶段降低驱动电机的电磁负荷以降低损耗和降低功率器件的损耗外，其核心任务是做好驱动电机的热管理。

热管理是指在已知驱动电机系统的损耗及其分布的情况下，选择并设计合适的冷却方式和冷却回路，保证冷却介质对驱动电机系统发热部分进行有效冷却，同时预测驱动电机系统的流阻及驱动电机系统各部分的温度。

目前整车对驱动电机系统的功率密度要求越来越高，成本要求越来越低，而提升驱动电机系统的热管理水平能立竿见影地提高其功率密度。

由于电机控制器的热管理相对比较简单，其内容将穿插在电机控制器具体设计中(第七章)进行讲解，本章主要阐述驱动电机的热管理，首先介绍驱动电机的允许温升限值、发热过程及冷却方式，然后介绍两种常用的冷却方式(机壳水冷和油冷)及基于温度均衡的复合冷却方式。

第一节 驱动电机的允许温升限值

温度过高会对驱动电机的性能及可靠性造成严重的影响，为了保证驱动电机的可靠性，各种相关标准对驱动电机各部件及相应的材料(包括绝缘材料、轴承和永磁体等)的温升限值做出了明确规定，本节在介绍试验时驱动电机各种温度测量方法的基础上，介绍驱动电机各部件及所用材料的温升限值。

一、温度测量方法

在试验时，测量驱动电机温度的方法有温度计法、电阻法和埋置检温计法。

1. 温度计法

温度计法(一般为膨胀式温度)是指将温度计贴附在驱动电机表面来测量其温度。

2. 电阻法

电阻法根据绕组电阻随温度的变化关系，通过测量试验前后绕组电阻值的变化来获得电机绕组温升值，该温升值为绕组的平均温升，具体计算公式为

$$\Delta T = T_2 - T_1 = \frac{R_2 - R_1}{R_1} \times (k + T_1) + T_1 - T_0 \tag{4-1}$$

式中，ΔT 为绕组温升，K；R_1 为初始温度 T_1 时的绕组直流电阻，Ω；R_2 为温升试验结束后的绕组直流电阻，Ω；T_1 为测量绕组初始电阻时的温度，℃；T_2 为温升试验结束后的绕组温度，℃；T_0 为温升试验结束后的冷却介质的温度，℃；k 为绕组导体材料在 0℃时电阻温度系数的倒数，当绕组材料分别为铜和铝时，k 分别为 235 和 225。

3. 埋置检温计法

埋置检温计法采用埋入驱动电机内部的检温计(如热电阻、热电偶)来测量驱动电机温度。检温计埋在驱动电机制造完成后触碰不到的地方。

二、温升限值

1. 定子绕组的温升

定子绕组的温升主要是指其绝缘系统的温升限值。根据 GB/T 755—2019 及 GB/T 18488.1—2015，定子绕组的温升采用电阻法测量。表 4-1 给出了采用不同热分级的绝缘系统的定子绕组的温升限值。

表 4-1 定子绕组的温升限值

参数	绝缘系统热分级		
	155	180	200
最高允许温度/℃	155	180	200
温升限值/K	105	125	145

该温升限值考虑了绝缘系统最高允许温度、环境温度为 40℃以及电机内部温度分布不均匀等因素。当环境温度高于 40℃或者采用除风冷之外的其他冷却方式时，该温升限值必须做必要的修正。

绝缘系统只有在规定的最高温度以下工作才能获得经济的使用寿命。绝缘系统的寿命公式，即阿伦尼乌斯方程式（Arrhenius equation）为

$$\ln L = \frac{E_A}{k_B T} - G \tag{4-2}$$

式中，L 为绝缘系统寿命，h；T 为绝缘系统的热力学温度，K；k_B 为玻尔兹曼常量，其值为 8.317J/(kg·K)；E_A 和 G 为与绝缘材料有关的系数。

根据绝缘系统的寿命公式，对于热分级分别为 155、180 和 200 的绝缘系统，当温度分别超过最高允许温度 12K、14K 和 16K 时，其使用寿命将要缩短一半。

2. 轴承温升

尽管在相关标准中，没有规定轴承的温升限值，但轴承以及油脂的寿命与温度密切相关。电机用球轴承或者圆柱轴承的极限温度为 130～150℃。基于矿物油的润滑脂的最高允许温度为 130～140℃，基于合成材料的润滑脂的最高允许温度为 150～160℃。

根据 GB/T 755—2019，轴承温度测量采用温度计法或者埋置检温计法。但无论采用哪种方法，测量点都应位于轴承室内离轴承外圈不超过 10mm 处，或者在轴承室外表面并尽可能接近轴承外圈处，且测量时应减少温度计与被测物体间的热阻。

3. 永磁体

同样，在相关标准中没有规定永磁体的温升限值，但永磁体对温度非常敏感。表 4-2 为不同牌号钕铁硼永磁体所允许的最高工作温度。

表 4-2　钕铁硼永磁体允许的最高工作温度

钕铁硼永磁体牌号	SH	UH	EH	AH
允许的最高工作温度/℃	150	180	200	220

永磁体的温度测量采用埋置检温计法，一般在驱动电机型式检验时进行。因为很难测量到最高温度点，所以在设置永磁体温度限值时，应比表 4-2 所规定的值稍低。

4. 定、转子铁心

定、转子铁心由两面带有涂层的硅钢片叠压而成，这些涂层在高温下将会失效，从而引起铁耗加大。另外，随着温度的升高，硅钢片机械强度也会大幅度下降。基于这些原因，定、转子铁心的最高温度控制在 250℃ 以内。定子铁心内部温度可以采用埋置检温计法测量，表面温度采用温度计法测量。转子铁心只能采用埋置检温计法测量。

5. 转子其他部件

在相关标准中，没有规定转子其他相关部件的温升限值。但随着温度升高，这些部件的机械强度会显著下降。表 4-3 为主要转子部件的允许温度。

表 4-3　主要转子部件的允许温度

项目	转子导条和端环（铝转子）	转子铜条和端环（铜转子）	转子护环	转子压圈	转轴
典型材料	Al	T2 铜	无磁钢/铜合金	钢/铝	合金钢
允许温度/℃	200	250	250	250/160	200

第二节　驱动电机的发热过程及冷却方式

一、驱动电机各部分的损耗及其分布

表 4-4 和表 4-5 分别给出了异步驱动电机和永磁同步驱动电机的损耗构成。正如将

表 4-4　异步驱动电机的损耗构成

损耗类型	部位	基波损耗	谐波损耗
定子绕组铜耗	槽内部分	√	√
	端部	√	√
转子导条铜(铝)耗	槽内部分	√	√
	端部	√	√
转子端环铜(铝)耗	转子端环	√	
定子铁耗	齿部	√	√
	轭部	√	√
转子铁耗	齿部		√
	轭部		√
机械损耗	轴承	√	
通风损耗(仅针对自带风扇的风冷电机)	风扇	√	
杂散损耗	各部位	√	√

表 4-5　永磁同步驱动电机的损耗

损耗类型	部位	基波损耗	谐波损耗
定子绕组铜耗	槽内部分	√	√
	端部	√	√
永磁体损耗	永磁体	√	√
定子铁耗	齿部	√	√
	轭部	√	√
转子铁耗	转子铁心		√
机械损耗	轴承	√	
通风损耗(仅针对自带风扇的风冷电机)	风扇	√	
杂散损耗	各部位	√	√

在第五章和第六章所介绍的那样，由于电机控制器输出电压中含有大量的谐波，这些谐波电压会在驱动电机中产生附加损耗。因此驱动电机的损耗包括基波所产生的基波损耗和各次谐波所产生的谐波损耗。

　　图 4-1 和图 4-2 分别为水冷异步驱动电机和水冷永磁同步驱动电机的各部分损耗在内部的分布。

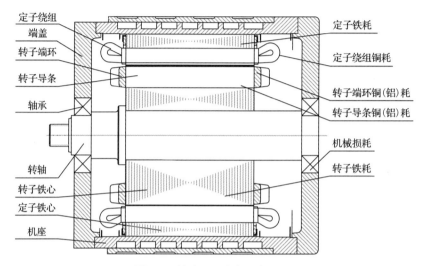

图 4-1　异步驱动电机损耗组成

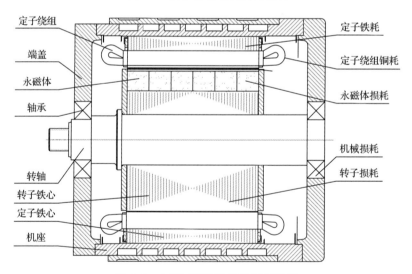

图 4-2　永磁同步驱动电机损耗组成

二、驱动电机热传递方式及传递路径

　　驱动电机产生的热量会通过各种途径传递到外部冷却介质中，并在传递路径上形成温度梯度。如何减小热量传递路径上的热阻以及发热部件到冷却介质间的温度梯度，是降低电机温升必须重点关注的。下面将简要介绍电机内部的热传递方式和热传递路径。

1. 热传递方式

驱动电机的热量主要通过辐射、传导和对流三种方式传递到外部各种介质中。

1）辐射

辐射是指物体通过电磁波来传递能量的方式。只要存在温度差，自然界所有物体都会向周围空间发出热辐射，或者吸收其他物体发出的热辐射。

根据辐射定律，单位时间从发热体表面辐射出的热量为[1]

$$q = 5.67 \times 10^{-8} \nu (T^4 - T_0{}^4) \tag{4-3}$$

式中，q 为单位面积的热量，W/m^2；T 为发热体表面温度，K；T_0 为周围其他物体的温度，K；ν 为物体表面发射率。

其中物体表面发射率 ν 与物体表面性质有关。表 4-6 给出了驱动电机常用材料的表面发射率。

表 4-6 不同物体的表面发射率 ν

物体	黑体	粗铸铁	毛面锻铁	磨光的锻铁	毛面黄铜	磨光紫铜
ν	1.00	0.97	0.95	0.29	0.20	0.17

从式（4-3）和表 4-6 可知，由辐射所带走的热量与以下三个因素有关。

(1) 发热体表面特性：表面晦暗的物体辐射能力大于表面有光泽的物体。

(2) 发热体表面与周围物体表面的温差：温差越大散热能力越强。

(3) 表面积：散热能力与表面积成正比。

由于驱动电机大部分采用强迫对流散热，一般情况下温度普遍远低于 200℃，辐射散热在驱动电机中所占比例很低，基本不予考虑。

2）传导

只要物体之间存在温差，热量就会从温度高的地方传导到温度低的地方（图 4-3）。若物体的厚度为 β、通过的热量为 Q，则两者之间的温差为

$$\Delta T = T_2 - T_1 = \frac{Q\beta}{\lambda S} \tag{4-4}$$

式中，λ 为导热系数，W/(m·K)；S 为传热面积，m^2。

从式（4-4）可以看出，当热量 Q 一定时，温差的变化规律为：①与导热系数 λ 成反比；②与传热面积 S 成反比；③与厚度 β 成正比。表 4-7 给出了驱动电机主要材料的导热系数。

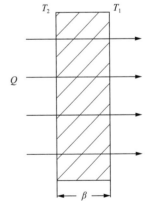

图 4-3 热传导示意图

3）对流

当固体表面与流体表面的温度不相等时，二者之间会产生热交换，即所谓的对流，

热量在固体和流体间发生传递。

表 4-7 驱动电机主要材料的导热系数 ［单位：W/(m·K)］

材料名称	λ	材料名称	λ
静止空气	0.0276	绝缘材料	0.2
铜	386	导热胶	2
铝	236	铸铁	42~90
钢	43	水	0.6
硅钢片	30	冷却油	0.2

根据牛顿散热定律，由对流所带走的热量为

$$Q = \alpha S_1 \Delta T \tag{4-5}$$

式中，Q 为热量，W；α 为对流换热系数，W/(m²·K)；S_1 为散热面积，m²。

从式(4-5)可知，带走的热量 Q 与对流换热系数 α、散热面积 S_1 以及温差 ΔT 成正比。也就是说，温差 ΔT 与散热热量 Q 成正比，与对流换热系数 α、散热面积 S_1 成反比。其中对流换热系数 α 与散热面的性质、冷却介质流动状态以及冷却介质的性质等有关。

当冷却介质为空气时，对流换热系数 α 呈现如下特点。

(1)在平静的环境空气中，对流换热系数 α_0 仅与散热表面对空气的温差、放置的空间位置和表面性质有关。涂漆铜表面的散热系数为 13.3W/(m²·K)。

(2)在流动的空气中，对流换热系数 α 为

$$\alpha = \alpha_0(1 + \rho_0 \sqrt{V}) \tag{4-6}$$

式中，α 为在流速为 V 的空气中的对流换热系数，W/(m²·K)；α_0 为在平静的环境空气中(流速 V 为 0m/s)中的对流换热系数，W/(m²·K)；ρ_0 为鼓风强度系数，与表面状态有关。

从式(4-6)可以看出，在流动空气中的对流换热系数远远大于在静止空气中的对流换热系数，即流动空气的散热能力更强。

当电机采用机壳水冷，即冷却介质为冷却水时，冷却水在冷却通道内的对流换热系数与冷却通道的形式、尺寸和冷却液流量等密切相关，对流换热系数的具体计算将在本章第三节中介绍。

一般而言，自然对流冷却的电机表面对流换热系数约为 13.3W/(m²·K)，而采用强迫对流风冷的电机冷却通道表面的对流换热系数一般为 60W/(m²·K)；而电机机座水道内冷却水强制对流的对流换热系数通常约为 3000W/(m²·K)；当冷却介质为油时，油喷淋在物体表面对物体进行冷却，其在喷淋区域的对流换热系数可达到 6000W/(m²·K)以上。通常情况下，油液直接喷淋冷却的散热能力高于水冷，而水冷的换热能力远高于风冷。同时，增大散热面积也是强化对流换热的有效举措。

2. 驱动电机热传递路径

驱动电机在运行中所产生的热量将通过传导和对流传递到外界冷却介质中。图 4-4 和图 4-5 分别为水冷异步驱动电机和水冷永磁同步驱动电机的热传递路径。

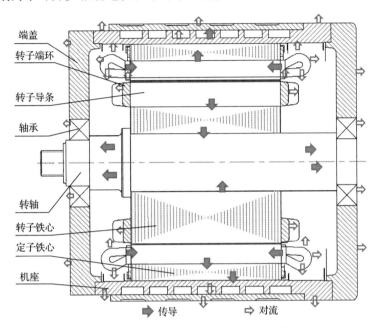

图 4-4 水冷异步驱动电机热传递路径

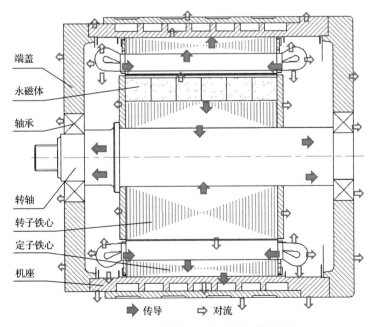

图 4-5 水冷永磁同步驱动电机热传递路径

三、驱动电机发热过程

驱动电机在某一工况下运行时，图 4-1 或者图 4-2 所示的各种损耗将转变为热量，导致驱动电机温度逐渐升高；随着驱动电机温度升高，驱动电机与冷却环境的温差变大，驱动电机与冷却环境的热交换过程也逐渐加快。最终，驱动电机发热与散热逐渐达到平衡状态，驱动电机温度也逐渐趋于稳定。

为分析驱动电机发热时的温升过程，忽略驱动电机内部各部分的温升差异，把其看成温度均匀的均质固体。当均质固体开始发热后各部分的温度逐步升高，经过一段时间后达到稳定值。在此过程中，由损耗所转换成的热量一部分被均质固体吸收使其温度升高，另一部分散发到周围介质中。

根据能量守恒定律，在任一时间间隔 $\mathrm{d}t$ 内所产生的热量，一定等于被均质固体吸收的热量和散发到周围介质中的热量之和，即[2]

$$Q\mathrm{d}t = Cm\mathrm{d}T + \alpha ST\mathrm{d}t \tag{4-7}$$

式中，Q 为固体单位时间所产生的热量，W；C 为物体的比热容，J/(kg·K)；m 为物体的质量，kg；T 为物体的温度，℃；S 为物体的散热面积，m^2。

在式 (4-7) 右边，第一项代表通过均质固体本身热容量所吸收的热量，第二项代表通过散热所散发的热量，其中 αS 体现散热能力。

当 Q 为恒定值且认为 α 为常数时，并设物体开始发热 ($t = 0$) 时的温度为 T_0，则 t 时刻的温度为

$$\begin{cases} T = T_\infty \left(1 - \mathrm{e}^{-\frac{t}{T_k}} \right) + T_0 \mathrm{e}^{-\frac{t}{T_k}} \\ T_k = \dfrac{Cm}{\alpha S} \\ T_\infty = \dfrac{Q}{\alpha S} \end{cases} \tag{4-8}$$

式中，T_k 为发热及冷却时间常数，s；T_∞ 为稳定温度，℃。

如果均质固体的起始温度为零，式 (4-8) 为

$$T = T_\infty \left(1 - \mathrm{e}^{-\frac{t}{T_k}} \right) \tag{4-9}$$

图 4-6 为式 (4-9) 的温度变化曲线，即发热曲线。

从图 4-6 及式 (4-9) 可知，经过较长时间，当发热物体温度升高到一定值时，发出的热量等于散出去的热量，达到热平衡状态，物体的温度不再上升，即达到稳定温度 T_∞。

从式 (4-8) 可知，稳定温度 T_∞ 由热量 (Q)、物体的散热面积 (S) 以及表面散热系数 α 决定。

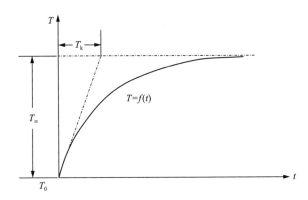

图 4-6　均质固体的发热曲线

降低稳定温升也只有两种办法：①降低驱动电机的发热量，即降低各种损耗，这其实是降低了驱动电机的功率密度；②提高驱动电机的散热能力 αS，即通过热管理来降低驱动电机的温升。

四、驱动电机冷却方式

从前面的分析可以看出，驱动电机所产生的热量通过对流、传导以及自身的热容量达到热平衡。在发热量和传热路径一定的情况下，要提高驱动电机的功率密度及其可靠性、降低温升的重要措施就是采用合适的冷却方式，提高散热能力。

为了提升驱动电机的散热能力，衍生出了不同的冷却方式。但由于驱动电机采用的是全封闭结构且体积相对较小，目前主要采取以下四种冷却方式：①自然冷却；②风冷；③水冷；④油冷。

1. 自然冷却

自然冷却是指电机没有任何冷却措施，仅通过表面与静止空气之间的对流将热量散发到空气中。其主要特点如下：

(1)散热能力非常有限，为了降低电机的温升，电磁负荷取得较低，即降低电机单位体积的发热量，也就是牺牲了电机的功率密度。

(2)散热能力很差，电机的电磁负荷取得很低，相应的损耗很小，因此其效率相对较高。

(3)由于没有任何附加冷却装置，结构简单，也不存在由冷却系统所带来的噪声。

(4)由于热负荷降低，整个电机的散热能力基本一致，因此电机的温度比较均匀。

(5)电机的温升与散热面积相关，因此一般在电机表面设置较多的散热筋。

基于自然冷却的特点，这种冷却方式早期用于小功率驱动电机上，目前鲜有应用。采用自然冷却的典型产品为 Azure 公司(原 Solectric 公司)的异步驱动电机(图 4-7)。

2. 风冷

风冷是指驱动电机增加外部通风(一般加风扇)，通过表面与流动空气之间的强迫对流将电机的热量散发到空气中。风冷在工业用驱动电机(如 Y 系列、Y2、Y3 系列工业用

异步电动机)中得到普遍应用,其在非传动端安装有随电机一起旋转的同轴风扇,吹拂带有散热片的表面。风冷的主要特点如下:

图 4-7　自然冷却异步驱动电机(Azure 公司)

(1)相对于自然冷却,其散热能力有一定程度的增加,驱动电机的功率密度较高。

(2)散热能力较差,电机的电磁负荷取得相对较低,相应的损耗较小,因此其效率相对较高。

(3)系统结构比较简单。

(4)由于在轴向上设置有风扇,并且安装在车辆上,需在进风口预留一定空间,以保证外界空气顺利进入电机内部,因此要求电机以及整车布置时的轴向长度较长。

(5)风量与转速正相关,在低速时,风量小,基本上为自然冷却。

(6)噪声与转速正相关,在高速时,通风噪声较高。

(7)风冷对流换热系数有限,因此一般在电机表面布置较多的散热筋以增加对流散热面积。

同轴风扇在低速时风量小,高速时噪声大,因此该冷却方式只适用于转速较低的场合。当转速较高时,在非传动端安装独立的供电风机,但结构相对复杂,并且需要外部电源。

风冷的典型应用有宝骏 E200 乘用车驱动电机(图 4-8)。另外一种应用是在无轨电车上,为了安全起见,无轨电车不主张采用可能存在漏水影响电气安全的水冷电机,因而采用风冷电机,图 4-9 为中车株洲电力机车研究所有限公司(以下简称中车株洲所)为北京无轨电车所开发的采用独立风扇冷却的 100kW 异步驱动电机。

图 4-8　风冷电机(浙江方正电机股份有限公司)　图 4-9　独立风扇冷却的异步驱动电机(中车株洲所)

3. 水冷

水冷是一种间接冷却方式，其采用强迫对流方式对电机进行冷却。常见的电机水冷结构为机壳水冷和端盖水冷(图4-10)，其中端盖水冷一般与机壳水冷共同使用。在水泵的驱动下，冷却水通过电机机壳或者端盖，在吸收了电机热量后，再回到散热器，将热量散发到大气中。水冷的主要特点如下：

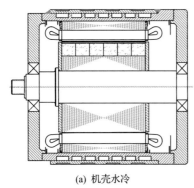 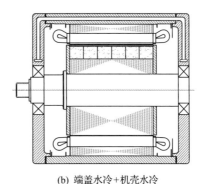

(a) 机壳水冷   (b) 端盖水冷+机壳水冷

图4-10 水冷结构

(1)其散热能力相比风冷有大幅度的增加，因此电机的功率密度较高。

(2)散热能力较好，电机的电磁负荷取得较高，相应的损耗较大，因此其效率相对较低。

(3)电机结构紧凑简洁，但水冷结构相对复杂，并且必须有一套外置冷却装置，增加了系统体积、重量和成本以及系统的复杂性。

(4)与水道接触的位置温度较低，但远离水道的位置温度较高，电机内部温度梯度较大。

(5)冷却效果与电机转速无关，只与冷却系统的流量等参数有关。

(6)噪声较低。

(7)由于电机冷却通道表面的对流换热系数较高，通常水道表面不需要设置附加的散热面积，如散热筋。

水冷结构是一种综合性能比较高的冷却方式，也是目前驱动电机最常用的冷却方式。图4-11和图4-12分别为几款水冷异步驱动电机和水冷永磁同步驱动电机。

(a) 1PV5135-4WS24异步驱动电机   (b) EDU240异步驱动电机   (c) ASM1-6.17.12异步驱动电机
　　　(Siemens公司)　　　　　　　(Enova System公司)　　　　　　　(Brusa公司)

图4-11 水冷异步驱动电机

(a) 宝马i3驱动电机

(b) 日产Leaf驱动电机

(c) 中车株洲所驱动电机

图 4-12 水冷永磁同步驱动电机

4. 油冷

油冷是一种直接冷却方式，其采用强迫对流方式对电机内部发热部件进行直接冷却。在油泵的推动下，油直接进入电机内部，与发热部件直接接触，在吸收发热部件的热量后，再回到散热器，将热量散发到冷却液或大气中。油冷的主要特点如下：

(1)采用直接冷却，发热体与冷却介质(油)之间没有中间传导热阻，散热能力相比水冷有大幅度的提高，因此在所述几种冷却方式中，电机的功率密度最高。

(2)由于散热能力很好，电机的电磁负荷取得很高，相应的损耗较大，效率相对较低。

(3)电机结构紧凑，但油冷结构复杂，密封也比较困难；同样必须有一套外置冷却装置，增加了系统体积、重量和成本以及系统的复杂性。

(4)油具有优良的绝缘特性，可与所有发热部位直接接触，冷却范围较广。

(5)冷却效果与电机转速无关，只与冷却系统的流量等参数有关，且油液流动产生的噪声较低。

(6)冷却油对绝缘系统有一定的损害，油冷电机的绝缘系统应有一定的耐油性。

正是由于油冷系统的特点，油冷电机在高功率密度的电机上得到普遍应用，尤其在混合动力汽车以及集成式驱动电机系统中。图 4-13 为两款油冷驱动电机。

(a) Model S用异步驱动电机(特斯拉公司)

(b) Model 3 用永磁同步驱动电机(特斯拉公司)

图 4-13 油冷驱动电机

第三节　机壳水冷结构

机壳水冷方式是一种间接冷却方式，其通过热传导和热对流两种方法传递电机内部的热量。驱动电机内部产生的热量，通过热传导方式分别经过定子槽内的绝缘层、定子铁心轭部、定子铁心与机座之间的接触层、机座内壁到达水道壁面，通过水道内的冷却水将热量带走。

机壳水冷具有结构简单、散热效率高、功率密度较高的优点，是一种综合效果较好的冷却方式，也是目前最为常用的冷却结构。

本节在介绍冷却水在水道内的基本特性的基础上，围绕机壳水冷的热管理设计流程介绍设计要点，包括冷却液类型、流量的选择、水道的基本类型和成型方式、水道基本尺寸的计算、流阻和电机温升的预测等。

一、机壳水冷的热管理设计流程

良好的热管理除了实现温升满足要求的终极目标外，还必须满足以下要求。

1) 换热效率高

换热效率是指水道壁面与冷却液单位温差下能带走的热量。换热效率由冷却液的水道内壁面接触面积和对流换热系数决定。接触面积越大，散热面的对流换热系数越高，对流热阻越小，水道的换热效率也就越高。

2) 水道进出口位置与水管布置相适应

由于驱动电机进出口水管与冷却系统采用水管相连，为避免水管布置的复杂化，在水道类型选择时，进出口的位置应与水管的布置相匹配。例如，若进水口和出水口在同一端，则宜采用轴向水道结构；若进水口和出水口不在同一侧，则可以考虑采用螺旋水道结构。

3) 流阻满足要求

电机水道流阻过大，会导致整个水冷系统阻力增大，使得水泵和水冷系统的负载增大，有可能会使得冷却液流量达不到设计要求，同时造成水冷系统能耗过高、体积较大。

因此，在不影响散热性能的前提下，水道设计时应尽量降低流阻，包括采用流阻较小的水道形式，同时保证水道内冷却液流动顺畅、无显著的截面积突变和过多弯头等。

一般水冷系统会对电机的流阻和流量提出具体要求，所设计的水道的流阻必须小于该要求。

4) 避免流动死区

当水道内有大面积的回流和流动死区时，较大概率会造成该区域对应位置的局部过热，从而引发电机故障。因此，在水道设计时，需要避免内部流动形成大范围的回流或者流动死区。

图 4-14 为水道设计的基本流程。

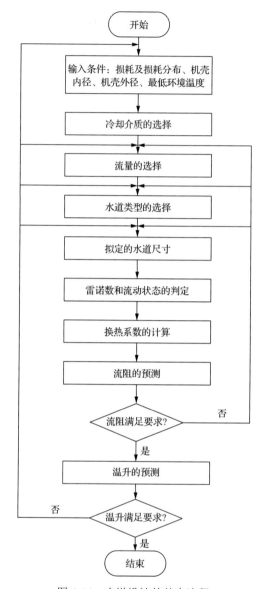

图 4-14 水道设计的基本流程

从图 4-14 中的基本流程中可以看出，当流阻及温升不满足要求时，可以对流量、水道类型和水道尺寸进行方案修订。在修订时尽量修改流程中的内环。如果所有可能的方法均不能满足要求，则必须修改输入条件。

二、冷却水在水道中的基本特性

水道是冷却水流经的通道。根据流体力学理论[3]，冷却水在水道中流动必定产生流阻。为了保证冷却水的流动，必须克服该阻力，即需要外部动力。另外，冷却水在水道中的流动状态直接影响其散热能力。一般用流阻、流速、雷诺数以及对流换热系数等参数来表征冷却水在水道内的基本特性。这些表征参数直接影响散热功率和散热能力。

1. 流阻

冷却水在水道内流动时，会产生沿程阻力损失和局部阻力，即所谓的流阻。其中均匀流体中只产生沿程水头损失，流层间的黏性阻力(切应力)是造成沿程阻力损失的直接原因。而当流动断面发生突变(突然扩大或缩小、转弯、分叉等)时，液体产生流速和方向的变化，从而产生局部阻力。

由于流阻的存在，在进出口会产生压力差(压头)。为了克服该压力差，水冷系统的水泵必须提供相应的动力。

2. 流速

当流量为 Q_f 的冷却液均匀流经截面积为 S 的流道时，其流速为

$$V = Q_f / S \tag{4-10}$$

式中，Q_f 为流量，m^3/s；S 为截面积，m^2；V 为流速，m/s。

3. 雷诺数

液体在通道中流动时，当流速极低时，流体内的黏滞力起主导作用，内部流动会呈现明显的分层，各层质点互不掺混，也就是层流状态。随着速度逐渐增加，流动产生的惯性力逐渐增强，液体内部流动没有明显的分层界限，质点掺混剧烈，形成内部随机脉动的流动状态，也就是紊流(图 4-15)。

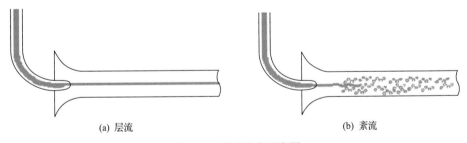

(a) 层流　　　　　　　　　　　　　　(b) 紊流

图 4-15　流动状态示意图

对于强迫对流下的流动状态，一般根据雷诺数 Re 进行判定。雷诺数 Re 代表冷却水在水道中的流动状况。

(1) $Re \leqslant 2300$：层流状态，冷却水在流道内的流动比较有规则。

(2) $Re > 2300$：紊流状态，冷却水在流道内的流动不规则，具有很强的掺混作用，因此其换热能力较强。

为了提升水道换热能力，雷诺数 Re 需大于 2300。

雷诺数 Re 的计算公式为

$$Re = \frac{\rho V d}{\mu} \tag{4-11}$$

式中，ρ 为流体密度，kg/m^3；d 为流道等效直径，m；μ 为流体的动力黏度，$kg\cdot s/s$；V 为流体在管道中的流速，m/s。

对于矩形水道(图 4-16)，流道等效直径折算关系为

$$d = \frac{2ab}{a+b} \tag{4-12}$$

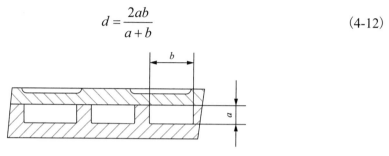

图 4-16 矩形截面流道

4. 对流换热系数

冷却液在管道内的强迫对流换热系数 α_0 为

$$\begin{cases} Nu = 0.023 Re^m Pr^n \\ \alpha_0 = Nu\lambda / d \end{cases} \tag{4-13}$$

式中，α_0 为对流换热系数，$W/(m^2\cdot K)$；Nu 为努塞尔数；λ 为导热系数，$W/(m\cdot K)$；Re 为雷诺数；Pr 为水的普朗特数，在 65℃时约为 2.7；m 和 n 为与管道形式、换热方式相关的常数，若水在圆管内被加热，一般取 m 为 0.8，n 为 0.4。

根据式(4-12)和式(4-13)，当冷却液在管道内处于紊流时，流速越高、管道尺寸越大、动力黏度越小，水在管道内的对流换热能力越强。

三、冷却液的类型

对于工业用机壳水冷电动机，冷却水为普通的水。根据 GB/T 755—2019 的规定，冷却水的温度不得低于 4℃。

但如第三章所述，驱动电机系统的最低环境温度可能达到–40℃，在该温度下，普通水将凝固，成为固态。为此在驱动电机中，一般应在普通水中添加一定成分的乙二醇，以降低水的凝固温度(即冰点)。冷却液(以下称为冷却水)的特性随乙二醇含量的不同而不同，表 4-8 为不同成分乙二醇水的特性。在表 4-8 中，同时给出了纯水(乙二醇含量为 0)的特性。

从表 4-8 可以看出，随着乙二醇的含量的增加，各性能参数的变化规律如下：

(1)冰点降低：含量 60%乙二醇的冷却水的冰点达到–48.3℃。

(2)密度增加：含量 60%乙二醇的冷却水的密度比纯水高约 7.9%。

(3)比热容降低：含量 60%乙二醇的冷却水的比热容约为纯水的 78%，比热容的降低意味着散热能力的降低。

(4)导热系数降低：含量 60%乙二醇的冷却水的导热系数约为纯水的 56%，导热系

表 4-8　不同成分乙二醇水的特性

含量/%	冰点/℃	密度/(kg/m³)	比热容/[J/(kg·K)]	导热系数/[W/(m·K)]	动力黏度/(kg·m/s)
0	0.0	983.10	4179	0.660	0.47
10	−3.2	994.10	4050	0.596	0.53
20	−7.8	1009.22	3918	0.541	0.69
30	−14.1	1023.45	3730	0.491	0.83
40	−22.3	1036.55	3619	0.466	1.06
50	−33.8	1048.83	3454	0.406	1.29
60	−48.3	1060.32	3280	0.371	1.51

数的降低意味着散热能力的降低。

(5)动力黏度增加：含量 60%乙二醇的冷却水的动力黏度约为纯水的 3.21 倍，动力黏度的增加意味着流阻的增加。

另外，含乙二醇的冷却水对金属材料的腐蚀性增加。

因此根据驱动电机系统可能应用的最低温度，尽量选用乙二醇含量较少的冷却水。

四、流量的选择

对于水冷驱动电机，电机内部的损耗大部分由冷却水带走，通过机壳自然对流带出去的损耗很少，因此在设计计算时可以认为损耗全部由水带走。电机的总损耗决定了水流量，即

$$\Sigma P = c_p \cdot \rho \cdot V_f \cdot (T_{out} - T_{in}) \tag{4-14}$$

式中，ΣP 为电机总损耗，W；c_p 为冷却水的比热容，J/(kg·K)；ρ 为冷却水密度，kg/m³；V_f 为冷却水流量，m³/s；T_{in} 和 T_{out} 分别为冷却水在进、出水口的温度，℃。

以一款额定功率为 50kW 的机壳水冷永磁同步驱动电机为例，其额定工况下总损耗为 2.4kW，出水口和进水口之间的温差不超过 5K。当冷却水选用 50%乙二醇水溶液时，其比热容约为 3454J/(kg·K)，密度约为 1048.83kg/m³，根据式(4-14)即可计算出该电机的冷却水流量为 8L/min。

对于水冷驱动电机，一般水流量超过式(4-14)的数值后，对驱动电机其他部分的温升基本上没有影响，因此式(4-14)为水冷驱动电机的最大流量。

经过温升计算，如果温升超过允许的温升，可以通过加大流量来重新对所需冷却水流量进行核算。

五、水道的基本类型及成型方式

水道是冷却水的流经通道，也是电机热量和冷却介质热交换的场所。水道的结构形式和结构尺寸决定了水道流阻、换热效率、生产成本以及外部冷却水管的布局等。

在驱动电机中，目前常用的水道类型有螺旋式、圆周式和轴向式，每种水道可以采取相应的制造工艺和成型方法生产制造。

1. 水道基本类型

1）螺旋式

图 4-17 为螺旋水道的典型结构。冷却水从一端进入机壳内，沿着螺旋状的水道流动，从另一端流出，水道之间用隔水台隔开。螺旋水道的典型特点如下：

（1）进出水口位置：进出水口位于不同侧。

（2）流阻：由于流道顺畅，流阻较小。

（3）温度分布：在轴向呈现不均匀特性。

（4）散热能力：散热能力较好。

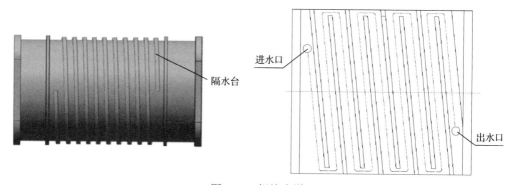

图 4-17　螺旋水道

2）圆周式

图 4-18 为圆周水道的典型结构。冷却水从一端进入机壳内，沿着圆周方向的水道流动，在周向上不断往复折返，最后在另一端流出。圆周水道的典型特点如下：

（1）进出水口位置：进出水口在轴向上一般位于不同侧。

（2）流阻：由于周向水道内部弯头较多，其流阻一般较大。

（3）温度分布：周向水道在圆周两侧的表面上温差较大。

（4）散热能力：由于弯头的流动扰动作用，其内部紊流度较高，换热能力较强。

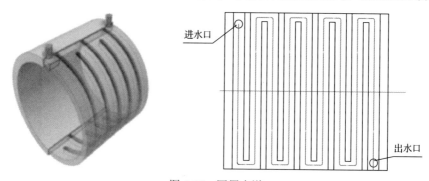

图 4-18　圆周水道

3）轴向式

轴向水道冷却水的流向为：从一端进入机壳内，沿着轴向水道流动。图 4-19～图 4-21

为轴向水道的三种典型结构。其中图 4-19 为典型的 Z 字形折返型水道，图 4-20 为通过挤压方式形成的圆周冷却型轴向水道，图 4-21 为通过铸造方式形成的四角冷却型轴向水道。

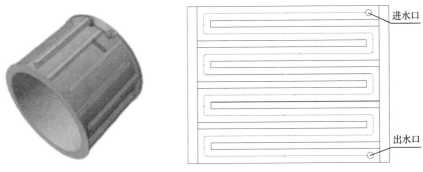

图 4-19　折返型轴向水道

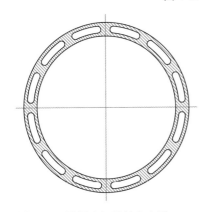

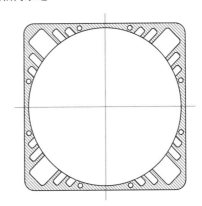

图 4-20　圆周冷却型轴向水道　　　　图 4-21　四角冷却型轴向水道

轴向水道的典型特点如下：

(1)进出水口位置：进出水口可以位于同侧，也可以位于不同侧。

(2)流阻：对于折返型轴向水道，一般流阻较大；而对于圆周冷却型轴向水道和四角冷却型轴向水道，流阻较小。

(3)温度分布：对于折返型轴向水道，轴向方向温度分布基本均匀，但圆周方向有一定的温差；对于圆周冷却型轴向水道，圆周分布较均匀，而出水口温度高于进水口；对于四角冷却型轴向水道，在水道接触的四角区域，温度较低，其他部位温度较高。

2. 水道的成型工艺

无论采用何种水道结构，均涉及水道成型工艺。目前水道的成型工艺包括以下几种方式。

1)埋置铜管型

这是早期采用的一种针对螺旋水道的成型工艺。将预成型的铜管(螺旋式或者轴向式)埋置在铸造模内，在铸造机壳时将铜管埋置在机壳中(图 4-22)。

这种水道的优点是机座为一整体结构，不需要焊接等工序。但铜管壁会增加机座径向尺寸，同时由于铜与机座的材料(铝或者钢)的热膨胀系数不同，有可能造成在铸造过程中或者运行时铜管与机座之间存在间隙而影响散热，另外铜管价格相对较贵。随着水道制造工艺的完善，该结构已基本不再采用。

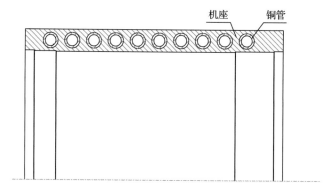

图 4-22　埋置铜管型水道

2) 内外筒分离型

这种结构的水冷机座由内筒和外筒组成，内外筒一般采用焊接方式成为一个整体。根据水道所处位置有以下两种类型(图 4-23)。

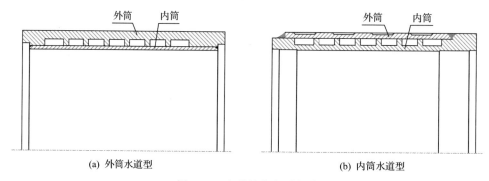

(a) 外筒水道型　　　　　　　　　　　(b) 内筒水道型

图 4-23　内外筒分离型水道

(1)外筒水道型：水道位于外筒中，内筒起密封作用，焊缝位于驱动电机里面。采用这种结构，焊接不方便，且一旦出现焊缝漏水，水会进入驱动电机内部，从而造成故障的扩大。但由于外筒较厚，承载能力较强，因此该结构适宜悬挂较复杂的驱动电机。

(2)内筒水道型：水道位于内筒中，外筒起密封作用，焊缝位于机座外侧。采用这种结构，焊接方便，一旦出现焊缝漏水，水不会进入驱动电机内部。但由于外筒较薄，不能承载，因此该结构不适宜悬挂较复杂的驱动电机。

在以上两种结构中，水道通过加工(螺旋水道)或者加工+焊接(折返型轴向水道)形成。

3) 一体型

一体型水道是一次性铸造或者挤压拉伸而成，不存在内外筒。

图 4-24 为通过重力铸造法铸造出来的一体型水道，水道在铸造过程中成型，不需要

附加的密封。尽管这种结构的铸造难度大，但其机座刚度好，不需要加工、焊接等工序，非常适合批量生产。随着制造工艺的不断完善，这种结构应用越来越广泛。其水道类型可以为螺旋水道或周向水道。

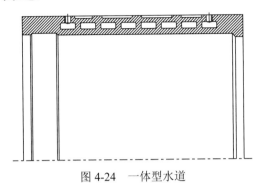

图 4-24　一体型水道

图 4-20 所示的水道也可称为一体型水道，其通过型材挤压拉伸，然后断面焊接而成。该结构优先用于轴向式 Z 字形水道。

4) 端面密封型

对于如图 4-20 和图 4-21 所示的水道，在机座端面焊接或者在机座和端盖之间加密封圈形成水道。图 4-25 为图 4-20 所示的水道采用端面焊接的结构图。

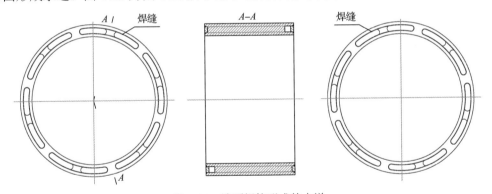

图 4-25　端面焊接形成的水道

六、水道的尺寸

在水冷系统中，水道类型较多。每种水道类型有相应的水道尺寸。图 4-26 给出了最常用的螺旋式以及轴向式 Z 字形两种水道的尺寸。

对于螺旋水道[图 4-26(a)]，当水道匝数为 n_1 时，水道的关键参数为

$$
\begin{aligned}
L_{轴} &= (m + a)n_1 \\
S_{换} &= 0.5\pi(D_2 + D_3)L_{轴} \\
L_{总} &= \frac{0.5\pi(D_2 + D_3)}{a + m}
\end{aligned}
\tag{4-15}
$$

式中，$L_{轴}$ 为水道轴向长度，m；$S_{换}$ 为换热面积，m^2；$L_{总}$ 为水路长度，m；D_2 和 D_3 分别为水道底部圆面直径和水道顶部圆面直径，m。

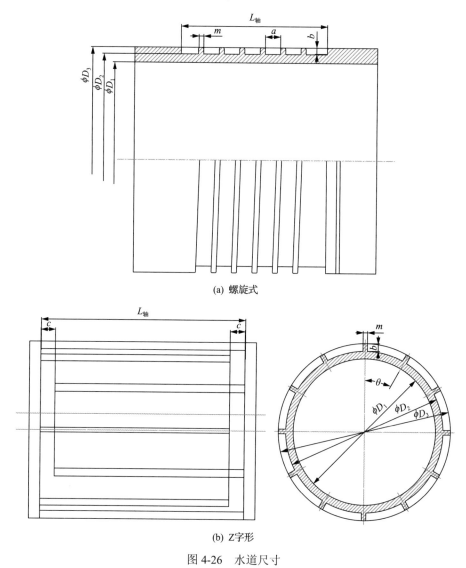

(a) 螺旋式

(b) Z字形

图 4-26　水道尺寸

对于 Z 字形轴向水道，当水道数为 n_1 时，水道的关键参数为 [图 4-26(b)]

$$\begin{cases} S_{换} = 0.5\pi(D_2 + D_3)L_{轴} \\ L_{总} = n_1 L_{轴} \end{cases} \tag{4-16}$$

七、流阻的预测

正确预测流阻是正确计算冷却系统功率的基础。目前预测流阻的方法有解析法和数值仿真法两种。

1. 解析法

解析法利用流体力学的经典或经验公式求取水道的流阻。尽管解析法计算精度低，也不能准确预知冷却水在水道中的流动状况，尤其是是否存在流动死角等，但解析法简单方便，因此是水道初步设计时一个较好的方式。

冷却水在水道内流动的流阻由沿程流阻和局部流阻所组成。沿程流阻是在冷却水流过的流道中所产生的流阻，与长度、流速、水道截面积以及流体的性质有关。而局部流阻主要是进出口、水道截面积突然变化、水道弯折等引起的，与水道结构有关。

1) 沿程流阻

无论是螺旋水道还是轴向水道，其沿程流阻均为

$$h_\mathrm{f} = \lambda_\mathrm{f} \frac{L_\text{总}}{d} \frac{\rho V^2}{2} \tag{4-17}$$

式中，h_f 为沿程流阻，Pa；$L_\text{总}$ 为水路长度；λ_f 为阻力系数，与雷诺数 Re 有关。

当 $2300 < Re \leqslant 10^5$ 时：

$$\lambda_\mathrm{f} = \frac{0.3164}{Re^{0.25}} \tag{4-18}$$

当 $10^5 < Re < 10^6$ 时：

$$\lambda_\mathrm{f} = 0.0032 + \frac{0.221}{Re^{0.237}} \tag{4-19}$$

2) 局部流阻

局部流阻是由流道面积和流动方向等变化引起的，在驱动电机水道中，常见的局部流阻有进出水口的截面变化引起的局部流阻、水道内流动转弯引起的局部流阻、水道内沿流动方向截面变化引起的局部流阻等。局部流阻的基本计算公式为

$$h_\text{局} = \xi \frac{V^2}{2g} \tag{4-20}$$

式中，$h_\text{局}$ 为局部流阻，Pa；g 为重力加速度，9.81m/s²；ξ 为局部阻力系数，与水道性质有关。

表 4-9 给出了几种水道变化的局部阻力系数。

表 4-10 给出了轴向水道弯折时局部阻力系数 ξ 与弯折角 β（图 4-27）的关系。

表 4-9　几种水道变化的局部阻力系数 ξ

水道结构	示意图	ξ
入口		$\left(\dfrac{S_{in}}{A}-1\right)^2$
出口		$0.5\left(1-\dfrac{S_{out}}{A}\right)$
截面突然扩大		$\left(1-\dfrac{S_1}{S_2}\right)^2$
截面突然缩小		$\left(1-\dfrac{S_1}{S_2}\right)^2$

表 4-10　局部阻力系数 ξ 与弯折角 β 的关系

$\beta/(°)$	30	40	50	60	70	80	90
ξ	0.2	0.3	0.4	0.5	0.6	0.7	0.8

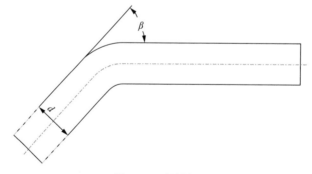

图 4-27　弯折角 β

对于折返型水道，$\beta=90°$，故 $\xi=0.8$。

而对于螺旋水道，其旋转一圈的局部流阻为

$$h_{\text{螺局}} = 2\rho V^2\left[0.131 + 0.163\left(\dfrac{d}{0.5D}\right)^{3.5}\right] \tag{4-21}$$

式中，d 为等效直径，m；D 为水道的平均直径，$D=0.5(D_1+D_2)$（图 4-26）。

2. 数值仿真法

电机水道内部流动变化较为剧烈，采用解析法计算流阻往往偏差较大。目前，计算水道内流阻更为常用的方法是数值仿真法。数值仿真是通过求解水道内的流动控制方程，获得内部详细的流场分布，从而获得较为准确的流阻结果。水道内的流动控制方程包括连续性方程和动量守恒方程。

1）连续性方程：

$$\nabla \cdot V = 0 \tag{4-22}$$

式中，V 为速度矢量，m/s。

2）动量守恒方程：

$$\rho_f (V \cdot \nabla V) = -\nabla p + \nabla \cdot \left\{ (\mu_f + \mu_t) \left[\nabla V + (\nabla V)^T \right] \right\} \tag{4-23}$$

式中，ρ_f 为流体密度，kg/m³；μ_f 为流体动力黏度，kg·m/s；∇p 为压力差，Pa；μ_t 为流体的湍流黏度，kg·m/s。

数值仿真法即采取一定的方式求解以上两个流动控制方程。其基本思想为：把驱动电机内原有在时间域和空间域上连续的速度场和压力场用一系列的离散点的变量值代替，通过质量守恒、动量守恒和能量守恒等原则和方式建立起关于这些离散点上场变量之间关系的代数方程组，然后通过求解代数方程组获得场变量的近似值。通过数值模拟计算和图像显示，能对驱动电机水道内部复杂的流动做出判断，并得出流阻。

数值仿真法的应用已十分成熟，也出现了很多商业软件（如 ANSYS Fluent、Star-CCM+等），计算准确度也较高，是目前驱动电机水道流阻预测的主要手段。图 4-28 为对一款水冷驱动电机的流场进行数值仿真获得的水道内部流场分布的结果。通过数值仿真，可以很清晰地获得冷却水在水道内的流动轨迹、流速变化和压力分布，不仅能直接读取进出水口的压力值并获取流动阻力，还能判断水道内是否有流动死区和大范围回流，为水道设计提供参考。

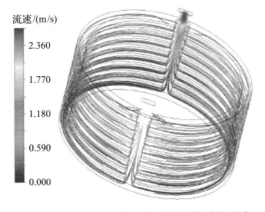

图 4-28　某款水冷驱动电机流道内的流场分布

八、电机温升预测

温升的准确预测对于电机设计十分关键。目前，常用的电机热分析方法主要有四种：

经验法、简单热路法、等效热网络法和数值仿真法。

1. 经验法

经验法根据已有电机的参数及试验结果，通过类比法预测新开发的基本相同类型电机的温升，主要从发热因数和热量面密度两方面来评估。

1）发热因数

发热因数是电负荷 A 和电枢绕组电流密度 J 的乘积，即 AJ。

根据电机学原理[4]，电机电枢单位表面积铜耗为

$$q_\mathrm{a} = \rho A J \tag{4-24}$$

式中，q_a 为电枢单位表面积铜耗，W/m²；ρ 为电枢绕组的电阻率，Ω·m；A 为电负荷，A/m；J 为电枢绕组电流密度，A/m²；AJ 为发热因数，A²/(m·m²)。

q_a 直接影响电机的发热和温升，而且 q_a 与 AJ 成正比，即 AJ 与温升存在一定的对应关系，因此对于冷却结构和冷却条件相同且磁负荷相近的电机可以通过发热因数来初步判定新设计电机的温升，也可以作为电磁仿真的初步判据。

2）热量面密度

电机热量面密度[5]表征单位散热面积所散出的损耗，其定义为

$$H_\mathrm{S} = \frac{\Sigma P}{S_\mathrm{S}} \tag{4-25}$$

式中，H_S 为热量面密度，W/m²；ΣP 为总损耗，W；S_S 为散热表面积，m²。

发热因数 AJ 侧重的是电枢(电机内表面)单位面积的铜耗，而热量面密度 H_S 侧重的是电机散热表面(外表面)单位面积的损耗，同样可以依据以往开发电机的经验来预估新开发电机的可能温升。

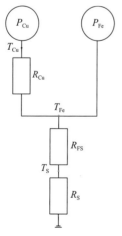

图 4-29　二热源法热路图

2. 简单热路法

简单热路法[2,4]将电机的定子铁心、定子绕组、转子铁心、转子导条(永磁体)视为等温体，构建简单传热路径并根据牛顿散热公式计算各部分的平均温升。应用最为广泛的简单热路法是二热源法或者三热源法，其中三热源法主要用于异步驱动电机或者考虑永磁体损耗的永磁同步驱动电机，二热源法主要用于不考虑永磁体损耗的永磁同步驱动电机。

尽管简单热路法计算偏差往往较大，但其模型简单且计算速度快，因此在经验法的基础上，通过这种简单热路法来进一步预测电机的平均温升，不失为一种评判早期设计方案的有效方法。

图 4-29 为不考虑永磁体损耗的永磁同步驱动电机的二热源法的热路图。

在图 4-29 中，P_{Cu} 为永磁同步驱动电机的定子铜耗，W；P_{Fe} 为定子铁耗，W；R_{Cu} 为定子绕组铜导体与定子铁心之间的热阻，℃/W；R_{FS} 为定子铁心与水冷机壳之间的热阻，℃/W；R_S 为水冷机壳与冷却水之间的热阻，℃/W；T_{Cu} 为定子绕组相对冷却水的温升，K；T_{Fe} 为定子铁心相对冷却水的温升，K；T_S 为水冷机壳相对冷却水的温升，K。

各热阻的计算公式为

$$\begin{cases} R_{Cu} = \dfrac{\delta_{in}}{\lambda_{in} S_{slot}} \\[2mm] R_{FS} = \dfrac{\delta_2}{\lambda_{air} S_2} \\[2mm] R_S = \dfrac{1}{\alpha_0 S_3} \\[2mm] S_{slot} = L_{Fe} Q_1 L_{slot} \\[1mm] S_2 = \pi D_1 L_{Fe} \\[1mm] S_3 = \pi D_2 L_{Fe} \end{cases} \tag{4-26}$$

式中，δ_{in} 为定子槽内绝缘厚度，m；δ_2 为定子铁心与水冷机壳之间的间隙，一般取 $0 \sim 0.08 \times 10^{-3}$m，$\lambda_{in}$ 和 λ_{air} 分别为定子绝缘材料和空气的导热系数（表 4-7）；S_{slot} 为定子槽绝缘与定子铁心接触面积，m^2；S_2 为定子铁心与水冷机壳接触面积，m^2；S_3 为水冷机壳与水道接触面积，m^2；L_{slot} 为单个定子铁心槽的周长，m；L_{Fe} 为定子铁心长度，m；Q_1 为定子槽数；D_1 和 D_2 的含义见图 4-26。

定子绕组和定子铁心相对冷却水的平均温升分别为

$$\begin{aligned} T_{Cu} &= P_{Cu} R_{in} + (P_{Cu} + P_{Fe})(R_{FS} + R_S) \\ T_{Fe} &= (P_{Cu} + P_{Fe})(R_{FS} + R_S) \end{aligned} \tag{4-27}$$

3. 等效热网络法

等效热网络法是将电机损耗热源集中在各个离散的节点上，节点间通过热阻连接，然后根据电机内部热量传递的方向及路径建立网络拓扑，将电机内温度场转化为带有集中参数的热路计算的一种热分析方法。图 4-30 为某永磁同步驱动电机的等效热网络图。

目前典型的热网络法计算电机温升的商业软件有英国的 Motor Design Ltd.（MDL）公司开发的 Motor-CAD。

等效热网络法求解速度快，同时可以直观反映电机内各部位的热阻分布情况，但只能得到每个节点区域的平均温度。

图 4-31 为采用 Motor-CAD 软件基于等效热网络法对一款机座水冷永磁同步驱动电机的温升进行计算得到的电机径向截面和轴向截面上温度的分布[6]。根据仿真结果，该电机内温度整体呈现从内到外径向逐渐降低的趋势，绕组部分的温度最高，定子齿部次

之，轭部最低。同时，电机径向温度梯度比较大，说明径向是电机的主散热路径。

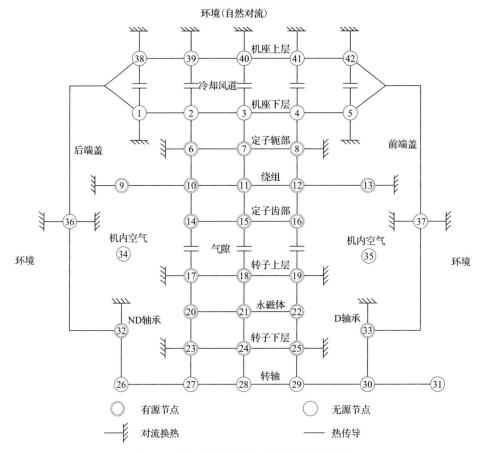

图 4-30 某永磁同步驱动电机等效热网络图

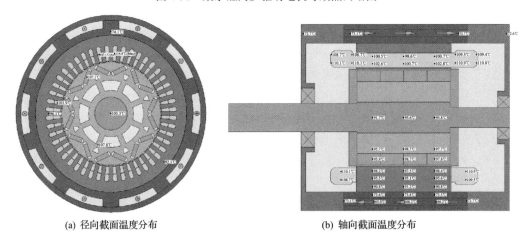

(a) 径向截面温度分布　　　　　　　　(b) 轴向截面温度分布

图 4-31 采用 Motor-CAD 仿真的某永磁同步驱动电机的温度分布

采用等效热网络法可以求出任一时刻下电机任一位置的温度，包括恒定负荷和随运行时间变化的负荷。图 4-32 为某款永磁同步驱动电机在某循环工况下定子绕组和永磁体温度与时间的关系曲线。

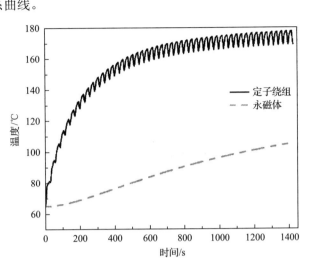

图 4-32 定子绕组和永磁体温度变化曲线

4. 数值仿真法

以上方法都只能得到电机有限区域的温度平均值，无法分析整个区域内电机的温度分布特点。数值仿真法通过求解经离散的计算域内各个离散节点的流动和温度控制方程，获得电机内部的温度场分布。采用数值仿真法求解电机内部温度场分布时，除了需要求解流体中的连续性方程和动量方程以外，还需要求解能量方程：

$$\rho_{\mathrm{f}}(V \cdot \nabla T) = \nabla \cdot \left[\left(\frac{k_{\mathrm{f}}}{c_p} + \frac{\mu_{\mathrm{t}}}{\sigma_{\mathrm{T}}} \right) \cdot \nabla T \right] \tag{4-28}$$

式中，V 为速度矢量，m/s；ρ_{f} 为流体密度，kg/m³；μ_{t} 流体湍流黏度，kg·m/s；T 为温度；k_{f} 为流体导热系数，W/(m·K)；c_p 为流体定压比热，J/(kg·K)；σ_{T} 为流体的黏性作用，m²。

数值仿真法求解温度场的思想和求解流体场的思路一致，只是在离散单元节点间还需要通过能量守恒原理建立关于温度的代数方程组。数值仿真法是目前学术界研究电机温升最常用的方法，并出现了大量的商业软件，包括有限元软件 ANSYS CFX 和 ANSYS 热分析模块、有限元软件 ANSYS Fluent 和 Star-CCM+等。数值仿真法可以对任意几何形状的电机进行建模分析，在四种方法中准确度最高，能得到详细的电机局部温升状况，但模型较为复杂，计算量大，分析周期长。

数值仿真的计算过程一般为：①确定要模拟的域，创建实体模型表示计算域；②设计和创建网格，由于电机结构复杂，网格划分时应保证网格质量，控制网格数量；③根据实际情况设置材料属性、区域属性、边界条件等；④定义求解器设置，进行计算求解；⑤后处理，获得电机内部温度场分布和热流分布等。

图 4-33 是采用数值仿真法对一款机座水冷永磁同步驱动电机(1/8 模型)内部温度场

进行解析计算获得的内部温升分布云图。同样，采用数值仿真法也可求出温度随时间的变化曲线。

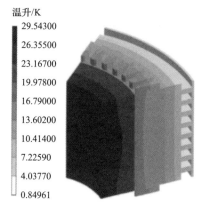

图 4-33　数值仿真法得出的某永磁同步驱动电机温升分布云图

第四节　油 冷 结 构

正如本章第二节所述，油冷电机具有功率密度高的优点，因此在高功率密度驱动电机，尤其是混合动力系统中得到越来越多的应用。相比于水冷系统，油冷系统的冷却结构更为复杂，结构方案也更为多样。由于冷却油对驱动电机的散热、绝缘系统、轴承以及减速箱的齿轮和轴承的润滑的影响较大，因此在油冷系统中，对冷却油也提出了新的要求。本节首先介绍典型的油冷结构，然后介绍冷却油的选择和油冷结构设计的要点。

一、典型的油冷结构

在油冷电机发展中，围绕如何提升冷却效率、降低热岛温度以及简化冷却结构等，衍生出众多的油冷结构。按冷却油是否进入电机内部而与发热部位直接接触，油冷方式可以分为间接冷却和直接冷却，每一种冷却方式中又派生出不同的实施路径。图 4-34 为油冷结构的分类。

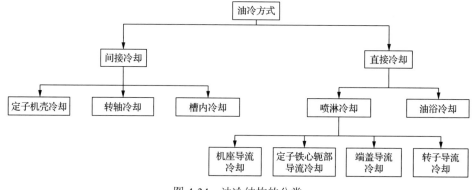

图 4-34　油冷结构的分类

1. 间接冷却

间接冷却的原理与机壳水冷相同，冷却油不与电机内发热部位直接接触，而是在管道或者流道内流动，电机内部热量先传递到流道内，再被冷却油强迫对流带走。根据冷却油流动通道所处的位置，又可分为定子机壳冷却、转轴冷却和槽内冷却。

1）定子机壳冷却

定子机壳冷却的冷却结构与机壳水冷结构完全相同，只不过将冷却介质由水更换成油。

由于油的导热系数为 $0.2W/(m\cdot K)$，是 50%乙二醇水溶液的导热系数[$0.406W/(m\cdot K)$]的 50%，动力黏度为 $16.7mm^2/s$，是 50%乙二醇水溶液（$1.29mm^2/s$）的 13 倍，因此采用机壳油冷比采用机壳水冷的冷却效果差、流阻大，同时也冷却不到定子绕组端部和转子，因此较少使用。

2）转轴冷却

转轴冷却在转轴内通冷却油，通过冷却油将转子的热量带走，图 4-35 为转轴冷却回路典型结构。冷却油进入转轴中心，然后进入转轴内侧，最后回到散热器或者转子内部。采用该冷却方式的有特斯拉公司 Model S 异步驱动电机。

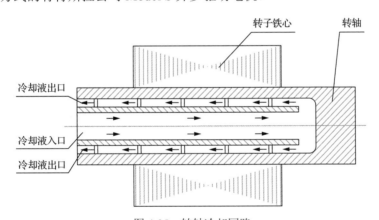

图 4-35 转轴冷却回路

转轴的直径较小，在有限的转轴内部散热面积很小，因此所带走的热量非常有限，且这种空心轴加工困难、冷却结构复杂、动密封不易实现，因此该冷却方式较少单独应用，通常作为其他冷却方式的补充，以对转子进行强化散热。

3）槽内冷却

在驱动电机中，发热量最大、散热路径最长且热阻最大的是定子绕组。为了将定子绕组的热量快速有效地带走，在定子槽内及槽口埋置冷却管道，在管道内通冷却油，其中槽内线圈可以为扁线也可以为圆线。图 4-36 为一种典型结构。这种冷却方式冷却效果良好，但冷却管道占用了槽内尺寸，从而降低了槽满率，冷却管道不便于布置和紧固，成本相对较高。

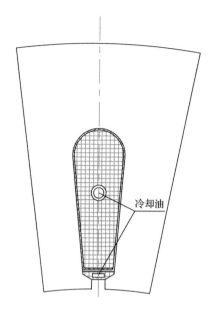

冷却油

图 4-36　冷却管道在槽内的布局

2. 直接冷却

直接冷却中油通过各种方式进入电机内部，直接与发热部件接触，带走热量。按照冷却油在电机内部的流动情况，分为油浴冷却和喷淋冷却。

1) 油浴冷却

油浴冷却在工业界的典型应用为潜油电机，在电机内部充满冷却油来冷却电机。采用这种冷却方式时，所有的发热部件均浸泡在油液中，散热效果很好。但由于电机在旋转时，转子会搅动冷却油，增加阻力并引起油温的升高，并且转速越高，阻力越大，油温越高。因此这种整个电机内部充满冷却油的冷却方式不适合高速电机。驱动电机的转速一般都很高，因此这种冷却方式不适合在驱动电机中采用。但基于这种油浴冷却的思路，衍生出了只在定子侧采用油浴冷却的冷却方式(图 4-37)。

在这种冷却方式中，定子、转子、端盖之间设置一个隔板，使定子绕组端部处于一个密封的腔体之内，腔体内充满冷却油，根据冷却油的温度，通过冷却泵补充新的油。这种冷却方式需要复杂的密封处理且成本较高，也不能冷却转子和轴承。

2) 喷淋冷却

喷淋冷却通过设置在电机不同部位的喷嘴将冷却油喷射到发热部件上，将热量带走。喷射的冷却油聚集在电机下方，通过回油孔流回油泵中。

按照喷油嘴的位置和油进入电机的路线，喷淋冷却分为转子导流冷却、定子铁心轭部导流冷却、机座导流冷却和端盖导流冷却。不论采用哪种方式，一般情况下，轴承都可以利用冷却油进行冷却和润滑。

(1)转子导流冷却。转子导流冷却将冷却油通过空心轴引入转子中，当转子旋转时，借助离心力，冷却油在轴向均匀高速甩出，周期性地对发热区域进行冷却。

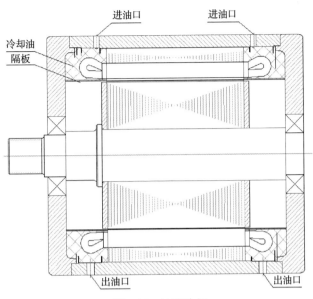

图 4-37 油浴冷却

根据转子内部冷却油的出口位置，分为冷却转子铁心和冷却定子绕组端部。图 4-38 是两种典型结构。

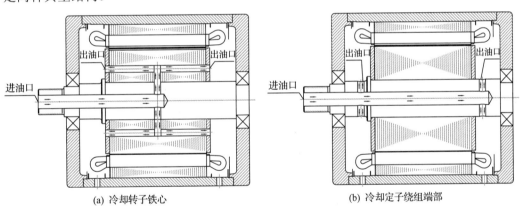

(a) 冷却转子铁心   (b) 冷却定子绕组端部

图 4-38 转子导流冷却的典型结构

在图 4-38(a)中，冷却油通过空心轴流入转轴，再通过转轴和转子铁心上的径向导流孔流入转子铁心内部，继而沿着铁心上的轴向开孔流出。这种结构主要是为了对转子进行冷却，并顺带冷却轴承，适用于转子损耗较大的电机，尤其是异步驱动电机。但该结构需要在转子铁心中部开径向导流孔，使得转子冲片规格不一，增加生产制造成本。

在图 4-38(b)中，冷却油通过空心轴流入转轴，再通过转轴位于转子铁心两侧的小孔，高速甩出到定子绕组端部内侧。这种结构主要是为了对定子绕组端部进行冷却，同时由于空心轴内部油液的流动，对转子和轴承也有一定冷却作用，但受限于转轴内流道的有效面积，对转子的冷却效果一般。同样，其通过转轴甩油的油量通常较小，对定子的冷却也有限，因此该冷却一般作为一种辅助冷却手段。

通过转子导流进行油冷虽然能有效地解决周向冷却不均的问题，但也存在以下不足：

①油液通过转轴进入，转轴必须采用空心轴，必须解决转子的动密封问题；②转速较低时油量较少，甩油速度较低，冷却效果较差，在极端情况下，油可能甩不到需冷却的部位（如定子绕组）；③只能冷却靠近转子侧的定子绕组端部部分，不能冷却靠近机座侧（尤其是靠近电机上方）的端部绕组。

（2）定子铁心轭部导流冷却。这种结构是在定子铁心轭部设置导油槽（图4-39），冷却油直接在定子铁心轭部外圆流动，并流到定子铁心侧面和绕组端部，最后落入电机底部流出。为了充分冷却铁心，一般在机座上开设一个进油口，在机座圆周开设多个出油孔，冷却较大面积的定子铁心背面。

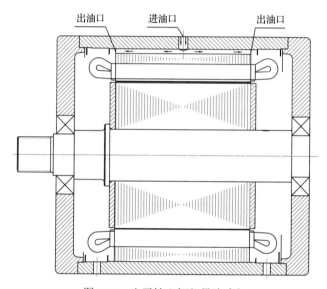

图4-39　定子铁心轭部导流冷却

这种结构的优点是对定子铁心和定子绕组端部进行直接冷却，冷却效果良好。但由于其定子铁心轭部的导流通道较多，往往油液流速较低，无法充分流动到定子绕组端部，对定子绕组的冷却效果有限。另外，为了保证定子铁心上的冷却通道，在定子铁心轭部需开口，影响电机轭部磁路的磁感应强度。

（3）机座导流冷却。机座导流冷却在机座上开设出油孔，直接冷却定子绕组两端的端部。根据是否在机座上设置油道来冷却定子铁心，可分为铁心冷却型和铁心非冷却型，图4-40为两种典型结构。

铁心冷却型是在机座开设进油孔，冷却油从进油口流入后充满整个机座油道；在油道两侧分布有多个喷油孔，冷却油从电机上端孔处直接喷洒在定子绕组端部或其他发热部位，同时冷却油可以流经电机内其他发热零部件，以达到电机内降温散热的效果。在该冷却结构中，冷却油不仅能直接冷却定子绕组端部，还可以对定子铁心部位进行间接冷却，整个电机温度分布较为均匀。但机壳径向尺寸相对较大，制造相对复杂，流阻相对较大。

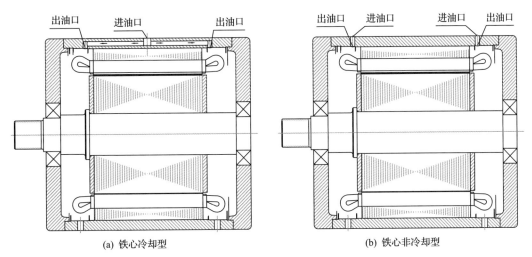

(a) 铁心冷却型　　　　　　　　　　(b) 铁心非冷却型

图 4-40　机座导流冷却结构

　　铁心非冷却型是在两端线圈端部位置的机座上分别开设进油口，油液通过进油口进入设置在两端的喷油管中。在喷油管上分布有多个喷油嘴。冷却油在压力的作用下直接喷洒在绕组端部，冷却定子绕组端部和其他发热零部件。该冷却方案具有机壳结构加工较为简单、电机体积较小和流阻较小的优点，但不能对定子铁心外圆进行冷却，定子槽内线圈的温度可能较高。

　　(4) 端盖导流冷却。端盖导流冷却将进油口设置在两端端盖上。为了充分冷却发热部位，在端盖进油口圆周方向加设油管，在油管上分布有多个喷油孔，以从多个方向对发热部位进行冷却。根据冷却部位不同，端盖导流冷却分为定子冷却型和转子冷却型。图4-41 为两种典型结构。

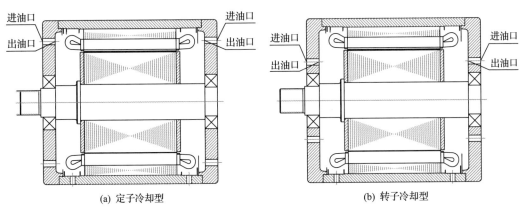

(a) 定子冷却型　　　　　　　　　　(b) 转子冷却型

图 4-41　端盖导流冷却结构

　　在定子冷却型结构中，冷却油通过喷嘴喷淋到定子绕组端部的端面鼻部，对定子绕组端部进行直接冷却，并部分流经转子端板，最终集流在电机底部流出。该结构对定子绕组鼻部端部有较好的冷却，但只能对转子端面部分冷却，既不能高效冷却定子铁心，也可能不能充分冷却定子绕组端部内外圆的部分。

在转子冷却型结构中，冷却油通过喷嘴喷淋到旋转的转子铁心端板或者端环上，对转子进行直接冷却，并部分流经定子绕组端部，最终集流在电机底部流出。该结构对转子端面有较好的冷却，但只能对定子绕组部分冷却，而不能冷却定子铁心。

相对于机座导流冷却结构，端盖导流冷却对于电机径向尺寸的要求较低，但要求轴向尺寸较大，以保证两侧有足够的空间布置油管或喷嘴。另外，机座导流冷却主要冷却的是定子绕组端部外圆侧，而端盖导流冷却主要冷却的是定子绕组鼻部。

二、冷却油的选择

最早采用油冷方式的是混合动力汽车的驱动电机，当时普遍的方法是采用减速箱或者变速箱的油来冷却驱动电机，即减（变）速箱与驱动电机共用专用的 ATF（automatic transmission fluid，自动变速箱油）、DCTF（dual clutch transmission fluid，双离合器变速箱油）、MTF（manual transmission fluid，手动变速箱油）和 CVTF（continuous variable transmission fluid，连续可变变速箱油）等，这些油为合成油或者矿物油。典型的 ATF 有加拿大石油 DEXRONVI 6、嘉实多 BOT351、龙蟠 ATF330。在驱动电机设计时，为适应这种冷却油，做了专门适应性设计，尤其是绝缘系统。在绝缘系统设计中，绝缘系统必须与这些油兼容。

由于冷却油的特性对驱动电机的可靠性影响较大，因此宜采用专用冷却油，该冷却油不仅适合电机冷却要求，也适合减速箱润滑要求，满足冷却性、绝缘性、与绝缘材料的兼容性以及抗磨性的综合要求。该冷却油应具备如下基本特性。

（1）良好的散热性能：油品需要有良好的导热性能和较高的热容量，从而满足高温条件下驱动电机系统的冷却和散热需求。

（2）良好的电气特性：需要控制油品介电性能，保证较高的抗击穿电压，以满足系统中的绝缘特性要求。

（3）良好的油品兼容特性：需要保证油品的化学稳定性，要求含硫量低，避免腐蚀线圈，要确保产品与电机绕组绝缘漆、绝缘纸、密封件、套管等非金属材料的兼容特性；要求含水量低，以防对绝缘材料造成水解。

（4）良好的抗氧化性能和耐热性能：油冷电机主要的散热介质是油，因此对油品的高温失效性能要求较高，要求油品具有一定的氧化稳定性，防止高温氧化，减少油泥和漆膜的生成，并且减少氧化后油品电气性能的变化，从而保证驱动电机系统各部件的稳定运行。

（5）合适的黏度：黏度过大，对油泵压力要求过大；黏度过低则会导致齿轮和轴承润滑效果不佳。

（6）较好的抗磨承载特性：要求油品在低黏度下，也能对高速旋转的齿轮齿面，输入端、输出端轴承提供抗磨承载特性。

（7）良好的高低温性能：满足低温起动的要求，实现冬季启动无忧，减小启动转矩；在高温下，也能够提供适宜的润滑油膜，保护啮合部件。

目前包括壳牌（Shell）、道达尔（Total）等公司均开发出了专用冷却油。表4-11 为某款油冷驱动电机所用的 BOT 805 C 冷却油的特性。

表 4-11 BOT 805 C 冷却油特性

100℃下的运动黏度/(mm²/s)	黏度指数	闪点温度/℃	铜片腐蚀(100℃，3h)级	密度/(kg/m³)
5.2	145	210	16	844

三、油冷结构设计要点

相对于传统的风冷和水冷结构，油冷的结构形式更为多变，冷却结构设计灵活度更高。同时，相对于传统的风冷和水冷结构，油冷结构在设计时也存在以下问题：

(1)油冷相对机座水冷，并没有固定流道，油液在电机内部的流动轨迹和范围难以确定。

(2)喷嘴(结构、尺寸、数量、布置角度)、定子绕组端部(线型、伸出长度、绝缘绑扎范围)、冷却油(流量、油的种类、温度)等众多因素都会影响油液在电机内部的流动状态和冷却效果。

(3)由于重力和电机旋转的影响，油液滴落后的轨迹随运行工况不断变化。

因此，油冷结构的设计难点在于冷却油流动的不确定性。良好的油冷结构必须满足以下条件。

1)冷却针对性强

油直接冷却是一种具有针对性的冷却方式，因此油冷结构的选择必须合理，对发热部件冷却的针对性强，对高温区散热效果好。在油冷结构设计初期，首先需要确定电机内部哪些区域需要进行油冷，不能将原本不需要油冷的部位也设计为油冷，造成油冷结构的复杂和冗余。

油冷结构主要是根据电机发热状况和电机外形接口限制进行选择。例如，对于转子发热严重的电机，必须对转子进行有效冷却。根据前文可知，比较典型的转子冷却结构有图 4-38 所示的转子空心轴油冷方案和图 4-41 所示的端盖引流喷油至转子端面方案。而端部引流喷油结构需要电机在轴向有足够的空间布置喷嘴或者油管；转子空心轴油冷则需要电机通过轴端引入油液。根据系统是否有足够的轴向空间或者是否能给电机转轴提供冷却油，选择合适的转子油冷结构。

2)冷却均匀性好

油冷结构设计时，需要避免冷却不均的问题，防止发热区域部分未得到有效冷却而导致局部过热。往往需要通过大量的试验和仿真分析才能不断优化油冷结构，使得冷却油有效覆盖在发热部位，对发热部位均匀冷却。

3)流动阻力小

油的黏度远大于水，因此油冷系统对于流阻的要求比水冷系统更为严苛。如果油路流阻过大，会使得油冷系统过大、成本过高，不利于在整车上的布置和应用。同时，电机内的油液最终一般集聚在电机底部，再通过底部的出油口流走，因此需要合理设计出油口，使得油道内流阻较小，系统回油顺畅，防止油液在电机内部集聚的液位过高。

4）结构简单

目前制约油冷方式在驱动电机中应用的重要因素是油冷系统和油冷电机的成本大大高于传统的水冷方式。因此，在油冷结构设计中，在满足冷却需求的前提下，应该尽量选择相对简单的油冷结构，降低生产制造难度，降低油冷电机生产制造成本。

同时，简单的油冷结构也会使得电机后续的可靠性和可维护性有所提高，降低油冷结构失效的风险。

四、流阻与温升预测

由于油冷系统结构繁多，特别是冷却油在电机内部呈"自由"状态，油的流经路径与喷嘴、油的流速、油的黏度以及电机内部结构密切相关，因此准确预测油冷电机的流阻与温升较为困难。

目前流阻与温升的预测通常采用试验修改法和仿真法。

试验修改法是指通过设计简单的油冷喷流结构，改变喷孔布置、数量、大小和油量等冷却结构参数，观察油液是否较好地覆盖了所需冷却区域，并通过试验测试电机实际温升，最终不断修改喷流结构，达到较好的冷却效果。其优点是与实际电机结构的匹配度高；其缺点是设计成本较高，实际操作复杂，需要较多试验资源的投入，而且反复修改试验的周期也较长。

仿真法则是通过数值仿真的方式，模拟油液在电机内部的流动状态，并计算该冷却结构下电机的温升，不断修改结构，达到较优的冷却效果。目前常用的电机喷流仿真法有基于两相流模型的计算流体力学（CFD）仿真方法和基于运动粒子法的仿真方法，前者应用的商业软件包括 ANSYS Fluent、Star-CCM+ 等，后者应用的商业软件有 Particleworks、nanoFluidX 等。仿真法的优点为可以较为便利地修改冷却结构，不断优化计算，设计成本较低；缺点是由于绕组实际结构无法完全建模还原、理论模型的不完善等，仿真准确度还无法完全满足工程设计要求，只能提供定性的对比参考。

目前，比较合理的油冷喷流冷却结构设计方法是将仿真和试验结合起来，先通过仿真的方式，筛选出几组较为合理的、油液在绕组上覆盖率较高的冷却结构方案，再对待选方案进行试验验证，寻优得到满足电机冷却要求的喷流结构。

第五节　复合冷却方式

由于驱动电机采用的是全封闭结构，其内部温度梯度大，不均匀性高，单纯采用一种冷却方式时尤为明显。比如，目前应用最为广泛的机壳水冷电机（图 4-1 和图 4-2）与水道结合部分的定子铁心和槽内部分的绕组的温度较低，但由于绕组端部散热条件差，容易产生热聚集效应，其温度较高。而对于异步驱动电机，转子的热量也只能通过热阻较大的气隙传递到定子铁心，然后通过水道带走，也容易产生热聚集效应，导致转子温度较高，并且转子导条的热量将通过转子铁心、转轴传导到轴承上，造成轴承温度较高。

在这种情况下，尽管电机定子绕组的平均温升可能远低于绝缘系统所允许的温升限值，但定子绕组局部的最高温度、转子温度和轴承温度可能会超过其允许的温度。这些局部较高的温度限制了整个电机功率的发挥。因此对这些局部进行强化散热和定向冷却，降低其温度，对提升驱动电机的功率密度具有十分重要的作用。

局部强化散热的主要措施是利用局部热传导和对流的方式对定子绕组端部、转子以及轴承进行定向冷却，通过机座主冷却+局部强化散热的复合冷却方式，将热量尽量传递到外部冷却介质中，保证电机各个部件运行在允许的温度限值以内。

一、基于传导的定向冷却

正如前述，全封闭电机的定子绕组温度最高，尤其是绕组端部处于内部几乎静止的空气中，而空气导热性能差，使得端部热量聚集，端部的温度有可能超过铁心槽内的温度 50K。为有效降低绕组端部温度，可以增强端部的散热能力，主要措施是在定子绕组端部填入高导热的导热胶(图 4-42)和增加导热环等。

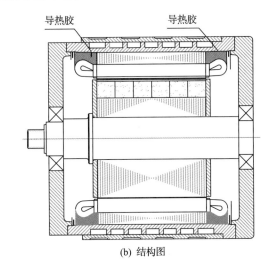

(a) 实物图　　　　　　　　(b) 结构图

图 4-42　定子绕组端部灌胶

根据表 4-7 可知，高导热的导热胶的导热系数[2W/(m·K)]为空气导热系数[0.0276W/(m·K)]的 72 倍，因此绕组端部的热量可以通过导热胶及时传递到机座上散逸，从而达到定向强化传热的作用。经验表明，采用导热胶，端部温度可降低 10～20℃。但采用导热胶使工艺难度增加、重量增加。同时当灌封量较多时，生产工艺中产生的气泡和长期运行中可能产生的裂缝会导致冷却效果变差及可靠性的降低。因此该方法一般只用于体积较小的电机上。

增加导热环是指在定子绕组端部空隙内设置一个高导热的金属环(图 4-43)，使端部的热空气传递到机座上，实际上是缩短定子绕组端部的传热路径。但这种方式同样增加了制造难度，同时还减小了爬电距离。

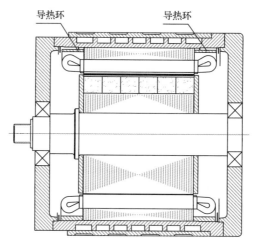

导热环   导热环

图 4-43　导热环降低温度示意图

二、基于对流的定向冷却

根据前文的介绍，相对于静止空气内的热传递，当物体表面空气流动时，表面散热能力将增加；同时，当散热面积增加时，散热能力也会增加。而采用水冷比采用风冷冷却效果要好。

基于对流定向冷却的基本原理，采取适当的措施，通过电机内部的空气流动、增加散热面积来强化温度较高的部件的散热，或者采用强制冷却来降低温度较高的部件的温度。

1. 内部空气流动

内部空气流动的主要措施是在转子上增加叶片或加内部风扇搅动内部空气，使得内部空气流动。

转子上增加叶片的典型应用为在异步驱动电机端环上增加叶片(图 4-1)，驱动电机旋转时通过叶片的搅动作用，加强内部气流循环，从而强化内部空间的对流散热，使得电机内部的热量更多地从端盖和机座传递到外部环境。转子端面增加小叶片不仅能强化转子散热，同时由于内部气流吹拂定子绕组端部，该区域的温度也会有较明显的降低。但由于仅仅是搅动，冷却效果比较有限。

为了进一步加强电机内部的流动，可以在电机内部设置气流循环回路，采取强制冷却的方式，加强内部热量的传递(图 4-44)。在电机旋转时，通过内风扇或者叶片长度不等形成的压力差，使转子、定子和机座形成回路，将转子和定子线圈端部的热量传递到机座上。为了在定子铁心上形成风道，通常是在定子铁心内部加内部通风孔或者在铁心外圆切除一块形成局部风道(图 4-45)。

2. 增加散热面积

增加散热面积包括在端盖增加散热筋以增加端盖的散热能力、在轴承盖附近设置散热筋或者散热孔来增加轴承的散热能力，从而降低绕组端部温度和轴承温度。

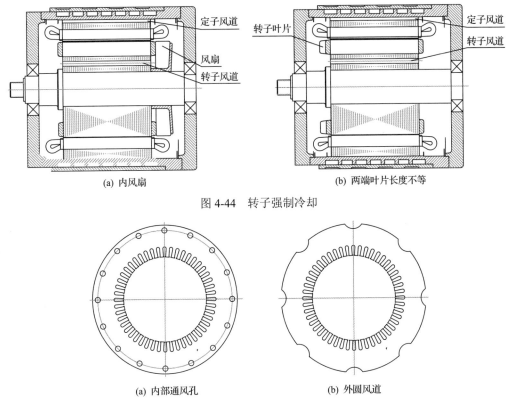

(a) 内风扇   (b) 两端叶片长度不等

图 4-44 转子强制冷却

(a) 内部通风孔   (b) 外圆风道

图 4-45 定子冲片冷却风道结构

3. 强制冷却

强制冷却是指对温度高的部件采用辅助冷却回路进行冷却，主要包括定子、转子和轴承部件。

1）定子

对于油冷电机，由于定子绕组端部采用油直接冷却，其温度较低。此时如果机座上没有采取任何冷却措施，定子槽内绕组的热量传递到机座，其温度将比绕组端部的温度高。为此可以在机座上采用水冷，即所谓的"内油冷外水冷"冷却方式。

2）转子

当转子发热量较大时，如全封闭异步驱动电机，采用以上方式仍不足以将大量的热量传递到外界，必须通过更为直接的对流散热方式对转子进行冷却。常见的一种方式是转轴采用空心轴结构，冷却水或者冷却油直接从空心轴内流过，对转子进行降温。图 4-38 所介绍的转子油冷结构即属于这种冷却思路。该结构的典型应用有特斯拉 Model S 的异步驱动电机，即采用空心轴油冷方式，对转子进行局部强化冷却。

3）轴承

轴承的可靠性与运行温度息息相关，特别是电机高速运行时，轴承发热量增大，其散热需求更为迫切。对于油冷电机，一般用冷却油润滑轴承并对轴承一并冷却。但对于机壳水冷电机，尤其是异步驱动电机，轴承的温度可能成为其可靠性最薄弱的环节。

为加强轴承散热，除了在端盖上加散热筋以及降低转子温度外，一个重要措施是将机座的水引入端盖中，冷却轴承(图 4-46)。

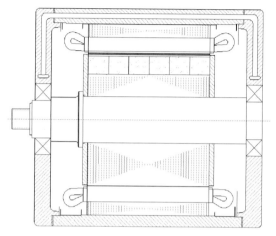

图 4-46　轴承局部水冷示意图

三、典型的复合冷却结构

奥迪 e-tron 电动汽车用异步驱动电机是采用复合冷却结构的典型代表。在奥迪 e-tron 电动汽车前后桥安装有两台异步驱动电机(图 4-47)。表 4-12 为其基本参数，图 4-48 为其冷却路径示意图[①]。

(a) 前桥驱动电机　　　　　　　　　(b) 后桥驱动电机

图 4-47　奥迪 e-tron 电动汽车用异步驱动电机

表 4-12　e-tron 电动汽车用异步驱动电机基本参数

参数	前桥驱动电机	后桥驱动电机
直流母线电压/V	360	360
持续功率(30min)/kW	70	95
持续转矩(30min)/(N·m)	95	130

---

① Audi A G.Audi e-tron (type GE) self-study programme 675.2018,10。

续表

参数	前桥驱动电机	后桥驱动电机
峰值功率(10s)/kW	135	165
峰值转矩(10s)/(N·m)	309	355
最高转速/(r/min)	13500	13500

对于前桥，电机控制器与驱动电机串联在冷却回路中。冷却水先冷却电机控制器，然后分别流经驱动电机的传动端端盖、转子空心轴、非传动端端盖和定子冷却水套，最后回到水箱。对于后桥，电机控制器与驱动电机同样是串联在冷却回路中。冷却水先冷却电机控制器，然后流经驱动电机的定子冷却水套、非传动端端盖、转子空心轴和传动端端盖，最后回到水箱。无论是前桥驱动电机还是后桥驱动电机，水路结构均为机座水冷+端盖水冷+空心轴水冷的复合冷却结构。

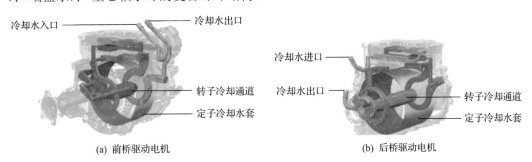

(a) 前桥驱动电机 (b) 后桥驱动电机

图4-48 奥迪e-tron电动汽车用异步驱动电机复合水冷示意图

之所以采用这种复杂的复合冷却结构，主要原因是驱动电机的功率密度较高，并且采用的是转子发热量较大的异步驱动电机，不得不采用转子水冷和端盖水冷的冷却方式带走转子所产生的热量，以降低转子和轴承的温度。

四、复合冷却结构的选取原则

复合冷却方式多种多样，具有很强的灵活性，但复合冷却结构的引入，意味着电机结构的复杂度增加以及成本和尺寸的增加。在实际冷却结构设计中，要结合局部冷却需要，综合设计限制和应用环境，选择合理的复合冷却结构，其选取原则如下：

1) 局部散热针对性强

复合冷却结构常作为主要冷却方式的补充，因此复合冷却结构一般只需要解决电机局部温度过高的问题。如果发现电机转子温度过高，一般仅需要考虑设置转子冷却结构（如空心轴水道冷却、转子端面同轴风扇轴向通风冷却等），而不需要考虑复合冷却结构对电机全局进行散热。

2) 冷却结构简单

复合冷却结构的引入会使得电机结构复杂化，因此尽量选择简单的复合冷却结构。比如，某机座水冷电机只是轴承温度过高，则优先考虑是否可以在端盖区域增加散热筋强化轴承区域与外界空气的散热；如果仍无法满足冷却要求，才进一步考虑是否在端盖内近轴承区域设置冷却水道。

3）冷却介质单一

复合冷却结构的设计需要遵循冷却介质单一的原则，最好不要引入主要冷却介质外的其他冷却介质。例如，机壳水冷电机转子温度过高时，既可以使用转轴水冷，又可以采用转轴油冷，但采用转轴油冷结构则需要外部引入新的油液循环冷却系统，而采用转轴水冷则可以连接到机壳主水路系统中。冷却介质单一的原则有助于降低系统成本和复杂度。

总之，电机复合冷却结构的设计要遵循实用、简单、够用原则，在对电机进行有效冷却、避免部件过热的同时，也要避免冷却过设计而造成的冗余。

参 考 文 献

[1] 许国良. 工程传热学[M]. 北京: 中国电力出版社, 2005.

[2] 沈本荫. 牵引电机[M]. 北京: 中国铁道出版社, 2010.

[3] 赵汉中. 工程流体力学[M]. 武汉: 华中科技大学出版社, 2005.

[4] 陈世坤. 电机设计[M]. 北京: 机械工业出版社, 1982.

[5] 贡俊. 电动汽车工程手册 第五卷 驱动电机与电力电子[M]. 北京: 机械工业出版社, 2019.

[6] 李伟业, 吴江权, 王春燕, 等. 电动汽车用永磁同步电机温升计算不同方法对比分析[J]. 防爆电机, 2019, 54(1): 18-22, 39.

第五章

异步驱动电机

三相鼠笼式异步电动机具有结构简单、可靠性高、制造成本低、维修量小且功率/转矩密度较高等优点，因此从 20 世纪 90 年代起异步电机开始逐步取代直流电机，并在 1990～2010 年成为电动汽车领域的主流驱动电机。

异步驱动电机本质上是鼠笼式异步电动机，但与普通工业用鼠笼式异步电动机不同，异步驱动电机是应用在电动汽车上的由逆变电源(电机控制器)供电的、采用变频调速控制的车载异步电动机。

本章围绕变频调速、车载牵引和异步电动机三个关键词，以异步驱动电机设计流程为主线，介绍异步驱动电机的设计方法，重点介绍设计流程中的两大核心工作——电磁仿真(第四节)和结构设计(第五节)。其中第二节(异步驱动电机的运行特性)以及第三节(异步驱动电机与电机控制器的匹配关系)为电磁仿真的基础，第二节也是结构设计的基础。另外第四章(热管理技术)及机械仿真、可靠性设计等设计方法为异步驱动电机的设计支撑。

第一节　异步驱动电机设计流程

异步驱动电机的设计任务是：在给定的体积、重量、安装空间等边界条件下，设计出与电机控制器匹配的能输出保证车辆动力性能的高环境适应性、高性价比和高可靠性的驱动电机。具体来说，所开发的驱动电机必须满足以下要求。

(1) 整个直流母线电压范围内(含最高直流母线电压、最低直流母线电压和额定直流母线电压)的输出转矩-转速特性满足车辆的牵引特性和制动特性(图 5-1)。

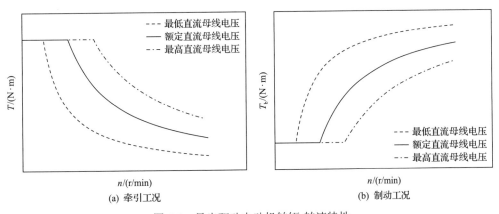

图 5-1　异步驱动电动机转矩-转速特性

(2)额定工况、峰值工况及其他用户所规定工况下的温升小于定子绕组所采用的绝缘系统、转子和轴承等所允许的温升限值。

(3)最低直流母线电压和最高恒功转速下的最大转矩倍数应大于1.2。

(4)峰值转矩下的最大电流小于电机控制器的允许电流。

(5)额定效率、最高效率和效率分布满足要求。

(6)重量,即其功率/转矩密度满足要求。

(7)外形尺寸满足车辆的要求。

(8)噪声满足要求。

(9)冷却条件(冷却介质的流量、流阻等)满足冷却装置的要求。

(10)结构强度承受车辆正常运行时可能带来的冲击振动。

(11)可靠性、寿命及成本满足要求。

(12)具有良好的环境适应性,以适应车辆运行时的严酷环境条件。

(13)具有良好的可制造性,尤其适应批量生产的要求。

为实现该目标和要求,可采用简单设计法和多层面多物理场的协同仿真法。

正如第三章所述,异步驱动电机是电动汽车系统中的一个部件,其性能与可靠性等指标与其关联对象关系密切、相互影响,即有"数个"关联对象在"数个层面"对其性能产生影响。在进行异步驱动电机设计时,必须考虑其与关联对象之间的相互影响,基于多层面协同设计的理念,开发出与驱动电机各关联对象匹配良好的异步驱动电机。

同样,异步驱动电机本身也是多物理场(电磁场、温度场、应力场、流体场和声场)的耦合系统(图 5-2),一个场内参数的变化可能会引起其他场内参数的变化。表 5-1 给出了不同物理场之间的相互影响。

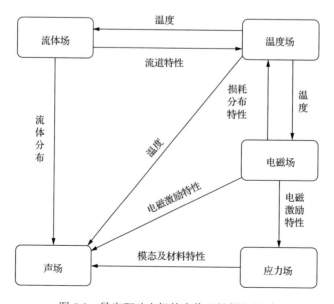

图 5-2　异步驱动电机的多物理场耦合关系

表 5-1　不同物理场之间的相互影响关系

物理场	电磁场	温度场	流体场	应力场	声场
电磁场		电磁场内铜耗和铁耗等损耗导致异步驱动电机温度上升，是温升产生的根源，为激励源	基本上无影响	电磁场的电磁激励特性（磁场和所产生的转矩）是异步驱动电机产生形变和应力的根源，为激励源	电磁场的电磁激励特性（磁场和所产生的转矩）是异步驱动电机产生电磁噪声的根源，为激励源
温度场	温度的上升引起电磁结构材料的性能（包括电磁线的电阻、转子及端环的电阻、硅钢片的损耗特性）变化，继而影响电机的输出特性		异步驱动电机所产生的热量由流体带走，并随之提升流体的温度。流体温度升高，其导热性能略有提升，黏度降低，流阻减小	材料的机械强度与温度有关，温度分布会影响结构的应力分布和变形特性。一般情况下，温度越高，材料的机械强度越低	温度影响异步驱动电机各部件之间的配合以及各部件的内应力，进而影响异步驱动电机的固有频率、振动和噪声
流体场	基本上无影响	异步驱动电机所产生的热量由流体带走，流体流量、流场分布直接影响异步驱动电机各部分的温升		基本上无影响	对于风冷异步驱动电机，流体场直接决定其气动噪声
应力场	基本上无影响	基本上无影响	基本上无影响		异步驱动电机的结构件预应力大小影响结构件的刚度特性，进而影响结构的振动和噪声特性
声场	基本上无影响	基本上无影响	基本上无影响	基本上无影响	

　　设计时根据是否同时考虑异步驱动电机内部各物理场的耦合关系以及异步驱动电机与各关联对象的耦合关系，衍生出简单设计法和多层面多物理场的协同仿真法两种方法。

　　多层面多物理场的协同仿真法是同时考虑关联对象的影响以及异步驱动电机内部各物理场之间的影响所采用的一种设计方法。采用多层面多物理场的协同仿真法进行电磁仿真时，将 A 场的相关仿真结果实时自动输入给 B 场或者 C 场等多个"场"进行仿真，再将 B 场等的结果自动反馈给 A 场，不断迭代反复。通过仿真程序，一次性自动将设计结果输出。该方法具有设计时间短、相关指标均接近极限状态、输出的方案接近最佳方案的优点，但设计过程非常复杂，对设计者的经验积累与综合判断能力要求极高。

　　而简单设计法将上述复杂的仿真系统简化为数个"简单"的步骤。即将 A 场的相关仿真结果实时人工输入给 B 场进行仿真，如果 B 场的仿真结果满足要求，则可以不返回 A 场。该方法思路清晰，但人工干预次数多，所得出的方案很可能不是最佳方案。但该方法是一种能快速满足工程实际的简单方法，也是多层面多物理场的协同仿真法的基础，因此本章将重点介绍简单设计法。

　　图 5-3 为基于简单设计法的异步驱动电机开发流程。该设计流程是一个相互迭代的过程，基于正向设计思路。

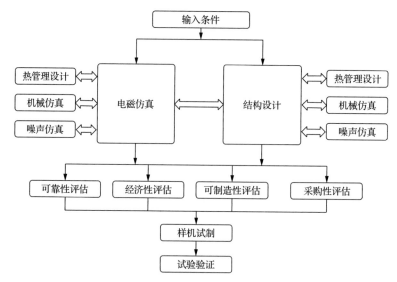

图 5-3　异步驱动电机的设计流程图

在异步驱动电机设计的全过程中，电磁仿真和结构设计为设计内核。其中电磁仿真确定电机的关键电磁结构参数，得出电机在整个工作范围内的性能参数；结构设计确定电机的总体结构，完成电机生产用的施工设计图纸和相应的技术文件。电磁仿真与结构设计交互进行，密不可分。在设计过程中也必须借用一系列的设计手段，如热管理设计、机械仿真、可靠性评估、经济性评估等作为电磁仿真和结构设计的支撑。

第二节　异步驱动电机的运行特性

如前所述，异步驱动电机是用于驱动车辆的变频调速异步电动机，因此，普通异步电动机的运行原理、在固定频率下的运行特性同样适合异步驱动电机。

本节在总结异步驱动电机的运行原理和固定频率下的稳态运行特性基础上，以两相突然短路和三相突然短路为例介绍异步驱动电机的瞬态特性，重点分析异步驱动电机的变频特性，包括运行特性以及电机控制器输出的谐波电压对异步驱动电机损耗、效率和转矩等的影响。

一、异步驱动电机运行原理

1. 基本工作原理

异步驱动电机采用的是鼠笼式异步电动机，因此运行原理与一般异步电动机相同。当三相对称电源施加在三相对称的异步电动机定子绕组时，就会在气隙中会产生圆形旋转磁场。该旋转磁场的同步转速为[1]

$$n_1 = \frac{60 f_1}{p} \tag{5-1}$$

式中，n_1 为同步转速，r/min；f_1 为电源频率，亦即异步电动机的定子频率，Hz；p 为极对数。

根据电磁感应原理，处于该旋转磁场的鼠笼转子导条会产生反电动势。对于鼠笼式异步电动机，由于转子导条通过两端的端环彼此短路，该反电势将在转子导条与端环所形成的闭合回路内产生与感应电势相位基本相同的转子电流。该转子电流与定子电流所产生的旋转磁场相互作用，将产生与旋转磁场方向相同的电磁转矩。

由此可见，异步电动机的工作基础是电磁感应原理，因此异步电动机又称为感应电动机。

2. 调速原理

根据电机学原理[1]，异步电动机的转速为

$$n = (1-s)n_1 = \frac{60 f_1 (1-s)}{p} \tag{5-2}$$

式中，n 为电动机转速，r/min；s 为转差率。

从式 (5-2) 可以看出：

(1) 电动机转速与旋转磁场的转速不相同，即相异，因此称之为异步电动机。

(2) 通过改变转差率 s、极对数 p 和定子频率 f_1，可以实现电机转速的改变。

在异步驱动电机系统中，采用的是改变定子频率，即采用变频调速，通过改变电机控制器的输出频率 f_1 来调节异步驱动电机的转速 n，实现无级调速。

二、固定频率下的稳态运行特性

异步电动机在固定频率下的稳态运行特性包括电压和电流方程式、电磁转矩方程式、功率平衡方程式、转矩平衡方程式等。稳态运行特性分析基础为等效电路图[1,2]。图 5-4 分别为考虑铁耗和不考虑铁耗下的等效电路图。

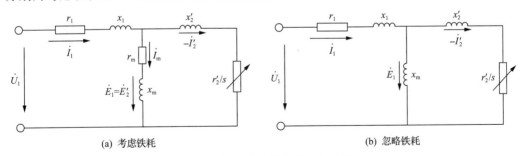

(a) 考虑铁耗　　　　　　　　　　　　　　(b) 忽略铁耗

图 5-4　异步电动机的等效电路图

1. 电压和电流方程式

异步电动机的电压电流基本方程式如下[2]：

$$
\begin{cases}
\dot{U}_1 = -\dot{E}_1 + \dot{I}_1(r_1 + jx_1) \\
\dot{E}_1 = -(jx_m + r_m)\dot{I}_m \\
\dot{E}_2' = \dot{I}_2'(r_2'/s + jx_2') \\
\dot{E}_1 = \dot{E}_2' \\
\dot{I}_1 = \dot{I}_m + \dot{I}_2' \\
x_1 = 2\pi f_1 L_1 \\
x_2' = 2\pi f_1 L_2'
\end{cases}
\tag{5-3}
$$

式中，$\dot{U}_1$ 为定子相电压，V；$\dot{I}_1$ 为定子相电流，A；$\dot{I}_m$ 为励磁电流，A；r_1 为定子电阻，Ω；x_1 为定子漏抗，Ω；r_m 为铁耗电阻，Ω；x_m 为励磁电抗，Ω；$\dot{E}_1$ 为感应电动势，V；$\dot{E}_2'$ 为折算到定子侧的转子感应电动势，V；$\dot{I}_2'$ 为折算到定子侧的转子电流，A；r_2' 为折算到定子侧的转子电阻，Ω；x_2' 为折算到定子侧的转子漏抗，Ω；L_1 为定子漏感，H；L_2' 为转子漏感，H。

2. 频率方程式

异步电动机的频率关系为

$$
f_1 = f_2 + f_n
\tag{5-4}
$$

$$
s = \frac{f_2}{f_1}
\tag{5-5}
$$

式中，f_2 为转子频率，Hz；f_n 为转差频率，Hz；s 为转差率。

3. 电磁转矩方程式

令

$$
\begin{cases}
x_{11} = x_1 + x_m \\
x_{22} = x_2' + x_m
\end{cases}
\tag{5-6}
$$

根据图 5-4(b) 的等效电路图，在不考虑铁耗时，电磁转矩 T_e 为

$$
T_e = \frac{pm_1}{2\pi}\left(\frac{U_1}{f_1}\right)^2 \cdot \frac{f_2 x_m^2 / r_2'}{\left[r_1 + \dfrac{f_2}{f_1 r_2'}(x_m^2 - x_{11}x_{22})\right]^2 + \left(x_{11} + \dfrac{f_2 r_1 x_{22}}{f_1 r_2'}\right)^2}
\tag{5-7}
$$

式中，m_1 为相数。

电磁转矩 T_e 与转差率 s 的关系 $T_e=f(s)$ 称为转矩-转差率特性（T_e-s 特性）。转矩-转差率特性是异步电动机的重要特性。图 5-5 为 T_e-s 曲线[1]。转差率 s 的范围决定了异步电动机的运行工况不同：

(1) 当 $0 \leqslant s \leqslant 1$ 时，运行工况为电动机工况（牵引工况）；

(2) 当 $s<0$ 时，运行工况为发电机工况(制动工况，或者称为馈电工况)；

(3) 当 $s>1$ 时，运行工况为电磁制动工况。

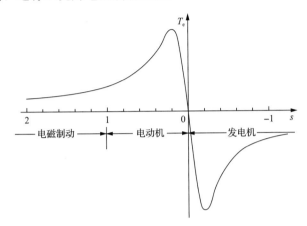

图 5-5　异步电动机的转矩-转速特性(T_e-s 曲线)

对于异步驱动电机，只有电动机(牵引)和发电机(制动)两种运行工况。

当转差率 s 为 s_m 时，异步电动机会输出最大电磁转矩 T_{emax}[1]。其中 s_m 和 T_{emax} 分别为

$$s_m = \pm \frac{\sigma_1 r_2'}{\sqrt{r_1^2 + (x_1 + \sigma_1 x_2')^2}} \tag{5-8}$$

$$T_{emax} = \frac{m_1 p U_1^2}{4\pi f_1 \sigma_1 \left[\pm r_1 + \sqrt{r_1^2 + (x_1 + \sigma_1 x_2')^2} \right]} \tag{5-9}$$

式中，$\sigma_1 = 1 + x_1 / x_m$；"+"对应于电动机(牵引)工况，"－"对应于发电机(制动)工况。

根据式(5-3)，定子漏抗 x_1 与定子频率 f_1 和定子漏感 L_1 成正比，转子漏抗 x_2' 与定子频率 f_1 和转子漏感 L_2' 成正比，而定子漏感 L_1 和转子漏感 L_2' 在一定范围内不变。因此，根据式(5-9)可知，最大电磁转矩与定转子漏感之和近似成反比，与定子频率 f_1 的平方近似成反比。

在异步电动机运行中，若负载转矩 T_2 与机械摩擦转矩 T_0 之和大于最大电磁转矩，异步电动机将处于不稳定运行状态，最终停止下来。从该意义上讲，最大电磁转矩又称为颠覆转矩，其也是异步电动机的重要参数，代表其过载能力，最大电磁转矩越大，电动机的过载能力越强。

最大电磁转矩 T_{emax} 与对应点的负载转矩 T_2 之比代表过载能力，称为最大转矩倍数(或者为颠覆转矩倍数)，用 T_M 表示：

$$T_M = \frac{T_{emax}}{T_2} \tag{5-10}$$

对于任何用途的异步电动机，均要求最大转矩倍数大于某一数值，如工业用工频运行的 Y2-315S 型 110kW 异步电动机的最大转矩倍数应大于 2.2。考虑到异步驱动电机由

具有过载保护功能的电机控制器供电，因此在最低直流母线电压和最高恒功转速下的最大转矩倍数大于 1.2 即能满足应用要求。

4. 功率平衡方程式和效率的计算

异步电动机工作时会在定子和转子上产生各种损耗。这些损耗包括：定子铜耗、定子铁耗、转子铜耗、机械损耗和附加损耗。已有众多文献介绍这些损耗的具体计算[3-5]，本章不再赘述。

图 5-6 为在考虑铁耗时的 T 形等效电路图（图 5-4）中用电阻和电流表示的各种损耗。

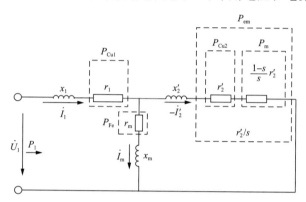

图 5-6 用 T 形等效电路中电阻上的损耗表示各种功率

牵引工况下的功率平衡方程式为

$$\begin{cases} P_1 = P_{em} + P_{Cu1} + P_{Fe} \\ P_{em} = P_m + P_{Cu2} \\ P_m = P_2 + P_s + P_{mec} \\ P_{em} = sP_{Cu2} \\ \Sigma P = P_1 - P_2 = P_{Cu1} + P_{Fe} + P_{mec} + P_s + P_{Cu2} \\ \eta = \dfrac{P_2}{P_1} \end{cases} \tag{5-11}$$

式中，P_1 为输入电功率，W；P_2 为输出轴功率，W；P_m 为机械功率，W；P_{em} 为电磁功率；P_{Cu1} 为定子铜耗，W；P_{Cu2} 为转子铜（铝）耗，W；P_{Fe} 为定子铁耗，W；P_{mec} 为机械损耗，W；P_s 为附加损耗，W；η 为效率。

制动工况的功率平衡方程式为

$$\begin{cases} P_1 = P_{em} - P_{Cu1} - P_{Fe} \\ P_{em} = P_m - P_{Cu2} \\ P_m = P_2 - P_{mec} - P_s \\ \Sigma P = P_2 - P_1 = P_{Cu1} + P_{Fe} + P_{Cu2} + P_{mec} + P_s \\ \eta = \dfrac{P_1}{P_2} \end{cases} \tag{5-12}$$

式中，P_1 为输出电功率，W；P_2 为输入轴功率，W；P_m 为机械功率，W；P_{Cu1} 为定子铜耗，W；P_{Cu2} 为转子铜（铝）耗，W；P_{Fe} 为定子铁耗，W；P_{mec} 为机械损耗，W；P_s 为附加损耗，W；η 为效率。

图 5-7 分别为牵引工况和制动工况下的功率图。

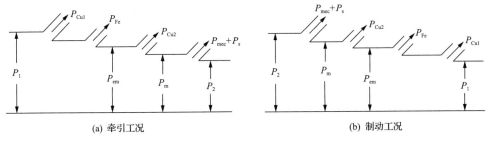

(a) 牵引工况   (b) 制动工况

图 5-7 异步驱动电机功率图

5. 转矩平衡方程式

当电动机稳定运行时，转矩平衡方程式为

$$
\begin{cases}
T_e = T + T_0, & \text{牵引工况} \\
T_e = T - T_0, & \text{制动工况} \\
T = 9550\dfrac{P_2}{n} \\
T_0 = 9550\dfrac{P_{mec} + P_s}{n}
\end{cases}
\tag{5-13}
$$

式中，T 为输出转矩，N·m；T_e 为电磁转矩，N·m；T_0 为机械摩擦转矩，N·m。

三、瞬态运行特性

对于异步驱动电机，若其自身发生故障，如接线板击穿而造成三相或者两相短接，会造成两相或者三相突然短路；当电机控制器的功率器件换流失败时，也会引起异步驱动电机两相或者三相突然短路。其中两相短路为非对称短路，三相短路为对称短路。

图 5-8 和图 5-9 分别为某一款异步驱动电机在两相突然短路和三相突然短路时的电

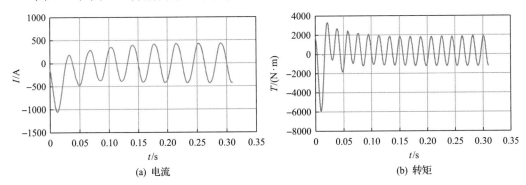

(a) 电流   (b) 转矩

图 5-8 两相短路时的电流和转矩变化曲线

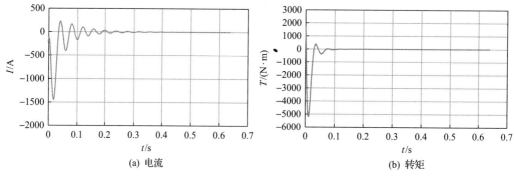

(a) 电流   (b) 转矩

图 5-9 三相短路时的电流和转矩变化曲线

流和转矩波形(在额定负荷和额定转速时)。该异步驱动电机的基本参数为：①额定直流母线电压：600V；②额定功率：120kW；③额定转矩：573N·m；④额定电流：187A；⑤峰值功率：180kW；⑥峰值转矩：1176N·m。

从图 5-8 可以看出，当发生两相突然短路时，电流与转矩的变化规律为：

(1)短路后，将产生 1050A 的峰值电流，然后衰减，该电流为额定电流尖峰值 (187×1.41=264A) 的 3.98 倍。

(2)短路后，将产生 5920N·m 的尖峰转矩(冲击转矩)，该转矩约为峰值转矩 (1176N·m)的 5 倍，如此大的冲击转矩，不仅对驱动电机产生冲击，还会对机械传动系统(联轴器、转轴及联轴器的花键、齿轮等)产生冲击，损坏这些部件或者缩短这些部件的寿命，造成安全隐患。

从图 5-9 可以看出，当发生三相突然短路时，电流与转矩的变化规律为：

(1)短路后，将产生 1450A 的峰值电流，然后衰减至零，该电流为额定电流尖峰值 (187×1.41=264A) 的 5.5 倍。

(2)短路后，将产生 5050N·m 的尖峰转矩(冲击转矩)，该转矩约为峰值转矩 (1176N·m)的 4.3 倍。同样如此大的冲击转矩，不仅对驱动电机产生冲击，还会对机械传动系统产生冲击。

在驱动电机及机械传动系统强度仿真时，必须考虑这种恶劣工况，并进行强度校核。

四、变频运行特性

异步驱动电机采用的是变频调速。当定子频率发生变化时，其运行方式和特点不同于固定频率运行的异步电动机，运行特点为：

(1)由于电机控制器输出的电压除了含有基波分量外，还含有谐波分量，这些谐波分量会对电机的性能产生影响。

(2)在调速过程中，随着定子频率 f_1 的上升，定子电压 U_1 不断升高。但由于直流母线电压的限制，当频率升高到 f_{1u} 时，电压达到最大值而不再变化，进入恒电压(恒压)运行。

图 5-10 为异步驱动电机定子电压 U_1 随定子频率 f_1 的变化曲线，在整个工作范围内，有两个运行特点明显不同的典型区域：

(1)恒磁通区：磁通保持不变，定子电压随定子频率的升高而增加。

(2)恒压区：定子电压保持不变，磁通随定子频率的升高而降低，即处于弱磁区。

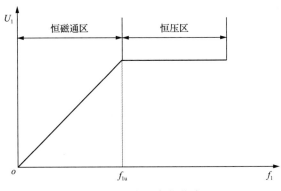

图 5-10　电压变化曲线

1. 恒磁通区的运行特性

在恒磁通区，异步驱动电机的磁通保持不变，即 E_{1u}/f_{1u} 保持不变。其中 E_{1u} 和 f_{1u} 分别为进入满电压点的反电动势和定子频率，f_{1u} 也可称恒压起始频率。

根据图 5-4 的等效电路图，当 E_{1u}/f_{1u} 和输出转矩已知时，可以得出驱动电机的电压、电流以及电磁转矩等关键参数[2]：

$$
\begin{cases}
\dot{I}_2' = \dfrac{\dot{E}_1}{\sqrt{(r_2\,/\,s)^2 + x_2'^2}} \\[4mm]
T_e = \dfrac{pm_1}{2\pi}\left(\dfrac{E_1}{f_1}\right)^2\left[\dfrac{f_2 r_2'}{r_2'^2 + (2\pi f_2 L_2')^2}\right] \\[4mm]
T_{emax} = \dfrac{pm_1}{2\pi}\left(\dfrac{E_1}{f_1}\right)^2\dfrac{1}{4\pi L_2'} \\[4mm]
\dot{I}_1 = \dfrac{-\dot{E}_1}{jx_m} - \dfrac{\dot{E}_1}{r_2'\,/\,s + jx_2'} \\[4mm]
\dot{U}_1 = -\dot{E}_1 + (r_1 + jx_1)\dot{I}_1 \\[4mm]
E_1 = f_1\dfrac{E_{1u}}{f_{1u}}
\end{cases}
\tag{5-14}
$$

当磁通保持不变，即 E_{1u}/f_{1u} 保持不变时，定、转子和励磁漏感保持不变。因此在恒磁通阶段，当输出转矩同样保持不变时，其他主要参数变化规律如下：①定子电流、转子电流和励磁电流保持不变；②转差率保持不变；③最大电磁转矩及最大转矩倍数保持不变；④定子电压与定子频率近似成正比。

2. 恒压区的运行特点

当驱动电机定子电压保持不变时，随着定子频率的升高，异步驱动电机的磁通将会下降，处于弱磁运行，其主要参数变化规律如下：

(1)漏感：当磁通下降时，电机的饱和度下降，定子漏感、转子漏感和励磁电感会增加。

(2)集肤效应：随着运行频率的升高，驱动电机的集肤效应加大，定、转子的交流电阻系数增加，交流漏抗系数减小。

(3)最大电磁转矩及最大转矩倍数：根据式(5-10)可以得出最大电磁转矩为

$$T_{emax} \propto \frac{1}{f_1(x_1 + x_2')} \propto \frac{1}{2\pi f_1^2 (L_1 + L_2')} \tag{5-15}$$

L_1 和 L_2' 在整个运行范围内基本上为常数，因此当异步驱动电机的电压 U_1 保持不变时，最大电磁转矩 T_{emax} 与定子频率 f_1 的平方近似成反比(详见图 5-11)，与定转子漏感之和成反比。

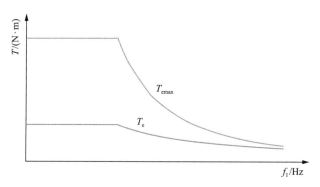

图 5-11　恒压恒功运行特点

当电机处于恒压运行阶段，输出转矩 T 与转速 n 成反比，与定子频率 f_1 近似成反比，而根据式(5-13)，在稳态运行时，电磁转矩 T_e 为输出转矩 T 和机械摩擦转矩 T_0 之和。根据式(5-10)和式(5-15)，最大转矩倍数近似与定子频率 f_1 成反比，即随着定子频率 f_1 的增加，最大转矩倍数越来越小。

异步驱动电机设计的一个重要要求是必须保证其在最大恒功转速下的最大转矩倍数不得低于某一值(一般取 1.2)。

根据上述分析，为保证异步驱动电机在最高恒功转速下的最大转矩倍数，可采取以下措施：①降低最高恒功转速，即恒功比；②降低电机的定、转子漏感。

(4)定子铁耗：异步驱动电机的定子铁耗 P_{Fe} 为[3]

$$P_{Fe} = p_{10/50} B^2 \left(\frac{f_1}{f_{1u}}\right)^{1.3} \tag{5-16}$$

式中，P_{Fe} 为定子铁耗，W/kg；$p_{10/50}$ 为当磁通密度(以下简称磁密)为 1T 及频率为 50Hz 时硅钢片单位质量的损耗，W/kg；B 为频率为 f_1 时的磁密，T。

定子铁耗与频率、硅钢片的损耗大小以及磁密有关。

根据式(5-16)，定子铁耗与定子频率的 1.3 次方成正比，与磁密的平方成正比。随着定子频率的增加，定子频率和磁密对定子铁耗的贡献出现相互抵消的关系。

五、非正弦供电时异步驱动电机的运行特点

当异步驱动电机由电机控制器供电时，电机控制器输出电压中不仅含有基波分量，还含有谐波分量(时间谐波)，图 5-12 为电机控制器电压波形示意图[6]。这些谐波分量对异步驱动电机的性能，如转矩、损耗、效率以及温升等会产生一定的影响。另外电机控制器电压的产生是通过功率器件的"开"和"关"的动作来实现的，功率器件的开关频率及其 dU/dt 会对绝缘系统和轴承产生一定的影响，这部分的影响已在第二章进行了叙述。

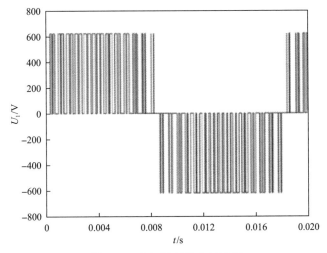

图 5-12 电机控制器电压波形

总的来说，电机控制器的时间谐波对电机会产生如下影响：①在定转子上产生谐波电流，从而产生附加损耗，这种附加损耗不仅降低异步驱动电机的效率，还会增加其温升；②定子谐波电流与转子谐波电流相互作用，产生脉动谐波转矩，加大电机的振动和运行的平稳性；③产生附加噪声。

1. 谐波电流

电机控制器输出的电压中除了含有基波分量外，还含有 $6k\pm1$ 次谐波电压，这些谐波电压会在异步驱动电机中产生相同频率的谐波电流。其中 $6k+1$ 次谐波电流产生的时间谐波磁势与主磁势的旋转方向相同(正序谐波)，$6k-1$ 次谐波电流产生的时间谐波磁势与主磁势的旋转方向相反(负序谐波)。

谐波电流在电机中的作用原理与普通异步电动机相同，因此谐波电流的计算同样可以采用 T 形等效电路。图 5-13 为谐波等效电路。在图 5-13 中，r_{1k}、x_{1k}、r'_{2k} 和 x'_{2k} 分别为考虑了集肤效应的定子电阻、定子漏抗、转子电阻和转子漏抗。

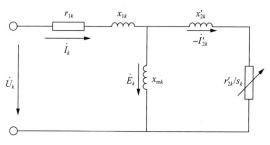

图 5-13　谐波等效电路

第 k 次谐波产生的谐波旋转磁场以转速 kn_1 正转或者反转，其相应的转差率 s_k 为

$$s_k = \frac{kn_1 \mp n}{kn_1} = \frac{(k \mp 1) \pm s}{k} \tag{5-17}$$

式中，"+"适用于负序谐波，"−"适用于正序谐波。

根据图 5-13 的谐波等效电路，可以计算出电机的 k 次谐波电流 I_k[2]：

$$I_k \approx \frac{U_k}{k(x_1 + x_2')} \tag{5-18}$$

由于没有零序谐波和偶次谐波，总的谐波电流 I_{total} 和总的有效电流 I_{r} 分别为

$$\begin{cases} I_{\text{total}} = \sqrt{I_5^2 + I_7^2 + I_{11}^2 + I_{13}^2 + \cdots + I_k^2 + \cdots} \\ I_{\text{r}} = \sqrt{I_1^2 + I_{\text{total}}^2} \end{cases} \tag{5-19}$$

电流谐波的 THD（total harmonic distortion，总谐波失真）为

$$\text{THD} = \sqrt{\frac{I_{\text{r}}^2 - I_1^2}{I_1^2}} \tag{5-20}$$

图 5-14 为包含基波电流和谐波电流在内的总电流波形图[6]。

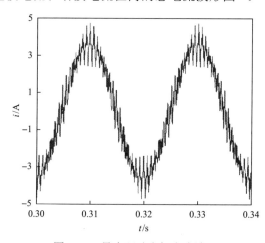

图 5-14　异步驱动电机电流波形

2. 谐波损耗[2]

谐波电流会在异步驱动电机中产生损耗，包括定子铜耗、转子铜(铝)损耗、定子铁耗以及杂散损耗。

1) 定子铜耗

定子中的谐波电流会在定子绕组中产生附加铜耗。对于异步驱动电机来说，一般采用圆铜线并且基波频率相对较低，其集肤效应所引起的交流电阻一般较小，因而可以忽略不计。但采用扁铜线时，必须考虑集肤效应所引起的交流电阻。

当考虑集肤效应时，第 k 次谐波的定子谐波铜耗 $P_{\text{Cu1}k}$ 为

$$P_{\text{Cu1}k} = 3I_k^2 r_{1k} \tag{5-21}$$

总的定子谐波铜耗 $P_{\text{H-Cu1}}$ 为

$$P_{\text{H-Cu1}} = \sum_{k=1}^{\infty} (3I_k^2 r_{1k}) \tag{5-22}$$

总的定子铜耗为

$$P_{\text{Cu1}} = 3I_1^2 r_1 + \sum_{k=1}^{\infty} (3I_k^2 r_{1k}) \tag{5-23}$$

2) 转子铜(铝)耗

谐波电流会在转子导条(铜条或者铸铝导条)中产生附加铜(铝)损耗。转子导体的交流电阻在谐波频率时的集肤效应会显著增大，从而导致转子导条上的电阻损耗显著增加，这是异步驱动电机谐波损耗的主要成分。

第 k 次谐波的转子谐波铜(铝)耗 $P_{\text{Cu2}k}$ 为

$$P_{\text{Cu2}k} = 3I_k^2 r'_{2k} \tag{5-24}$$

总的转子谐波铜(铝)耗 $P_{\text{H-Cu2}}$ 为

$$P_{\text{H-Cu2}} = \sum_{k=1}^{\infty} (3I_k^2 r'_{2k}) \tag{5-25}$$

总的转子铜(铝)耗为

$$P_{\text{Cu2}} = 3I_2^2 r'_2 + \sum_{k=1}^{\infty} (3I_k^2 r'_{2k}) \tag{5-26}$$

3) 定子铁耗

由于电压谐波的存在，定子铁损也会增加。但由于谐波电压幅值不高，且大部分被定子漏抗所吸收，谐波气隙磁通数值不大，谐波铁耗在整个铁耗中所占比例较小，一般

可以忽略不计。

4) 杂散损耗

与基波一样，谐波也会在定子铁心端面、转子铁心端面、端盖、机座、绕组端部等部分产生杂散损耗。精确计算这种杂散损耗非常困难，即使采用数值计算也很困难。一般情况下，假定该杂散损耗为输入功率的 0.2%。

3. 效率与温升

如上所述，电机控制器的谐波会在异步驱动电机中产生各种损耗。这种损耗的存在，会降低电机的效率，增加温升。由于谐波损耗主要产生在转子导条上，转子温升的增加最为明显。较高温度的转子会将热量进一步传递到轴承上，可能大幅度增加轴承的温度。

无论采用哪种冷却方式，异步驱动电机均为全封闭式结构，转子散热条件差，散热困难，因此转子及轴承的温升是异步驱动电机功率密度提升的一大瓶颈。

效率的降低幅度与电机结构以及控制方式密切相关，对于额定功率为 100kW、额定效率为 93% 的异步驱动电机，当由开关频率为 4000Hz 的电机控制器供电时，与纯正弦波电压供电相比，其效率约降低 1%。

4. 谐波转矩[2]

由于谐波的存在，异步驱动电机的气隙中存在时间谐波磁势，从而产生谐波转矩。根据谐波转矩产生的原因和性质，谐波转矩分为稳定谐波转矩和脉动谐波转矩。

1) 稳定谐波转矩

稳定谐波转矩是由同次数的气隙谐波磁通和转子谐波电流的相互作用而产生的。如果气隙中包含基波在内共有 n 个旋转磁场，则会产生 $n-1$ 个稳定的谐波转矩。可以利用相应的谐波等效电路，按照与基波相同的方法进行谐波转矩计算。

第 k 次谐波转矩 T_{ek} 为

$$T_{ek} = \pm \frac{3p}{2\pi f_1} I_{2k}^2 \frac{r'_{2k}}{k \pm 1} \tag{5-27}$$

式中，"+"表示与基波转矩同向的正向转矩，为牵引转矩；"–"表示与基波转矩反向的反向转矩，为制动转矩。

异步驱动电机合成的电磁转矩为基波转矩和谐波转矩之和。但由于这些谐波转矩本身数值较小，而且正向转矩和反向转矩之间会相互抵消一部分，因此实际上谐波转矩造成的驱动电机转矩的减少是很小的，可以不予考虑。

2) 脉动谐波转矩

脉动谐波转矩是由不同次数的谐波磁通和谐波转子电流相互作用而产生的。若气隙中包括基波在内共有 n 个旋转磁场，则会产生 n^2-n 个脉动谐波转矩。其中影响较大的转矩是由基波旋转磁场与谐波转子电流而产生的脉动谐波转矩。

$6k-1$ 次谐波的定子电流在气隙中产生的 $6k-1$ 次谐波磁场以 $6k-1$ 倍的同步转速反向

旋转，从而在转子中感应出 6 倍基波频率的转子电流，而该转子电流与基波旋转磁场相互作用产生 $6k$ 倍基波频率的脉动谐波转矩。

$6k+1$ 次谐波的定子电流在气隙中产生的 $6k+1$ 次谐波磁场以 $6k+1$ 倍的同步转速正向旋转，从而在转子中感应出 6 倍基波频率的转子电流，而该转子电流与基波旋转磁场相互作用产生 $6k$ 倍基波频率的脉动谐波转矩。

脉动谐波转矩的大小为

$$T_{(6k\pm1)-1} = -\frac{3P}{2\pi f_1} I_{(6k\pm1)-1} E_2' \cos(6\omega t + \pi - \varphi_2) \tag{5-28}$$

式中，$T_{(6k\pm1)-1}$ 为 $6k\pm1$ 次谐波所产生的脉动谐波转矩，N·m；$I_{(6k\pm1)-1}$ 为折算到定子侧的转子 $6k\pm1$ 次谐波电流，A；ω 为角速度；E_2' 为折算到定子侧的转子反电动势，V；φ_2 为 $\omega t = 0$ 时上述电流与反电势的相位差。

脉动谐波转矩 $T_{(6k+1)-1}$ 和 $T_{(6k-1)-1}$ 是两个同周期的时间函数，它们均以 6 倍的基波频率脉动，二者的 φ_2 通常是不相同的，且二者的相位相差 $180°$，因而它们的一部分相互抵消。但该脉动谐波转矩与负载基本上没有关系。

图 5-15 为某款异步驱动电机所产生的脉动谐波转矩[6]。在运行中脉动谐波转矩与基波转矩相叠加，使电机总转矩产生脉动。

脉动谐波转矩可在机械传动系统中产生扭转振动。当脉动谐波转矩的频率与整个轴系谐振频率相近时，由于齿轮组、联轴器、万向轴以及花键之间存在间隙，该脉动谐波转矩会在这些部件的接触处产生额外的冲击，增加这些部件疲劳失效的风险。

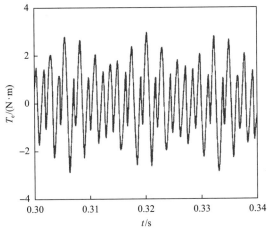

图 5-15　异步驱动电机的脉动谐波转矩

5. 电磁噪声

众所周知，由单一频率、正弦波供电的工业用异步电机的噪声是一个比较棘手的难题，而在异步驱动电动机中，由于其输入电压不仅含有基波分量还含有谐波分量，作为调速电机，其运行频率范围宽，因此电机控制器供电的异步驱动电机的噪声形成

机理就更为复杂。电机控制器及驱动电机变频运行的特点对电机噪声的影响主要体现在[7]:

(1)转速从零速升高到最高转速,将影响滚动轴承和轴承润滑,从而引起轴承的噪声增加,当速度因子[轴承平均直径(mm)×转速(r/min)]超过 180000 时,滚动体的滑动使轴承噪声明显加大。

(2)如果采用自带风扇的强迫风冷,随着转速的增加,气动噪声明显增加。转速增加50%,风扇噪声增加 10dB(A)。

(3)当供电频率发生变化时,在整个运行范围内,在某个转速点或者多个转速点可能出现谐振现象,从而导致这些频率下的驱动电机噪声异常增加。

(4)由于异步驱动电机由电机控制器供电,时间谐波会引起空间变化的基波磁场与电动机结构相互作用激发出电磁噪声,其幅值和频率与电机控制器的开关频率及驱动电机的自然频率等参数有关。

由于基波频率的变化及时间谐波的存在,异步驱动电机的噪声分析比较复杂,尽管可以采取不同的分析方法进行噪声预测,但最为根本的方法是降低电机控制器的输出时间谐波、选择合适的极槽配合。

第三节　异步驱动电机与电机控制器的匹配关系

正如第三章所述,异步驱动电机与电机控制器之间相互关联并相互影响。为了设计出匹配良好的异步驱动电机系统,异步驱动电机设计者与电机控制器设计者应相互交流和协商,并充分交流信息。表 5-2 为异步驱动电机与电机控制器设计者之间交流的信息内容。

表 5-2　异步驱动电机与电机控制器设计者之间的信息交流

异步驱动电机设计者向电机控制器设计者提供的信息	电机控制器设计者向异步驱动电机设计者提供的信息	双方共同确定的信息
极数; 在整个运行范围内异步驱动电机的等效电路参数; 在整个运行范围内异步驱动电机定子频率、电压、电流、功率转矩、转差率和转速之间的曲线; 整个运行范围内异步驱动电机的最大电流; 速度传感器型号及齿盘参数(如有)	开关频率; dU/dt; 整个运行范围内各频率输出电压基波和谐波分量	进入满电压点的频率; 电机控制器与驱动电机之间的电缆线长度

总体上讲,电机控制器对异步驱动电机最大的影响是非正弦供电和脉冲电压问题。异步驱动电机对电机控制器的最大影响是极数和图 5-4 所示的 T 形等效电路参数。二者之间相互协调的一个重要参数是进入满电压的频率。

驱动电机系统设计者的任务是了解两者之间的关系,正确提出合适的参数分配,力求使驱动电机系统匹配最佳,使系统性能最优。

一、异步驱动电机参数对电机控制器的影响

图 5-4 等效电路图中的定子漏抗、转子漏抗、转子电阻和转差率对电机控制器的影响主要体现在控制的稳定性等方面[8]。

1. 电机漏抗

当异步驱动电机由电机控制器供电时，根据式(5-18)，定子漏抗和转子漏抗越大，对谐波的抑制能力越强，谐波电流、谐波损耗、转矩脉动和电磁噪声越小。

对于电机控制器来说，为了增加系统的稳定性、降低尖峰电流和减少谐波电流对功率器件发热的影响，也希望有较大的电机漏抗。

但根据式(5-15)，当电动汽车牵引特性，也就是异步驱动电机的转矩-转速特性及直流母线电压确定后，电机的漏抗也随之确定。

由于电动汽车所采用的储能系统的电压(即驱动电机系统的直流母线电压)较低，而异步驱动电机系统的恒功范围宽，根据式(5-15)，为保证电机在最高恒功转速时具有一定的最大转矩倍数，电机的漏抗就要较低。例如，一款最大功率为 60kW、最高恒功转速为 7000r/min，直流母线电压为 336V 的电机，其定转子漏抗之和仅为 0.1258mH。如此小的漏抗，对谐波的抑制能力非常差。

2. 转子电阻和转差率

从控制稳定性看，转差率越大，系统越稳定。根据式(5-11)，转差率越大，转子铜(铝)耗越大。对于异步驱动电机，一般采用全封闭结构，当不采用特别的冷却措施时，过大的转子损耗不仅影响电机效率，还可能造成转子以及轴承的温度过高。

因此对于异步驱动电机，在转子磁密及漏抗允许的条件下，尽量增加导电材料的面积，多采用导电材料，或者采用导电率较高的焊接铜转子或者铸铜转子，以降低转子电阻及转差率。

二、进入满电压频率点对驱动电机系统的影响

由于电机控制器的输出电压是有限的，对于两电平的电机控制器，驱动电机的最高电压 U_{1max} 与直流母线电压 U_{dc} 的关系如下：

(1)当采用方波控制时：$U_{1max}=0.78U_{dc}$。

(2)当采用 SVPWM(space vector pulse width modulation，空间矢量脉宽调制)控制时：$U_{1max}=0.707U_{dc}$。

异步驱动电机在低速阶段采用恒磁通控制，电压随转速的上升而提高。但电压的提高受电机控制器最高电压的限制，提高到一定值后将维持不变，电机达到满电压，进入恒压控制。进入满电压的转速值对异步驱动电机的体积、重量以及电机控制器的容量有直接影响。图 5-16 为电压和转矩的变化曲线。

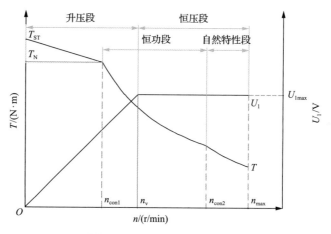

图 5-16　电压和转矩变化曲线

在图 5-16 中，T_{st} 为最大转矩，n_{con1} 和 n_{con2} 分别为恒功起始转速和最高恒功转速，n_{max} 为最高转速，n_v 为进入满电压的转速，则恒功比 K_{CM}、升压恒功比 K_{CV} 和恒压比 K_V 分别为

$$\begin{cases} K_{CM} = \dfrac{n_{con2}}{n_{con1}} \\[2mm] K_{CV} = \dfrac{n_v}{n_{con1}} \\[2mm] K_V = \dfrac{n_{max}}{n_v} \end{cases} \tag{5-29}$$

假定额定转速 n_n 与恒功起始转速 n_{con1} 相同，额定功率 P_N 与恒功功率 P_2 相同，则电机的有效体积和重量取决于电磁负荷和折算转矩 T_1[9]，即

$$T_1 = K_{CM}T_N \tag{5-30}$$

$$D_a^2 l_a \propto \frac{T_1}{B_\delta A_1} = \frac{K_{CM}T_N}{B_\delta A_1} \tag{5-31}$$

式中，B_δ 为额定点的气隙磁密，T；A_1 为额定点的线负荷，A/m；D_a 为定子铁心内径，m；l_a 为定子铁心有效长度，m；T_N 为额定转矩，N·m。

在恒功恒压阶段，电机控制器的输出电流 I_{INVN}，即驱动电机的输入电流为

$$I_{INVN} = \frac{P_N}{\sqrt{3}U_{1max}\cos\varphi\eta_N} \tag{5-32}$$

式中，P_N 为驱动电机额定功率，kW；U_{1max} 为驱动电机最高电压，V；$\cos\varphi$ 为驱动电机额定功率因数；η_N 为驱动电机额定效率。

在最大转矩为 T_{st} 时，电机控制器的最大电流 I_{max} 和容积功率 P_{INV1} 分别为

$$\begin{cases} I_{max} = K_1 K_{CV} I_{INVN} \dfrac{T_{st}}{T_N} \\[3mm] P_{INV1} = K_1 K_{CV} I_{INVN} P_N \dfrac{T_{st}}{T_N \eta_{INV}} \end{cases} \tag{5-33}$$

式中，η_{INV} 为电机控制器效率；K_1 为功率因数系数，$K_1 = 0.8 \sim 0.9$。

从式(5-32)和式(5-33)可知，异步驱动电机的体积与电机控制器的容量与升压恒功比 K_{CV} 和恒压比 K_V 关系密切。

当 $K_V \leq 1$ 时，即电机在最高转速之前一直处于升压阶段，此时电机控制器体积最大，电机体积最小，即所谓的"小电机大控制器"匹配方案。

当 $K_{CV} \leq 1$ 时，即电机在恒功起始点之前进入满电压，此时电机体积最大，电机控制器体积最小，即所谓的"大电机小控制器"匹配方案。

设计时，应在这两种极端方案中兼顾电机控制器与异步驱动电机，以满足"驱动电机系统最优"为原则，选择进入满电压时的转速或者频率。

三、电机控制器参数对异步驱动电机的影响及抑制措施

如前所述，电机控制器的时间谐波电压会在电机中产生时间谐波电流，从而产生附加损耗和脉动谐波转矩，导致效率降低、电机温升增加和振动噪声加大等。因此，必须采取适当措施来抑制这种不利影响。按所实施的措施，可以分为电机侧和电机控制器侧两种。

1. 电机侧

从式(5-18)、式(5-21)和式(5-24)可以看出，时间谐波电流在电机定子和转子中产生的谐波损耗与时间谐波电流的平方成正比，与该时间谐波频率下的考虑电阻集肤效应系数的定子电阻和转子电阻成正比。同样脉动谐波转矩和噪声也直接与时间谐波电流相关，而根据式(5-18)可知，在谐波电压一定时，谐波电流与谐波漏抗成反比。因此在电机侧，可以采取如下措施来降低谐波电流所带来的不利影响：

(1)增加漏抗。在保证最高恒功转速和最低直流母线电压下转矩输出能力的前提下，尽可能地增加定转子漏抗，可以有效降低谐波电流。其中增加漏抗的主要方法是增加电机线圈匝数，加大定转子槽的深度等。

(2)降低定子集肤效应。降低定子集肤效应系数，可有效降低定子谐波损耗，主要措施为采用比较薄的导线(对于扁线电机)。

(3)降低转子集肤效应。对于异步驱动电机来说，电机控制器的时间谐波对转子导条上产生的附加铜耗贡献率最高。因此降低转子附加铜耗至关重要。通常是采用能有效降低集肤效应，即降低转子交流电阻的槽型，图 5-17 分别为焊接铜转子和铸铝(铸铜)转子所采用的槽型。这种槽型的选择与工业用定频供电的异步电动机有明显区别。另外专利 US005155404A[10]所介绍的 U 形磁桥的转子槽型(图 5-18)，能将谐波成分从磁桥流过而

不经过导体，也能降低转子交流损耗。

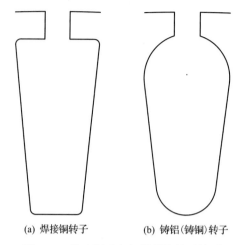

(a) 焊接铜转子   (b) 铸铝(铸铜)转子

图 5-17　异步驱动电机常用的转子槽型

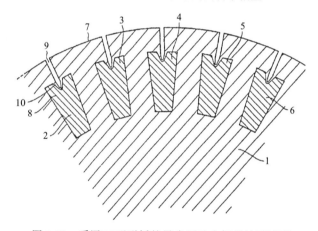

图 5-18　采用 U 形磁桥的异步驱动电机的转子槽型

1-转子铁心；2～6-转子导条；7-转子铁心表面；8-转子槽；9-开口槽；10-磁桥

2. 电机控制器侧

异步驱动电机产生谐波损耗和脉动谐波转矩等的诱因是电机控制器输出电压中的谐波成分，因此降低谐波电压的含量是降低异步驱动电机谐波损耗和脉动谐波转矩最为有效的措施，具体措施有：

(1)提升开关频率。提升开关频率能有效降低电压谐波幅值。目前对于 IGBT 功率器件，开关频率可到 10kHz，而对于新型 SiC 功率器件，其开关频率可到 10kHz 以上。对于峰值功率小于 250kW 的异步驱动电机，当开关频率大于 10kHz 时，其电压谐波的 THD 将小于 6%，在驱动电机中所产生的谐波电流和附加损耗较小。

(2)优化控制策略。在一定的开关频率下，以降低谐波分量为目标或者以降低谐波损耗为目标的控制策略，也是降低时间谐波分量影响的一种有效途径。

第四节 电 磁 仿 真

电磁仿真的工作任务是根据驱动电机系统对驱动电机的需求，选取电磁结构参数，采用一定的仿真手段得出电机在整个运行范围内的稳态性能参数和瞬态性能参数。图5-19为异步驱动电机电磁仿真的流程。

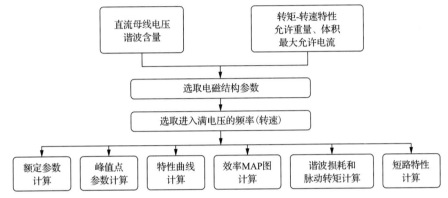

图 5-19 异步驱动电机电磁仿真的流程

电磁仿真的具体工作内容为：

(1) 电磁结构参数的选取；

(2) 进入满电压频率(转速)的确定；

(3) 稳态性能参数计算；

(4) 谐波损耗和脉动谐波转矩的计算；

(5) 短路特性参数计算。

电磁结构参数是指电机有效部分材料型号规格以及几何参数(包括极数、定转子冲片三圆尺寸、线圈参数等)。

进入满电压频率(转速)的确定是指根据本章第三节中电机控制器与异步驱动电机的匹配关系，选择对电机控制器和异步驱动电机体积重量有较大影响的进入满电压点的频率转速。

稳态性能参数计算包括：额定点的性能参数、峰值点的性能参数、不同直流母线电压下的特性曲线、不同直流母线电压下的效率 MAP 图等。其中特性曲线为电机在某个直流母线电压下，在整个运行范围内关键性能参数与转速之间的函数关系，包括：①牵引工况：电压 U_1、电流 I_1、功率 P_2、定子频率 f_1、转矩 T、转子频率 f_2 和效率 η 与转速 n 之间的函数关系。②制动工况：电压 U_1、电流 I_1、输出电功率 P_2、定子频率 f_1、输入转矩 T、转子频率 f_2 和效率 η 与转速 n 之间的函数关系。

谐波损耗和脉动谐波转矩的计算是指根据电机的参数和电机控制器电压的谐波分量，计算电机在任意转矩、转速下的谐波电流、谐波损耗及脉动谐波转矩，具体方法已在本章第三节进行了介绍。

短路特性参数计算是指电机在三相突然短路或两相突然短路时的电流和转矩的计

算，具体计算及方法已在本章第二节中介绍。

电磁仿真是电机设计最为重要的工作之一，不仅涉及电机学、材料学、热管理、机械学和控制理论等，也是设计和实践经验的体现，除了熟练掌握电机基本原理、固定频率运行特性以及变频运行特性、电机与控制器的匹配技术等外，还必须根据经验预先确定关键参数，如电机的发热因数等。

本节首先介绍电磁仿真的手段，然后介绍电磁仿真的两项最基本的工作：主要电磁结构参数的选取和基于"路"的异步驱动电机基波性能参数的计算。

一、电磁仿真手段

原则上讲，通过专业的商业软件，如 Ansys 和 JMAG 等，可以仿真出已知电磁结构参数的电机在任意工作点的电磁性能参数，即基于"场"的设计理念进行电磁性能参数的计算。

由于电机冲片形状比较规则，对于任意转速下的稳态性能参数的计算可采用已充分验证的比较准确的基于"路"的异步电动机电磁计算程序[4,11]，根据异步驱动电机的特点，采用本章第二节基于电机等效电路图的性能参数计算公式，进行性能参数的计算。

对于形状不规则的冲片，或者高度饱和的高功率密度电机的设计，也可以利用专业软件进行磁场仿真，求出电机的等效电路参数，然后利用"路"的理念进行性能参数的计算，即所谓的场路结合法。

反之可以采用"路"的方法，计算出整个运行范围内电机的性能参数，然后利用"场"的方法来验证"路"的计算准确度，尤其是检查磁场的分布。

但对于突然短路等瞬态下的性能参数宜采用基于"场"的专业软件进行仿真。

二、主要电磁结构参数的选取

1. 有效部分材料

有效部分材料是指定转子冲片、定子线圈、转子导条和端环等部分所用的材料。其中转子导条材料和端环材料的选择因转子结构的不同而异，定子线圈一般采用漆膜厚度为 2 级的耐电晕漆包线(QP-2)或者普通漆包线(如 QZY/QXY、QXY 等)。

由于异步驱动电机的极数一般为 4 极，即使最高转速为 18000r/min，其最高频率也只有 600Hz 左右，综合考虑制造工艺性和经济性，硅钢片的厚度大于 0.27。其中硅钢片的特性和选择将在第六章介绍。

2. 有效部分的尺寸规格

有效部分的尺寸规格是指电机定、转子三圆(定子外径、定子内径和转子内径)尺寸、气隙长度、铁心长度、定子槽数和槽型、转子槽数和槽型、端环面积以及定子线圈规格等。其中大部分参数的选择可参考工业用异步电动机的选取基本原则[5,12]，以下只介绍有别于工业用异步电动机的电磁结构参数的选取。

1)极数

电机的极数越多，定子内径(电枢直径)越大。根据电机学的原理[1]，电机转矩与有

效体积 $D_a^2 l_a$ 成正比，因此电机极数越高，电机的功率密度越高。

电机的最高频率 f_{1max} 为

$$f_{1max} = pn_{max} / 60 \tag{5-34}$$

式中，n_{max} 为电机最高转速，r/min。

因此电机的极数必须保证其最高工作频率不大于电机控制器的最大允许频率。根据式 (5-15)，电机的最大转矩倍数与定转子漏感之和成反比，而漏感大小与极数成正比，因此极数越多，电机的恒功范围越小。随着极数的增加，不产生有功转矩的磁化电流将加大，从而降低功率因数。因此对于异步驱动电机，极数一般取 4 极、6 极。其中以 4 极居多，尤其当最高转速超过 10000r/min 时。

2) 气隙

气隙对电机的性能影响较大。对于工业用异步电动机，气隙的选取已有成熟的经验[12]。但对异步驱动电机，其承受的振动冲击大，而且转速更高，因此气隙一般比相同三圆尺寸的工业用异步电动机大 10%~20%。

3) 定子绕组形式

对于异步驱动电机，由于其极数一般为 4 极、6 极，定子绕组均采用整数槽分布绕组。由于电压比较低，一般采用漆包圆铜线的散嵌线圈。绕组形式采用双层叠绕组或者单层同心式绕组。当定子外径小于 260mm 时，一般采用单层绕组。定子绕组节距可选用接近 5/6 的极距。由于异步驱动电机的漏感与每槽导体数的平方成正比，每槽导体数基本上由铁心长度以及最高转速下的最大转矩倍数所确定。为了提升电机槽满率，也可采用扁铜线，此时采用波绕组。

4) 定转子槽数

由于极数为 4 极或者 6 极且采用整数槽，定子外径小于 445mm，定子槽数可参考 Y2 系列异步电动机的经验选择[12]。

对于 Y2 系列异步电动机，在选择转子槽数时，需综合考虑以下因素：噪声、附加损耗、起动时的同步附加转矩和异步附加转矩。表 5-3 为 Y2 系列异步电动机的槽配合[12]，这些槽配合已经过验证，其综合性能良好。

表 5-3 Y2 系列异步电动机的定、转子槽数

定子冲片外径/mm	4 极	6 极
445	60/50	72/58
400	48/38	72/58
368	48/38	54/44
327	48/38	54/44
290	48/38	54/44
260	36/28	36/42
210	36/28	36/42
175	36/28	36/42

由于异步驱动电机采用变频起动，不会出现同步附加转矩和异步附加转矩，转子槽数选择主要考虑的是噪声和附加损耗。另外由于采用变频调速，其最高转速远远高于工业用异步电动机的转速，转子槽数的选择更为重要。大量实践经验表明，在 Y2 系列异步电动机验证为综合性能良好的某些槽配合并不适合由电机控制器供电的高频高转速异步驱动电机。例如，6 极电机的 54/44 槽配合，在工业电机中应用良好，但用于变频电机时则出现很大的噪声[13]。

对于 4 极电机，36/28、48/38、60/74 被证明是较好的槽配合。对于 6 极电机，54/66 被证明是较好的槽配合。

5）定子槽型

对于散嵌圆导线线圈，一般采用圆底槽[图 5-20(a)]或平底槽[图 5-20(b)]。而对于扁铜线线圈，一般采用矩形槽[图 5-20(c)]。

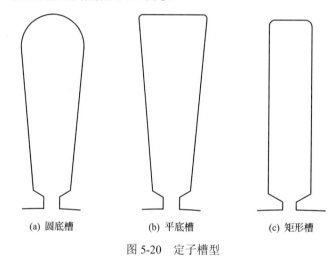

(a) 圆底槽   (b) 平底槽   (c) 矩形槽

图 5-20　定子槽型

6）转子槽型

为降低转子的谐波铜耗，除了通过优化控制策略降低谐波电压外，一个重要的措施是采用能有效降低集肤效应的转子槽型（图 5-17）。

三、基于"路"的异步驱动电机基波性能参数的计算

基于"路"的电机性能参数的计算方法具有计算速度快、计算准确度能满足工程要求等特点，因此是一种较好的快速电磁仿真手段。图 5-21 为具体的流程图。

整个过程还包含中间尺寸的计算、磁路计算、T 形等效电路参数的计算、特性参数的计算等。磁路计算和 T 形等效电路参数计算可以根据经典公式实现[4,11]。中间尺寸包括齿宽、轭部高度和绕组系数等。

尽管可以采用普通工业用异步电动机的电磁计算程序作为异步驱动电机电磁仿真的基础，但由于二者的运行工况有较大的区别，因而电磁仿真的流程也有较大的区别，应采用不同的处理方式。表 5-4 为二者的主要区别。

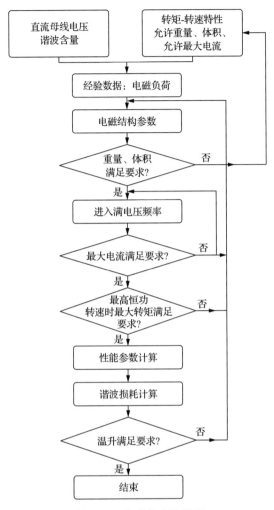

图 5-21 电磁仿真流程图

表 5-4 异步驱动电机及与普通工业用异步电动机电磁仿真的主要区别

序号	项点	普通工业用异步电动机	异步驱动电机
1	计算点	额定点	转矩-转速曲线上的所有点
2	输入条件	频率 f_1 电压 U_1 功率 P_2	转速 n 电压 U_1 或者 E_{1u}/f_{1u} 功率 $P_2(T)$
3	起动特性	需要	不需要
4	谐波损耗	不需要	需要
5	脉动谐波转矩	不需要	需要
6	参数主要控制点	单一点的磁密; 电密及发热因数; 效率; 最大转矩倍数; 起动电流倍数; 起动转矩倍数; 起动中的最小转矩	见正文"1.关键参数主要控制点"

1. 关键参数主要控制点

以下特征点的参数作为控制点。

(1)起动点：起动电流(最大电流)不得超过电机控制器允许的最大电流。

(2)恒压起始点：磁负荷必须与所选择的硅钢片相匹配、铁耗在整个运行范围内分布合理、高效区满足要求。

(3)电磁负荷、发热因数的选取必须满足温升的需求，效率满足要求。

(4)最高恒功转速点：电机的最大转矩倍数满足要求。

当一个控制点的参数不满足时，尽量调整上一级的相关参数，若通过多次调整后，最终重量与体积均不能满足用户的要求，此时通常与用户商讨修改输入条件，如重量和体积指标、转矩-转速特性等。

2. 不同输入条件下的性能参数计算方法

对于工业用异步电动机，只有已知频率、电压和功率一种运行工况。而对于变频异步驱动电机，其电压调节方式不同(恒磁通或者恒压)、转矩-转速不同，具有表 5-5 所示的四种运行工况。

表 5-5 运行工况

已知条件	工况 1	工况 2	工况 3	工况 4
已知条件 1	n	n	n	n
已知条件 2	T	功率 P_2	转矩 T	功率 P_2
已知条件 3	E_{1u}/f_{1u}	E_{1u}/f_{1u}	电压 U_1	电压 U_1

根据式(5-2)，定子频率 f_1 和转速 n 存在一定的对应关系，因此可以先假设一个定子频率 f_1，根据计算软件计算出转速 n，对该计算转速与实际转速进行比较，再调整定子频率 f_1，这样通过多次迭代，可以得出固定转速、转矩下的定子频率 f_1，也就是说可以将转速 n 的已知输入条件转换成定子频率 f_1 的输入条件。

由于

$$T = 9550\frac{P_2}{n} \tag{5-35}$$

当转矩已知时，通过迭代可以计算出功率，反之亦然。

因此对于异步驱动电机，实际上只有两种工况：①电压已知，即恒压；②磁通 E_1/f_1 已知，即恒磁通。

图 5-22 给出了两种工况下的计算流程，其中 ε_1、ε_2 和 ε_3 为误差，一般取 0.1%。

对于恒压工况，电压与转矩已知，根据 T 形等效电路，可以很容易地计算出电机的参数。计算时，进行三次迭代，内层以饱和系数来迭代，中层以反电动势 E_1 来迭代，以电势 E 的绝对误差为收敛判据，外层以转差率来迭代，以输出转矩为收敛判据。

而对于恒磁通工况，磁通已知，只需要进行一次迭代，即以转差率来迭代，以输出转矩为收敛判据。

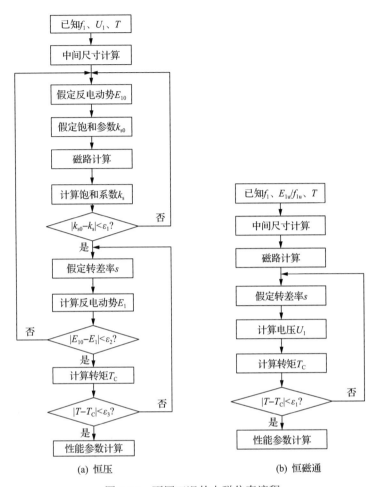

图 5-22 不同工况的电磁仿真流程

3. 特性曲线的计算

根据所确定进入满电压的频率(转速)点,可以用图 5-21 和图 5-22 的流程图计算出图 5-1 任一点的性能参数。通过输入不同的转速点及对应的转矩,也很容易得出电机在整个运行范围的性能参数与转速之间的函数关系。

图 5-23 为某款异步驱动电机在牵引工况下的计算特性曲线。

4. 效率 MAP 图

在转矩-转速曲线内,假定某一转速不变,然后在零转矩至该转速对应的最大转矩内取若干转矩点,可以计算出固定点的效率。按同样的方法,在零转速至最高转速之间取若干转速点,可以得出在固定转速点不同转矩下的效率。因此在转矩-转速曲线上,按等高线的原则,可以得出效率 MAP 图。效率 MAP 图表示电机在不同转矩、转速下的效率分布情况。所有点的效率为考虑谐波损耗和基波损耗所得出的效率。

图 5-24 为某款异步驱动电机的效率 MAP 图。

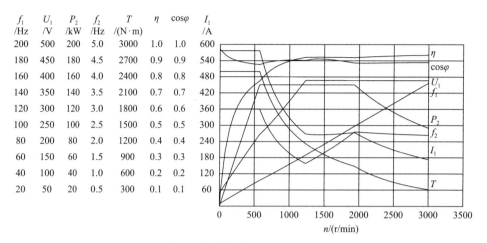

f_1 /Hz	U_1 /V	P_2 /kW	f_2 /Hz	T /(N·m)	η	$\cos\varphi$	I_1 /A
200	500	200	5.0	3000	1.0	1.0	600
180	450	180	4.5	2700	0.9	0.9	540
160	400	160	4.0	2400	0.8	0.8	480
140	350	140	3.5	2100	0.7	0.7	420
120	300	120	3.0	1800	0.6	0.6	360
100	250	100	2.5	1500	0.5	0.5	300
80	200	80	2.0	1200	0.4	0.4	240
60	150	60	1.5	900	0.3	0.3	180
40	100	40	1.0	600	0.2	0.2	120
20	50	20	0.5	300	0.1	0.1	60

图 5-23 异步驱动电机在牵引工况下的计算特性曲线

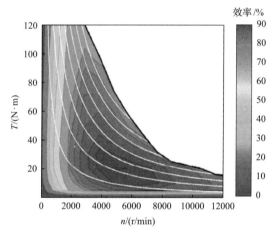

图 5-24 异步驱动电机的效率 MAP 图

第五节 结 构 设 计

电磁仿真完成后即可进行结构设计。由于结构设计与电磁仿真是密切相关的，所以在电磁仿真时，基本上有了结构的雏形。在结构设计阶段，是对该雏形结构进行"精细化"设计，结构设计的工作量往往占整个设计工作量的 70%以上。

结构设计的基本任务和流程为：

(1)按照电磁方案、拟选定的冷却方式、外形安装尺寸要求等形成的雏形结构绘制总体结构图。

(2)确定各零部件的关系尺寸和公差配合，核算尺寸链。

(3)分析研究各部件的加工工艺性(可制造性)。

(4)分析、核算整机及关键结构件的强度、刚度等。

(5)校核整机重量。

(6) 结合电磁方案，进行噪声分析。

(7) 各零部件的施工设计。

良好的结构设计必须满足以下条件：

(1) 外形外装尺寸必须满足整车的要求。

(2) 功率密度及整机重量必须满足整车的要求。

(3) 径向尺寸链必须保证气隙的均匀性，轴向尺寸链必须保证定转子铁心的对称度及允许的轴向窜动量。

(4) 公差配合必须保证电机在恶劣的运行条件下能传递所需的转矩，并且能承受由于配合过紧而带来的附加应力。

(5) 整机及各部件必须保证在车辆正常运行时的可靠性和寿命要求。

(6) 具有良好的可制造性，特别是能满足大批量生产的工艺要求。

(7) 各零部件材料具有良好的可采购性。

(8) 具有良好的可维护性。

(9) 具有良好的环境适应性。

(10) 具有良好的全生命周期的经济性。

本节在介绍异步驱动电机结构相较于工业用异步电动机结构特殊性的基础上，介绍典型结构和工艺流程，然后介绍有别于普通工业用异步电动机的转子结构、速度传感器、绝缘系统、轴承系统和密封系统等。

一、异步驱动电机结构的特殊性

异步驱动电机的基本结构与普通工业用异步电动机一样，也是由定子、转子、端盖、轴承系统等组成。但由于异步驱动电机在冷却方式等几个方面与工业用异步电动机截然不同，因而两种电机的结构也存在较大的差异。表 5-6 为两种电机在结构上的差异。

表 5-6　异步驱动电机与工业用异步电动机在结构上的差异

序号	项点	工业用异步电动机	异步驱动电机
1	冷却方式	一般采用风冷	冷却方式更为多样，包括自然冷却、风冷、机壳水冷和油冷等
2	转子结构	一般采用铸铝转子	转子结构类型更多，包括铸铝转子、焊接铜转子和铸铜转子
3	速度传感器和温度传感器	一般不安装。只有在变频调速的异步电动机上可能安装速度传感器	一般安装用于给控制系统提供转速信号的速度传感器和提供温度保护信号的温度传感器
4	防护等级	防护等级一般不超过 IP55	防护等级至少为 IP67
5	轴承	电机转速较低，环境条件较好，对轴承要求相对较低	由于电机转速较高，环境条件较好，对轴承要求较高
6	绝缘系统	绝缘系统的热分级一般不超过 155。当工频电源供电时，不采用耐电晕绝缘系统	绝缘系统的热分级一般不低于 180；一般采用耐电晕绝缘系统；当采用油冷时，绝缘系统必须具有较好的与冷却油的相容性
7	硅钢片	一般采用性价比适中的 0.5mm 的冷轧硅钢片	采用损耗更低、磁导率更高的硅钢片，且厚度为 0.35mm，甚至是 0.27mm

二、典型结构及工艺流程

图 5-25 为最常用的铸铝转子、机壳水冷异步驱动电机的典型结构[14]。图 5-26 为其结构组成，图 5-27 为工艺流程。

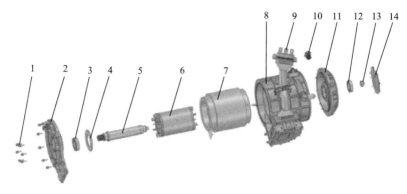

图 5-25　铸铝转子、机壳水冷异步驱动电机结构

1-螺栓；2-传动端端盖；3-传动端轴承；4-轴承盖；5-转轴；6-铸铝转子；7-嵌线定子；8-机座；9-高压线束；10-低压插件；11-非传动端端盖；12-非传动端轴承；13-速度传感器；14-盖板

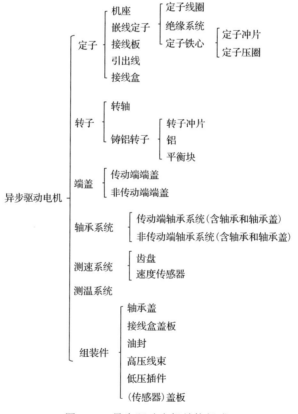

图 5-26　异步驱动电机结构组成

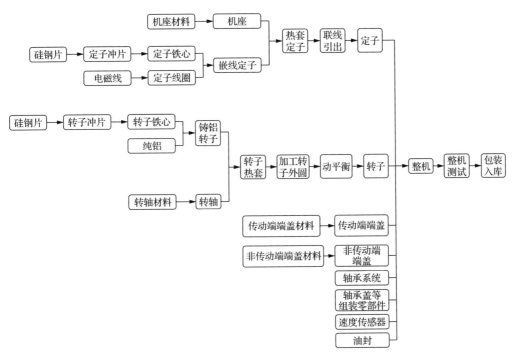

图 5-27 异步驱动电机工艺流程图

三、转子结构

根据转子采用的材质和制造工艺，异步驱动电机分为[14]：

(1) 铸铝转子：转子导条与端环材料均为铝，采用铸造工艺成型。

(2) 焊接铜转子：转子导条与端环材料均为铜，采用焊接工艺成型。

(3) 铸铜转子：转子导条与端环材料均为铜，采用铸造工艺成型。

图 5-28 为三种不同结构的转子。表 5-7 给出了不同转子结构的比较。

(a) 铸铝转子　　　　　　(b) 焊接铜转子　　　　　　(c) 铸铜转子

图 5-28 不同结构的转子

表 5-7 不同转子结构的比较

项目	铸铝转子	焊接铜转子	铸铜转子
材料电阻率(20℃)/($\Omega \cdot mm^2/m$)	0.027～0.030	0.017	0.017
制造方式	铸造	钎焊	铸造

续表

项目	铸铝转子	焊接铜转子	铸铜转子
转子损耗	大	小	较大
效率	低	高	较高
重量	轻	重	较重
可靠性	高	较高	高
成本	低	较高	高
制造工艺	简单	复杂	复杂
批量生产的适应性	适合	不适合	不适合

1. 铸铝转子

由于结构简单、可靠性高等优点，铸铝转子在异步驱动电机中普遍采用，是主流的转子结构。但由于铝的电阻率较高，转子所产生的较高损耗不仅导致转子温度高，并且会进一步影响定子绕组和轴承温度，因而其功率密度较低，效率也较低。另外，当温度较高时，铝材的强度会急剧下降。

异步驱动电机的转子结构与普通工业用异步电动机相同，即铸铝转子组件由铸铝转子和转轴所组成，铸铝转子热套套进转轴中，然后加工外圆、校动平衡和喷表面防锈漆。

铸铝转子由转子冲片、转子导条和端环所组成，转子导条和端环通过铸造的方式形成一个鼠笼，并与转子铁心一起形成一个紧固的结构。转子冲片材料与定子冲片材料相同。

转子导条和端环一般采用牌号为 Al99.5 的一级重熔用铝锭，表 5-8 为其主要性能要求。当电机转速较高时，也可采用高强度铝合金。

表 5-8 Al99.5 的主要性能要求

电阻率(20℃)/(Ω·mm²/m)	铝的纯度/%	杂质含量/%				
		Fe	Si	Fe+Si	Cu	杂质总和
0.027～0.03	99.5	≤0.3	≤0.25	≤0.45	≤0.015	≤0.5

常用的铸铝方法有离心铸铝和压力铸铝。压力铸铝因其生产效率高，易于实现机械化、自动化，操作者的劳动强度低，目前已成为主流的铸造方式。压力铸铝的工作原理是用压力将高温熔化的铝液注入端环型腔和转子槽内，待冷却和凝固后与转子铁心成为一个坚实的整体。

铸铝转子的质量对异步驱动电机的性能影响至关重要，主要质量要求有：

(1)铝笼的含铁量不得大于 0.8%；

(2)转子铁心长度公差为 (0mm,+2.0mm)；

(3)应无断条、细条等缺陷；

(4)端环、风叶片及平衡柱不得有裂纹、弯曲和明显的缩孔、缺陷等现象。

转子校动平衡是为了检查转子质量分布均匀程度，以保证驱动电机运行的平衡性，减少驱动电机的振动。转子许用平衡等级须达到《机械振动 恒态(刚性)转子平衡品质要求 第 1 部分：规范与平衡允差的检验》(GB/T 9239.1—2006)所规定的 G1.6 级以上。

铸铝转子结构和动平衡方式有以下几种：

(1)转子两端有风叶片和平衡柱。此时一般采用加重法进行动平衡，即在平衡柱上加平衡等级所要求合适重量的垫片并铆紧。尽管增加风叶片和平衡柱可以起到搅动内部风的作用，但铸造难度大幅度增加。

(2)转子一端有风叶片和平衡柱，另一端没有风叶片和平衡柱。此时在有平衡柱侧一般采用加重法进行动平衡，在没有平衡柱的一侧采用去重法进行动平衡，即在端环上钻孔进行动平衡。采用这种结构的出发点是电机旋转时两端的压力不同，可以形成内循环。

(3)转子两端均没有风叶片和平衡柱。此时采用去重法进行动平衡，即在端环上钻孔进行动平衡。采用这种结构的出发点是降低铸造难度。

2. 焊接铜转子

铸铝转子铝材的电阻率是铜转子铜材电阻率的 1.59 倍以上，因此转子的损耗较大。较大的损耗不仅影响电机效率，也影响电机温升尤其是转子和轴承的温升，并最终影响电机功率密度和可靠性。因此有些电动汽车驱动电机也采用铜转子异步电机，以提高电机的功率/转矩密度。根据制造工艺，铜转子又可分为焊接铜转子和铸造铜转子。特斯拉公司首先在 Model S 上采用的是焊接铜转子结构[15]。

焊接铜转子采用钎焊方式将端环和导条焊接在一起，制造工艺复杂，成本较高且存在转子导条断条的风险。随着永磁电机技术的日趋成熟，铜转子电机在电动汽车上已很少采用。

1)基本结构和工艺

焊接铜转子由转子铁心、转子压圈、转轴、转子导条和端环所组成。转子导条插入转子铁心中并固定在铁心内，采用钎焊的方式将转子导条和两端的端环焊接在一起。

焊接铜转子传统的制造过程为：转子冲片叠压在转轴上—插导条—转子导条固定在转子铁心内—钎焊及后处理—加工转子铁心外圆和端环外圆—(套护环)—校动平衡—表面防锈处理。

与铸铝转子相比，焊接铜转子的端环更重，且端环和铁心之间存在悬臂距离，加上焊接时会产生焊接应力，因此铜条转子更容易出现断条等故障。防止转子断条成为焊接铜转子的关键技术。为防止转子断条，采取的主要措施有：

(1)选择合适的端环和铜条接头形式：图 5-29 为常见的几种接头形式。

(2)选择合适的端环、铜条材料：铜条的电导率与纯铜相近，但应具有较好的钎焊性能、满足运行要求的机械强度和软化温度。

(3)选择合适的钎料和钎剂：钎料的熔点尽量低并具有较高的机械强度和良好的导电性。

(4)采用合适的焊接方法和焊接规范。

焊接方式有气体火焰钎焊、中频感应钎焊。气体火焰钎焊具有设备费用低的优点，但热效率低、焊接质量不高、工人劳动强度大、劳动条件差。中频感应钎焊具有自动化程度高、焊接质量良好、操作者强度低等优点，目前已成为主流的焊接方法。

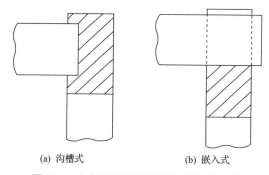

(a) 沟槽式　　　　　　　(b) 嵌入式

图 5-29　焊接铜转子常见的两种接头形式

在焊接时，如果焊接不当，由于热量非均匀地分布在端环圆周，会在某些转子铜条与端环连接处产生较大的残余机械应力，可能导致转子断条。因此要求选取合适的焊接温度、焊接时间以及焊接工序，以改善焊接接头的机械性能并提升接头的焊接质量。

除以上的传统结构和工艺外特斯拉 Model S 采用了一种适合于火焰焊接工艺的转子结构。图 5-30 为特斯拉 Model S 异步驱动电机焊接铜转子，采取了如下的制造工艺[15]：

(1)将铜条插入转子铁心内(图 5-31)。

(2)将表面镀银的铜质"楔子"(图 5-32)插入伸出转子铁心的端部之间的缝隙内。

(3)在楔子和铜条之间进行焊接。

(4)加工转子端部。

(5)套入护环。

2)关键材料

(1)铜条及端环。对于焊接铜转子，嵌入槽内的铜条与两端的端环成为一个鼠笼，形成电流回路。在运行中，由于铜条和端环存在电阻，会产生损耗，引起转子以及轴承的温度增加，降低效率，并且过高的温度会降低铜条和端环的强度。另外鼠笼转子在运行时，铜条和端环会承受电磁力、不平衡力及离心力等的作用。因此要求转子铜条和端环具有较低的电阻率和较高的机械强度。

图 5-30　焊接铜转子(特斯拉公司)　　　　图 5-31　带铜条的转子铁心(特斯拉公司)

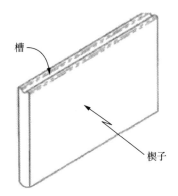

图 5-32 用作端环的"楔子"（特斯拉公司）

目前在异步驱动电机中，转子铜条和端环采用的是 TU2 无氧铜。采用无氧铜的主要是为了防止在焊接中可能产生的氢脆现象。其中铜条通过拉制而成，端环通过锻压而成。TU2 的主要性能参数为[16]：①电阻率（20℃）：$0.0175\Omega\cdot mm^2/m$；②抗拉强度：≥275MPa。

（2）护环。由于转子端环在运行时会承受较大的离心力，当端环的强度低于所承受的离心力产生的应力时，端环就会失效。为此，在端环外面加一个保护用的护环。该护环的基本要求是不导磁、强度高、韧性高、具有良好的导电性及抗应力腐蚀性能。护环一般采用高强度的铜合金或者无磁钢。

表 5-9 和表 5-10 分别为用于护环的铜合金和无磁钢 1Mn18Cr18N 的机械性能[6,17,18]。

表 5-9 用于护环的铜合金的机械性能

抗拉强度 σ_b/MPa	屈服强度 $\sigma_{0.2}$/MPa	断后延伸率 A/%	断面收缩率 ψ/%
≥750	≥450	≥12	≥16

表 5-10 用于护环的无磁钢 1Mn18Cr18N 的机械性能

抗拉强度 σ_b/MPa	屈服强度 $\sigma_{0.2}$/MPa	断后延伸率 A/%	断面收缩率 ψ/%	磁导率/(H/m)
1070~1210	≥1070	≥15	≥52	<1.1

3. 铸铜转子

2010 年左右，在工业用异步电动机上开始采用铸铜转子。在电动汽车领域，GM 公司和 AC Propulsion 公司等对铸铜转子进行了深入研究、试验和试用[14]。

为降低铸铜转子的损耗，保障铸铜质量，铜条和端环采用一级电解铜（纯度为99.99%）。铸铜转子的基本结构与铸铝转子相同，主要不同点是在端环上没有叶片和平衡柱，以降低铸造难度。动平衡采用去重法，即在端环上去重（钻孔或者打磨平面）以达到所需要的不平衡量。

由于铜的熔点高（1083℃）、流动性差和易氧化，铸铜转子的技术难度很高。除了采用压力铸造外，还必须解决以下技术难题：①防止氧化的铜熔炉技术；②防止气孔和缩孔等缺陷的高质量铜转子的铸造技术；③提升模具寿命的模具材料和制造技术。

另外由于铜的熔点高、高温对模具的破坏性较大、铸造模具的寿命短、成本也较高，铸铜转子难以满足汽车工业低成本和批量生产的要求，目前其尚没有得到批量应用。

四、速度传感器

为了给控制系统提供速度信号，异步驱动电机一般在非传动端装有速度传感器。目前常用的速度传感器有磁电式速度传感器、光电速度传感器和旋转变压器等非接触式速度传感器。其中旋转变压器将在第六章介绍。

1. 磁电式速度传感器[19]

磁电式速度传感器[图 5-33(a)]采用的是电磁感应原理。在驱动电机转轴上安装有导磁的齿盘，速度传感器安装在电机固定部分[图 5-33(b)]。当转子旋转时，齿盘转动会切割磁力线，由于磁阻的变化，在感应线圈上产生两路方波状的电动势信号。根据方波的数量和齿盘的齿数，可以计算出电机的转速，根据两路信号的相位可判断出电机的旋转方向(图 5-34)。

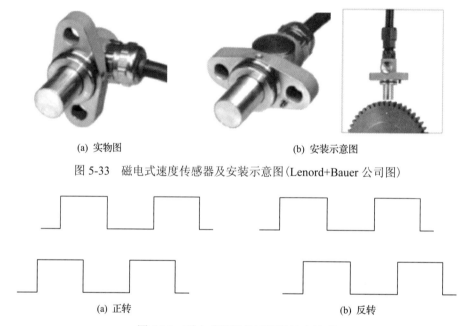

(a) 实物图　　　　　　　　　　(b) 安装示意图

图 5-33　磁电式速度传感器及安装示意图(Lenord+Bauer 公司图)

(a) 正转　　　　　　　　　　(b) 反转

图 5-34　磁电式速度传感器的输出波形

磁电式速度传感器具有安装方便、便于维护、抗振能力强、抗电磁干扰能力强等优点，但成本较高、体积较大，并且受齿盘数量的限制，每转所输出的波形数量较少，速度检测精度不高。

2. 光电速度传感器

光电速度传感器[20]又称编码器(图 5-35)，其基本原理为光电效应，分为增量式和绝对式两类。其中在电动汽车异步驱动电机上通常采用增量式编码器。

图 5-35　编码器

典型的增量式编码器由码盘、检测光栅、光电转换电路和机械部件等组成(图 5-36)。码盘和光栅上刻有透光缝隙，当码盘随被测转轴旋转时，检测光栅不动，每转一个缝隙，光线透过码盘和检测光栅缝隙照射到光电检测器件上，光电管会感受到一次光线的明暗变化，并将光线的明暗变化转变成近似的正弦波的电信号，经过整形和放大等处理，变换成脉冲信号。

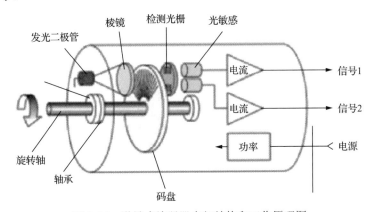

图 5-36　增量式编码器内部结构和工作原理图

增量式编码器有三组信号(A 相、B 相和 Z 相)输出，在检测光栅上刻有两组透光缝隙，彼此错开 1/4 节距，使得光电检测器件输出的 A 相和 B 相信号在相位上相差 90°。在光电码盘的里圈里还有一条透光缝隙，码盘每转一圈产生一个脉冲(Z 相)，该脉冲信号成为零标志脉冲，作为测量基准。

图 5-37(a)和(b)分别为当编码器随被测轴正向和反向旋转时，A 相、B 相、Z 相输出的信号。驱动电机的转速由 A 相、B 相的输出脉冲数量所定，旋转方向由 A 相和 B 相的相位角所定。

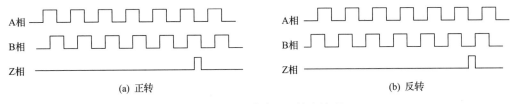

图 5-37　增量式编码器输出波形

编码器具有获取信息准确、精度高及测速范围宽等优点，但其体积较大、可维护性较差，并且当环境条件较差时，编码器容易受环境污染而失效。

五、绝缘系统

绝缘系统是驱动电机的关键组成部分，是驱动电机的心脏，驱动电机的可靠性很大程度上取决于绝缘系统的可靠性。合理地选择绝缘材料和绝缘系统，能有效提高驱动电机的使用寿命、可靠性并降低成本。

驱动电机的绝缘系统由匝间绝缘、对地绝缘(槽绝缘)、层间绝缘、相间绝缘、引线绝缘和浸渍漆等组成，是由不同的绝缘材料组成的一个有机整体。

按绝缘系统的耐温水平，绝缘系统的热分级有 130、155、180 和 200。目前在电动汽车领域，所采用的绝缘系统的热分级有 155、180 和 200 等，其中 180 级的绝缘系统最为常用。按是否耐油分为非油冷电机绝缘系统和油冷电机绝缘系统。

1. 驱动电机对绝缘系统的要求

驱动电机对绝缘系统的要求为：

(1)较高的耐电压强度。绝缘系统必能承受驱动电机系统规定的最高直流母线电压以及由电机控制器供电所产生的尖峰电压(详见第三章)。目前在驱动电机系统中，额定直流母线电压已达到 800V，相应的最高直流母线电压可能达到 1000V。

(2)良好的耐电晕性能。正如第三章所述，由于驱动电机由电机控制器供电，驱动电机内部有可能产生电晕，绝缘系统必须能承受该电晕现象。若直流母线电压大于 200V，绝缘系统设计时必须考虑其耐电晕性能[14]。

(3)良好的导热性能。比硅钢片和铜线的导热系数低很多的绝缘材料是阻碍槽内热量向外传递的最大因素。根据第四章的阐述，绝缘材料越薄，导热系数越高，传热能力越强，电机的温升将会越低。

(4)较高的机械性能。驱动电机在运行中会受到自身的电磁力、外部振动冲击力以及热胀冷缩引起的不同材料之间的附加应力，这些应力作用在绝缘材料上，可能导致绝缘材料的机械损伤。绝缘系统较高的机械性能可保证其在整个运行期间可靠工作。

(5)良好的相容性。绝缘系统由不同绝缘材料组合而成，这些绝缘材料必须具有良好的相容性，保证它们在烘焙、浸漆以及运行中不产生不良反应。当采用油冷时，绝缘材料也必须与冷却油具有良好的相容性。

(6)环境适应性强。绝缘系统必须能承受第三章所述的各种环境应力的作用；

(7)较低的价格。由于绝缘系统成本占整个驱动电机系统成本的 10% 左右，降低绝缘系统的成本是降低驱动电机系统成本的重要措施。

(8)长寿命。绝缘系统的寿命与驱动电机的寿命相同，即在驱动电机全寿命周期内不需要更换绝缘系统。

2. 绝缘系统组成

图 5-38 为目前驱动电机所采用的几种典型的绝缘系统的槽内绝缘结构,其中图 5-38(a)

适用于采用漆包圆线的散嵌式单层绕组(手工嵌线);图5-38(b)适用于采用漆包圆线的散嵌式双层绕组(手工嵌线);图5-38(c)适用于采用漆包圆线的散嵌式单层绕组(机嵌);图5-38(d)适用于采用漆包圆线的散嵌式双层绕组(机嵌);图5-38(e)适用于扁线绕组。

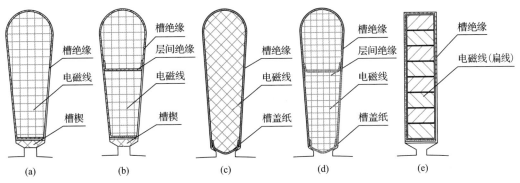

图 5-38 典型的驱动电机绝缘系统

表 5-11 和表 5-12 分别为非油冷和油冷电机的典型绝缘系统。

表 5-11 常用的非油冷电机绝缘系统

| 热分级 | 电磁线 | | 槽绝缘 | 层间绝缘 | 相间绝缘 | 槽楔 | 槽盖纸 | 套管 | 绑扎绳 | 浸渍树脂 |
	圆线	扁线								
180	聚酰胺复合聚酯/聚酯亚胺漆包铜圆线	聚酰胺复合聚酯/聚酯亚胺漆包铜扁线	NHN	NHN	NHN	环氧玻璃布板	NHN	硅橡胶玻璃纤维软管	无碱玻璃纤维套管/芳纶纤维绳	聚酯亚胺浸渍树脂
200	聚酰胺酰亚胺漆包铜圆线	聚酰胺酰亚胺漆包铜扁线	NHN	NHN	NHN	聚酰亚胺玻璃布层压板	NHN	硅橡胶玻璃纤维软管	无碱玻璃纤维套管/芳纶纤维绳	聚酯亚胺浸渍树脂

表 5-12 常用的油冷电机绝缘系统(热分级 180)

部件	材料
电磁线(圆线)	聚酰胺酰亚胺漆包铜圆线
电磁线(扁线)	漆包膜包铜扁线/漆包聚醚醚酮铜扁线
槽绝缘	芳纶纤维纸/NPN
层间绝缘	芳纶纤维纸/NPN
相间绝缘	芳纶纤维纸/NPN
槽楔	聚酰亚胺玻璃布层压槽楔/无
槽盖纸	芳纶纤维纸/NPN
套管	硅橡胶玻璃纤维套管/PPS 套管
绑扎绳	芳纶纤维绳/PPS 绳
浸渍树脂	聚酯亚胺浸渍树脂

3. 浸渍方式

浸漆是电机生产过程中非常重要的工序，其主要作用为：

(1)一体化：将线圈、绝缘材料与定子铁心固化，形成一个整体，以提高电机绝缘运行寿命。

(2)导热：填充线圈、绝缘材料和定子铁心之间的间隙，降低内部空气占比，以提高铜耗所产生的热量的传递速率，降低电机温升。

(3)减振降噪：浸漆能够提高定子结构的整体刚度，提高定子模态频率，增大定子系统阻尼，起到减振降噪的作用。

(4)防护：浸漆能形成一层光滑的漆膜，使得潮气、尘土、油污等杂质不与绕组直接接触，能起到防潮、防锈、防腐、防霉等作用。

(5)绝缘：填充绕组线圈、绝缘材料、定子铁心之间的间隙，消除大部分气泡，形成耐压更高的固体绝缘，提高绕组绝缘性能。

驱动电机的浸渍方式有沉浸、滴浸和真空压力浸漆(VPI)等。表 5-13 为不同浸渍方式的比较。对于小批量且质量要求高的体积较大的电机一般采用 VPI，而对于流水线批量生产的电机一般采用滴浸或沉浸。

表 5-13　浸渍方式的比较

项目	浸渍方式		
	沉浸	滴浸	VPI
工艺要点	嵌线定子浸入浸渍漆中，利用浸渍漆的压力和绝缘系统的毛细管作用，达到漆的渗透和填充的效果	嵌线定子加热并旋转，滴在绕组端部的浸渍漆在重力、毛细管和离心力的作用下，进入绕组内部和槽中	在密闭容器内利用真空排空嵌线定子内的空气、潮气等，将加压的浸渍漆压入绕组内部和槽中
浸漆效果	较好	较好	很好
工艺时间	较短	较短	长
能耗	小	小	高
浸漆设备成本	低	低	高

六、轴承系统

轴承系统包括轴承、轴承配合、轴承的润滑以及轴承的密封等。轴承系统尤其是轴承本身是电机最为薄弱的环节，最容易出现故障。轴承产生故障的原因非常复杂，涉及轴承选型，轴承系统的设计、组装以及运行、维护等各个环节。

驱动电机的工作特点对轴承系统提出了更高的要求。轴承系统设计包括轴承选型、轴承配置的选择、轴承配合的选择、润滑方式的选择等内容。

1. 驱动电机轴承的运行特点和要求

驱动电机轴承的运行特点和要求为：

(1)运行负荷复杂：不仅存在径向负荷，还存在轴向负荷，负荷和转速经常急剧变化。

(2)环境条件差：驱动电机装在车辆上，轴承承受较大的振动冲击，并且要受到雨、潮气和盐雾等的侵袭。

(3)较高和较低的环境温度及生存温度：最高工作环境温度可能达到105℃，最低工作环境温度可到-40℃。考虑到驱动电机运行时，其定转子损耗会传递到轴承上，加上轴承运转时本身所产生的损耗，轴承的最高工作温度可能高达 150℃。温度是轴承失效的主要原因：在高温时，轴承游隙减小，油脂流失或者变质，最终引起轴承卡死或者缺油脂而发生烧损；在低温时，油脂变硬而不能形成油膜，导致轴承烧损。

(4)高转速：目前电机的最高转速已达到 20000r/min 左右，轴承 $d_m \cdot n$ (d_m 为轴承平均直径，mm；n 为轴承最高转速，r/min)值达到 8×10^6 以上，比普通工业电机高很多。

(5)低噪声要求：由轴承所引起的机械噪声会影响驾乘人员的舒适性。

(6)安装尺寸小，电机空间紧张，因此要求轴承系统尽量紧凑。

(7)寿命要求：作为汽车的关键零部件，轴承应与车辆等寿命，尤其是乘用车用驱动电机。

(8)耐电腐蚀：由于驱动电机采用电机控制器供电，轴承会因为承受高频轴电压而可能产生电腐蚀。

针对电动汽车驱动电机的特点，包括斯凯孚(SKF)集团公司、舍弗勒集团公司、日本精工株式会社(NSK Ltd.)和人本集团公司在内的轴承公司开发出了驱动电机专用的轴承，并对轴承的选型和应用提出了相应的规定。

2. 驱动电机轴承的配置和类型

针对驱动电机的受力情况和电机体积大小，通常所采用的轴承配置为：①浮动端采用圆柱滚子轴承或者球轴承，当采用球轴承时，为了降低轴承噪声，一般安装波形弹簧；②固定端采用深沟球轴承。

而对于深沟球轴承，有以下三种类型：

(1)非密封深沟球轴承，轴承本身不带油脂，在电机组装时再加合适的油脂。

(2)接触式双面密封球轴承，轴承自带密封圈和密封盖，轴承内储存有油脂，不需要再组装以及在运行过程中加油脂。轴承本身密封效果好，但极限转速低。

(3)非接触式双面密封球轴承，轴承自带密封盖，但不带密封圈。轴承内储存有油脂，不需要再组装和在运行过程中加油脂。与接触式双面密封球轴承相比，密封效果较差，但极限转速较高。

3. 轴承的选型

轴承的选型包括轴承类型、轴承基本型号、游隙、保持架、精度和油脂(对于密封轴承)等要素的选择。轴承的选型以最终计算寿命达到要求并满足运行条件为准。尽管轴承选型时可以根据电机设计者的经验以及按照常规的轴承寿命计算公式进行寿命校核，但由于轴承选型的复杂性和重要性，尤其对于电机-减速箱一体化结构，建议电机设计者将电机的运行工况等参数提供给轴承公司，由轴承供应商负责轴承的选型。电机设计者向轴承供应商提供的参数主要包括：①电机的基本参数(含转矩-转速特性、额定功率和额定转速、最高转速、可能运行的最高温度等)；②轴承配置图；③环境条件及冲击振动大小；④车辆运行参数、条件和典型的工况；⑤拟采用的配合；⑥拟采用的油脂(只针对非密封轴承；对于密封轴承，由轴承供应商选择)；⑦要求的轴承寿命；⑧要求的补充油脂周期(只针对非密封轴承；对于密封轴承，轴承全生命周期内不需补充油脂)；⑨对耐电腐蚀的要求。

轴承供应商根据这些数据，提出包括轴承寿命计算和使用要求在内的轴承的选型报告。

4. 轴承的配合

轴承的配合包括与转轴的配合以及与端盖的配合。配合的选择同样会影响轴承的使用寿命和可靠性。轴承的配合需综合考虑转矩大小、轴承运行温度和噪声要求等。原则上建议轴承的配合由轴承供应商提出或者电机设计者根据轴承大小、载荷等因素从轴承手册上查取或者根据经验选取。

通常轴承内圈与转轴采用过盈配合，外圈与端盖采用过渡配合或者间隙配合。对于球轴承，内圈与转轴配合一般可采用 j6(j5)或 k6(k5)；对于圆柱轴承，内圈与转轴配合一般可采用 j6(j5)或 k6(k5)、m6(m5)。与端盖的配合一般可采取 H7(H6)、J7(J6)或者 M7(M6)。

必须指出的是，为了降低重量，电机的端盖一般采用铸铝件。此时为了防止轴承的滑动，端盖与轴承外圈的接触部分必须采用嵌入端盖内的钢制件。

5. 轴承的润滑与再润滑

缺少润滑脂或者润滑脂失效是轴承失效的重要原因。而温度是润滑脂失效的一个主要因素。因此在选择润滑脂时必须考虑电机宽广的温度范围。在选择密封轴承时，需特别关注轴承内的润滑脂能否满足要求。

对于密封轴承，在轴承的全生命周期内不需要补充润滑脂进行再润滑。而当采用非密封轴承时，一般在端盖上设置加油通道和加油嘴，可定期给轴承补充润滑脂。

6. 轴承的密封

当外界的灰尘、水、潮气等进入轴承内部时，会污染轴承。同样，轴承内的油脂泄漏到外界会污染环境，泄漏到电机内部会污染绝缘等，因此轴承的密封也是轴承系统的重要组成。

对于密封轴承，由于其本身具有密封性能，不需要采取特别的措施。传动端轴承与外界采用油封密封。

而对于非密封轴承，除了传动端轴承与外界采用油封密封外，传动端轴承与电机内部、非传动端轴承与电机内部以及外界可采用加长接合面、在内外盖上加油沟、非接触式迷宫密封等措施(图 5-39)。

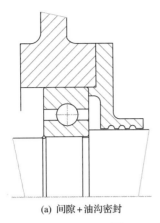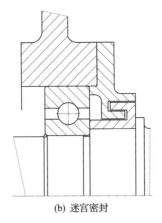

(a) 间隙＋油沟密封　　　　　　　　　(b) 迷宫密封

图 5-39　轴承密封方式

7. 轴承的安装和运输

在电机组装和运输过程中，若操作不当，会使轴承承受附加力或者损伤轴承，造成轴承带病出厂。主要预防措施包括：

(1) 严格按照轴承供应商的要求将轴承正确安装到转轴或者端盖内。

(2) 采用一定的工装保证在定、转子合装时定转子的同心，防止轴承受到额外径向附加力和轴向冲击力，或者外圈滚子擦伤内圈(对于圆柱轴承)。

(3) 采取措施防止在公路运输时，由于路面颠簸而引起的轴承滚子碰伤滚道的现象。

(4) 不允许在吊运过程中，急速将电机放在地面或者平台上，以防止冲击对轴承的损伤。

七、IP67 密封系统

驱动电机运行环境差，外面的尘、潮气等进入电机内部后会污染绝缘系统和轴承等部件，影响其安全性。特别是一旦车辆涉水或者大雨天气时，如果电机防护等级不高，外面的水会进入电机内部，不但会污染绝缘和轴承，而且电机会漏电，造成高压安全事故。因此目前要求驱动电机的防护等级要达到 IP67，甚至为 IP68 及 IP69。

根据《旋转电机整体结构的防护等级(IP 代码) 分级》(GB/T 4942—2021)的规定，不同防护等级的具体要求为：

(1) 防尘(IP6X)：完全防止尘埃进入电机内部。

(2) 防水(IPX7)：当电机进入规定压力的水中经规定时间后，电机的进水量不应达到有害的程度，具体试验方法如下：

电机完全进入水中并满足下述条件：①水面至少应高出电机定子 150mm；②电机顶部至少应低于水面 1m；③试验时间至少为 30min；④水与电机的温差应不大于 5K。

(3) 防水(IPX8)：电机在制造厂规定的条件下能长久潜水。具体试验条件由电机制造商和用户协商确定，但至少应达到 IP67 的规定。

GB/T 4942—2021 最高防护等级为 IP68，因此可按照《外壳防护等级(IP 代码)》(GB/T 4208—2017)的规定确定 IP69 的要求和试验验证方法。具体要求为：向电机外壳各个方向喷射高温/高压水,电机内部应无任何水进入。具体试验条件可参考 GB/T 4208—2017。

防护等级高于 IP67 的密封结构的设计是保证驱动电机可靠性的重要手段。密封结构分为静密封和动密封两种。

1. 静密封

静密封针对的是不旋转部件的密封,包括机座和端盖止口平面接合面、传感器盖和端盖止口平面接合面、轴承外盖端盖止口平面接合面、接线盒与机座(端盖)平面的接合面、接线盒与接线盒盖板平面接合面、电缆接头与接线盒接合面以及温度传感器出线位置接合面等。

为达到 IP67 的防护等级,主要措施有:①提高接合面的光洁度、平面度和垂直度;②接合面涂密封胶;③接合面加 O 形密封圈或者密封垫。

2. 动密封

动密封针对的是旋转件和静止件之间的密封,主要是传动端轴承盖与转轴之间的密封。要达到 IP67 及以上的防护等级,目前基本采用的是油封。图 5-40 为目前常用的几种油封,其中图 5-40(a)为双唇骨架油封,图 5-40(b)为单唇骨架油封,两种油封一般均采用丁腈橡胶制成,里面嵌装有金属骨架;图 5-40(c)和(d)均是在不锈钢圆环上嵌装聚四氟乙烯(PTFE),图 5-40(c)适用于单面密封,而图 5-40(d)适用于双面密封;图 5-40(e)是在图 5-40(a)油封结构的基础上涂覆一层 PTFE。

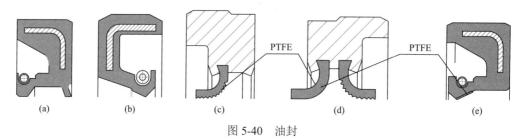

图 5-40　油封

图 5-41 为部分油封安装在驱动电机上的示意图。

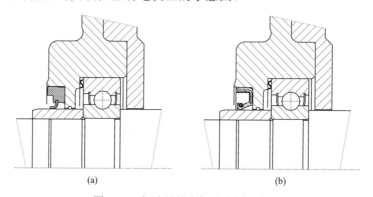

图 5-41　加油封的电机动密封示意图

骨架油封外层为橡胶，当长期受到高温、低温、潮气和泥水等侵袭时有失效的风险；当受到旋转件的切削时，存在磨损而导致密封失效的风险，转轴线速度越高，磨损的风险越大。从某种意义上讲，骨架油封是易损件。因此一般认为当线速度大于 40m/s 后只能采用更为复杂的机械密封。

在油封唇口增加 PTFE 涂层或者采用唇部 PTFE 材质的油封时，油封耐磨性能更好、工作温度更宽；可通过油封唇口材料配方调整实现自润滑，提高油封在润滑不足和无润滑条件下的寿命，降低维护频率。

驱动电机的转速高、环境条件差，并且原则上作为"可更换的易损件"的油封在驱动电机的全生命周期内不能更换。即使更换，从车辆上将电机卸下的成本也较高。

3. 提升油封使用寿命的措施

油封易损且不便于更换，因此提升油封的使用寿命成为动密封设计的重点，可从油封侧、电机侧及运用环境侧三个方面联合采取措施。

1) 油封侧

油封侧主要指选择满足电机运行的合适的油封。所选择的油封必须保证在以下条件能与电机等寿命运行：①电机双向旋转；②高转速；③恶劣的环境条件(高低环境温度、水、灰尘、泥沙等，对于油冷电机，还必须耐油)。

2) 电机侧

电机侧的措施包括对电机部件的加工要求和组装油封的要求，要求安装后的油封不偏心以防止油封载荷不均、尽可能小的转轴磨削力、与转轴的接触力适当以降低油封的温度等。一般应按照油封厂家推荐的方法，加工相关零部件和组装油封，至少需要考虑以下几个要素：

(1) 安装油封的转轴表面和端盖表面的粗糙度，两个面的同轴度、径向跳动。
(2) 安装油封的转轴表面的公差和硬度。
(3) 安装油封的端盖表面的公差。
(4) 安装油封的端盖和转轴(油封安装腔体)的倒角和沟槽形状和尺寸。
(5) 安装时在油封表面涂覆一层润滑脂。
(6) 安装时确认转轴和端盖表面没有毛边和损伤。
(7) 油封开封和装配过程中应有防锈、防尘、防沙等防异物黏附或混入的措施。
(8) 油封安装过程中禁止手接触唇口，并防止唇口污染、变形和翻卷。
(9) 油封压装设备的压装行程和压装速度应符合供应商要求的范围，压装工具与油封安装腔体的垂直度和同心度应符合供应商的要求。
(10) 油封安装到位后应保压 2～5s，防止油封回弹。

3) 运用环境侧

运用环境侧是指改善油封在实际运行时的非电机本身环境条件，主要是防止车辆运行时含有大量泥沙的路面积水飞溅到电机油封外侧的转轴上，并聚集在油封表面，从而污染并损伤油封。主要防护措施是车辆在电机联轴器下方的底面安装挡板，或者在电机上安装挡泥水装置(位于传动端端盖与联轴器之间)。

参 考 文 献

[1] 汤温璆. 电机学[M]. 4 版. 北京: 机械工业出版社, 2011.

[2] 沈本荫. 牵引电机[M]. 北京: 中国铁道出版社, 2010.

[3] 陈世坤. 电机设计[M]. 北京: 机械工业出版社, 1982.

[4] 上海电器科学研究所. 中小型三厢异步电动机计算程序[M]. 北京: 科学出版社, 2004.

[5] 杨万青, 刘建忠. 实用异步电动机设计、安装与维护[M]. 北京: 机械工业出版社, 1997.

[6] 胡海滨, 周建华. 逆变器供电异步电动机稳态仿真模型[J]. 电机与控制应用, 2007, (3): 19-23.

[7] 中华人民共和国国家质量监督检验检疫总局, 中国国家标准化管理委员会. 用于电力传动系统的交流电机应用导则: GB/T 21209—2017 [S]. 北京: 中国标准出版社, 2018: 1-23.

[8] 李益丰. 电动汽车用异步驱动电机的设计[J]. 大功率变流技术, 2002, (6): 35-38.

[9] 谢鸣皋. 异步牵引电动机容积功率、折算转矩和通用性问题的分析[J]. 铁道机车车辆, 1997, (1): 25-28.

[10] ABB. Squirrel-cage induction motor with rotor slot magnetic bridges: US005155404A[P]. 1991-04-12.

[11] 陈伟华, 黄国治. 基于精确等效电路的异步电机第二版电磁计算程序[J]. 中小型电机, 1992, (1): 3-7.

[12] 黄国治, 傅丰礼. Y2 系列三相异步电动机技术手册[M]. 北京: 机械工业出版社, 2004.

[13] 李广. 变频电机电磁噪声分析及改进[J]. 电机与控制应用, 2009, (2): 58-60.

[14] 贡俊. 电动汽车工程手册 第五卷 驱动电机与电力电子[M]. 北京: 机械工业出版社, 2019.

[15] Tesla Inc. Rotor design for an electric motor:US2013/0069476[P]. 2013-03-21.

[16] 中华人民共和国国家质量监督检验检疫总局, 中国国家标准化管理委员会. 加工铜及铜合金牌号和化学成分: GB/T 5231—2012 [S]. 北京: 中国标准出版社, 2013.

[17] 李立鸿, 杨向东, 王启峰. 牵引电机用高性能铜合金护环的研究[J]. 机电工程技术, 2012, (6): 65-66.

[18] 张旭东, 谢斌, 邹颖, 等. 电动机护环锻件的制造工艺[J]. 大型铸锻件, 2016, (4): 49-51.

[19] 毛敏. 非接触测量电机转速传感器综述[J]. 理论与算法, 2015, (23): 40-42.

[20] 王小祥. 增量式旋转编码器的简介及应用[J]. 数字技术与应用, 2016, (4): 118-119.

第六章

永磁同步驱动电机

随着永磁材料性能的不断提升，永磁电机设计理论和方法、制造、试验以及控制技术、电力电子技术等方面的不断完善和发展，永磁同步驱动电机因其高效率、高功率密度的优点而在电动汽车领域得到越来越广泛的应用，从 21 世纪初开始逐步取代异步驱动电机成为主流驱动电机。

与异步驱动电机类同，永磁同步驱动电机是由电机控制器供电的变频调速车载驱动电动机。

本章围绕变频调速、车载牵引和永磁同步电动机三个关键词，以永磁同步驱动电机设计流程为主线，阐述永磁同步驱动电机的设计方法，重点介绍设计流程中的电磁仿真（第四节）和结构设计（第七节）。其中第二节（永磁同步驱动电机运行特性）、第三节（永磁同步驱动电机与电机控制器的匹配关系）、第五节（定子绕组结构）和第六节（永磁同步驱动电机的磁路拓扑结构）为电磁仿真和结构设计的基础，另外热管理技术（第四章）、机械仿真、噪声仿真及可靠性设计为永磁同步驱动电机设计的支撑。

第一节　永磁同步驱动电机设计流程

与异步驱动电机一样，永磁同步驱动电机的设计任务为：在给定的体积、重量、安装空间等边界条件下，设计出与电机控制器匹配的能输出保证车辆动力性能的高环境适应性、高性价比和高可靠性的永磁同步驱动电机。所开发的永磁同步驱动电机必须满足以下要求：

（1）在整个直流母线电压范围内（含最高直流母线电压、最低直流母线电压和额定直流母线电压）的转矩-转速特性（含牵引工况和制动工况，见图 6-1）满足车辆的牵引特性和制动特性。

（2）额定工况、峰值工况及其他用户所规定工况下的温升必须满足定子绕组所采用的绝缘系统、转子和轴承等所允许的温升限值。

（3）最低直流母线电压和最高转速下的失步转矩倍数应大于 1.2。

（4）峰值转矩下的最大电流小于电机控制器的允许电流。

（5）额定工作点效率、最高效率和效率分布区满足要求。

（6）重量，即其功率/转矩密度满足要求。

（7）外形尺寸满足车辆的要求。

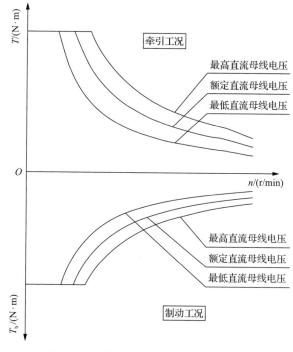

图 6-1　永磁同步驱动电机转矩-转速特性

(8)噪声满足要求。

(9)冷却条件(冷却介质的流量、流阻等)满足冷却装置的要求。

(10)结构强度必须能抵抗正常运行时车辆对驱动电机造成的冲击振动。

(11)可靠性、寿命及成本满足要求。

(12)具有良好的环境适应性,适应车辆运行时的严酷环境条件。

(13)具有良好的可制造性,尤其适应批量生产的要求。

(14)最低直流母线电压下和最高转速下的电流小于电机控制器的允许电流。

(15)最高反电动势小于驱动电机系统给定值(详见第三章)。

(16)在全生命周期内,永磁体不应出现不可逆失磁。

在以上 16 个要求中,第(1)、第(2)、第(4)~第(13)项的要求与异步驱动电机相同;第(3)项要求涉及的是过载能力,对于异步驱动电机是最大(颠覆)转矩倍数,而对于永磁同步驱动电机则为失步转矩倍数;第(14)~第(16)项是对永磁同步驱动电机特有的要求。

与异步驱动电机一样,永磁同步驱动电机的设计,可采用简单设计法和多层面多物理场协同仿真法。其中,简单设计法是多层面多物理场协同仿真法的基础,因此本章重点介绍简单设计法。

图 5-3 为永磁同步驱动电机基于简单设计法的开发流程。该设计流程基于正向设计思路,是一个不断迭代的过程。永磁同步驱动电机的基本开发流程与异步驱动电机相同,均以电磁仿真和结构设计为核心。电磁仿真的任务是基于电机的性能指标要求,得到电机的关键结构参数,进而获得其在整个工作范围内的电磁性能参数;结构设计的任务是

根据输入条件确定电机的总体结构，并完成生产电机用的施工设计图纸和相应的技术文件。在整个开发过程中，电磁仿真与结构设计交互进行，互相影响，必须通过不断迭代获得最终的设计方案。此外，在设计开发过程中，还必须借用一系列辅助手段，如热管理设计、机械仿真、噪声仿真、可靠性评估和经济性评估等，作为电磁仿真和结构设计的支撑。最终，通过样机试制和试验验证完成驱动电机的开发设计。

第二节　永磁同步驱动电机运行特性

如前所述，永磁同步驱动电机安装在电动汽车上，是用于驱动车辆的变频调速永磁同步电动机。因此，一般永磁同步电动机的运行原理、在固定频率下的运行特性同样适用于车用永磁同步驱动电机。作为驱动电机，通过变频调速来获取不同的转速和转矩，电机的特性随频率的变化而不同，体现出变频特性。另外，永磁同步驱动电机在瞬态运行，尤其是突然短路时，会产生较大的瞬态转矩，而对驱动电机和机械传动系统的机械可靠性产生影响。

本节在总结永磁同步电动机运行原理和稳态运行特性的基础上，分别以两相和三相突然短路为例介绍永磁同步驱动电机的瞬态特性、堵转运行特性，并重点分析永磁同步驱动电机的变频运行特性以及电机控制器输出的谐波电压对永磁同步驱动电机性能的影响。

一、基本工作原理和调速原理

永磁同步驱动电机的基本结构与电励磁同步电动机相同，由定子、转子、端盖和轴承等部件所组成。两者的不同之处在于转子结构，电励磁同步电动机转子上装有能产生主磁场的励磁绕组(外接直流电源)，而永磁同步驱动电机转子上装有自身能产生磁场的永磁体，而不需要外接直流电源[1-3]。图 6-2 为两种类型电动机的结构比较。

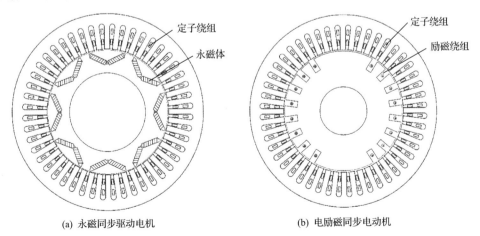

(a) 永磁同步驱动电机　　　　　　(b) 电励磁同步电动机

图 6-2　永磁同步驱动电机与电励磁同步电动机的结构比较

　　永磁同步驱动电机的基本工作原理与电励磁同步电动机相同。对于常用的三相永磁同步驱动电机，当定子绕组中通有三相交流电时，气隙中将产生以同步转速旋转的圆形旋转磁场。该磁场与永磁体产生的主磁场总是保持相对静止，两者相互作用产生电磁转矩，实现机电能量的转化。转子转速和旋转磁场转速的计算公式为

$$n = n_1 = \frac{60f_1}{p} \tag{6-1}$$

式中，n 为驱动电机转速，r/min；n_1 为旋转磁场的转速（即同步转速），r/min；f_1 为定子频率，Hz；p 为极对数。

　　从式(6-1)可知：①驱动电机转速与旋转磁场的转速相同，因此称为同步电动机；②只能通过改变极对数和定子频率来调节驱动电机的转速。

　　在永磁同步驱动系统中，通过改变电机控制器的输出频率来改变定子频率，从而调节永磁同步驱动电机的转速，即变频调速。

二、稳态运行特性

　　永磁同步驱动电机的稳态运行特性是指在定子频率、磁链、直轴同步电感、交轴同步电感和定子电阻等参数已知的条件下，反电动势、电压、电流、电磁转矩、电磁功率和效率等性能参数与上述参数之间的关系，其分析的理论为"双反应理论"[1,2]。稳态运行特性是永磁同步驱动电机设计开发、控制和应用的基础。

　　由于永磁同步驱动电机大部分为三相电动机，以下介绍均指三相电动机。

　　1. 反电动势

　　永磁同步驱动电机的反电动势为

$$E_0 = 2\pi f_1 \psi_{pm} \tag{6-2}$$

式中，E_0 为空载反电动势，V；ψ_{pm} 为永磁磁链，Wb。

　　2. 电压、电流

　　电压、电流可用向量法表示，也可用标量法表示。当用向量法时，其基本方程为[4]

$$\begin{cases} \dot{U}_1 = \dot{E}_0 + \dot{I}_1 R_1 + j\dot{I}_d X_d + j\dot{I}_q X_q \\ \dot{I}_1 = \dot{I}_d + \dot{I}_q \\ X_d = 2\pi f_1 L_d \\ X_q = 2\pi f_1 L_q \end{cases} \tag{6-3}$$

式中，$\dot{U}_1$ 为定子电压向量，V；$\dot{E}_0$ 为反电动势向量，V；$\dot{I}_1$ 为定子电流向量，A；$\dot{I}_d$ 为直轴电流向量，A；$\dot{I}_q$ 为交轴电流向量，A；X_d 为直轴电抗，Ω；R_1 为定子电阻；X_q 为交轴电抗，Ω；L_d 为直轴电感，H；L_q 为交轴电感，H。

　　根据式(6-3)可得出永磁同步驱动电机在牵引工况和制动工况下的向量图，如图 6-3 所示。

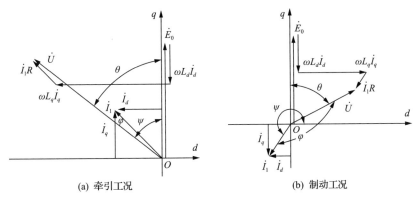

(a) 牵引工况　　　　　　　　(b) 制动工况

图 6-3　永磁同步驱动电机相量图

当用标量法时，电压和电流的表达式为

$$\begin{cases} U_d = X_q I_q + R_1 I_d \\ U_q = E_0 - X_d I_d + R_1 I_q \\ U_1 = \sqrt{U_d^2 + U_q^2} \\ I_d = I_1 \sin\psi \\ I_q = I_1 \cos\psi \\ I_1 = \sqrt{I_d^2 + I_q^2} \end{cases} \tag{6-4}$$

式中，U_d 为 d 轴电压，V；U_q 为 q 轴电压，V；U_1 为定子电压，V；I_d 为 d 轴电流，A；I_q 为 q 轴电流，A；I_1 为定子电流，A；ψ 为内功率因数角，(°)。

当 I_q 为正值时，代表电机运行在牵引工况；而当 I_q 为负值时，代表电机运行在制动工况。无论电机运行在牵引工况还是制动工况，I_d 均为负值。

3. 电磁转矩和电磁功率

对于永磁同步驱动电机，当定子频率较高时，$R_1 \ll X_q < X_d$，因此可忽略定子绕组电阻压降和铜耗，此时电磁功率表达式为

$$P_{em} = 3U_1 I_1 \cos\varphi = 3U_1 I_1 \cos(\psi - \theta) = 3U_1 I_q \cos\theta + 3U_1 I_d \sin\theta \tag{6-5}$$

式中，P_{em} 为电磁功率，W；θ 为功角，(°)。

电磁功率和电磁转矩可以用电压与功角或者空载反电动势与定子电流进行表示。

当用电压 U_1 与功角 θ 表示时，电磁功率和电磁转矩 T_{em} 的表达式为

$$P_{em} = 3\frac{E_0 U_1}{X_d} \sin\theta + \frac{3U_1^2}{2}\left(\frac{1}{X_q} - \frac{1}{X_d}\right)\sin 2\theta \tag{6-6}$$

$$T_{em} = \frac{3E_0 U_1}{\omega_r X_d} \sin\theta + \frac{3U_1^2}{2\omega_r}\left(\frac{1}{X_q} - \frac{1}{X_d}\right)\sin 2\theta \tag{6-7}$$

式中，ω_r 为转子角速度，rad/s。

在式(6-6)和式(6-7)中，当 θ 为正时，代表牵引工况；当 θ 为负时，代表制动工况。

当用空载反电动势与定子电流表示时，电磁功率和电磁转矩表达式为

$$P_{em} = 3E_0 I_q + 3(X_d - X_q)I_d I_q \tag{6-8}$$

$$T_{em} = 3p\left[\psi_{pm} I_q + (L_d - L_q)I_d I_q\right] \tag{6-9}$$

在式(6-7)和式(6-9)中，第 1 项是由转子永磁磁场与定子绕组磁场相互作用而产生的转矩，称为永磁转矩；第 2 项是由 d 轴和 q 轴磁路不对称而产生的转矩，称为磁阻转矩。

图 6-4 为永磁同步驱动电机电磁转矩 T_{em} 与功角 θ 之间的曲线，该曲线称为矩角特性。其中，1 代表永磁转矩或基本电磁转矩，2 代表磁阻转矩，3 代表合成转矩。

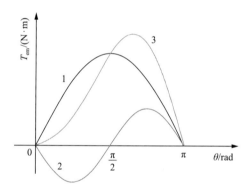

图 6-4　永磁同步驱动电机的矩角特性

永磁同步驱动电机的 q 轴电抗大于 d 轴电抗，即 $X_q > X_d$，因此永磁同步驱动电机产生最大电磁转矩的功角大于 90°，该最大转矩又称为失步转矩 T_{emax}。当负载转矩 T_N 大于该转矩时，永磁同步驱动电机不再保持同步转速，而处于不稳定运行状态。

失步转矩与负载转矩之比为失步转矩倍数，对于表贴式永磁电机，其大小为[5]

$$\begin{cases} K_M = \dfrac{T_{emax}}{T_N} = \dfrac{\sin\theta_{max} + \dfrac{K_{EX}}{2}\sin 2\theta_{max}}{\sin\theta_N + \dfrac{K_{EX}}{2}\sin 2\theta_N} \\[4mm] K_{EX} = \dfrac{U_1}{E_0}\left(1 - \dfrac{X_d}{X_q}\right) \\[4mm] \theta_{max} = \arccos\left(\dfrac{1}{4K_{EX}} \pm \dfrac{1}{\sqrt{16K_{EX}^2 + 0.5}}\right) \end{cases} \tag{6-10}$$

式中，K_M 为失步转矩倍数；T_{emax} 为最大转矩（失步转矩），N·m；T_N 为负载转矩，N·m；θ_{max} 为最大转矩时的功角，（°）；θ_N 为额定转矩时的功角，（°）。

4. 损耗

永磁同步驱动电机工作时，其定、转子上将产生各种损耗，包括定子铜耗、定子铁耗、永磁体损耗、机械损耗和附加损耗。

1）定子铜耗 P_{Cu1}

定子铜耗是由电流在定子绕组中产生的损耗，其可由式（6-11）计算得到

$$P_{Cu1} = 3I_1^2R_1 \tag{6-11}$$

2）定子铁耗 P_{Fe}

永磁同步驱动电机定子铁耗是由交变磁场在定子铁心中产生的损耗，一般可采用经典铁耗计算模型 Bertotti 模型进行计算[6]：

$$\begin{cases} P_{Fe} = P_{hyst} + P_{ec} + P_{exc} = C_{hyst}f_1B^2 + C_{ec}f_1^2B^2 + C_{exc}f_1^{1.5}B^{1.5} \\ C_{exc} = \sqrt{SV_0\sigma_0G} \end{cases} \tag{6-12}$$

式中，P_{hyst} 为磁滞损耗，W；P_{ec} 为涡流损耗，W；P_{exc} 为附加损耗，W；f_1 为定子频率，Hz；B 为磁密，T；C_{hyst} 为磁滞损耗系数，W；C_{ec} 为涡流损耗系数，W；C_{exc} 为附加损耗系数，W；S 为铁心横截面，m^2；G 为与硅钢片相关的尺寸系数；σ_0 为硅钢片电导率，S/m；V_0 为与硅钢片磁性能有关的系数。

3）永磁体损耗 P_{pm}

永磁体损耗主要体现为涡流损耗，其产生机理为：空间谐波磁场在转子永磁体上发生交变，从而在电导率较高的永磁体内部感应出电动势，进而产生涡流并引起涡流损耗。在计算永磁体产生的涡流损耗时，一般需先计算出涡流的大小，然后再通过积分求得涡流损耗大小[7,8]。

根据麦克斯韦方程，忽略位移电流时，永磁体内部产生的涡流主要沿轴向方向流通，其大小可参考文献[8]给出的计算方法，如式（6-13）所示。

$$J_z = \nabla \times \left[\frac{1}{\mu_r\mu_0}(\nabla \times A_z - B_r) \right] + \sigma\frac{\partial A_z}{\partial t} \tag{6-13}$$

式中，J_z 为永磁体内部产生的涡流；μ_r 为永磁体磁回复率；μ_0 为真空磁导率；A_z 为矢量磁位轴向分量；B_r 为永磁体剩磁；σ 为永磁体电导率。

因此，永磁体损耗可由式（6-14）计算得到

$$P_{pm} = L\iint\limits_{S_1} \frac{|J_z|^2}{\sigma}dS \tag{6-14}$$

式中，S_1 为永磁体轴向截面积；L 为永磁体轴向长度。

4）机械损耗 P_{mec}

机械损耗包括轴承摩擦损耗和风摩损耗。轴承摩擦损耗与施加在摩擦面上的压力、摩擦系数和摩擦面间的相对运动速度相关，其中摩擦系数一般难以确定，因而轴承摩擦损耗的计算较为困难。对于风摩损耗，其大小与电机结构和风阻等多种因素有关，更加难以计算。因此，一般通过试验数据和经验来估计机械损耗。对于机壳水冷的永磁同步驱动电机，机械损耗一般假定为输出功率的 0.2%。对于风冷和油冷电机，其机械损耗与风扇的设计或风路的设计密切相关，一般通过理论分析再加上试验验证来确定。

5）附加损耗 P_s

附加损耗产生的主要原因是定子绕组存在一定的漏磁场，这些漏磁场在绕组和邻近的金属结构中感应出涡流，从而产生涡流损耗。同时，定子绕组在气隙中建立的谐波磁势所产生的谐波磁场与定转子存在相对运动，从而在铁心中也会感应出涡流，并产生附加损耗。永磁同步驱动电机的附加损耗一般难以准确计算，在工程应用中通常将其假定为输入功率的 0.5%。

5. 功率平衡关系和效率

在牵引工况，永磁同步驱动电机功率平衡关系和效率表达式为

$$\begin{cases} P_1 = P_2 + P_{Cu1} + P_{Fe} + P_{pm} + P_{mec} + P_s \\ P_m = P_2 + P_{mec} + P_s \\ P_{em} = P_1 - P_{Fe} - P_{Cu1} \\ \eta = P_2 / P_1 \end{cases} \tag{6-15}$$

式中，P_1 为定子输入功率，W；P_2 为转轴输出功率，W；P_m 为机械功率，W；P_{Cu1} 为定子铜耗，W；P_{Fe} 为定子铁耗，W；P_{pm} 为永磁体损耗，W；P_{mec} 为机械损耗，W；P_s 为附加损耗，W；η 为效率。

在制动工况，永磁同步驱动电机功率平衡关系和效率表达式为

$$\begin{cases} P_1 = P_2 - P_{mec} - P_s - P_{pm} - P_{Cu1} - P_{Fe} \\ P_m = P_2 - P_{mec} - P_s \\ P_{em} = P_2 - P_{mec} - P_s - P_{pm} \\ \eta = P_1 / P_2 \end{cases} \tag{6-16}$$

式中，P_1 为定子输出功率，W；P_2 为转轴输入功率，W。

图 6-5（a）和图 6-5（b）分别为永磁同步驱动电机在牵引和制动工况下的功率流图。

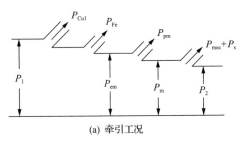
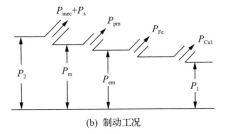

(a) 牵引工况   (b) 制动工况

图 6-5 永磁同步驱动电机功率流图

6. 转矩平衡关系

当永磁同步驱动电机稳定运行时,转矩平衡方程为

$$\begin{cases} T_{em} = T_2 + T_0, & \text{牵引工况} \\ T_{em} = T_2 - T_0, & \text{制动工况} \\ T_2 = 9550\dfrac{P_2}{n} \\ T_0 = 9550\dfrac{P_{mec} + P_s + P_{pm}}{n} \end{cases} \tag{6-17}$$

式中,T_2 为输出转矩,$N \cdot m$;T_{em} 为电磁转矩,$N \cdot m$;T_0 为机械摩擦转矩,$N \cdot m$。

三、固定频率下的瞬态运行特性

永磁同步驱动电机的瞬态运行包括启动、制动、调速、负载突变和突然发生故障等。永磁同步驱动电机突然发生故障时将对电机的安全运行产生影响,因此分析其突然发生故障时的瞬态运行特性具有重要意义。永磁同步驱动电机常见的故障类型有短路故障、轴承故障和永磁体退磁等。其中,当永磁同步驱动电机突然发生短路故障时,将可能产生较大的短路电流和短路转矩,对电机和机械传动系统造成冲击,进而危害车辆的运行安全。永磁同步驱动电机常见的短路故障包括两相短路和三相短路。

图 6-6 和图 6-7 分别为某一款永磁同步驱动电机在额定功率和额定转速运行时,出

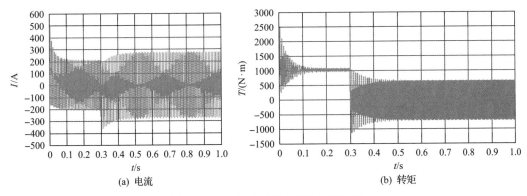

(a) 电流   (b) 转矩

图 6-6 两相短路时的电流和转矩波形

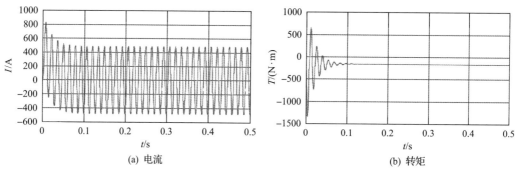

图 6-7　三相短路时的电流和转矩波形

现两相和三相突然短路时的电流和转矩波形。该永磁同步驱动电机的基本参数：额定功率为 100kW、额定转矩为 1100N·m、额定转速为 868r/min、峰值功率为 150kW、峰值转矩为 2500N·m。

由图 6-6 可知，当永磁同步驱动电机发生两相突然短路时，电流和转矩变化规律为：

(1)三相电流呈现不对称性，两相突然短路后，在所短路的两相产生约 500A 的尖峰电流，然后衰减，最终产生峰值电流约为 280A 的脉动电流。

(2)在两相突然短路后产生约 2500N·m 的转矩，然后衰减，进入周期性波动的稳定状态，转矩在±750N·m 之间波动。该波动转矩会引起电机的剧烈振动并产生较大的噪声。

由图 6-7 可知，当永磁同步驱动电机发生三相突然短路时，电流和转矩变化规律为：

(1)三相电流呈现对称性，在突然短路后，产生约 810A 的峰值电流，然后衰减并最终稳定(有效值约为 350A)。该稳态下的电流为三相稳态短路电流。

(2)在三相突然短路后产生约 600N·m 的尖峰转矩，然后衰减到峰值较小的恒定转矩。该恒定转矩为三相稳态短路转矩。

四、堵转运行特性

永磁同步驱动电机在整个运行速度范围内，从零转速开始起动加速，一直到预期的转速，即在正常运行时，零转速点是一个不稳定运行点。

但当"故意"堵住转子(如在试验时)，让永磁同步驱动电机运行于零转速点时，其运行特性呈现出"特殊性"。另外，当车辆运行于以下情况时，也会造成永磁同步驱动电机出现"堵转"现象：①车辆超载或爬陡坡，起步时阻力超过了永磁同步驱动电机的最大牵引力；②车辆轮胎或传动链抱死；③在坡道上长时间利用永磁同步驱动电机的驱动力来悬停车辆。

永磁同步驱动电机在正常运行时，三相电流的关系为

$$\begin{cases} I_{\mathrm{U}} = I_{\mathrm{m}}\cos(\omega t + \phi_0) \\ I_{\mathrm{V}} = I_{\mathrm{m}}\cos(\omega t + \phi_0 + 120) \\ I_{\mathrm{W}} = I_{\mathrm{m}}\cos(\omega t + \phi_0 - 120) \\ I_{\mathrm{U}} + I_{\mathrm{V}} + I_{\mathrm{W}} = 0 \end{cases} \tag{6-18}$$

式中，I_U、I_V、I_W 分别为 U、V 和 W 相电流；I_m 为电流幅值；ϕ_0 为 U 相电流初始相位角。

从式 (6-18) 可以看出，三相电流呈现出对称特性，其电流幅值相同。但在零转速，即 $\omega t=0$ 时，由式 (6-18) 可知：

$$\begin{cases} I_U = I_m \cos\phi_0 \\ I_V = I_m \cos(\phi_0 + 120) \\ I_W = I_m \cos(\phi_0 - 120) \\ I_U + I_V + I_W = 0 \end{cases} \tag{6-19}$$

此时，三相电流大小呈现不均衡性。当 $\varphi_0 = 0$ 时：

$$I_U = 2I_V = 2I_W \tag{6-20}$$

此时，三相电流均为直流电，且 U 相电流为 V 相和 W 相电流的 2 倍，呈现出不对称性。这种不对称性很可能导致驱动电机和电机控制器发生烧损现象。

五、变频运行特性

永磁同步驱动电机在调速过程中，定子频率发生变化，随着定子频率 f_1 的上升，驱动电机电压 U_1 不断升高。但由于直流母线电压的限制，到频率 f_{1u} 时，电压达到最大值。当定子频率大于 f_{1u} 时，驱动电机满电压运行 (图 6-8)。在整个工作范围内，有两个典型区域，即电压上升区和电压恒定区 (恒压区)。永磁同步驱动电机在不同区域内的运行特点有所不同。

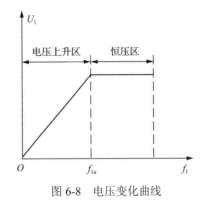

图 6-8　电压变化曲线

(1) 电压上升区：在该区域内，电压上升，上升规律与控制方式密切相关。对于异步驱动电机，一般采用恒磁通控制，此时每一个运行点的磁通保持不变。但在永磁同步驱动电机中，一般采用最大转矩-电流比控制，即输出给定转矩所需要的电流最小。

(2) 恒压区：驱动电机电压保持不变，磁通随定子频率的升高而降低，即处于弱磁区。

1. 最大转矩-电流比区域的运行特性

假定永磁同步驱动电机在整个运行范围内的 L_d 和 L_q 不随电流大小变化，当采用最大转矩-电流比控制时，d 轴电流 I_d 为[1]

$$I_d = \frac{-\psi_{pm} + \sqrt{\psi_{pm}^2 + 8(L_d - L_q)^2 I_q^2}}{4(L_d - L_q)} \tag{6-21}$$

将式 (6-21) 代入式 (6-9) 可得到对应输出转矩 T_{em} 的 q 轴电流 I_q。进一步地，结合

式(6-22)所示的电流关系式,可得到相应的定子电流大小:

$$I_1 = \sqrt{I_d^2 + I_q^2} \tag{6-22}$$

但实际上,受铁心饱和等影响,L_d 和 L_q 并非常数,会随电流的变化而变化。因此,采用上述公式所得到的电流会存在较大误差,尤其对于高饱和电机。

当将 L_d 和 L_q 看成变化值时,在最大转矩-电流比控制方式下,I_d 为[9]

$$I_d = \frac{-\psi_{pm} + \sqrt{\psi_{pm}^2 + 8(L_d - L_q)\left(L_d - L_q - \dfrac{\partial L_q}{\partial I_q}\right)I_q^2}}{4\left(L_d - L_q - \dfrac{\partial L_q}{\partial I_q}\right)} \tag{6-23}$$

对比式(6-21)和式(6-23)可知,当 L_d 和 L_q 为变化参数时,最大转矩-电流比控制下的 I_d 的表达式中将引入 L_q 对 I_q 的偏导数 $\dfrac{\partial L_q}{\partial I_q}$,从而使计算结果更加准确。

2. 恒压区的运行特点

永磁同步驱动电机在高速下进入满电压后,将采用弱磁控制模式,即通过增加直轴电流 I_d 分量来维持高速运行时的电压平衡。通过控制去磁电流 I_d 实现弱磁控制,I_d 为

$$I_d = -\frac{\psi_{pm}}{L_d} + \sqrt{\left(\frac{U_{lim}}{\omega L_d}\right)^2 - \left(\frac{L_q I_q}{L_d}\right)^2} \tag{6-24}$$

式中,U_{lim} 为满电压值,V。

根据 I_d 并结合式(6-9)式(6-22)可得到交轴电流 I_q 和定子电流 I_1 的大小。

永磁同步驱动电机在恒压区的运行特点如下:

(1)反电动势:反电动势与频率成正比,即频率越高,反电动势越大。当允许的反电动势为 E_{max} 时,最高允许运行的定子频率为

$$\begin{cases} f_{1max} = E_{max} / K_E \\ K_E = 4.44 N K_{Fe} K_{dp} \Phi_{max} \end{cases} \tag{6-25}$$

式中,N 为定子绕组每相串联匝数;K_{Fe} 为定子铁心叠压系数;K_{dp} 为定子绕组系数;Φ_{max} 为负载磁通,Wb。

(2)直轴电感和交轴电感:随着频率的升高,由于电压保持不变,磁通将减少,电机饱和度下降,直轴电感 L_d 和交轴电感 L_q 将增加。

(3)电流:频率越高,即电机转速越高,为保持电压平衡,用于弱磁的电流 I_d 越大。

当假定允许的最大定子电流为 I_{1max},输出功率为 P_2 时,可以根据式(6-24)、式(6-25)和式(6-1)得出最高允许运行转速。

当输出功率为零，即 $I_q=0$ 时，电机理论上可达到的最高运行转速为

$$n_{\max}=\frac{60U_{\lim}}{2\pi p(\psi_{\mathrm{pm}}-L_d I_{1\max})} \tag{6-26}$$

（4）失步转矩倍数：在恒电区，功率-转速特性为恒功特性。由式（6-7）可知：对于表贴式永磁同步驱动电机，失步转矩倍数与电压基本成正比，与交、直轴漏感关系不大，与频率（转速）无关，即失步转矩倍数在整个恒压区保持不变（图 6-9），这一点与异步驱动电机明显不同。如第五章所述，在此区域，异步驱动电机的最大转矩倍数与定子频率成反比。

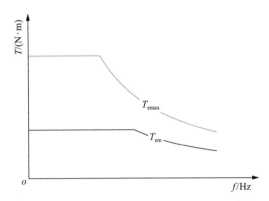

图 6-9　永磁同步驱动电机电磁转矩和失步转矩与频率之间的关系

六、非正弦供电时永磁同步驱动电机的运行特点

正如第五章所述，电机控制器的输出电压包含基波分量和一系列谐波分量，谐波分量的次数 k 为 $6n\pm1$ 次。当谐波次数为 $k=6n+1$ 时，为正序谐波；当谐波次数为 $k=6n-1$ 时，为负序谐波。这些谐波电压会在定子绕组中产生谐波电流，从而在电机内部产生与转子不同步的谐波磁场，进而产生脉动转矩和损耗，并降低电机效率，使温升过高。同时，脉动转矩会增加驱动电机的振动和噪声，影响驾乘舒适性。

1. 谐波电流的计算

与异步驱动电机一样，可采用叠加原理对永磁同步驱动电机进行谐波分析，研究谐波电流产生的机理，即单独分析电机在单次谐波电压作用下的响应特性，最后通过叠加得到总谐波电压在电机中产生的综合效果。

对于第 k 次谐波电压，其定子频率为基波频率的 k 倍，所产生的旋转磁场的转速为基波同步磁场的 k 倍，此时转子转速依旧为基波的同步转速，故该次谐波的工作原理与异步电动机相同。

对于永磁同步驱动电机，转子一般采用硅钢片材料，由于硅钢片之间互相绝缘，故转子中产生的涡流很小；永磁体虽然是导体，但不同极下的永磁体未形成闭合回路，永磁体的电感很小，故其内部产生的涡流很小。因此，转子硅钢片、永磁体中产生的涡流

对主磁路的影响很小。在不考虑转子涡流的情况下，可认为谐波作用的机理等同于没有鼠笼导条的异步驱动电机，或者是转子电阻无穷大的异步驱动电机[10]。

因此，永磁同步驱动电机在谐波电压作用下的等效电路可参考异步驱动电机谐波等值电路，如图 6-10(a)所示。由于转子上没有导条，等值电路中的转子回路参数可做如下处理：

(1)转子电阻 R'_{2k} 为无穷大。

(2)对于 $k=6n+1$ 次谐波，转差率 $s_k=(k-1)/k$；对于 $k=6n-1$ 次谐波，转差率 $s_k=(k+1)/k$。显然，当 k 较大时，转差率 s_k 近似等于 1。

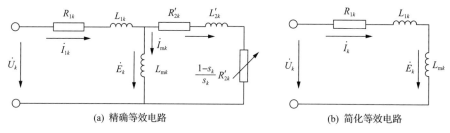

(a) 精确等效电路   (b) 简化等效电路

图 6-10　谐波 T 形等效电路

因此，图 6-10(a)所示的 T 形谐波等效电路可简化为图 6-10(b)所示的等效电路。在图 6-10 中，R_{1k} 为考虑集肤效应的 k 次谐波的电阻值，L_{1k} 为考虑集肤效应的 k 次谐波的定子漏感，L_{mk} 为励磁电感(可认为不受集肤效应影响)，U_k 为谐波电压，I_k 为 k 次谐波电流，E_k 为谐波感应电动势。

由图 6-10 可知，谐波电流为气隙磁场的励磁电流，其计算表达式为

$$I_k = \frac{U_k}{\sqrt{R_{1k}^2 + (2\pi f_k)^2 (L_{1k}^2 + L_m^2)}} \tag{6-27}$$

式中，f_k 为谐波频率，Hz。

R_{1k}、L_{1k} 与一般永磁同步电动机计算方法相同，励磁电感 L_{mk} 与永磁同步驱动电机转子磁路结构相关，可参考文献[10]得出。

2. 谐波损耗

电机控制器输出电压的谐波成分会在永磁同步驱动电机上产生由时间谐波引起的损耗。这些损耗主要包括定子铜耗、定子铁耗、永磁体损耗和附加损耗等。

1)定子铜耗

考虑集肤效应时，第 k 次谐波的定子谐波铜耗 P_{Cu1k} 为

$$P_{Cu1k} = 3I_k^2 R_{1k} \tag{6-28}$$

式中，R_{1k} 的计算方法将在本章第五节介绍。

总定子谐波铜耗 $P_{\text{H-Cul}}$ 为

$$P_{\text{H-Cul}} = \sum_{k=1}^{\infty}(3I_k^2 R_{1k}) \tag{6-29}$$

总定子铜耗为

$$P_{\text{Cul}} = 3I_1^2 R_1 + \sum_{k=1}^{\infty}(3I_k^2 R_{1k}) \tag{6-30}$$

2) 定子铁耗

采用变频器驱动的永磁同步驱动电机，其定子绕组中会产生大量谐波电流，从而在电机内部产生与转子不同步的谐波磁场，该磁场在定转子铁心中会产生铁耗，使永磁同步驱动电机效率下降。为了准确计算由谐波电流引起的铁耗，一般需根据电机基波相电流大小和相位角来确定相电压大小和相位角，同时结合调制策略得到 PWM（脉宽调制）电压波形，进而利用解析法或有限元法得到谐波磁场的大小，最终结合相应的铁耗模型计算铁耗，具体计算方法可参考文献[11]～[13]。

3) 永磁体损耗

变频器供电时永磁体损耗计算思路与铁耗计算思路类似，即一般根据电机基波相电流大小和相位角来确定相电压大小和相位角，同时结合调制策略得到 PWM 电压波形，进而利用解析法或有限元法得到谐波磁场的大小，最终结合相应的永磁体损耗计算模型得到永磁体损耗大小，具体计算方法可参考文献[14]～[17]。

4) 附加损耗

电机控制器在永磁同步驱动电机中产生的附加损耗作用机理非常复杂，但其数值相对较小，一般可忽略不计。

3. 温升与效率

如上所述，电机控制器供电产生的谐波会在永磁同步驱动电机中产生各种损耗，降低其效率，并引起温升增加。所产生的谐波损耗的大小和电机效率的降低幅度，与电机的设计和控制方式密切相关。对于额定功率 100kW、额定效率 97% 的永磁同步驱动电机，当由开关频率为 4000Hz 的电机控制器供电时，其效率比正弦供电时降低 0.3% 左右。

4. 转矩脉动

永磁同步驱动电机的转矩脉动会影响电机的控制精度，并增加振动和噪声。永磁同步驱动电机的转矩脉动主要来自电机本体和电机控制器的输出两个方面。

(1) 电机本体：永磁同步驱动电机中的气隙磁场由永磁体建立，由于定子开槽的影响，当转子旋转时，将引起气隙磁路磁阻的变化，从而导致气隙磁场储能发生变化，进而引起齿槽转矩，并造成转矩波动。齿槽转矩的抑制方法将在本章第六节进行详细介绍。

(2) 电机控制器：电机控制器输出电压中的一系列谐波，会产生谐波电流和转矩的波动。图 6-11 为某永磁同步驱动电机在电机控制器谐波电压作用下所产生的脉动转矩。

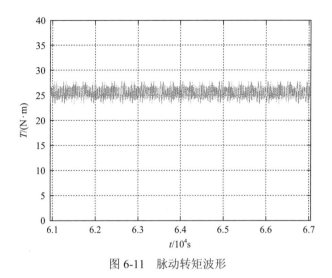

图 6-11　脉动转矩波形

第三节　永磁同步驱动电机与电机控制器的匹配关系

正如第三章所述，驱动电机与电机控制器运行参数相互影响。为了设计出具有良好匹配性的永磁同步驱动系统，电机设计者与控制器设计者应充分交流和协商。表 6-1 为永磁同步驱动电机与电机控制器设计者之间的信息交流内容。

表 6-1　永磁同步驱动电机与电机控制器设计者之间的信息交流

永磁同步驱动电机设计者向电机控制器 设计者提供的信息	电机控制器设计者向永磁同步 驱动电机设计者提供的信息	双方共同确定的信息
极数； 在整个运行范围内的定子电阻、交轴电感和直轴电感； 在整个运行范围内定子频率、电压、电流、功率、转矩和转速之间的变化曲线； 电机最大运行电流； 位置传感器型号（如有）	开关频率； dU/dt； 整个运行范围内各频率输出电压基波和谐波分量； 最大允许电流	进入满电压点的频率； 最高反电动势； 电机控制器与驱动电机之间的电缆线长度

总体而言，电机控制器对驱动电机最大的影响是非正弦供电和脉冲电压问题。本章第二节和第三章已分别介绍了非正弦供电和脉冲电压对永磁同步驱动电机所带来的影响。

与异步驱动电机相比，永磁同步驱动电机的直轴电感和交轴电感较大，因此直轴电感和交轴电感对控制的稳定性影响不明显，这点也是其与异步驱动电机的明显区别。

永磁同步驱动电机对驱动系统的稳态性能影响较大的三个参数为最高反电动势、直轴电感和凸极率。

一、最高反电动势

与电励磁同步电动机不同，永磁同步驱动电机的磁场由任意时刻均产生磁通的永磁体产生，即磁场不可关闭。因此，即使没有外部供电，也有与定子线圈交链的磁通，只要永磁同步驱动电机旋转，就会在端子上产生反电动势。根据式(6-1)和式(6-2)可知，该反动电势与磁链和转速成正比。

反电动势尤其是在最高运行转速下的最高反电动势，直接影响驱动系统的性能和故障模式下的可靠性，是永磁同步驱动电机较为重要的参数，也是连接永磁同步驱动电机和控制器的"系统级"参数。最高反电动势可由式(6-31)计算得到

$$E_{0\max} = 2\pi f_{1\max}\psi_{pm} \tag{6-31}$$

式中，$E_{0\max}$ 为最大反电动势，V；$f_{1\max}$ 为最高频率，Hz；ψ_{pm} 为永磁磁链，Wb。

1. 反电动势对驱动系统性能的影响

反电动势对驱动系统的影响体现在：高速区电流和恒功范围、低速区电流、效率区分布。

1) 高速区电流和恒功范围

根据式(6-24)，当驱动电机进入满电压后，为保持驱动电机的电压平衡，必须增加 d 轴去磁电流 I_d，以削弱气隙磁场。磁链越大(即最高反电动势越高)及转速越高，所需要的去磁电流 I_d 越大，即使 I_q 不变，定子电流也将增大到有可能超过允许的电流。该电流的大小与功率基本上没有关系。为了降低定子电流，必须降低交轴电流 I_q 或降低最高转速下的运行功率，即减小恒功范围。

2) 低速区电流

磁链越高，在相同转速下的反电动势越大，根据式(6-7)，在低速起动阶段，转矩一定时，所需要的定子电流越小，而较小的定子电流可以降低电机控制器的容量。

3) 效率区分布

反电动势大小对效率区分布的影响体现在对高速区和低速区的铜耗和铁耗的影响。

根据本章第二节的分析，在驱动电机其他参数一定的情况下，铜耗与定子电流的平方成正比。而铁耗与频率的 1.2～1.6 次方和磁密的平方成正比，即频率越高，磁密越高，铁耗越大。

对于永磁同步驱动电机，反电动势越高，则低速区输出相同转矩所需的电流越小，铜耗越低；同时，反电动势越高，进入满电压的频率 f_{1u} 越低，相应的铁耗越小，效率越高。但是，当电机运行于高速区时，反电动势越高，所需的 I_d 越大，定子铜耗增加得越多。尽管高速区铁心饱和程度会有所降低，从而使铁耗减小，但是整体而言高速时损耗会增加，且反电动势越高，损耗增加得越明显，效率越低(轻载时的效率降低得更为明显)，恒功范围越窄。因此，反电动势较高的电机，其高速区效率低，低速区效率高。反之，反电动势较低的电机，其低速区效率低，高速区效率高。

因此，在设计永磁同步驱动电机时，有两种反电动势模式，即高反电动势和低反电动势。两种模式对驱动电机性能的影响为：

(1)高反电动势模式：低速区电流小、效率高，高速区电流大、效率低、恒功范围窄。

(2)低反电动势模式：低速区电流大、效率低，高速区电流小、效率高、恒功范围较宽。

2. 反电动势对故障模式下可靠性的影响

正如前述，只要永磁同步驱动电机旋转，就会在定子绕组上产生反电动势。在正常运行时，该反电动势不会对驱动电机系统产生不利影响，但当驱动电机系统发生故障时，该反电动势将对驱动电机系统的可靠性和安全性带来较大影响。

(1)当永磁同步驱动电机发生匝间短路故障时，该反电动势会使故障迅速扩大，在很短时间内使故障点的温度急剧上升，烧毁绝缘甚至烧断电磁线，且反电势越高，故障扩大所需的时间越短，造成的后果越严重。

(2)当控制失效时，永磁同步驱动电机的反电动势直接作用在电机控制器的功率器件和支撑电容上。特别是当永磁同步驱动电机在高速区发生电机控制器失效故障时，反电动势甚至会超过电机控制器的安全电压，烧损功率器件和支撑电容等器件。此外，若反电动势超过永磁同步驱动电机正常运行时的最高电压，绝缘系统将承受额外的电压负荷。

(3)在电动汽车正常运行时，若永磁同步驱动电机处于惰行运行(外部不提供能源)状态，一旦发生紧急情况，如紧急制动，反电动势的峰值就可能高于电机控制器的直流侧电压，当电机继续参与工作时，电机控制器将无法投入，产生所谓的"高速重投"的问题。

(4)根据本章第二节的分析，在两相或者三相突然短路或者稳态短路时，会产生较高的脉动转矩和较大的电流，该转矩和电流的大小与反电动势成正比。

3. 反电动势的选取

基于上述分析可知，反电动势是连接永磁同步驱动电机和电机控制器的关键参数，对驱动电机的性能和故障模式下的安全性影响较大。因此，在选择时需结合驱动电机的体积、重量、常用的运行区域(高速区占主流还是低速区占主流)、电机控制器的成本和各零部件的耐压能力等进行综合考虑。

一旦确定了反电动势，永磁同步驱动电机定子绝缘系统和控制器各部件的耐压能力必须与该反电动势相适应，并在试验验证时体现。比如，永磁同步驱动电机定子绕组的耐压值应按如下公式选取：

$$\begin{cases} U_{\text{test1}} = 2U_{\text{dcmax}} + 1000 \\ U_{\text{test2}} = 2E_{0\text{max}} + 1000 \\ U_{\text{test}} = \max(U_{\text{test1}}, U_{\text{test2}}) \end{cases} \tag{6-32}$$

式中，U_{test1}、U_{test2}、U_{test} 为对地耐压试验值，V；U_{dcmax} 为最高直流母线电压，V；

$E_{0\max}$ 为最高反电动势，V。

二、直轴电感

三相稳态短路电流 $I_{1\mathrm{T}}$ 可表示为

$$I_{1\mathrm{T}} = \frac{E_0}{2\pi f_1 L_d} \tag{6-33}$$

因此，当反电动势 E_0 一定时，三相稳态短路电流 $I_{1\mathrm{T}}$ 与直轴电感 L_d 成反比。

根据式(6-26)可知，当反电动势一定时，直轴电感 L_d 越大，其弱磁能力越强，永磁同步驱动电机的恒功率运行范围越宽。

根据式(6-27)可知，当谐波电压一定时，直轴电感 L_d 越大，谐波电流越小，由谐波分量产生的附加损耗越低，即对谐波的抑制能力越强。

因此，在设计永磁同步驱动电机时，从降低短路电流、短路转矩及降低谐波损耗的角度讲，应选择较大的直轴电感 L_d。

三、凸极率

在永磁同步驱动电机中，凸极率定义为

$$\rho_{\mathrm{T}} = \frac{L_q}{L_d} \tag{6-34}$$

凸极率 ρ_{T} 影响永磁同步驱动电机反电动势的选取、最大电流、功率密度、永磁体用量及成本等。凸极率的大小与磁路结构相关，对于表贴式永磁电机，其值为 1；对于磁阻电机，凸极率可大于 10。本章第六节将专门介绍磁路结构与凸极率的关系。

由式(6-9)可知，电磁转矩由两部分组成，第一部分为永磁转矩，由永磁磁链和交轴电流组成；第二部分为磁阻转矩，与交、直轴电感之差成正比，与交轴、直轴电流之积成正比，即与电流的平方成正比。凸极率越高，磁阻转矩比例越高。对于表贴式永磁电机，其凸极率为 1，不存在磁阻转矩；对于磁阻电机，由于无永磁体和永磁磁链，其仅存在磁阻转矩。包含磁阻转矩的凸极率大于 1 的永磁电机又称为永磁磁阻电机，它是纯永磁电机和纯磁阻电机两种电机的结合体，如图 6-12 所示。

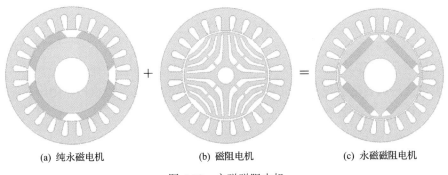

(a) 纯永磁电机　　　　　　(b) 磁阻电机　　　　　　(c) 永磁磁阻电机

图 6-12　永磁磁阻电机

纯永磁电机的转矩与电压关系为

$$
\begin{cases}
T_{\mathrm{em}} = \dfrac{3E_0 I_q}{\omega_{\mathrm{r}}} \\
\dot{U}_1 = \dot{E}_0 + \dot{I}_1 R_1
\end{cases}
\tag{6-35}
$$

由式(6-35)可知，可通过以下两种途径获得所需转矩：

(1)高反电动势模式：采用高反电动势模式时，电机具有转矩密度高、电流和铜耗小的优点。但系统反电动势过高，将造成永磁体用量多、成本高、恒功率运行范围窄、高速区弱磁电流大和效率低等问题。同时，将造成系统安全性和可靠性降低。

(2)低反电动势模式：采用低反电动势模式时，永磁体用量少、成本低、恒功率运行范围宽，且系统较安全。但其电流相对较大、铜耗高、低速时效率较低，且功率因数相对较低，将增加电机控制器的容量。

磁阻电机的转矩与电压关系为

$$
\begin{cases}
T_{\mathrm{em}} = \dfrac{3(X_d - X_q) I_d I_q}{\omega_{\mathrm{r}}} \\
\dot{U}_1 = \dot{I}_1 R_1 + \mathrm{j}\dot{I}_d X_d + \mathrm{j}\dot{I}_q X_q
\end{cases}
\tag{6-36}
$$

由式(6-36)可知，磁阻电机不存在反电动势，具有弱磁容易、恒功率运行范围宽、效率较高等优点，但存在齿槽转矩较大、转矩密度不高、电流较大以及功率因数较低等缺点。同时可知，增加磁阻电机凸极率可增加磁阻转矩。由于磁阻电机 d 轴电感一般较小，且凸极比难以做得很大，故 $(1 - X_q / X_d) X_d I_d$ 一般小于纯永磁电机的空载反电动势 E_0。因此，与纯永磁电机相比，磁阻电机的功率(转矩)密度较低。

永磁磁阻电机结合了纯永磁电机和磁阻电机的优点。在电动汽车应用中，常采用具有一定凸极率的内置式磁路结构的永磁磁阻电机。在实际使用中，可根据不同的需求，选择凸极率合适的磁路结构，充分利用永磁磁阻电机的优点，并最大限度地规避其缺点。

第四节　电磁仿真

电磁仿真是永磁同步驱动电机设计的一个重要环节，其工作任务是根据驱动系统对电机的要求，选取合适的电磁结构参数，并采用一定的仿真手段得出驱动电机在整个运行范围内的稳态性能参数和瞬态性能参数。

图 6-13 为永磁同步驱动电机的电磁仿真流程。

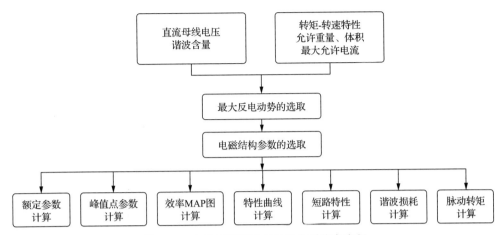

图 6-13　永磁同步驱动电机的电磁仿真流程

　　永磁同步驱动电机电磁仿真的基本流程与异步驱动电机类似，不同之处在于异步驱动电机要选取对驱动系统性能影响较大的进入满电压点的频率，而永磁同步驱动电机是选择对驱动系统性能影响较大的反电动势。

　　电磁仿真的具体工作内容为：根据驱动系统分解给永磁同步驱动电机的输入条件(详见第三章)，与驱动电机和电机控制器一道确定对驱动电机性能和电机控制器影响较大的最大反电动势。根据需求选取关键的电磁材料(主要为硅钢片和永磁体)、对电机性能影响较大的磁路结构、定子绕组结构和电磁结构参数等。其中电磁结构参数是指有效部分的几何参数，包括极数、定转子冲片三圆尺寸、定子槽数、定子槽形尺寸、定子绕组参数等。在此基础上，采用一定的仿真手段对初始设计方案进行校核，并根据校核结果调整某些初始参数，直到电磁设计方案满足要求为止。

　　永磁同步驱动电机电磁性能参数主要包括：额定点的性能参数、峰值点的性能参数、特性曲线和效率 MAP 图等。其中，特性曲线为在某个直流母线电压下，永磁同步驱动电机在整个运行范围内关键性能参数与转速之间的函数关系，包括：

　　(1)牵引工况：电压、反电动势、电流、功率、频率、转矩、效率、功率因数与转速之间的函数关系。

　　(2)制动工况：电压、反电动势、电流、输出电功率、频率、输入转矩、效率、功率因数与转速之间的函数关系。

　　谐波损耗和脉动转矩的计算是指根据永磁同步驱动电机的参数和电机控制器的输出特性，计算永磁同步驱动电机在任意转矩、转速下的谐波电流、谐波损耗以及脉动转矩，具体方法已在本章第二节给出。

　　瞬态特性包括两相和三相突然短路时的电流和转矩变化特性的计算(见本章第二节)。

　　电磁仿真是永磁同步驱动电机最为重要的工作之一，涉及电机学、材料学、热学、机械学和控制理论等，同时需要丰富的设计和试验经验。在对永磁同步驱动电机进行电磁仿真时，除了熟练掌握永磁同步驱动电机基本原理、固定频率和变频运行特性、永磁同步驱动电机与电机控制器的匹配技术等外，还必须根据经验预定关键参数，如电机的磁负荷和热负荷。

本节首先介绍电磁仿真的手段，然后介绍电磁仿真的两项基本工作：电磁结构参数的选取和基于场路结合法的性能参数的计算。电磁结构参数选取包括有效部分结构尺寸的选择和材料(冲片、电磁线和永磁体)。在永磁同步驱动电机中，定子绕组类型、定子槽数和转子磁路结构的选择比较复杂，且对驱动电机性能影响较大，将分别在本章第五节和第六节中介绍。

一、电磁仿真方法

目前，用于永磁同步驱动电机电磁性能分析的方法主要有以下三种。

(1)等效磁路法：该方法通过建立电机的等效磁路模型，并利用迭代算法求解气隙磁密，从而对电机的电感、磁链和反电动势等电磁参数进行计算。等效磁路法具有求解速度快、计算量小、硬件要求低等优点。但其计算过程依赖于大量的经验数据或曲线。同时，永磁同步驱动电机的磁路结构较复杂，该方法计算的准确度较差。

(2)电磁场数值计算法：该方法以电机电磁场分布为基础，综合考虑电机材料和磁路的非线性等因素，对电机电磁特性进行细致分析，具有求解精度高的优点。目前，大量商业软件(如 Ansys、JMAG、Flux 等)的出现，为永磁同步驱动电机的电磁场数值计算的仿真提供了方便和快捷的手段和方法。然而，由于需要对电机模型进行网格剖分或采用特殊动态网格剖分技术，其求解区域较大、计算单元众多，因此该方法占用计算机资源多、计算量大、耗时长。

(3)场路结合法：场路结合法先采用电磁场数值计算法得出与磁路结构密切相关的反电动势、直轴和交轴电感等参数，进而获得整个运行范围内的电压、电流、频率、功率因数、效率等特性。同时，可采用电磁场数值计算法对磁场分布、反电动势波形、齿槽转矩、永磁体损耗、瞬态参数和失磁特性等进行仿真分析。场路结合法具有计算精度高、计算时间短等优点，是一种比较适合工程应用的方法。但是，与电磁场数值计算法相比，该方法的计算精度相对较低。

考虑到目前电磁场数值计算法均采用商业软件，这些商业软件对其仿真步骤、设置等做了详细的规定[18]，因此本书不详细介绍电磁场数值计算法，仅介绍场路结合法的关键思路。

二、硅钢片和永磁体的选择

定转子冲片所用硅钢片和永磁体的性能对永磁同步驱动电机功率密度、转矩密度、效率分布及经济性等方面有直接影响。

1. 硅钢片

硅钢片是一种含碳量较低的硅铁软磁合金,根据含硅量的不同(一般在 0.5%～4.5%)，其电阻率、磁导率、铁心损耗和机械强度等特性有较大差异。目前，驱动电机上普遍采用无取向的冷轧硅钢片。硅钢片经过冲压、叠压等工艺制成定子和转子铁心。

作为驱动电机的导磁材料,硅钢片的特性直接影响驱动电机的损耗、温升、效率和功率密度等电磁性能。

1)硅钢片特性

《电动汽车驱动电机用冷轧无取向电工钢带(片)》(GB/T 34215—2017)对硅钢片的要求等进行了规定。

总体上讲,硅钢片的特性主要包括:

(1)B-H 曲线:磁密(B)-磁场强度(H)间的关系曲线,即直流磁化曲线。在磁场强度较低时,二者之间近似为直线;但当磁场强度较高时,磁密不再显著增加,呈现饱和特性。一般用 B_{10}、B_{20}、B_{50} 和 B_{100} 作为表征参数,分别代表在 1000A/m、2000A/m、5000A/m 和 10000A/m 磁场强度下的磁密(单位为 T),数值越大越好。图 6-14 为原宝山钢铁股份有限公司(以下简称宝钢)几种驱动电机用硅钢片的 B-H 曲线。

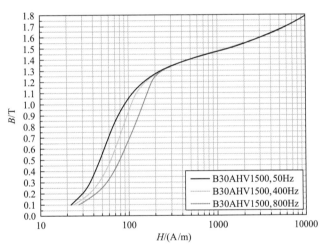

图 6-14 硅钢片 B-H 曲线(宝钢)

(2)铁损曲线:即铁耗与磁密之间的曲线。在磁密较低时,铁耗缓慢增加,但当磁密较高时,铁耗显著升高。

硅钢片在交变磁场作用下会产生磁滞损耗和涡流损耗,二者之和为铁损,这种铁损基本上不随负荷大小变化。单位质量的铁损为[4]

$$P_{Fe} = P_h + P_e = (aB + bB^2)f_1 + \frac{\pi^2}{6\rho d_{Fe}}(\Delta_{Fe} B f_1)^2 \tag{6-37}$$

式中,P_{Fe} 为单位质量的铁损,W/kg;P_h 为单位质量的磁滞损耗,W/kg;P_e 为单位质量的涡流损耗,W/kg;a、b 为与硅钢片相关的比例系数;ρ 为电阻率,$\Omega \cdot m$;Δ_{Fe} 为硅钢片厚度,mm;d_{Fe} 为硅钢片密度,g/cm^3。

由式(6-37)可知:磁滞损耗与磁密的 1.2~1.6 次方成正比,和频率成正比;涡流损耗与频率和硅钢片厚度的平方成正比,与电阻率成反比。根据这种特性,可采取如下措施来降低铁损:①降低磁滞损耗系数,主要措施为改变硅钢片材料属性和加工制造工艺;②增加电阻率,主要措施是双面涂层,目前驱动电机用硅钢片普遍采用涂层代号为 T6 的双面涂层;③降低厚度,目前常用的硅钢片厚度有 0.5mm、0.35mm、0.3mm、0.27mm、0.25mm 等,也有的驱动电机已采用了 0.2mm 的硅钢片。

图 6-15 为宝钢公司几种驱动电机用硅钢片的铁损曲线。从曲线可以看出,随着磁场强度和频率的增加,铁损大幅增加。

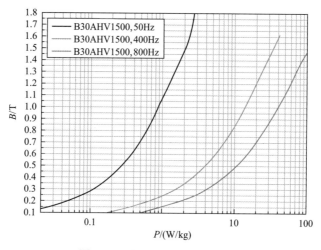

图 6-15 硅钢片铁损曲线(宝钢)

可用 $P_{1.0/50}$ 和 $P_{1.5/50}$ 作为表征参数,分别代表频率为 50Hz、磁密分别为 1.0T 和 1.5T 时的损耗(单位为 W/kg),数值越小损耗越低。也可用 $P_{1.0/f}$ 和 $P_{1.5/f}$ 作为其他频率(尤其是高频)时的表征参数,代表在频率为 f(Hz)、磁密分别为 1.0T 和 1.5T 时的损耗(单位为 W/kg),同样数值越小损耗越低。

(3)机械强度:在驱动电机中,定、转子铁心会受到电磁力及离心力等的作用。因此,硅钢片的机械性能(尤其是屈服强度)决定了驱动电机的承载强度和最高允许转速。

表 6-2 为几款典型的硅钢片在室温下的屈服强度。

表 6-2 几款典型的硅钢片(宝钢)在室温下的屈服强度

牌号	B27AV1400	B30AV1500	B35AV1900	B27AHV1400	B30AHV1500
屈服强度/MPa	450	455	400	403	405

温度对硅钢片的强度影响较大,且随着温度升高,强度急剧下降。图 6-16 为 B30AHV1500 硅钢片在不同温度下的强度。从图中可知,温度为 180℃时的屈服强度仅为 15℃时的 80%。

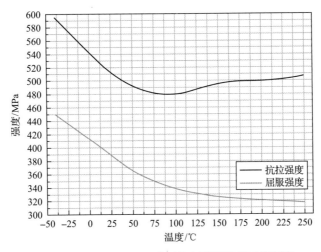

图 6-16　B30AHV1500 硅钢片在不同温度下的强度

(4) 可制造性。硅钢片的材质(包括硅的含量和厚度)对驱动电机可制造性的影响体现在：①硅含量越高，材质越硬，冲模的寿命越短，可焊接性越差；②硅钢片越薄，冲片的冲压和运输越困难，铁心叠压系数越低。

(5) 制造工艺和质量对硅钢片性能的影响。制造工艺和质量对硅钢片性能的影响主要体现在：①叠压压力越大，叠压系数越高，铁损越大；②冲片毛刺越大，铁损越高；③焊缝会造成表面的涡流损耗；④冲片冲制后的剪切应力增加，铁损增加。

2) 永磁同步驱动电机运行特点及对硅钢片的要求

永磁同步驱动电机的运行特点：全速度范围内的高效率、高频率和高转速。根据硅钢片特性及驱动电机的运行特点，电动汽车用驱动电机对硅钢片提出了如下性能要求：①高磁导率；②低损耗，尤其是高频下的损耗；③高强度，尤其是高温下的强度；④良好的可制造性；⑤性能变化对工艺参数不敏感；⑥低成本。

3) 电动汽车用典型硅钢片材料和选型

由于硅钢片对驱动电机性能影响较大，在应用需求促进下，硅钢片生产厂家联合驱动电机生产厂家开发出电动汽车用驱动电机专用硅钢片，如日本新日铁住金株式会社、韩国浦项制铁集团公司等公司的专用硅钢片，中国宝武钢铁集团有限公司也开发出了不同用途的系列硅钢片，包括：

(1) 低损耗 AV 系列：具有低铁损、高强度系列化的特点。

(2) 高效 AHV 系列：磁密、铁损、强度三者综合性能优异。

(3) 高磁感 APV 系列：更高的磁密，满足高转矩、电机小型化的需求。

(4) 高强度 AHS 系列：高强度，应用于高转速或超高转速转子。

(5) 薄带 AT 系列：中频下低损耗，应用于高转速或超高转速电机。

在硅钢片选型时，需要考虑驱动电机的总体要求，尤其是效率和效率分布要求，并结合硅钢片的特性和经济性来选择硅钢片牌号。

2. 永磁体

永磁体的作用是提供不需要外部能源的气隙磁场，其性能、稳定性和可靠性对电机的性能有较大影响。

目前，永磁材料有铁氧体、铝镍钴、钐钴和钕铁硼等。其中，电动汽车用永磁同步驱动电机普遍采用 20 世纪 80 年代问世的具有较高性价比的烧结钕铁硼。钕铁硼永磁体的主要成分为钕(轻稀土)、铁和硼。为了提升永磁体的内禀矫顽力，一般需添加一定比例的镝、铽等重稀土。《电动汽车驱动电机用永磁材料技术要求》(GB/T 38090—2019)对驱动电机用永磁材料的要求等做出了规定。

1) 永磁体的表征参数

永磁体的表征参数主要包括磁性能和机械性能等。其中，磁性能为最重要的参数，主要包括：

(1) B_r：剩磁。

(2) H_{cb}：矫顽力。

(3) H_{cj}：内禀矫顽力。

(4) $(BH)_{max}$：最大磁能积。

(5) 回复磁导率 μ_r(一般为 1.05)。

(6) 综合磁性能：将内禀矫顽力(单位：kOe[①])与最大磁能积(单位：MGOe)之和称为综合磁性能。内禀矫顽力与最大磁能积之间为相互制约的关系，一个值增加，另一个值则相应减小，二者之和体现永磁体的综合磁性能，并受上限限制，目前钕铁硼永磁体综合磁性能可达 75。

(7) 磁通的一致性：指同一批次不同永磁体的磁通偏差值，或同一规格不同批次永磁体的磁通偏差值，是永磁体生产质量的重要指标。为保证永磁同步驱动电机性能的稳定性，要求永磁体具有较高的磁通一致性。对于永磁同步驱动电机，一般要求磁通偏差值小于 3%。

表 6-3 为某公司用于永磁同步驱动电机的部分钕铁硼永磁体参数。

表 6-3 部分钕铁硼永磁体参数

系列	牌号	剩磁/T		内禀矫顽力/(kA/m)	最大磁能积/(kJ/m³)		矫顽力/(kA/m)	最高工作温度/℃	综合磁性能
		最大值	最小值		最大值	最小值			
SH	N45SH	1.37	1.32	1592	358	318	995	150	65
	N42SH	1.34	1.28	1671	342	302	936	150	64
	N40SH	1.31	1.26	1671	326	294	947	150	62
	N38SH	1.29	1.22	1671	318	279	915	150	61
	N35SH	1.27	1.24	1671	294	255	875	150	58

---

① 1Oe=1Gb/cm=79.5775A/m。

续表

| 系列 | 牌号 | 剩磁/T | | 内禀矫顽力 /(kA/m) | 最大磁能积/(kJ/m³) | | 矫顽力 /(kA/m) | 最高工作温度 /℃ | 综合 磁性能 |
		最大值	最小值		最大值	最小值			
UH	N45UH	1.36	1.30	1989	358	318	971	180	70
	N42UH	1.34	1.28	1989	342	302	955	180	68
	N40UH	1.31	1.26	1989	326	294	939	180	66
	N38UH	1.29	1.22	1989	318	279	915	180	65
	N35UH	1.24	1.17	1989	294	255	875	180	62
	N33UH	1.21	1.14	1989	279	239	851	180	60
EH	N40EH	1.31	1.26	2387	326	294	939	200	71
	N38EH	1.27	1.22	2387	310	271	915	200	69
	N35EH	1.24	1.17	2387	294	255	875	200	67
	N33EH	1.21	1.14	2387	279	239	859	200	65
	N30EH	1.15	1.08	2387	255	215	812	200	62
AH	N35AH	1.23	1.17	2785	286	247	867	220	71
	N33AH	1.21	1.14	2785	279	239	851	220	70
	N30AH	1.15	1.08	2785	255	215	812	220	67
	N28AH	1.09	1.03	2785	231	199	772	220	64

2) 永磁体的特点

永磁体的一大特点是"娇"和"贵"。所谓"娇"是指在温度应力、电流和外部磁场、振动冲击等应力作用下，磁性能不稳定，甚至会产生不可逆失磁，即永磁体怕热、怕磁场、怕振动、怕潮气和怕污染。所谓"贵"是指永磁体价格较贵，永磁体的成本可能占电机材料总成本的30%。除了生产工艺、试验检测复杂等因素外，永磁体价格高的另一个重要原因是添加了价格昂贵的重稀土元素(镝和铽等)。影响永磁体性能的因素如下：

(1) 温度应力。永磁体在较高温度的作用下，磁性能(剩磁、矫顽力和内禀矫顽力)会下降，从而造成驱动电机的转矩下降。

永磁体中温度相关的表征参数为：

(a) 居里温度 T_c：在该温度以上磁性完全消失。居里温度是铁磁性材料发生磁转变的温度点，超过该温度，永磁体由铁磁性转变为顺磁性。当工作温度在 T_c 及以下时，材料表现为铁磁性，其中的原子磁矩排列是整齐有序的；而工作温度在 T_c 以上时，原子磁矩受高温影响排列混乱无序，材料则表现出顺磁性。

(b) 最高工作温度 T_m：永磁体在该温度下保持1000h，开路磁通不可逆损失小于5%。永磁体最高工作温度与内禀矫顽力关系密切，内禀矫顽力越大，永磁体能耐受的最高工作温度越高。图6-17为N38UH永磁体在不同温度下的退磁曲线。

目前行业内在牌号中加后缀字母来代表不同的最高温度等级，并与最低内禀矫顽力相对应。表6-4为钕铁硼的最高温度代号，以及最低内禀矫顽力和最高工作温度的关系。

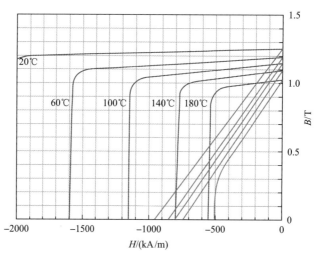

图 6-17 N38UH 永磁体在不同温度下的退磁曲线

表 6-4 不同系列钕铁硼的内禀矫顽力 H_{cj} 与最高工作温度 T_m 的关系

最高温度代号	$H_{cj}/(\text{kA/m})$	$T_m/℃$
SH	≥1592	150
UH	≥1989	180
EH	≥2388	200
AH	≥3184	220

(c)温度系数：温度每变化 1℃，剩磁和内禀矫顽力变化的百分数，可表示为

$$\begin{cases} \alpha_{Br} = \dfrac{B_1 - B_0}{B_1(t_1 - t_0)} \times 100\% \\ \alpha_{Hcj} = \dfrac{H_{cj1} - H_{cj0}}{H_{cj1}(t_1 - t_0)} \times 100\% \end{cases} \tag{6-38}$$

式中，α_{Br} 和 α_{Hcj} 分别为剩磁和内禀矫顽力变化的百分数，单位为%/K；B_1、B_0 分别为温度为 t_1（单位为℃）和 t_0 时的剩磁，T；H_{cj1}、H_{cj0} 分别为温度为 t_1（单位为℃）和 t_0 时的内禀矫顽力，A/m。

对于钕铁硼永磁体，α_{Br} 和 α_{Hcj} 分别约为 0.12%/K 和 0.6%/K。

(2)电流和外部磁场应力。永磁体在外部退磁场(如电枢反应所产生的反磁场)作用下，其工作点将沿着退磁曲线下移，当工作点下移到一定程度后，可能发生不可逆失磁。永磁体抵抗外磁场干扰的能力称为磁稳定性。永磁材料的内禀矫顽力体现其磁稳定性能，内禀矫顽力越大，内禀退磁曲线矩形度越好，则磁稳定性越好。另外，永磁体在交变磁场作用下，会在表面产生涡流。由于永磁体本身热容量较小，较小的损耗就会引起较高的永磁体温升。

(3)振动冲击应力。永磁体属于脆性材料，耐挤压应力，但不耐拉应力。永磁体在运输、电机组装以及运行过程中容易碎裂。此外，当永磁体受到振动冲击时，可能造成部分退磁甚至失磁。

(4)化学污染物。受化学因素(酸、碱、氧气、腐蚀性气体、潮气和盐雾等)影响，永磁体内部或表面化学成分发生改变、组织结构遭到破坏，易引起磁性能降低。

(5)时间。永磁体磁性能受时间影响，反映了永磁体的时间稳定性，定义为永磁体在开路状态下磁通随时间损失的百分数。时间稳定性与永磁体内禀矫顽力和尺寸有关。用于永磁同步驱动电机的永磁体尺寸较小，在驱动电机使用寿命内，时间稳定性可以不予考虑。

3) 永磁同步驱动电机永磁体的要求及适应性设计

根据永磁体特性及驱动电机的运行特点，电动汽车用驱动电机对永磁体提出了如下性能要求：①高磁性能；②高环境适应能力；③高耐温性；④高抗失磁能力；⑤低成本。

根据永磁体"娇"和"贵"的特性，在永磁体制造和永磁同步驱动电机设计时，永磁体生产厂家和电机设计厂家应该联合，进行适应性制造和设计，以保证永磁同步驱动电机具有较高的经济性和可靠性。永磁同步驱动电机设计的一个重要任务是降低永磁体成本和失磁风险。一般而言，永磁体工作点越高，越不容易失磁。永磁体工作点与外磁路特性相关，外磁路磁导曲线与永磁体退磁曲线的交点为永磁体工作点，该点所对应的磁导值为比磁导 P_c，又称为磁导系数，可表示为

$$P_c = \Lambda_n \frac{h_{Mp}}{A_m} = \frac{B_m}{H_m} \tag{6-39}$$

式中，Λ_n 为外磁路总磁导；h_{Mp} 为永磁体磁化方向长度；A_m 为永磁体提供磁通的截面积；B_m 为永磁体工作点所对应的磁密；H_m 为永磁体工作点所对应的磁场强度。

由式(6-39)可知，磁导系数与永磁体磁化方向长度和外磁路结构相关。永磁体磁化方向长度越长，则磁导系数越大，永磁体工作点越高，抗失磁能力越强。在永磁驱动电机设计阶段，应该选择合适的磁导系数，以提高永磁体的抗失磁能力。

针对永磁体"娇"和"贵"的特点，在永磁同步驱动电机设计阶段，还应采取一定的适应性措施。表6-5为针对永磁体特性所采用的适应性措施。

表 6-5 针对永磁体特性的主要适应性措施

特性		主要适应性措施
娇	温度应力	采取合适温度的永磁体； 正确预测永磁体的温度； 整车特性计算时考虑永磁体温度的升高而引起的转矩下降； 永磁体在径向和轴向分段，减少永磁体产生的涡流损耗； 采用绝缘镀层，降低永磁体在运行时的涡流损耗； 进行"高温"稳磁处理
	电流或者外部磁场应力	采用较高矫顽力的永磁体； 合理的磁路设计，通过磁路结构减小永磁体失磁的可能性； 在最高温度和最大短路电流下进行失磁能力校核； 试验验证

续表

特性		主要适应性措施
娇	机械应力	将永磁体作为"功能件"而不是"结构件"看待； 组装时采用防止永磁体受力的工装； 永磁体槽内采用灌胶或者注塑等方式，将永磁体有效固定在永磁体槽内
	化学应力	永磁体表面镀敷绝缘的防锈层，主要有环氧镀层、环氧+镀锌等； 采用全封闭结构； 永磁体内部灌胶或者注塑
贵		采用合适牌号的永磁体，防止永磁体的"过设计"； 采用永磁体用量少的高磁阻电机； 采用重稀土添加量小的永磁体制造工艺(如表面渗透技术)

4) 永磁体的选用

正是由于永磁体对驱动电机性能影响较大，在应用需求的促进下，永磁体生产厂家联合驱动电机生产厂家，围绕提升永磁体磁性能和一致性，降低生产成本，对电动汽车用永磁体进行了深入研究，开发出了电动汽车驱动电机专用永磁体。

在永磁体选用时，应围绕性能、工艺、成本几方面进行全面比较分析，进行多种方案的对比，选择最合适的永磁体牌号(包括代表磁能积和最高工作温度的永磁体牌号)和分段数等。

三、有效部分结构参数的选取

有效部分材料尺寸规格指极数、气隙、定子槽型、永磁体尺寸和绕组参数等。

1. 极数

电机的极数越高，铁心轭部可以越薄，在相同定子外径的前提下，定子铁心内径(电枢直径)可越大，根据电机学原理，电机转矩与有效体积 D^2l 成正比(其中 D 为电枢直径、L 为电枢长度)，因此所能输出的转矩越高，即其转矩密度越高。同时，对于高极数电机，其定子绕组端部一般相对较短，有利于降低铜线用量。

但是，电机极数越高，相同转速下的电频率越高，如式(6-40)所示：

$$f_{1\max} = p \cdot \frac{n_{\max}}{60} \tag{6-40}$$

式中，$f_{1\max}$ 为电机最高工作频率；$n_{\max}$ 为电机最高转速，r/min；p 为电机极对数。

因此，在相同的最高转速下，最高工作频率与极数成正比。而由于最高工作频率受电机控制器的最高允许频率的限制，即极数受电机控制器所允许的最高频率限制。

另外，极数的增加也给电机带来一系列不利的影响，包括：

(1)电机极数越高，定子铁心轭部就越薄。定子铁心轭部过薄，电机结构刚度将减小，一方面降低电机制造工艺性，另一方面将增加电磁振动噪声。

(2)电机的极数越高，功率因数越低，在相同功率和电压的条件下，定子电流就越大，一方面会增加电机铜耗而影响效率，另一方面会增加电机控制器功率器件的负荷，甚至必须选用更大电流的功率器件，从而增加电机控制器成本。

(3)极数越高，在相同转速下，定子频率越高，而铁耗与定子频率的 1.2～1.6 次方成正比，因此，相同条件下，极数越高，铁耗越大，这不但影响效率而且会造成温升的增加。

最优极数的选取要以电机的最高转速、转矩/功率密度、全速度范围内的效率特性、电机成本、电机控制器效率和成本等多目标作为边界条件进行综合优化。目前，对于转速在 20000r/min 左右的分布式绕组的永磁同步驱动电机一般选择 8 极，而对于最高转速为 3000r/min 以下的商用车直驱永磁同步驱动电机，可采用 8 极、10 极、12 极和 16 极。

2. 气隙

永磁同步驱动电机的气隙长度很大程度上决定了电机的性能、可靠性、装配难度及制造成本。

气隙越小，功率因数越大，电机效率越高，转矩密度越大，弱磁调速范围越宽、永磁体用量越小。但是气隙减小，过载能力降低，气隙磁场谐波分量增加，电机容易产生振动和噪声，同时电机附加损耗增大。此外，气隙过小将提高电机装配难度，且易出现扫膛现象，从而降低电机运行的可靠性。

因此，选择气隙长度时，要综合考虑电机稳态性能、振动噪声、装配工艺和生产成本等多方面因素。在电动汽车应用中，永磁同步驱动电机气隙选取的范围一般为 0.5～1.5mm，电枢直径越大，气隙越大。

3. 定子槽形

根据绕组型式的不同，定子槽型可选择圆底槽、平底槽和矩形槽等(图 5-20)。其中梨形槽和平底槽一般用于散嵌绕组，矩形槽一般用于矩形导体绕组。

对于永磁同步驱动电机，定子槽口宽度对电机性能影响较大。槽口越宽，槽漏感越大，齿槽转矩越大，凸极率越小，弱磁能力和转矩密度就越低。但定子槽口宽度过小将增加嵌线困难。因此，在不影响电机嵌线的基础上，适当减小定子槽口宽度，有利于提高电机综合性能。

4. 永磁体尺寸

永磁同步驱动电机大多采用内置式磁路结构，因此永磁体的形状一般为矩形，其尺寸包括(轴向)长度 L、厚度 H 和宽度 W，如图 6-18 所示。

1)轴向长度

永磁体轴向长度理论上应等于电机转子铁心的轴向长度，但在实际设计中，考虑到装配的要求，一般比转子铁心的轴向长度略小。

为了降低永磁体内部所产生的涡流和便于装配，一般在轴向长度方向将永磁体分成数段。分段数越多，涡流损耗越小，但永磁体的装配时间越长、生产成本越高。

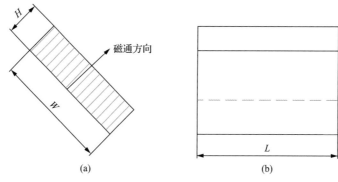

图 6-18　永磁体尺寸

2) 宽度

永磁体宽度直接决定了其能够提供磁通的面积，从而影响电机磁负荷的设计。在设计时，一般根据选定的磁负荷来确定永磁体宽度。但是，由于转子空间的限制，若永磁体宽度过大将增加其安置难度。

3) 厚度

永磁体厚度为磁通方向的长度，其对永磁同步驱动电机的性能具有较大影响，主要包括：

(1) 失磁：在其他条件不变的情况下，增加永磁体厚度，永磁体磁动势将相应增加，从而增强永磁体向外磁路提供磁动势的能力；同时，永磁体磁导系数增加，永磁体工作点上移，抗失磁能力增强。

(2) 直轴电感和交轴电感：永磁体厚度的变化对交轴电感基本无影响，但随着厚度的增加，直轴电感下降明显。

(3) 电磁转矩和过载能力：当厚度增加时，直轴电感 L_d 减小。由式 (6-9) 可知，电磁转矩中的永磁转矩和 d、q 轴磁路不对称引起的磁阻转矩同时增加，有助于提高电机功率密度和电磁转矩。

(4) 成本：尽管增加厚度可在一定程度上提高电磁转矩和过载能力并提升抗去磁能力，但将增加永磁体的成本。

永磁体厚度的选择必须综合考虑性能和成本。可按式 (6-41) 选取初始值[19]：

$$h_{\mathrm{M}} = \frac{K_{\mathrm{S}} K_{\delta} b_{\mathrm{m0}} \mu_{\mathrm{r}}}{\sigma_0 (1 - b_{\mathrm{m0}})} \delta \tag{6-41}$$

式中，h_{M} 为永磁体厚度初始值，mm；K_{S} 为外磁路饱和系数；K_{δ} 为气隙系数；σ_0 为空载漏磁系数；b_{m0} 为预估永磁体空载点；μ_{r} 为永磁体回复磁导率；δ 为电机气隙长度，mm。

5. 绕组参数

对于永磁同步驱动电机，其绕组参数包括绕组类型(集中绕组、分布绕组等)、节距

(对于分布绕组)、绕组层数(单层、双层或多层)、绕组匝数、并联支路数、并绕根数和线规等。永磁同步驱动电机常采用双层分布绕组,其线圈节距可按短距设计(5/6 极距左右)。线规、绕组匝数、并联支路数和并绕根数可根据电磁负荷、定子槽形尺寸和槽满率等参数来选取。

对于永磁同步驱动电机,定子绕组可以采用圆线或扁线,二者的比较和适应性将在本章第五节介绍。

四、基于场路结合法的永磁同步驱动电机性能参数的计算

当电磁结构参数和反电动势限值确定后,就可以进行电磁性能参数的仿真了。图 6-19 为基于场路结合法的电磁仿真流程图。其输入条件为图 6-1 的转矩-转速特性、直流母线电压和电机控制器的电压输出特性。整个仿真过程包含计算出图 6-1 的转矩-转速特性曲线上每一点的电磁性能参数。正如本章第二节所述,永磁同步驱动电机在整个速度范围内,有两种典型工况:最大转矩-电流比运行区和恒压运行区。两种工况内每一点的性能参数的计算流程略有不同。图 6-20 为不同工况中每一个工作点的性能参数的计算流程。

整个过程包含中间尺寸的计算、磁路仿真、反电动势的计算、直轴电感和交轴电感的参数的计算、特性参数计算、谐波损耗的计算、脉动转矩的计算、特性曲线的计算、效率 MAP 图的计算。其中,中间尺寸包括齿宽、轭部高度、绕组系数等,可以根据经典公式计算[1,2];而特性参数、谐波损耗、脉动转矩、特性曲线和效率 MAP 图等计算的基础为本章第二节所给出的一系列公式,磁路仿真、反电动势的计算、直轴和交轴电感参数的计算采用有限元方法。

在整个运行范围内,有数个关键参数的控制点。在几个关键点上电机性能必须满足要求,否则必须调整相关初始参数甚至输入条件。

1. 关键参数主要控制点

以下特征点的参数作为控制点:

(1)起动点:起动电流(最大电流)不得超过控制器允许的最大电流,峰值工况下的温升满足要求。

(2)恒压起始点:最高反电动势一旦确定,恒压起始点也就基本确定了。恒压起始点的电磁负荷必须与所选择的硅钢片相匹配,铁耗在整个运行范围内分布合理、高效区满足要求。

(3)温升考核点(至少包括额定点、峰值点、最高转速点以及整个基于线路运行的循环工况)的电磁负荷、发热因数的选取必须满足温升的需求,效率满足要求。

(4)最高转速点:在最低直流母线和最高转速下的失步转矩倍数和最大电流满足要求。

(5)脉动转矩:在整个运行范围内的脉动转矩满足要求。

当一个控制点的参数不满足要求时，尽量调整上一级的相关参数，若通过多次调整后，最终重量与体积均不能满足用户的要求，则应与用户商讨修改输入条件，如重量、体积指标、转矩-转速特性等。

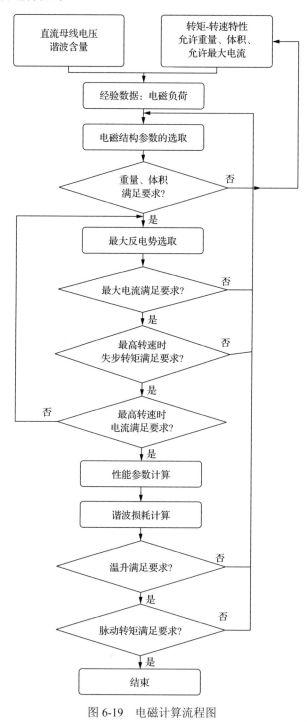

图 6-19　电磁计算流程图

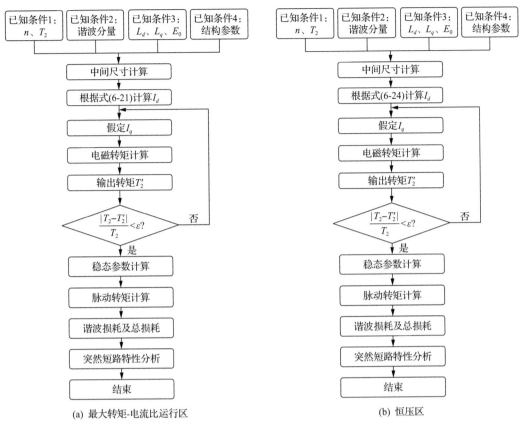

(a) 最大转矩-电流比运行区　　　　　　　(b) 恒压区

图 6-20　不同工况下的电磁计算流程图

T_2 为输出转矩

2. 基于场的等效电路参数的仿真及磁场分析

正如本章第二节所述，定子电阻 R_1、反电动势 E_0、直轴电感 L_d、交轴电感 L_q 等参数是分析永磁同步驱动电机特性的前提。在这些参数中，除了定子电阻可直接通过经典公式[1,2]计算得出外，其他参数必须借助数值计算方法得出，即采用场的方法得出。通过场的方法还可以得出磁场分布、反电动势波形等瞬态性能指标。

可借助二维或三维有限元对永磁同步驱动电机进行数值计算。一般采用二维有限元算法即可满足工程应用的要求。

目前已有大量的文献和资料介绍这些参数的仿真方法，特别是大量商业仿真软件(如ANSYS、JMAG、MagNet、FLUX 等)的出现，使得有限元方法变得简单和方便。限于篇幅，本章不对具体仿真方法和步骤进行介绍。

图 6-21～图 6-25 分别为某款永磁同步驱动电机的反电动势波形，气隙磁密分布，磁密分布云图及磁力线分布图，不考虑交叉耦合的 L_d、L_q 与电流之间的关系，考虑考虑交叉耦合的 L_d、L_q 与电流之间的关系。

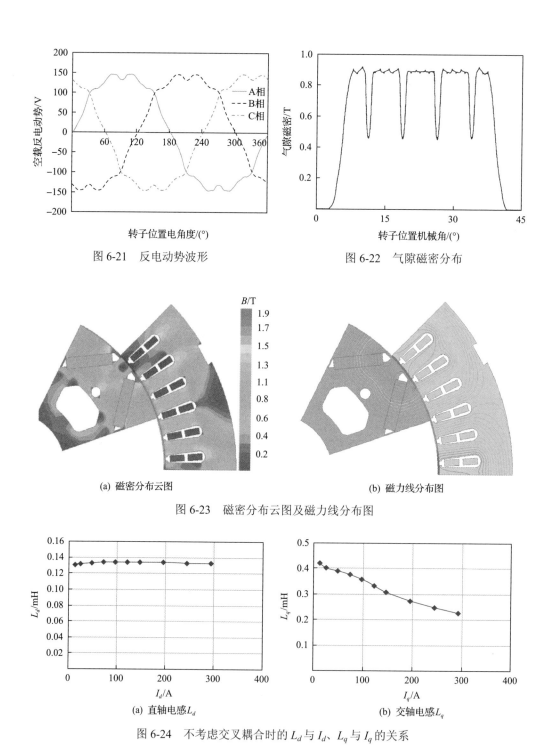

图 6-21　反电动势波形

图 6-22　气隙磁密分布

(a) 磁密分布云图

(b) 磁力线分布图

图 6-23　磁密分布云图及磁力线分布图

(a) 直轴电感L_d

(b) 交轴电感L_q

图 6-24　不考虑交叉耦合时的 L_d 与 I_d、L_q 与 I_q 的关系

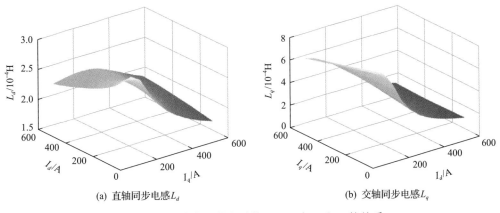

(a) 直轴同步电感L_d (b) 交轴同步电感L_q

图 6-25　考虑交叉耦合时的 L_d、L_q 与 I_d 和 I_q 的关系

3. 特性曲线的计算

根据所确定的进入恒电压的频率(转速)点，可用图 6-21 所示的流程图计算出图 6-1 中任一工况点的性能参数。通过输入不同的转速点及对应的转矩，可方便地得出永磁同步驱动电机在整个运行范围内的性能参数与转速之间的关系曲线。

图 6-26 为某款永磁同步驱动电机在牵引工况下的特性曲线。

f_1/Hz	U_1/V	E_0/V	I_1/A	P_2/kW	T_2/(N·m)	η	$\cos\varphi$
550	800	800	1150	280	3500	1.0	1.0
495	720	720	1035	252	3150	0.9	0.9
440	640	640	920	224	2800	0.8	0.8
385	560	560	805	196	2450	0.7	0.7
330	480	480	690	168	2100	0.6	0.6
275	400	400	575	140	1750	0.5	0.5
220	320	320	460	112	1400	0.4	0.4
165	240	240	345	84	1050	0.3	0.3
110	160	160	230	56	700	0.2	0.2
55	80	80	115	28	350	0.1	0.1

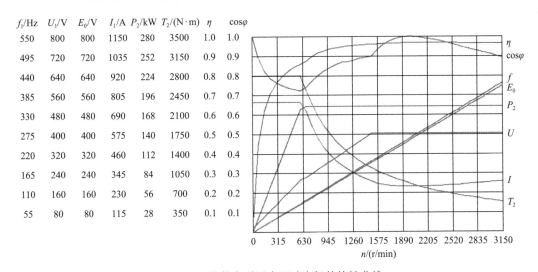

图 6-26　某款永磁同步驱动电机的特性曲线

4. 效率 MAP 图

永磁同步驱动电机效率 MAP 图的获得方式与异步驱动电机类似，这里不再赘述。图 6-27 为某款永磁同步驱动电机的效率 MAP 图。

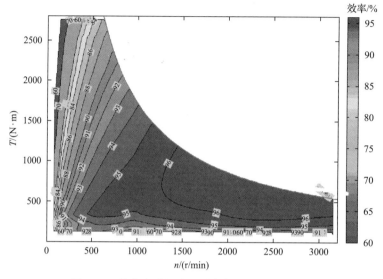

图 6-27　某款永磁同步驱动电机的效率 MAP 图

5. 齿槽转矩的计算

对于永磁同步驱动电机，由于定子开槽的影响，当转子发生转动时，将会引起气隙磁路磁阻的变化，从而导致气隙磁场能量发生变化，产生齿槽转矩，并造成转矩的波动。可通过场的分析方法，来计算气隙磁场能量随转子位置的变化，进而求得齿槽转矩大小。一般为了获得较高的计算精度，需要对气隙进行较密的剖分。图 6-28 为某款永磁同步驱动电机的齿槽转矩。

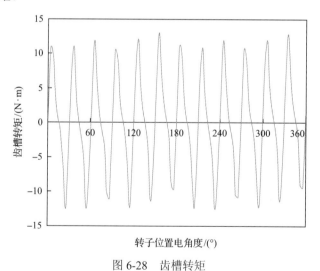

图 6-28　齿槽转矩

6. 失磁校核和验证

如上所述，永磁体呈现出"矫"和"贵"的特点，在温度场、外部磁场等应力的共同作用下可能出现失磁现象。为保证永磁同步驱动电机在任何运行工况下不出现失磁现象，电磁仿真阶段应进行失磁校核。

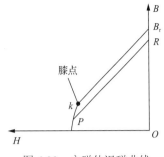

图 6-29　永磁体退磁曲线

1) 温度和磁场作用下的永磁体失磁机理

图 6-29 为永磁体的退磁曲线。退磁曲线的上半部分为直线，下半部分开始拐弯，开始拐弯的点称为拐点（又称膝点）。当对已充磁的永磁体施加退磁磁场时，磁密将会沿着图中的退磁曲线 $B_r k$ 下降。当退磁磁场强度不超过拐点 k 时，回复线与退磁曲线的直线段重合；当退磁磁场强度超过拐点 k 对应的磁场强度后，新的回复线 PR 不再与退磁曲线重合，因此当退磁磁场消失后，永磁体的剩磁将下降。

永磁同步驱动电机工作时，定子电流产生与永磁体磁场相反的磁场（电枢反应磁场），电枢反应磁场与永磁体磁场产生合成磁场。合成磁力线与永磁体的退磁曲线的交点称

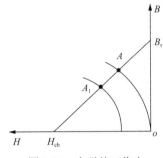

图 6-30　永磁体工作点

为永磁体的工作点（图 6-30）。图 6-30 中的工作点 A 和 A_1 代表两种不同的运行工况。位于退磁曲线的工作点随定子电流所产生的起退磁作用的定子磁场的大小而变化，在某一定子电流时的工作点为 A 点，当定子电流增加时，工作点将移至 A_1 点。一旦 A_1 点位于图 6-29 中 k 点，永磁体将出现不可逆失磁。

当永磁体工作温度增加时，其磁性能下降，退磁曲线将向下移，即所承受的电磁磁场能力下降（图 6-17）。

2) 失磁校核工况的确定

永磁体的失磁主要由电机定子电流在永磁体上所施加的退磁场和电机内部的高温共同造成，因此可将驱动电机运行中可能产生的最大退磁场的定子电流和最高工作温度作为失磁校核的工况。

在实际运行时，三相突然短路时的瞬态短路电流最大值是电机自身能产生的最大电流，此时定子磁场与永磁体磁场相差 180° 相位角，即短路电流全部为退磁电流，所产生的退磁场最强。因此，可将三相短路电流作为失磁校核的电流条件。而将热仿真所得出的在所有工况下永磁体的最高工作温度作为失磁校核的温度条件。

3) 校核方法

考虑到永磁同步驱动电机磁路结构的复杂性和失磁校核在电机设计中的重要性，永磁体失磁校核一般采用有限元法。图 6-31 为某款永磁同步驱动电机在三相突然短路时，永磁体充磁方向磁密分布云图。根据对应的磁密，并与永磁体在最

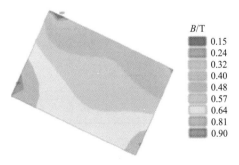

图 6-31　永磁体充磁方向磁密分布云图

高工作温度下的退磁曲线比较，若磁密大于永磁体拐点(最高工作温度下)所对应的磁密，即可判断永磁体不会出现失磁。

如图 6-31 所示，永磁体各区域的磁密分布具有不均匀性，靠近气隙方向的表面，尤其是两个边角，是永磁体失磁的高风险区域。一般情况下，永磁体边角处均会出现一定程度的失磁现象，但只要失磁区域的比例不大于临界值(根据工程经验所确定)，即可认为永磁体未发生失磁现象。

4)试验验证

为了验证永磁同步驱动电机是否失磁，可采用以下方法：

(1)在冷态下测量反电动势。

(2)进行最高温升对应工况下的温升试验。

(3)试验结束后，立即将电机三相突然短路。

(4)将电机冷却到室温，随后测量冷态下的反电动势。

(5)比较试验前后同一转速的反电动势大小，若二者之间无差异，即可认为没有失磁。

第五节　定子绕组结构

定子绕组结构指定子绕组的类型、每槽导体数和并联支路数等参数，其中每槽导体数、并联支路数在电磁仿真中根据性能要求不断调整。

定子绕组类型可以按不同的维度划分：

(1)按电磁线形状：按绕组内电磁线的形状可分为散嵌圆线绕组和扁线绕组。

(2)按每极每相槽数：对于一台 m_1 相的永磁同步驱动电机，每极每相槽数定义为

$$q = \frac{Q_1}{2m_1 p} \tag{6-42}$$

式中，Q_1 为定子槽数；p 为极对数。

表 6-6 为根据 q 的大小划分的定子绕组的类型。

表 6-6　根据 q 的大小划分的定子绕组类型

q 值		绕组类型
数字大小	整数/分数	
$q>1$	整数	整数槽分布绕组
$q>1$	分数	分数槽分布绕组
$q<1$	分数	集中绕组

定子绕组类型对永磁同步驱动电机的性能影响较大，本节着重分析在永磁同步驱动电机中的绕组形式及相适应的槽数选择。

一、集中绕组和分布绕组

如表 6-6 所示，当每极每相槽数 $q>1$ 时，绕组为分布绕组；当每极每相槽数 $q<1$ 时，绕组为集中绕组。集中绕组的线圈节距为 1，其线圈绕制在一个齿上(图 6-32)。因此，集中绕组可避免分布绕组因线圈跨槽而引起的线圈端部较长的问题，具有较短的线圈端部尺寸，可有效减少端部长度，进而减小整个电机轴向长度和端部损耗。

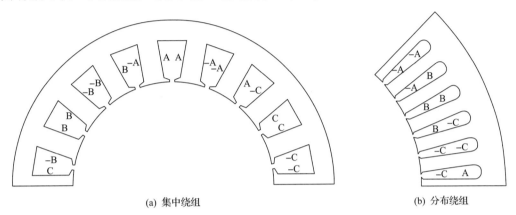

(a) 集中绕组　　　　　　　　　　　　　　　(b) 分布绕组

图 6-32　集中绕组和分布绕组结构示意图

负号表示槽内电动势的方向

尽管集中绕组具有端部长度短的优点，但也存在分数次谐波和转矩脉动比较大的缺点。表 6-7 给出了集中绕组与分布绕组的详细比较。

表 6-7　集中绕组与分布绕组的比较

对比项	集中绕组	分布绕组
端部长度	短	长
槽满率	高	低
基波绕组系数	低	高
效率	高	低
功率密度	低	高
永磁体失磁风险	高	低
弱磁能力	差	强
漏感	小	大
过载能力	小	大
空间谐波含量	分数次谐波过多	小，且无分数次谐波
齿槽转矩	小	大
振动噪声	大	小
可制造性	好	差

选择合适的极槽配合是集中绕组电机设计的重中之重。根据大量研究，一般每极每

相槽数取值 1/4～1/2 比较合适[20]，典型取值为 1/2，即极数/槽数为 2/3。

集中绕组具有功率密度低、振动噪声高等缺点，因此一般仅适用于外径较大的小长径比电机，且对电机轴向长度要求较苛刻。典型的应用为 ISG 和直驱轮毂电机。在驱动电机中也有部分产品采用集中绕组，如现代公司在 2011 年发布的 Hyundai Sonata 上采用了 24 槽 16 极的永磁电机作为驱动电机(图 6-33)[21]，其基本参数为：最大直流母线电压 144V，功率 30kW，转矩 205N·m，最高转速 6000r/min。

图 6-33　采用集中绕组的驱动电机(现代，2011 年 Hyundai Sonata)

本田公司(Honda)2005 年在 Acura 运动型混动车的驱动电机上采用集中绕组+分瓣式定子结构(图 6-34)[21]。该电机采用 24 槽 16 极的极槽配合，其基本参数为：最大直流母线电压 144V，功率 12kW，转矩 136N·m，最高转速 5000r/min。但之后本田在驱动电机上放弃了该技术路线，其 2014 年采用的 8 极 48 槽的整数槽分布绕组如图 6-35 所示[21]，其基本参数为：最大直流母线电压 700V，转矩 300N·m，最高转速 12000r/min。

图 6-34　采用集中绕组的驱动电机(本田，2005 年 Acura)

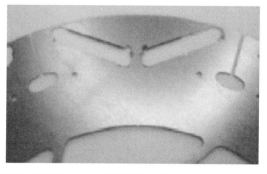

图 6-35　本田 2014 年采用分布绕组的 Acura 车用驱动电机

二、分数槽绕组和整数槽绕组

分数槽绕组在工业电机中用得比较普遍。在电动汽车领域，大部分采用整数槽绕组。采用分数槽绕组的主要目的是降低齿槽转矩[22]。

对于永磁同步驱动电机，其齿槽转矩大小与电机定子槽数、转子极数和磁路结构有关。以表贴式永磁电机为例，其齿槽转矩 T_{cog} 可表示为[2]

$$T_{cog} = \frac{\pi Q_1 L_a}{4\mu_0}(R_1^2 - R_2^2)\sum_{n=1}^{\infty} nG_n B_{r\frac{nQ_1}{2p}}\sin(nQ_1\alpha) \tag{6-43}$$

式中，μ_0 为空气磁导率，H/m；L_a 为铁心长度，mm；R_1 为定子内径，mm；R_2 为转子外径，mm；G_n 为有效气隙磁导沿圆周的分布函数；$B_{r\frac{nQ_1}{2p}}$ 为气隙磁密沿圆周的分布函数；Q_1 为定子槽数；p 为极对数；α 为电枢中心线与永磁体中心线之间的夹角，(°)。

由式(6-43)可知，永磁同步驱动电机旋转一周，脉动周期个数(γ)越大，齿槽转矩幅值会越小，即增大 γ，可减小齿槽转矩。其中 γ 为定子槽数 Q_1 和极数 $2p$ 的最小公倍数，即

$$\gamma = \text{LCM}(Q_1, 2p) \tag{6-44}$$

整数槽与分数槽的 γ 值分别为

(1)整数槽：$\gamma = \text{LCM}(Q_1, 2p) = Q_1$。

(2)分数槽：$\gamma = \text{LCM}(Q_1, 2p) > Q_1$。

可见采用分数槽绕组可以增大 γ 值。例如，对于 48 槽 8 极电机，$\gamma = \text{LCM}(48,8) = 48$；而对于 54 槽 8 极电机，$\gamma = \text{LCM}(54,8) = 216$。但是，采用分数槽绕组后会导致并联支路数、每槽导体数等的调整不灵活，不利于驱动电机的系列化设计。

对于分数槽绕组，其定子槽数和转子极数的选择不仅影响齿槽转矩大小，还对电机的振动噪声和转矩密度等特性有重要影响。因此，在电机设计阶段，应选择合适的定子槽数和转子极数。如果分数槽绕组的 Q_1 和 p 有最大公约数 t，如式(6-45)所示，则由 Z_0 和 p_0 组成的电机为单元电机，原电机由 t 个单元电机组成：

$$\frac{Q_1}{p} = \frac{tZ_0}{tp_0} = \frac{Z_0}{p_0} \tag{6-45}$$

式中，t 为 Q_1 与 p 的最大公约数，即单元电机数；Z_0 为单元电机槽数；p_0 为单元电机极对数。

单元电机的定子槽数和转子极数，即 Z_0 和 p_0 需满足以下条件：

(1)为了使各相绕组对称，Z_0 必须为相数 m_1 的倍数。

(2)由于 Z_0 和 p_0 不存在公约数(除 1 以外)，故 p_0 不能为 m_1 的倍数。

(3)如果 Z_0 为奇数，p_0 可为奇数或偶数；如果 Z_0 为偶数，p_0 只能为奇数。

对于分数槽集中绕组，短距系数 k_y 可由式(6-46)计算：

$$k_y = \sin\left(\frac{1}{\tau}\frac{\pi}{2}\right) = \sin\left(\frac{2p_0}{Z_0}\frac{\pi}{2}\right) = \sin\left(\frac{\pi p_0}{Z_0}\right) \tag{6-46}$$

式中，τ 为极距。

因此，为了得到尽可能高的绕组短距系数，Z_0 和 p_0 应尽可能接近，一般可取 $Z_0 = 2p_0 \pm 1$ 或 $Z_0 = 2p_0 \pm 2$ 的组合。

三、圆线绕组和扁线绕组

按绕组的形状，定子绕组分为圆线绕组和扁线绕组(图 6-36)。圆线绕组结构与普通工业用低压电机的结构相同，线圈为圆形漆包线，根据需要可以采用双层叠绕组、单层同心式结构。圆线绕组制造工艺非常成熟，可采用手工嵌线或机械化自动嵌线，在工业电机中获得了广泛应用。

(a) 圆线绕组定子   (b) 扁线绕组定子

图 6-36　圆线绕组定子和扁线绕组定子

但圆线绕组存在端部过长和槽满率较低的缺点，对电机效率和功率密度等带来较大影响：

(1)绕组端部过长：端部线圈对电机转矩不产生任何贡献，过长的端部不仅增大轴向空间，还增加直流电阻，产生额外损耗，降低电机效率。同时，由于端部散热条件较差，较长的端部和较大的损耗使得线圈端部温度远高于铁心内的温度，产生散热孤岛，这也是电机功率密度提升的瓶颈之一。

(2)槽满率不高：由于每个线圈外面均有一层用于匝间绝缘的漆膜，该漆膜占用槽内空间。同时，圆线在槽内排列时，线与线之间存在空隙，这些均影响槽满率。当槽型尺寸相同时，较低的槽满率将增加绕组的直流电阻。

(3)绕组散热条件较差：槽内绕组导线之间存在一定空隙，即使采用真空压力浸漆，空隙也依然存在，空隙影响绕组热量传递到铁心的效果，从而导致电机温升较高，进而降低电机功率密度。

(4)圆线绕组的刚度较差(特别是端部)：较差的端部刚度可能降低驱动电机的固有频率，进而影响驱动电机的振动和噪声指标。

因此，为了降低端部长度和提升槽满率，2003年左右Remy公司提出了以扁线取代圆线的定子绕组结构。尽管扁线电机在工业电机、轨道交通牵引电机上应用得非常普遍，但当时Remy公司采用的扁线电机是可以大幅度降低绕组端部长度的"发卡式"绕组结构。

这种扁线电机与圆线电机相比具有较大优势，因而得到了较大的发展，成为目前永磁同步驱动电机研究的热点。各公司以该"发卡式"绕组为蓝本，围绕降低端部长度和简化制造工艺，研制了多种扁线绕组形式。

1. 扁线绕组的嵌线方式及制造工艺

目前扁线绕组嵌线方式主要有：轴向插线和径向嵌线，其中轴向插线主要用于"发夹式"绕组，径向嵌线主要用于波绕组。

1) 轴向插线

轴向插线是目前最常用的结构，采用的是典型的"发卡式"线圈(图6-37)，定子可以采用窄口槽，齿槽转矩小，但存在工序多、制造精度要求高、容错性小和端部焊点多等缺点，且只能采用单层线圈结构。采用轴向插线结构，每槽导体数越多，制造难度越大，目前大多数电机主要采用6层和8层。同时，层数的限制也制约了系列化电机的开发。图6-38为典型的工艺过程。

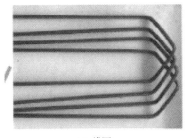　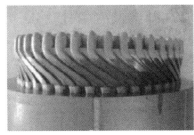

(a) 线圈　　　　　　　　　　　(b) 定子

图6-37　"发卡式"线圈和定子

2) 径向嵌线

径向嵌线基本工艺的思路类似于传统圆形绕组，但采用的是波绕组(图6-39)，且定子采用开口槽。波绕组在嵌线前完成成型和端部扭曲，其制造工艺流程为：插槽纸→制造波绕组→波绕组成型→波绕组嵌入→插槽楔→引出线焊接、星点焊接→绝缘处理。

采用该方案的优点是嵌线制造工艺相对简单，端部焊点相对于"发卡式"绕组减少了一半，但定子必须采用开口槽，使得齿槽谐波增加，涡流损耗变大，嵌线摩擦力也较大。

2. 扁线绕组的优点

采用扁线绕组，具有以下优点：

(1)线圈端部短：不仅可以降低端部长度、节省铜材、降低材料成本，还可以降低端部线圈的电阻和损耗。

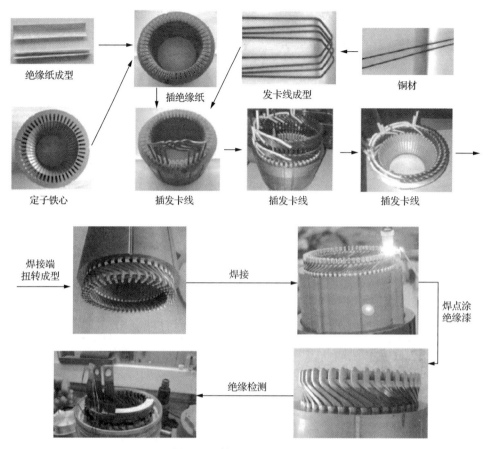

图 6-38　轴向插线工艺过程

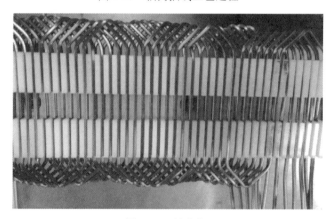

图 6-39　波绕组

(2)槽满率较高：扁线绕组槽满率可达到 90% 以上，从而有效降低直流电阻和铜耗。

(3)散热条件好：扁线绕组槽内线与线之间贴合紧密，因此热传导性能好，线圈的热量可较快地传递到铁心上，从而有效降低定子绕组的温度。

(4)端部不需要绑扎，一定程度上可减少材料用量和简化生产工序。

(5)线圈刚度好：与圆线绕组相比，扁线绕组的导线截面积较大，且其线圈端部较短，故扁线绕组端部的刚度较好，可提升嵌线定子乃至驱动电机的固有频率，进而改善驱动电机的振动和噪声。

3. 扁线电机的关键技术及应用场合

尽管扁线电机优点突出，但也存在明显的不足，一定程度上限制了其应用，具体体现在：

(1)制造工艺复杂，对设备要求高。扁线绕组的制造、嵌线、焊接等工序多而复杂、精度要求高，不仅增加了制造成本，还必须依赖专业设备，这也是扁线绕组至今未能普遍采用的主要原因之一。

(2)对电磁线要求高。扁线绕组制造过程中需多次弯折，这种弯折可能会破坏附着在电磁线外面的绝缘层，因此要求电磁线具有良好的柔韧度。

(3)系列化设计难度大。扁线绕组中的一根扁线实际上是取代了数根圆线导体，所以槽内的导体数一般较少。由于系列化电机设计主要是保持定转子冲片不变，通过调整每槽导体数和铁心长度来满足不同的需求，因此当采用扁线方案时，每槽导体数的调整余量非常小。

(4)集肤效应明显。扁线厚度越厚，集肤效应越明显，尤其是高速高频条件下。集肤效应会导致交流铜耗增加，进而增加电机的损耗。

根据电机学原理，假定在槽内放置 m 根互相串联的截面积为 $a \times b$ 的扁线(图 6-40)，则绕组槽部导体的电阻增加系数 K_{Fs} 可按式(6-47)计算[4]：

$$K_{\mathrm{Fs}} = 1 + \left(\frac{\mu_0 \pi f_1 mnb}{3\rho b_{\mathrm{s}}} \right)^2 a^4 \tag{6-47}$$

式中，μ_0 为真空磁导率，其值为 $0.4\pi \times 10^{-6} \mathrm{H/m}$；$f_1$ 为定子频率，Hz；m 为高度方向串联根数；n 为宽度方向并联根数；b 为扁线宽度，m；a 为扁线高度，m；ρ 为铜导线电阻率，$\Omega \cdot \mathrm{m}$；b_{s} 为槽宽，m。

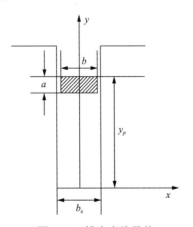

图 6-40 槽内扁线导体

与扁线绕组相比，圆线绕组的导线为圆形导线，其电阻增加系数计算过程较复杂，一般可利用有限元分析法进行求解，如式(6-48)所示[23]：

$$K_{Fs} = \frac{\sum\limits_{i=1}^{n} |J_i|^2 S_i}{J_z^2 S_w} = \frac{\sum\limits_{i=1}^{n} \left(J_{Ri}^2 + J_{Ii}^2 \right) S_i}{J_z^2 S_w} \tag{6-48}$$

式中，J_i、J_{Ri}、J_{Ii} 和 S_i 分别为第 i 个单元的合成电流密度、实部电流密度、虚部电流密度和面积；J_z 为直流导线电流密度；S_w 为导线截面积。

由于圆线绕组一般由多根线径较小的细导线并绕而成，且导线越细、并绕根数越多，其集肤效应越不明显，电阻增加系数越小，因此忽略圆线绕组集肤效应对定子电阻和铜耗的影响。但是，扁线绕组的集肤效应一般明显高于圆线绕组，必须在永磁同步驱动电机设计阶段考虑其对电机特性的影响。图 6-41 为利用式(6-47)得出的某款采用扁线绕组的驱动电机在不同温度下的电阻增加系数随频率变化的关系曲线。由图可知：

(1)随着频率的增加，集肤效应逐渐增强，电阻增加系数明显增加；

(2)随着温度升高，由于电阻率的增加，集肤效应逐渐减弱，电阻增加系数逐渐减小。

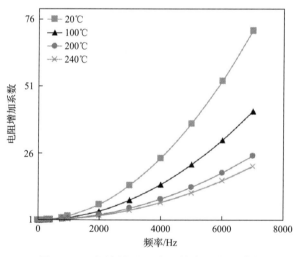

图 6-41　不同频率和温度下的电阻增加系数

集肤效应对槽内不同部位扁线的影响程度不同，越靠槽口处集肤效应越明显。图 6-43 为不同频率下电流在槽内的分布。

由图 6-42 可知，由于集肤效应的影响，槽口扁线导体中的电流密度明显高于槽内部分，并且频率越高这种聚集效果越明显。这种电流的聚集效果，会引起电机铜耗的增加，从而导致较高的局部温升。一般而言，电机的转速和极数越高，其工作频率越高，集肤效应越明显，交流损耗越大。最高转速为 18000r/min 的 8 极电机，其基波频率就达到了900Hz，考虑到电机控制器内的谐波电压，其谐波电流的最低频率为 4500Hz。因此，高速下的交流损耗可能远超基波损耗，增加的交流损耗可能抵消扁线电机较高槽满率和较短端部长度带来的优势。

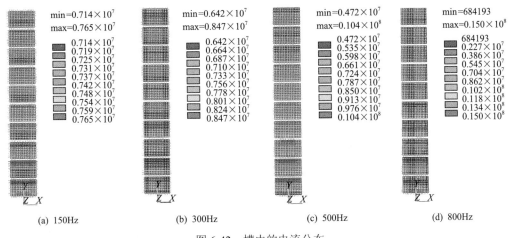

(a) 150Hz　　(b) 300Hz　　(c) 500Hz　　(d) 800Hz

图 6-42　槽内的电流分布

因此，减小高速下的集肤效应成为扁线电机的重点研究工作。减小集肤效应的主要措施是降低扁线导体的厚度。图 6-43 为当温度为 200℃时，不同频率下的电阻增加系数随扁线导体厚度的变化曲线。可知，随着扁线导体厚度的增加，电阻增加系数逐渐升高，且升高的趋势逐渐增加。然而，当扁线导体厚度较小时，一个槽中放置扁线导体的层数将相应增加，会增加连线工艺难度，制造成本升高，故扁线导体厚度不能取得太小。同时，可采用由多根独立绝缘的导体绞合或编织而成的利兹线来减小集肤效应的影响。

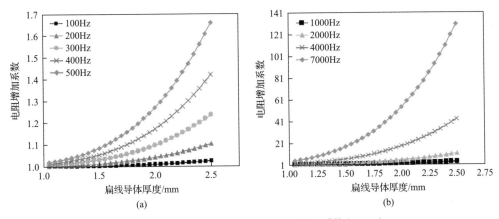

图 6-43　不同扁线导体厚度的电阻增加系数（200℃）

由此可见，扁线绕组在高速高频下存在较严重的集肤效应，从而导致较高的铜耗。为了获得较高的效率，扁线电机一般适用于中低速占比较大的应用场合。

第六节　永磁同步驱动电机的磁路拓扑结构

永磁同步驱动电机与异步驱动电机最大的区别在于转子结构，其中转子永磁体的布置方式，即永磁体布置的拓扑结构是永磁同步驱动电机的主要特征，也是永磁同步驱动电机复杂性和多样性的具体表现。从某种意义上讲，永磁同步驱动电机的奥秘、奥妙以及创新点均体现在磁路拓扑结构上，其性能、抗失磁能力、经济性和安全性等均与磁路拓扑结构有关。

在保证能输出规定转矩的条件下，磁路结构的设置主要围绕以下几个目标进行：

(1)增加磁通量：即在有效的空间尺寸下，能布置足够多的永磁体，保证输出转矩所需要的磁通。当永磁体磁能积受限时，利用聚磁效应对提升气隙磁通非常有效。

(2)降低电机最大工作电流：最大工作电流直接影响电机的发热和温升(主要是峰值工况)以及电机控制器的容量。最大工作电流越小，电机控制器的容量越小，成本越低。如前所述，在低速恒转矩区及高速运行时的电流最大。

(3)降低反电动势、短路电流和短路转矩：正如前述，短路电流和短路转矩直接与驱动电机的运行安全性有关。降低这三个指标，可有效提升驱动电机在故障下的安全性。

(4)提升最高工作转速和拓宽恒功率运行范围：最高工作转速和恒功率运行范围是保证驱动电机输出能力和电动汽车高速动力性的重要指标。根据本章第二节的分析，永磁同步驱动电机的失步转矩倍数与频率无关，从这点看，永磁同步驱动电机具有无限宽的恒功率运行范围。但由于空载反电动势的存在，当转速达到一定值后，其输出电流将超过电机控制器的允许电流，从而在电流上限制了最高允许的工作转速和恒功率运行范围。另外，随着转速的增加，转子所承受的离心力增加，转子冲片的强度也是制约最高工作转速的一个因素。

(5)改善高效区分布：一般来说，对于有一定需求的驱动电机，高效区占比很难提升，但可以根据电动汽车的大部分运行速度，来调整高效区的分布，保证驱动电机在实际运行时，大部分时间运行在高效区。

(6)降低振动噪声：驱动电机的噪声主要由电磁噪声、机械噪声和气动噪声组成。其中电磁噪声的产生机理较为复杂，但与磁路结构的设置关系密切。

(7)降低永磁体成本：永磁体的成本可能占永磁同步驱动电机总材料成本的30%以上。因此，降低永磁体的成本对提升永磁同步驱动电机的经济性具有重要意义。

(8)提高永磁体抗失磁能力。采用合适的磁路结构，防止永磁体失磁，保证永磁电机的可靠工作。

为实现上述目标，可采取一系列的措施，表 6-8 汇总了实现以上目标对应的手段和具体实施方式。其中提升凸极率、改善反电动势和气隙磁场波形、降低齿槽转矩等为最主要的手段。显然，以上有些目标可通过不同手段实现(同病异治)，同一种手段也可实现不同的目标(异病同治)。但必须注意，上述目标的实现手段有些可能是相互矛盾的，在工程上不存在能同时实现所有目标的方案。因此，在选择电机磁路拓扑结构时，必须针对不同应用场景的需求和侧重点，针对具体要求，并结合设计约束条件(外形尺寸、最高工作转速、工艺复杂性、成本等)进行迭代设计，反复比较。

表 6-8 目标的实现手段和实施路径

序号	目标	实现手段	实施路径
1	增加磁通量	聚磁	高牌号永磁体； 增加永磁体尺寸； 多层磁路结构、磁极选择、增加永磁体厚度和宽度等
2	降低电机最大工作电流	提升凸极率	降低 L_d：增加永磁体厚度、改变永磁体磁极形状、采用多层磁路结构等；增大 L_q：增加磁极间距、减小气隙、增加定子齿宽等
3	降低反电动势、短路电流和短路转矩	提升凸极率	降低 L_d：增加永磁体厚度、改变永磁体磁极形状、采用多层磁路结构等；增大 L_q：增加磁极间距、减小气隙、增加定子齿宽等
4	拓宽恒功率运行范围		
5	改善高效区分布		
6	降低振动噪声	改善气隙磁场波形	减小槽口宽度； 采用磁性槽楔； 优化极弧系数； 多层结构； 偏心气隙； 辅助槽； 非均匀定子齿； 磁极偏移； 非对称磁障
		改善反电动势波形	绕组接法：采用短距绕组、分数槽绕组； 改善气隙磁场波形的所有措施； 谐波抵消：定子斜槽、转子斜极等
		降低齿槽转矩和转矩波动	绕组接法：采用短距绕组、分数槽绕组； 改善气隙磁场波形的所有措施； 谐波抵消：定子斜槽、转子斜极等
7	降低永磁体成本	提升凸极率	降低 L_d：增加永磁体厚度、改变永磁体磁极形状、采用多层磁路结构等；增大 L_q：增加磁极间距、减小气隙、增加定子齿宽等
		少用稀土永磁体	永磁体混搭
		采用少重稀土永磁体	多层结构
8	提升最高工作转速	增加转子结构强度	增加隔磁桥厚度； 高强度转子冲片； 永磁体的分布（多层结构、增加隔磁桥数量等）
		减轻转子的重量	轻量化设计（减重孔）
		改善应力分布	卸载槽
		降低永磁体受力	
9	提高永磁体抗失磁能力	减小转子损耗	改善气隙磁场波形； 永磁体分段等
		永磁体混搭	铁氧体+稀土永磁体 高矫顽力和低矫顽力永磁体

本节首先介绍永磁同步驱动电机典型的磁路结构，然后根据实现上述目标的手段进行分类，分别介绍相应的磁路结构。

一、典型的磁路类型

狭义的磁路结构仅指转子上永磁体槽的布置，广义的磁路结构还包括定子冲片的形状、定子绕组类型、定子铁心结构、转子铁心结构、气隙大小和形状、在定转子冲片所开设的辅助槽和在转子冲片上开设的减重孔、通风孔等。

根据永磁体磁场方向的不同，永磁电机可划分为径向磁场、轴向磁场和横向磁场电机，如图 6-44 所示。径向磁场永磁电机应用较多，主要包括外转子和内转子两种拓扑结构。根据永磁体安装位置的不同，内转子结构可分为定子永磁型和转子永磁型。与定子永磁型电机相比，转子永磁型电机因具有结构简单、气隙磁场谐波含量更小、功率因数和效率更高等优势而在电动汽车领域得到普遍应用。

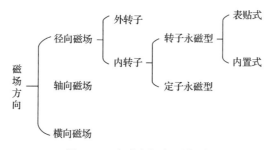

图 6-44　永磁电机主要类型

根据转子上永磁体安装位置的不同，转子永磁型电机可分为表贴式和内置式两种结构，如图 6-45 所示。由于表贴式永磁电机永磁体固定困难、永磁体易失磁、无磁阻转矩和恒功率运行范围窄等，一般仅在外转子直接驱动电机中采用。内转子永磁同步驱动电机普遍采用内置式结构。其中，内置式磁路拓扑结构类型较多，主要包括"一"字形、V 形、V+"一"字形、双 V 形、U 形、W 形等，表 6-9 为部分在电动汽车中的典型结构和应用。基于这几种基本结构，可根据不同需求衍生出不同的结构。

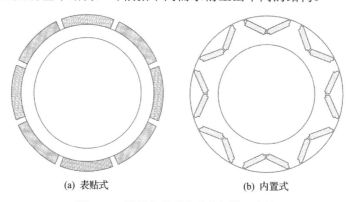

(a) 表贴式　　　　　　　　(b) 内置式

图 6-45　转子永磁型永磁电机转子结构

表 6-9 内置式磁路拓扑结构类型及典型应用

名称	图例	典型应用车型
"一"字形		第 I 代 Prius
V 形		第 II、III 代 Prius； Camry 2007
U 形+"一"字形		第 IV 代 Prius； Lexus 2008； 2008 LS 600h
复合"一"字形		宝马 i3
V+"一"字形		日产 Leaf

二、提升凸极率的措施

在本章第三节介绍了凸极率对驱动电机性能的影响。改变凸极率主要通过改变磁路结构来实现。根据电机学原理[1]，电机的 d、q 轴电感可表示为

$$\begin{cases} L_d = N_d^2 \Lambda_d = \dfrac{N_d^2}{R_d} \\ L_q = N_q^2 \Lambda_q = \dfrac{N_q^2}{R_q} \end{cases} \tag{6-49}$$

式中，N_d 和 N_q 分别为三相绕组等效为 d 轴和 q 轴的绕组匝数；Λ_d 和 Λ_q 分别为 d 轴和 q 轴磁路的磁导；R_d 和 R_q 分别为 d 轴和 q 轴磁路的磁阻。

从式 (6-49) 可知，L_d 和 L_q 与各自磁路的磁阻成反比。因此，可通过改变 d、q 轴磁路中相应部分的磁阻来改变 L_d 和 L_q。永磁电机 d 轴位于永磁体磁极中心线 (图 6-46)，其磁路磁阻主要包括定子轭部、定子齿、气隙、永磁体和转子轭部的磁阻；q 轴位于相邻永磁磁极之间 (图 6-46)，其磁路磁阻主要包括定子轭部、定子齿、气隙、相邻永磁体磁极之间的转子铁心和转子轭部的磁阻。

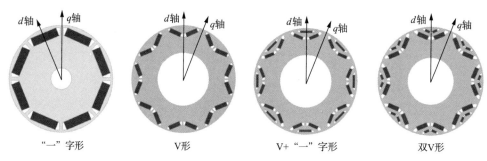

图 6-46　不同的永磁体磁极形状

由于永磁体磁导率与空气相当，故交轴电感 L_q 大于或等于直轴电感 L_d。根据式(6-34)，提升凸极率的主要措施为降低 L_d 和提高 L_q。

降低 L_d 的方法是增加直轴磁路磁阻，可通过增加直轴磁路等效气隙的长度来实现。具体措施如下。

1）增加永磁体厚度

永磁体的磁导率与空气相当，增加永磁体厚度（磁通方向的长度）实际上增加了直轴磁路上的等效气隙长度，从而可增加直轴磁路磁阻，进而降低 L_d。

2）磁路结构

当永磁体磁极形状采用"一"字形、V 形、V+"一"字形、双 V 形时（图 6-46），可增加 d 轴磁路磁阻，降低 d 轴电感，提高电机凸极率。

图 6-47 为不同磁路结构与凸极率之间的关系[24]。其中图 6-47(a)为凸极率为 1 的表面式结构，图 6-47(f)为几种结构中凸极率最高的同步磁阻电机的磁路结构。在多层结构中，根据气隙磁通和永磁体用量的需要，部分槽可不放置永磁体，或有意设置较大的隔磁槽和磁障。多层结构的原理实际上也是降低 L_d。

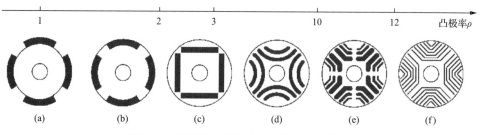

图 6-47　典型的永磁同步驱动电机磁路结构

提高 L_q 的具体措施如下：

1）增加相邻磁极间距

永磁同步驱动电机 q 轴位于相邻磁极的中间位置，增加磁极间距（图 6-48 中的 L_b）可降低相应位置处铁心的饱和程度，降低磁路磁阻，从而增加 q 轴电感 L_q。

图 6-48 相邻磁极间距

2) 减小气隙

根据式(6-49)，减小定、转子之间的气隙，可同时减小 d、q 轴磁路磁阻，从而增大 L_d 和 L_q。但是，直轴磁路的等效气隙远大于交轴磁路，因此 L_d 增加值小于 L_q 增加值，从而使凸极率升高。

在驱动电机起动阶段，电流较大，此时定、转子磁场的差角较大，使定子磁场主要通过交轴磁路，造成交轴磁路的饱和程度较高。同时，较大的定子电流造成的电枢反应也较强烈，进一步增加了交轴磁路的饱和程度，从而增加交轴磁路磁阻，进而降低 L_q，即凸极率与电流大小成反比。为了降低这种饱和程度，一般可适当增大定子齿宽，减小槽宽，即采用狭长槽形的深槽结构(图 6-49)。这种深槽结构在 Prius 几代驱动电机中均有采用。图 6-50 为 2007 Camry 和第 II 代 Prius 的定子槽型，为典型的深槽结构[25]。

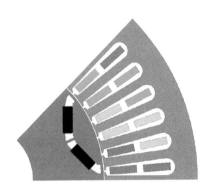

图 6-49 深槽结构图

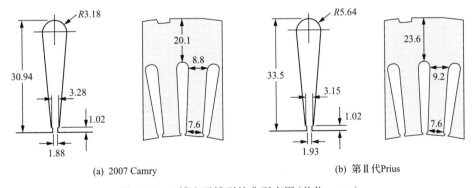

(a) 2007 Camry   (b) 第 II 代Prius

图 6-50 深槽定子槽型的典型应用(单位：mm)

三、优化气隙磁场波形的措施

对于永磁同步驱动电机，由于定子开槽、转子磁极磁场非正弦分布等多方面因素影响，难以得到理想的正弦分布气隙磁场，其中不仅含有基波分量还含有大量的高次空间谐波分量(图 6-51)[26]。这些谐波会给驱动电机带来诸多不利影响，包括增大转矩波动、引起较高的铁耗 1 降低电机效率等。

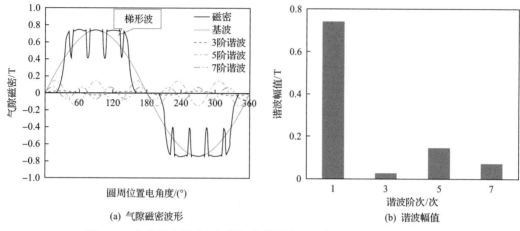

(a) 气隙磁密波形　　　　　　　　(b) 谐波幅值

图 6-51　永磁同步驱动电机的气隙磁密波形及谐波幅值(第 II 代 Prius)

为了改善永磁同步驱动电机的性能，可通过磁路结构的设计使气隙磁场正弦化，除了减小定子槽口宽度和采用磁性槽楔外，一般还可采取如下措施。

1)优化永磁体极弧系数

永磁体极弧系数为每极永磁体所跨弧度与极距的比值，如图 6-52 所示。通过选择合适的永磁体极弧系数，可消除或减小特定气隙磁密谐波幅值，从而可优化气隙磁场波形，进而减小幅值较大的齿槽转矩谐波分量，并减小齿槽转矩[2]。

2)偏心气隙

如图 6-53 所示，磁极圆心(o')与转子铁心圆心(o)不重合，形成了偏心气隙，两圆心之间的距离称为偏心距。通过优化偏心距的大小，可调节气隙磁场分布，使气隙磁密趋近于正弦波，从而改善反电动势波形。

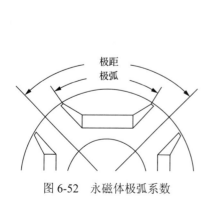

图 6-52　永磁体极弧系数

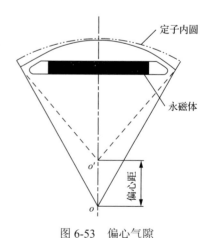

图 6-53　偏心气隙

3) 辅助槽

通过在转子表面开辅助槽(图 6-54)，可对气隙磁密波形进行微调，降低谐波含量，并改善气隙磁场波形和降低齿槽转矩，进而降低电机振动和噪声。

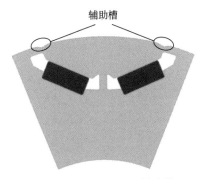

图 6-54　转子表面开辅助槽

4) 多层磁路结构

如前所述，通过优化永磁体极弧系数可以改善气隙磁场波形。但对于"一"字形磁路结构，可调整的结构参数非常有限。当采用多层结构时，可以调整的永磁体槽几何尺寸维度增加，更容易实现气隙磁场的正弦化。

四、改善反电动势波形的措施

同样由于磁路非线性(磁路饱和)、定子开槽和转子磁极磁场非正弦分布和绕组结构等多方面影响，反电动势波形也呈现出非正弦化(图 6-55)[26]。非正弦的反电动势波形同样引起转矩波动、增加控制难度，同时会增加驱动电机的振动和噪声。因此，在进行驱动电机电磁设计时，必须采取一定手段改善反电动势波形。

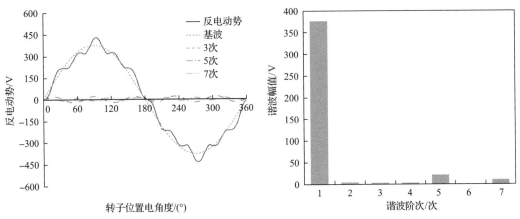

图 6-55　永磁同步驱动电机的反电动势波形(第 Ⅱ 代 Prius)

优化气隙磁场波形的所有方法均可用来改善反电动势波形。除此以外，还可采取以下措施。

1）绕组接法

电动汽车驱动电机定子绕组常用星形接法，相对于三角形接法，可消除线反电动势中 3 的倍数次谐波，从而使反电动势波形正弦度更高。同时，对整数槽绕组而言，当采用短距绕组时，可有效削弱特定次谐波，从而改善反电动势波形。例如，当绕组节距为 5/6 极距时，可有效削弱反电动势中的 5、7 次谐波。

2）分数槽绕组

如本章第五节所述，与整数槽绕组相比，分数槽绕组能够有效地削弱齿谐波电动势和主磁场产生的高次谐波电动势，从而改善反电动势波形。

3）多层绕组

根据每槽线圈层数的不同，电动汽车驱动电机可采用单层绕组或双层绕组（图 6-56）。增加定子绕组的层数可有效地降低绕组的反电动势的谐波含量。同时，也可降低绕组磁动势谐波含量，提高反电动势正弦度，并抑制转矩脉动。

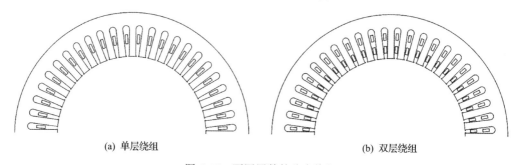

(a) 单层绕组　　　　　　　　　　　(b) 双层绕组

图 6-56　不同层数的分布绕组

五、减小齿槽转矩的措施

永磁同步驱动电机中的气隙磁场由永磁体建立，由于定子开槽的影响，当转子发生转动时，将会引起气隙磁路磁阻的变化，从而导致气隙磁场能量发生变化，产生齿槽转矩，并造成转矩波动。齿槽转矩过大，将引起较大的转矩波动，增加控制难度，甚至会引起较大的振动和噪声。减小齿槽转矩的磁路结构众多[2]，按实施的手段可分为三类：

（1）优化气隙磁场和反电动势波形。从某种意义上讲，优化气隙磁场波形可相应地降低齿槽转矩。

（2）采用分数槽。分数槽结构降低齿槽转矩的机理详见本章第五节。

（3）抵消法。当转子旋转一周时，永磁同步驱动电机产生的齿槽转矩具有多个周期，且呈现规律性的波动。因此，可通过一定的措施，使不同永磁磁极下的齿槽转矩产生偏移，形成"错峰"，从而使齿槽转矩中的主要谐波相互抵消，达到降低齿槽转矩的目的。主要措施有定子斜槽和转子斜极。

①定子斜槽。定子斜槽是指定子齿槽相对转子磁极倾斜一定的角度（图 6-57），此时齿槽转矩表达式为[2]

$$T_{cog}(\alpha, N_s) = \frac{\pi L_a}{2\mu_0 N_s \theta_{s1}}(R_1^2 - R_2^2)\sum_{n=1}^{\infty} G_n B_{r\frac{nQ_1}{2p}} \sin\frac{nQ_1 N_s \theta_{s1}}{2}\sin\left[nQ_1\left(\alpha + \frac{N_s \theta_{s1}}{2}\right)\right] \quad (6\text{-}50)$$

式中，N_s 为定子所斜槽数；θ_{s1} 为用弧度表达的定子齿距。

图 6-57　具有斜槽结构的定子铁心

由式(6-50)可知，当 N_s 为 $1/n$ 的整数倍时，$\sin\dfrac{nQ_1 N_s \theta_{s1}}{2}$ 为 0，从而可消除次数为 n 的齿槽转矩谐波。一般而言，次数为 N_p[可由式(6-51)求得]的齿槽转矩谐波幅值最大，因此在选择 N_s 时，应取 $N_s=1/N_p$。同时，当取 $N_s=1/N_p$ 时，各次齿槽转矩谐波均被消除，即不存在齿槽转矩。

$$N_p = \frac{2p}{\text{GCD}(z,2p)} \quad (6\text{-}51)$$

式中，$\text{GCD}(z,2p)$ 为槽数 z 与极数 $2p$ 的最大公约数。

但是，斜槽定子的制造工艺复杂(增加了定子铁心叠压模具的复杂性)、定子嵌线困难，尤其不适应自动嵌线。同时，当采用定子斜槽时，会降低电机输出转矩，且可能会引起轴向不平衡电磁力，加剧振动和噪声。

②转子斜极。与定子斜槽的原理相似，转子斜极是指将永磁体扭转一定的角度或分段错位(图 6-58)形成连续斜极或分段斜极。转子连续斜极效果好于分段斜极，但只能用于表贴式磁路结构；对于内置式磁路结构，由于永磁体为矩形块，只能采用分段斜极方法，分段数越多，效果越好，一般分三到四段即可获得较理想的效果。转子斜极在一定程度上可克服定子斜槽的部分缺点，但制造工艺仍较复杂。

同时，与定子斜槽类似，转子斜极也会降低电机输出转矩，且可能引起轴向不平衡电磁力，并加剧振动和噪声。

(4)定子齿开辅助槽。如式(6-50)所示的永磁电机齿槽转矩表达式所示，齿槽转矩大小由气隙磁导和磁密谐波幅值决定。随着齿槽转矩频率的升高，其幅值将降低。因此，可通过在定子齿表面开辅助槽(图 6-59)，来增加齿槽转矩频率，从而降低其幅值，进而达到降低电机振动和噪声的目的。

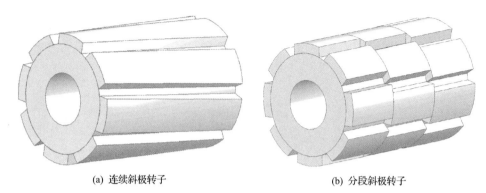

(a) 连续斜极转子　　　　　　　　　　　　(b) 分段斜极转子

图 6-58　具有连续斜极和分段斜极的转子结构

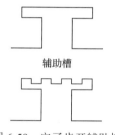

辅助槽

图 6-59　定子齿开辅助槽

(5) 非均匀定子齿。通过采用非均匀定子齿，即大小齿配合，也可削弱齿槽转矩，如图 6-60 所示，其原理如下：当采用非均匀定子齿时，有效气隙磁导沿圆周表面的分布函数可表示为式(6-52)[27]。显然，通过不同定子齿极靴宽度 θ_a 与 θ_b 的配合，可减小气隙磁导特定谐波的幅值，削弱齿槽转矩。

$$
G_n = \frac{2g_s}{n\pi Q_1}
\begin{bmatrix}
\sin\dfrac{nQ_1\theta_b}{2k_s} + \sin\left[\dfrac{nQ_1}{2}\theta_b\right] + 2\sin\dfrac{nQ_1}{2}\theta_b \cos\left[\dfrac{nQ_1}{4}\left(\dfrac{\theta_b}{k_s} - \theta_b + 2\pi\right)\right] \\[4mm]
\times \dfrac{\sin\left[\dfrac{n}{2}\left(\dfrac{Q_1}{2} - 1\right)\left(\theta_b - \dfrac{\theta_b}{k_s} + 2\pi\right)\right]}{\sin\left[\dfrac{n}{2}\left(\theta_b - \dfrac{\theta_b}{k_s} + 2\pi\right)\right]}
\end{bmatrix}
\tag{6-52}
$$

式中，k_s 为定子极靴宽度 θ_b 与 θ_a 的比值；g_s 为 $[h_m/(h_m+g)]^2$，其中 g 为有效气隙长度。

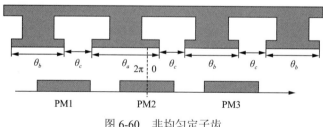

图 6-60　非均匀定子齿
θ_c 为定子槽口宽度

(6)磁极偏移。如图 6-61 所示，通过采用不等宽永磁体，使 V 形磁极偏移形成不对称磁极，可改变永磁体剩磁密度沿圆周表面的分布，从而优化气隙磁场波形，达到减小齿槽转矩的目的。通过选择合适的永磁体宽度比 L_1/L_2，可削弱特定次数的永磁体剩磁密度，减小齿槽转矩。但该方法会在气隙磁密和反电动势中引入偶数次谐波，恶化电机性能。

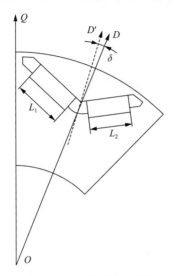

图 6-61 永磁体磁极偏移

六、降低永磁体成本的措施

稀土永磁体价格昂贵，且永磁电机价格对永磁体成本十分敏感，因此减少稀土永磁体用量或降低稀土永磁体价格成为重要的研究课题。如前所述，永磁电机电磁转矩分为永磁转矩和磁阻转矩，永磁转矩和磁阻转矩的分配与电机的凸极率相关，凸极率越大，磁阻转矩比重越大。永磁转矩与电机反电动势成正比，而更高的反电动势意味着更多的永磁体用量。在保证电机输出转矩不变时，提高电机凸极率可提高磁阻转矩，降低对永磁转矩的要求，进而减小永磁体用量和成本。

除此以外，针对永磁体的价格和抗失磁能力的特点，在保证气隙磁密、反电动势和输出转矩不变的条件下，采用如下措施可以降低永磁体用量和成本。

1)高矫顽力和低矫顽力永磁体搭配

对于内置式永磁同步驱动电机，一般永磁体的四个角处易发生退磁。因此，可采用高矫顽力和低矫顽力永磁体搭配的方式，来提高电机的抗去磁能力，同时不明显增加永磁体成本，如图 6-62 所示。

2)稀土永磁体和铁氧体搭配

稀土永磁体具有剩磁密度高、矫顽力高和最大磁能积大等优点，利用稀土永磁体作为励磁源的永磁电机可获得更高的转矩/功率密度。但稀土永磁体价格较高，造成电机成本较高。与稀土永磁体相比，铁氧体永磁材料具有价格低廉、制造工艺简单、密度小、质量轻和正矫顽力温度系数等优点，但其剩磁密度和矫顽力不高(最大磁能积小)、剩磁

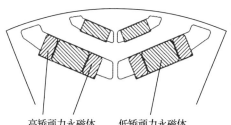

图 6-62 不同矫顽力永磁体的混搭

温度系数高，单独采用铁氧体作为励磁源的电机转矩/功率密度较低。因此，可采用稀土永磁体和铁氧体共同作为励磁源，在获得较高气隙磁密、功率/转矩密度的同时，降低稀土永磁体用量，降低电机成本，如图 6-63 所示。

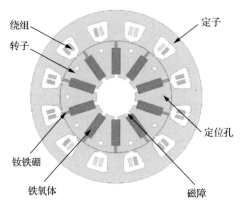

图 6-63 铁氧体和稀土永磁体搭配的转子

3）采用少重稀土的永磁体

由于永磁体的价格与重稀土的含量密切相关，为了降低永磁体成本，各永磁体厂家通过工艺改进（如表面渗镝等技术）开发少重稀土的永磁体。但由于工艺的原因，目前其厚度一般不能超过 8mm。因此当驱动电机较小时，采用单层结构，8mm 的永磁体能产生所需要的磁通，但当驱动电机较大时，为适应这种小尺寸永磁体的需要，可采用双层结构。同时采用双层结构也可以提升凸极率及改善气隙磁场波形。

七、增加转子结构强度的措施

当永磁同步驱动电机运行于高转速工况时，转子承受较大的离心力，为了保障电机的安全稳定运行，在设计转子磁路结构时，必须考虑其安全性和可靠性。一般主要通过合理选择磁路结构来降低转子结构应力，包括冲片和永磁体的应力。

永磁同步驱动电机一般采用永磁体内置式磁路结构，而内置式磁路结构普遍采用隔磁桥设计来减小漏磁（用漏磁系数表示），隔磁桥厚度越小，漏磁系数越小。当电机高速运行时，转子铁心的离心力主要由隔磁桥来承担，从而造成隔磁桥成为转子应力的集中点和薄弱点。为了保证电机在高速下能安全稳定运行，一般需采取一定措施来保障隔磁桥的机械强度，具体措施有增加隔磁桥厚度、增设卸载槽、增加减重孔、增加永磁体分段数和隔磁桥的数量等。

1) 增加隔磁桥厚度

对于内置式永磁同步驱动电机，一般采用隔磁桥来减小永磁体漏磁，如图 6-64 所示。当永磁体磁通通过隔磁桥时，隔磁桥饱和程度增加，磁阻升高，进而减小永磁体漏磁通，使永磁体漏磁系数减小。一般而言，隔磁桥厚度越小，永磁体漏磁系数越小。但是，当电机运行于高转速时，由于离心力的影响，过薄的隔磁桥将成为应力的集中点和薄弱点，在进行电机设计时，需选取适当的隔磁桥厚度来保证转子的机械强度。

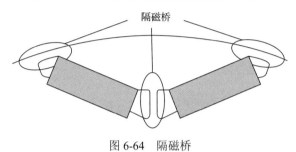

图 6-64　隔磁桥

2) 增设卸载槽

对于内置式永磁同步驱动电机，一般永磁体槽四角处铁心的应力比较集中，可通过在相应位置增设卸载槽来减小其应力，如图 6-65 所示。另外在 Honda 车用驱动电机上，在转子冲片应力最集中处直接开切口，以释放应力(图 6-66)[26]。

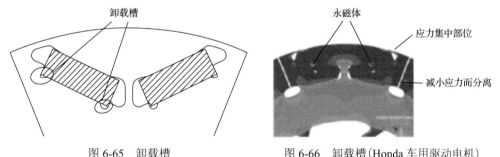

图 6-65　卸载槽　　　　　　图 6-66　卸载槽(Honda 车用驱动电机)

3) 增加减重孔

电机高速旋转时的离心应力可表示为

$$\sigma = \rho_1 v^2 \tag{6-53}$$

式中，v 为转子表面线速度，$v = D\omega/2$，D 为转子外径；ρ_1 为转子单位体积质量。

可见，减小转子重量可降低离心应力，从而降低磁桥处的离心应力。一般可在转子上增加减重孔(图 6-67)，在不影响电磁性能的前提下，可减小转子质量。同时，降低转子质量还可提高电机动态响应能力。

4) 增加永磁体分段数和隔磁桥的数量

利用隔磁桥将永磁体分段也可减小磁桥位置的离心应力，如图 6-68 所示。同时，将永磁体分段还可以切断涡流路径，从而增大永磁体中涡流路径的电阻，降低涡流大小，减小永磁体涡流损耗。但是，增加隔磁桥数量后，会导致永磁体漏磁增加，降低气隙磁密和输出转矩。

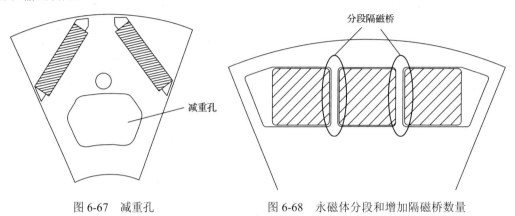

图 6-67　减重孔　　　　　图 6-68　永磁体分段和增加隔磁桥数量

八、减小转子损耗的措施

由于气隙磁场的非正弦性及电机控制器输出的谐波电压，在永磁同步驱动电机运行时，永磁体表面会产生涡流损耗。由于转子的散热条件较差，加上永磁体的热容量低，较小的损耗就会使永磁体的温度升高，增加了失磁风险。

由永磁体涡流损耗产生的原理，可通过优化气隙磁场波形和永磁体分段来降低永磁体涡流损耗，从而降低转子损耗。

1) 优化气隙磁场波形

优化气隙磁场波形，可有效降低气隙磁场谐波含量，从而降低因谐波引起的转子铁心损耗和永磁体涡流损耗。

2) 永磁体分段

将永磁体沿长度(轴向)或径向进行分段(图 6-69)，可有效切断涡流路径，增加涡流路径上的电阻，减小涡流大小，降低涡流损耗。一般而言，永磁体分段数越多，减小涡流损耗的效果越好。图 6-70 为某款永磁同步驱动电机永磁体涡流损耗随永磁体长度(轴向)

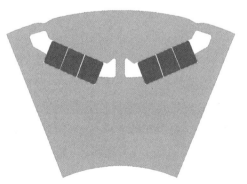

图 6-69　永磁体沿径向分段

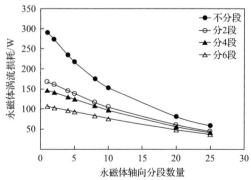

图 6-70　永磁体涡流损耗随轴向分段数变化曲线

分段数的变化曲线。显然，对永磁体进行分段后，涡流损耗明显降低，但随着分段数的增加，涡流损耗的降低效果不再明显。

九、提升永磁体抗失磁能力的措施

正如本章第四节所述，永磁体在各种应力，尤其是温度、电流和振动冲击应力的共同作用下，容易失磁。因此，需要针对永磁体失磁产生的机理，采取一定的措施提升永磁体抗去磁能力，具体如下：

(1) 降低整个驱动电机，特别是转子的温升，来降低永磁体的温度。

(2) 采用分段永磁体来降低永磁体的涡流损耗，从而降低永磁体的温升，防止其因温度过高而失磁。

(3) 电枢磁场是通过转子铁心进入永磁体的，因此可利用旁路抗失磁原理，来增加永磁体的抗失磁能力。图 6-71 为第 I 代 Prius 驱动电机的转子冲片结构[25]。通过磁桥略微凸起而高出永磁体，提高永磁体抗失磁能力。

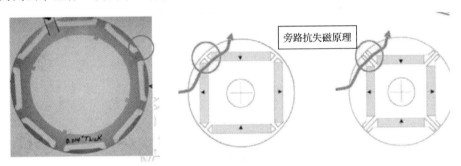

图 6-71　第 I 代 Prius 驱动电机的转子冲片结构

第七节　结 构 设 计

与异步驱动电机一样，在电磁仿真完成后即进行结构设计。结构设计的基本任务和流程与异步驱动电机相同。

在结构上，基于圆线的定子结构、绝缘系统、端盖、轴承系统及密封系统与异步驱动电机相同，而基于扁线的定子结构已在本章第六节介绍。本节只根据永磁同步驱动电机的特点，介绍其典型结构和工艺流程、转子结构及位置传感器(旋转变压器)等。

一、典型结构和工艺流程

永磁同步驱动电机由定子、转子、传动端端盖、轴承和位置传感器等组成。图 6-72 为机壳水冷永磁同步驱动电机的总体结构[24]。图 6-73 为构成图，图 6-74 为工艺流程图。

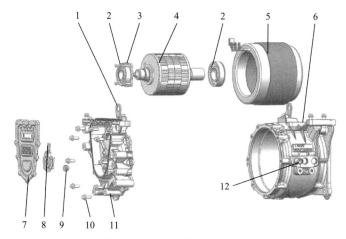

图 6-72　总体结构分解示意图

1-起吊环；2-轴承；3-轴承压板；4-转子；5-定子；6-机壳；7-旋转变压器盖板；
8-旋转变压器组件；9-呼吸器；10-螺栓；11-端盖；12-水嘴

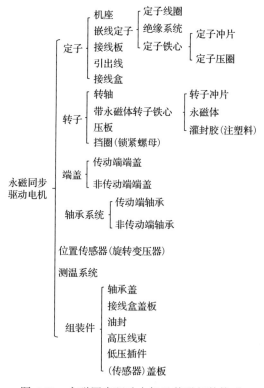

图 6-73　永磁同步驱动电机及其零部件构成

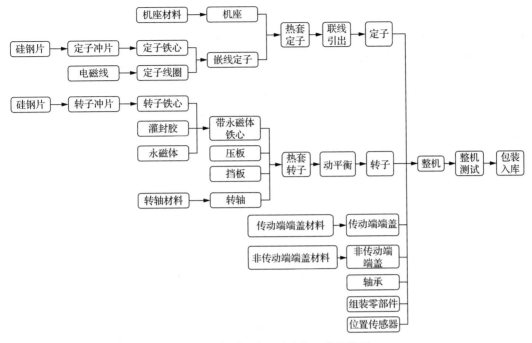

图 6-74 永磁同步驱动电机工艺流程图

二、转子结构

图 6-75 为永磁同步驱动电机转子的典型结构。

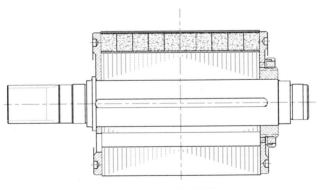

图 6-75 转子典型结构

转子由带永磁体的转子铁心、转子压板(传动端和非传动端)、转轴、止动垫片和锁紧螺母等组成。装配时将转子铁心、前后压板压装在转轴上。

为检查永磁体安装的正确性,一般用磁通检测仪测量转子表面各极的磁通,之后进行动平衡和喷表面防锈漆工艺。

动平衡可采用去重法或加重法,去重法是在传动端和非传动端压板表面钻孔去重(如图 6-75 所示的结构),而加重法是在压板上预留的平衡槽内加平衡块或在压板上加平衡泥。但无论采用何种方法,都要根据驱动电机最高转速及振动噪声的要求选择相应的平衡等级，一般平衡等级应高于《机械振动 恒态(刚性)转子平衡品质要求 第 1 部分：规范与平衡允差的检验》(GB/T 9239.1—2006)所规定的 G1.6 级。

转子压板必须是非导磁材料。根据转子的最高线速度及转子冲片大小，可采用黄铜(H62Y)、铝合金或不锈钢(需进行消磁处理)。

在永磁同步驱动电机中，带永磁体的转子铁心结构对可靠性、生产成本等影响较大。图 6-76 是转子铁心的基本制造过程。当采用转子斜极的方式时，铁心将分为几段，也称之为分段式铁心。

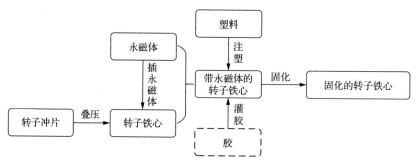

图 6-76　转子铁心制造的基本工艺流程图

1. 转子铁心

转子铁心由转子冲片叠压而成。转子冲片材料与定子冲片相同。为后续生产方便，转子铁心在嵌装永磁体前已形成一个完整的铁心。形成转子铁心的主要方式如下：

(1)自铆：在转子冲片上带有铆接压痕，在叠压过程中上下冲片通过铆接压痕反扣成为一个整体。该工艺具有生产效率高、铁心尺寸精度高等优点，但需要较复杂的级进冲模，模具成本高，且需要大吨位冲床，因此只适合尺寸较小的电机铁心的规模化生产。同时片与片之间会通过铆接点导通，从而影响片间绝缘，进而增加铁心损耗。

(2)焊接：转子冲片内圆开设焊接缺口，转子铁心叠压完成后，在转子冲片内圆上焊接数条焊缝(氩弧焊和激光焊)，通过焊接方式使转子铁心成为一个整体。该工艺过程较简单，铁心一次焊接成形，没有特殊工艺工装要求，生产周期短，便于实现自动化生产。但由于焊缝集中在内圆，压力不均匀和焊缝应力会导致铁心变形。同时，当焊缝离冲片外圆较远时，容易出现转子铁心外圆部分压不紧等。一般而言，为保障焊接设备的操作空间，对转子冲片内圆及铁心长度都有限制，因此该工艺适用于尺寸较大的分段式转子铁心的生产。

(3)螺杆：在转子冲片设置螺杆孔，转子铁心叠压完成后，用螺杆紧固成一个整体。该工艺结构简单、占用的轴向空间小，是早期永磁电机转子常用的加工方式。但该工艺的缺点是铁心受到的压力不均匀、压力大小不易控制、螺杆螺母防松工艺性差、生产效率低、质量难以控制等。

(4)自粘冲片：冲片自带粘接胶，在转子冲片叠压及高温下成为一个整体。该工艺便于批量化生产、尺寸精度高、冲片层间电阻大、层间不会出现局部导通的情况。但其叠压系数和粘接强度相对较低,固化工艺复杂且固化时间长。

2. 永磁体嵌装和充磁

对于小批量生产,可以采用手工将永磁体嵌入槽内。当批量生产时,一般采用自动化装置,使用专用设备和工装将永磁体嵌入槽内。

在嵌装时,永磁体可以预先充磁也可在嵌装后再整体充磁。采用预先充磁,可以保证永磁体磁性能,充磁由永磁体厂家完成,责任明确。但带磁的永磁体影响生产效率和生产安全,因此适合于小批量生产。而采用整体充磁,生产效率高、安全性好,但必须有专门的设备和工装,一次性投入大,因此适合于大批量生产。

3. 永磁体固定

图6-77为永磁体在转子铁心槽内的位置。由图可知,永磁体与转子铁心为两个部件,永磁体在转子铁心槽内的有效固定是保证转子可靠运行的关键。电机运行时,永磁体在转子铁心内承受离心力,同时为了嵌装便利,永磁体与转子铁心之间留有装配间隙,并且在永磁体两端设置有隔磁槽,这些装配间隙和隔磁槽使永磁体处于半自由状态,当转子旋转时,永磁体可能出现轻微晃动,长久将出现疲劳损伤。因此,必须将其可靠地固定在槽内。在工程实际中,一般从承受离心力和防止晃动或移动两个维度进行考虑。

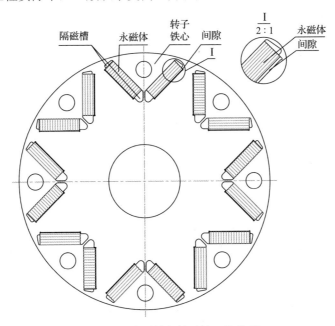

图 6-77　永磁体与转子铁心的关系

1)承受离心力

为保证永磁体在离心力的作用下不破坏转子铁心,转子冲片的隔磁桥必须具有足够的强度。通常采用数值计算的方法,得出在超速转速下最薄弱处的应力,且该应力必须低于硅钢片在最高运行温度下的屈服强度,并预留一定的裕量。

本章第六节已给出了某些降低冲片应力的结构。

2)防止晃动或移动

在转子冲片上设有防止永磁体移动的台阶,但为装配方便,永磁体与铁心之间还留有一定的装配间隙。为了保证永磁体在槽内的可靠固定,防止晃动造成破损或寿命的降低,并将永磁体的热量较好地传递到转子铁心,还必须采用一定的工艺措施,在永磁体与铁心之间的间隙及隔磁槽内填充合适的材料。目前通常采取以下几种固定方式。

(1)热固性材料注塑:将热固性材料注入隔磁槽内。一般采用加热软化且冷却即硬化的尼龙66+30%玻纤作为填充材料。在生产过程中,转子铁心不需要预热,直接将加热融化(接近300℃)的塑料快速浇注进永磁体隔磁槽内,注塑完成后不需要对转子铁心专门冷却,具有工艺简单和生产节拍率高的优点,是目前应用较广的一种工艺。但尼龙66在较高温度(约300℃)下即软化,机械性能相对较差。同时,工艺过程中塑料必须加热到接近300℃,高温材料与已充磁的永磁体接触,有可能造成永磁体轻微失磁。

(2)热塑料注塑:将热塑料注入隔磁槽内。一般采用具有一定弹性但高温性能较好的材料作为填充材料,如采用环氧塑封材料。在生产过程中,必须对转子铁心和注塑模进行加热,注塑完成后,还必须对转子铁心进行冷却。因此,该工艺能耗高、生产节拍率较低。另外,由于转子在高温下容易变形,该工艺目前尚在探索阶段。

(3)灌胶:向隔磁槽注环氧胶或硅橡胶。将嵌装永磁体的转子铁心内抽真空,将胶液通过灌胶机压入隔磁槽内,然后将整个转子铁心高温固化。该工艺的优点是设备投入少,但耗能、环保性差,效率和生产节拍率也较低。

(4)涂胶:在永磁体两面涂上粘接胶,该胶常温下或通过加热后固化,可保证胶与转子铁心紧密接触。该工艺不需要特殊设备,但其效率较低,并且隔磁槽内没有填充,长期高温下胶可能失效。该工艺方法一般只用于样机制作。

(5)加槽楔:在隔磁槽内插入与隔磁槽相同形状的槽楔,采用这种方法,不需要特殊设备,但槽楔制造困难,插入槽楔费时费劲,尤其对于小电机。该工艺方法一般也只用于样机制作。

(6)加适形毡并浸漆:在隔磁槽内填入适形毡并整体浸漆。采用这种方式的转子耐温较高且可靠性较高,但生产效率低、耗能、环保性差。

在具体应用中,可根据生产批量、设备能力和工艺成熟度等选择合适的固定方式。

三、旋转变压器

旋转变压器(以下简称旋变)安装在永磁同步驱动电机的非传动端(图6-72),其作用是检测转子的位置和速度。目前,通常采用结构简单、坚固耐用、环境适应性好的磁阻式旋变作为位置传感器。

磁阻式旋变实际上是仅有定子和转子的发电机(图6-78)。定子由定子铁心、产生信号的定子绕组和励磁绕组构成,转子由凸极结构的转子冲片叠压而成。

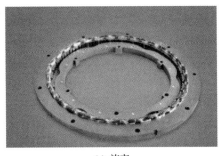
(a) 旋变

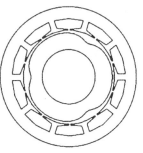
(b) 旋变定转子冲片

图 6-78　磁阻式旋变

　　当给定子槽内的励磁绕组施加 1～10kHz 的正弦交流电压时，一旦转子旋转，由于转子的凸极效应，气隙磁导将发生变化；每转过一个转子凸极，气隙磁导变化一个周期；转过一周时气隙磁导变化的周期数等于转子极对数(p)。气隙磁导变化导致输入、输出绕组之间互感的变化，进而导致输出绕组的感应电势也随之发生变化，由此在信号绕组中感应出正、余弦信号，该信号传送给电机控制器，通过电机控制器的解码电路(详见第七章)，解析得出转子的位置。

　　当转子从基准电气零位正向转动 θ 机械角时，其励磁电压和输出电压为

$$\begin{cases} U_{R1R2} = E\sin(2\pi f t) \\ U_{S1S3} = KU_{R1R2}\cos(p\theta) \\ U_{S2S4} = KU_{R1R2}\sin(p\theta) \end{cases} \tag{6-54}$$

式中，U_{R1R2} 为励磁电压，V；E 为励磁电压幅值，V；f 为励磁电压频率，Hz；K 为变压比；p 为极对数；θ 为转子从基准电气零位正向转动的机械角，(°)；U_{S1S3} 为 S1 与 S3 端子之间的电压(余弦电压)，V；U_{S2S4} 为 S2 与 S4 端子之间的电压(正弦电压)，V。

　　图 6-79 为旋变电路图及输入、输出波形。

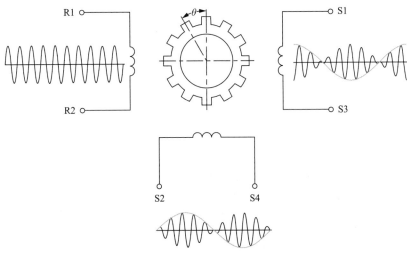

图 6-79　旋变电路及波形

旋变的质量不仅影响永磁同步驱动电机输出的位置和速度精度，还影响其可靠性。因此，可参考《磁阻式多极旋转变压器通用技术条件》（GB/T 31996—2015）及电动汽车的应用特点对旋变提出要求：

(1)能适应电动汽车的恶劣环境条件，为此旋变定子线圈一般要灌封，转子铁心紧固可靠、采用键与驱动电机转轴连接、表面采用镀锌等防护。整个旋变应进行高温试验、低温试验、高低温冲击试验、湿热试验、盐雾试验和振动冲击试验(可以随机)等环境适应性试验。

(2)寿命和耐久性与驱动电机相同，在整个全生命周期内不需要更换旋变。

(3)能承受旋变安装中可能引起的一定的偏心和倾斜。

(4)当按照供应商所规定的安装要求将旋变安装固定到驱动电机上时，旋变的输出波形应为图 6-79 所示的平整的正、余弦波形，不允许出现缺失波形或毛刺现象。

旋变供应商应提供至少包含如下信息的旋变图纸：①工作温度范围；②外形图(含安装尺寸和引出线长度)、旋转方向和引出线定义；③极对数；④额定电压和额定频率；⑤电路图及电压；⑥变压比、电气误差；⑦相位移阻抗、电阻和基准电气零位；⑧最高工作转速。

参 考 文 献

[1] 唐任远. 现代永磁电机理论与设计[M]. 北京: 机械工业出版社, 1997.

[2] 王秀和. 永磁电机[M]. 北京: 中国电力出版社, 2007.

[3] 汤蕴璆. 电机学[M]. 4 版. 北京: 机械工业出版社, 2011.

[4] 陈世坤. 电机设计[M]. 北京: 机械工业出版社, 2000.

[5] Koch T. Permanent magneterregte Synchrononmaschine als Direkantrieb für die Elektrische Traktion[M]. Aachen: Shaker Verlag GmbH, 2007.

[6] Acquaviva A. Analytical modeling of iron losses for a PM traction machine[D]. Stockholm: Royal Swedish Institute of technology, 2012.

[7] 王晓远, 刁剑, 王力新, 等. 电动汽车用 ISG 永磁电机在弱磁条件下的永磁体涡流损耗分析[J]. 机械工程学报, 2020, 56(12): 155-164.

[8] 安忠良, 朱利伟. 表贴式永磁发电机永磁体涡流损耗研究[J]. 微特电机, 2017, 45(12): 18-21.

[9] 李益丰, 彭俊, 符敏利, 等. 基于最大转矩-电流比控制的永磁同步牵引电机电流的精确计算[J]. 机车电传动, 2016, (5): 1-3.

[10] 彭俊, 李益丰, 符敏利, 等. 逆变器供电下的永磁同步电动机谐波电流的计算[J]. 机车电传动, 2015, (2): 17-19.

[11] 靳荣华, 师蔚. 多因素下永磁电机定子铁耗计算[J]. 微特电机, 2019, 47(6): 16-23.

[12] 揭丁爽, 黄苏融, 陈克慧, 等. 计及高次谐波影响的高密度永磁同步电机铁耗计算[J]. 电机与控制应用, 2019, 46(4): 71-76.

[13] Yamazaki K, Abe A. Loss investigation of interior permanent-magnet motors considering carrier harmonics and magnet eddy currents[J]. IEEE Transactions on Industry Applications, 2009, 45(2): 659-665.

[14] 孙兆君, 董腾辉, 周飞, 等. PWM 开关频率对转子损耗和温升高影响探究[J]. 微电机, 2020, 53(2): 37-42.

[15] 何彪, 张琪, 陈世军, 等. 逆变器供电永磁同步电机铁耗和永磁体损耗分析[J]. 微特电机, 2018, 46(4): 35-38.

[16] Ishak D, Zhu Z Q, Howe D. Eddy-current loss in the rotor magnets of permanent-magnet brushless machines having a fractional number of slots per pole[J]. IEEE Transactions on Magnetics, 2005, 41(9): 2462-2469.

[17] 唐任远, 陈萍, 佟文明, 等. 考虑涡流反作用的永磁体涡流损耗解析计算[J]. 电工技术学报, 2015, 30(24): 1-10.

[18] 赵博, 张洪亮, 等. Ansoft 12 在工程电磁场中的应用[M]. 北京: 中国水利水电出版社, 2010.

[19] 林岩. 钕铁硼永磁电机防高温失磁技术的研究[D]. 沈阳: 沈阳工业大学, 2006.

[20] 谭建成. 无刷直流电动机分数槽技术与应用研究专题[J]. 微电机, 2007, 40(12): 72-84.

[21] 胡耀华. 电动汽车用内置式永磁同步电机的研究[D]. 南京: 南京航空航天大学, 2017.

[22] 郭淑英, 李坤, 彭俊. 分数槽绕组降低开口槽永磁同步电机齿槽转矩的研究[J]. 大功率变流技术, 2013, (1): 56-60.

[23] 张琪, 张俊, 黄苏融, 等. 集肤效应对高密度永磁电机温升的影响[J]. 控制与应用技术, 2013, 40(8): 35-39.

[24] 贡俊. 电动汽车工程手册 第五卷 驱动电机与电力电子[M]. 北京: 机械工业出版社, 2019.

[25] Hsu J S, Ayers C W, Coomer C L. Report on Toyota/Prius motor design and manufacturing assessment[R]. Knoxville: Oak Ridge National Laboratory, 2004.

[26] 核动力蜗牛. 从 Prius 产品进化看磁极结构发展[EB/OL]. [2018-08-16]. https://mp.weixin.qq.com/s/1aPrBiGL2PkJLZQRolWfRw.

[27] Wang D H, Wang X H, Qiao D W, et al. Reducing cogging torque in surface-mounted permanent-magnet motors by nonuniformly distributed teeth method[J]. IEEE Transactions on Magnetics, 2011, 47(9): 2231-2239.

第七章

电机控制器

第一节 概 述

电机控制器(图 7-1)是驱动电机系统的重要组成部分，主要功能为：

(1)在牵引工况，根据整车控制器从油门踏板解析出的驱动转矩指令，将储能系统的直流电逆变为交流电，控制驱动电机产生驱动转矩指令要求的驱动转矩。

(2)在制动工况，根据整车控制器从制动踏板解析出的制动转矩指令，将驱动电机产生的交流电转换为直流电，控制驱动电机产生制动转矩指令要求的制动转矩。

图 7-2 为电机控制器与驱动电机、储能系统和整车控制器的关联关系图。

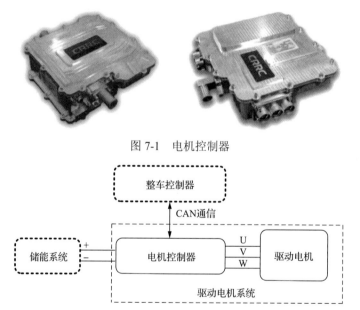

图 7-1 电机控制器

图 7-2 电机控制器与驱动电机、储能系统和整车控制器的关联关系图

电机控制器实际由以下两部分组成(图 7-3)。

图 7-3 电机控制器的基本组成

第一部分：硬件部分。硬件部分的作用是实现储能系统的直流电能与驱动电机所需交流电能之间的相互转换，即通常所说的逆变器(DC/AC)，与驱动电机类型无关。

第二部分：软件部分。软件部分的核心为驱动电机控制程序，存储在电机控制器控制电路板中的 DSP(digital signal processing，数字信号处理)芯片内。当电机控制器接收到整车控制器指令时，运行电机控制程序，控制逆变器输出交流电压，激励驱动电机产生整车控制所期望的转矩。软件部分与驱动电机类型有关。

本章只介绍电机控制器的硬件部分，与驱动电机类型相关的控制程序(软件部分)将在第八章介绍。除非特殊说明，本章所述的电机控制器均指其硬件部分。

经过数十年的发展，满足逆变器基本功能的技术已趋成熟，但电动汽车的特殊应用场景和要求对电动汽车用逆变器提出了新的挑战。主要体现在：

(1)高功率密度。由于电动汽车空间狭小，电机控制器安装空间有限，在规定的容量下重量最轻、体积最小是对电机控制器的基本要求之一。目前对于 100kW 等级的驱动电机系统，采用 IGBT 模块的电机控制器批量产品的功率密度已达到 17kW/L 以上，而在美国的《2025 年电机电控发展路线图》中[1]，到 2025 年，100kW 等级驱动电机系统中的电机控制器功率密度要达到 100kW/L。

(2)高工作效率。电机控制器作为电动汽车中功率最大的能量转换单元，必须具有较高的工作效率。对 100kW 等级驱动电机系统的电机控制器，要求其最高效率高于 98.7%。

(3)高可靠性。作为电动汽车动力系统最关键的部件之一，电机控制器要具有高可靠性(故障率低于 200×10^{-6})、长寿命(十年以上)的特征。

(4)高安全性。电机控制器的功能安全(包括转矩安全、高压安全)逐渐成为电机控制器的基本设计要求，目前一些整车厂已经要求电机控制器达到功能安全国际标准 ISO 26262《道路车辆功能安全》要求的 ASIL C 等级。

(5)高电磁兼容性。电机控制器是电动汽车中最主要的电磁干扰源之一，要求其具有良好的电磁兼容性。根据《中国 2035 电机电控发展路线图》，到 2035 年，驱动电机系统 EMC 要达到 4 级。

(6)高环境适应性。电机控制器需要适应高温、高寒、高粉尘、盐雾、强电磁干扰、强振动和快速的功率循环等各种极端工况。

(7)低价格。作为电动汽车的重要组成部分，包含电机控制器在内的驱动电机系统的价格直接影响电动汽车的推广，低成本也成为电机控制器的永恒追求。根据《节能与新能源汽车技术路线图 2.0》，到 2025 年，电机控制器成本约为 30 元/kW。

本章以开发出满足电动汽车驱动电机系统要求的电机控制器为目标，围绕电机控制器的构成与设计流程，分别介绍电机控制器主要部件的选型及设计、热管理以及结构设计。其中主要部件包括逆变电路、支撑电容、复合母排、IGBT 模块驱动电路板、控制电路板和散热器等。

第二节　电机控制器的硬件构成与设计步骤

一、电机控制器硬件构成

图 7-4 为水冷型电机控制器的硬件构成图，它主要包括以下部件。

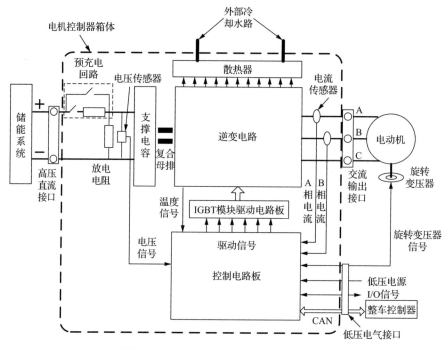

图 7-4　水冷型电机控制器的硬件构成图

(1)逆变电路：逆变电路是电机控制器的核心，是由以 IGBT 模块或 MOSFET 模块为代表的功率模块构成的电路，可实现直流电能与交流电能的相互转换。本章主要以应用最广泛的 IGBT 模块为例进行介绍。

(2)支撑电容：支撑电容的主要作用是吸收逆变电路产生的纹波电流，以抑制直流母线电压纹波。

(3)复合母排：复合母排用于支撑电容与逆变电路中功率模块直流侧的电气连接，以减小杂散电感。

(4)传感器：传感器包括电压传感器、电流传感器和温度传感器等。

(5)控制电路板：控制电路板是电机控制器的大脑。它包括两部分功能，即信号的转换和电机控制程序的运行。

(6)IGBT 模块驱动电路板：该电路板主要有两个功能，首先是根据功率器件的要求生成与之适应的驱动信号，其次是实现功率电源与控制电源的隔离。

(7)预充电回路与放电电路：为了避免电机控制器接入储能系统时高电压直流电对支撑电容造成大电流冲击，在高压直流接口与支撑电容之间设置了预充电回路。当电机控制器停机后，为快速释放掉支撑电容中的残留电荷，设计一个支撑电容的放电电路。该部分电路较简单，本章不做详细介绍。

(8)散热器：功率模块工作过程中由电功率损耗产生的热量会引起功率模块温度升高，为降低功率模块温升，采用散热器将功率模块产生的热量传递到电机控制器箱体外部。

(9)低压电气接口：低压电气接口是电机控制器箱体外部低压导线与内部部件电气连接的电气连接接口，主要包括电源导线、CAN 通信导线、驱动电机转子位置/速度传感器(旋转变压器)线束以及 I/O(输入/输出)信号线等。

(10)高压直流接口：高压直流接口是储能系统导线引入电机控制器内部的电气连接接口。

(11)交流输出接口：交流输出接口是电机控制器三相输出导线的电气连接接口。

(12)电机控制器箱体：用于安置上述所有部件的箱体。

二、电机控制器设计步骤

电机控制器的设计目标是：根据驱动电机系统分解给电机控制器的要求(详见第三章)开发出满足要求的电机控制器，具体要求如下：

(1)机械尺寸与接口的要求：电机控制器外形尺寸、机械接口、电气接口、冷却水路接口等要满足驱动电机系统要求。

(2)电性能的要求：电机控制器的效率、功率、电压、电流、频率范围等技术参数均要满足驱动电机系统要求。

(3)环境适应性的要求：除能在第三章所介绍的环境条件下正常工作外，还应能够通过《道路车辆 电气及电子设备的环境条件和试验》(GB/T 28046)所规定各项环境试验。

(4)电磁兼容性的要求：在各种电磁兼容环境下能可靠安全运行并不对周边电气设备产生骚扰，并能通过《电动汽车用驱动电机系统电磁兼容性要求和试验方法》(GB/T 36282—2018)所规定的各项试验。

(5)可靠性的要求：具有较低的故障率，使用寿命与整车相同，并通过《电动汽车用驱动电机系统可靠性试验方法》(GB/T 29307—2012)所规定的试验。

(6)安全性的要求：安全性包括功能安全和电压安全。电机控制器的功能安全至少达到 ISO 26262 规定的 ASIL C 等级或者用户的要求。电压安全要求满足《电动汽车安全要求》(GB 18384—2020)中关于人员触电防护等各种安全要求。

图 7-5 为以满足上述要求为目标的电机控制器设计步骤。其中设计依据为驱动电机系统对电机控制器的要求，设计核心内容包括主电路拓扑结构的选择，图 7-4 内各部件的选型、设计和结构布局设计。在设计过程中需采用一系列的分析研究手段，包括热管理分析、电磁兼容分析、机械强度分析和功能安全设计等，同时从经济性、可生产性、可维护性和可靠性等对所设计的电机控制器进行评估，然后进行样机试制、试验并运行考核。

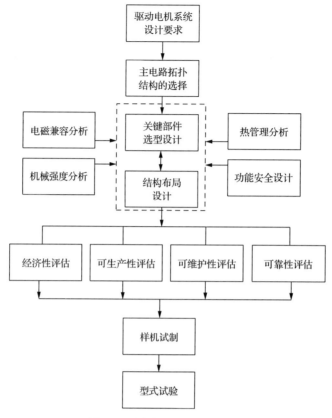

图 7-5 电机控制器设计步骤图

本章主要介绍电机控制器设计步骤中的主电路拓扑、关键部件的选型设计及电机控制器的结构布局，作为电机控制器本体设计辅助支撑技术的电磁兼容技术、功能安全技术等内容分别在第九章和第十章介绍。

第三节 逆变电路与功率模块

基于功率模块的逆变电路是电机控制器的核心，它直接决定电机控制器的电气性能、结构布局和散热方式等特征。

目前电机控制器采用的是 Si 基 IGBT 和 MOSFET 模块以及 SiC MOSFET，其中 Si 基 MOSFET 模块主要用在低电压、小功率的电机控制器中，Si 基 IGBT 模块是电机控制器中应用最普遍的功率模块，而 SiC MOSFET 是行业研究的热点。

本节首先介绍逆变电路的典型拓扑结构，然后介绍常用的 IGBT 模块的基本结构与封装形式、典型的 IGBT 模块、工作特性、关键参数及选型，最后简要介绍 SiC MOSFET 模块特性及应用情况。

一、逆变电路拓扑结构

电机控制器的逆变电路通常采用较为简单的两电平电压型逆变电路(图7-6中虚线框中部分),以实现直流电压与交流电压的相互转换。

在图 7-6 所示的逆变电路基础上,还可衍生出多种逆变电路拓扑结构,如图 7-7 所示,该电路在图 7-6 所示的逆变电路之前增加了 Boost 升压变换器。这种拓扑结构的最大特点是,在储能系统电压一定时,可以利用升压变换器调节逆变电路直流母线电压 U_{dc},从而提升驱动电机的输出功率并扩大高效区,典型的应用为丰田 Prius 混合动力系统。但该逆变电路结构较复杂且成本较高。

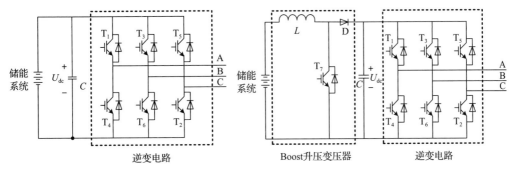

图 7-6　两电平电压型逆变电路　　　　图 7-7　采用升压变换器的逆变电路

二、IGBT 模块

1. IGBT 模块的电路拓扑结构和要求

IGBT 模块是由 IGBT 芯片与续流二极管(free-wheeling diode, FWD)以特定的电路拓扑封装而成的功率模块。根据 IGBT 模块电路拓扑结构,IGBT 模块可分为单管 IGBT 模块、半桥电路拓扑 IGBT 模块(以下简称半桥 IGBT 模块)与三相全桥电路拓扑 IGBT 模块(以下简称三相全桥 IGBT 模块)。图 7-8 为三种模块的电路拓扑结构。目前在电机控制器中应用最为广泛的是半桥 IGBT 模块与三相全桥 IGBT 模块。

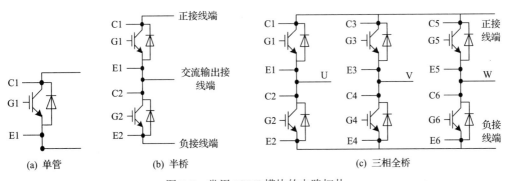

图 7-8　常用 IGBT 模块的电路拓扑

电动汽车的特殊环境条件和应用工况以及对电机控制器高功率密度、高体积密度、高效率和高可靠性等要求，对 IGBT 模块提出了相应的要求，集中体现在：

(1)较高的温度循环次数及功率循环次数：车辆在行驶时频繁起停，此时 IGBT 模块工作电流随之骤升或者急降，IGBT 模块电流的快速变化会导致 IGBT 结温的快速变化，从而影响 IGBT 模块的使用寿命，因此对 IGBT 模块的温度循环次数、功率循环次数要求更高。

(2)较高的抗振动与冲击能力：车辆行驶时 IGBT 模块会受到较大的振动和冲击(加速度通常在 10g 以上)，因此对 IGBT 模块接线端子的抗振动强度要求较高。

(3)较高的功率密度：电机控制器的狭小安装空间对 IGBT 模块的功率密度提出了较高要求。

(4)较高的效率：为了实现电机控制器的高效率要求，要求选用高效率的 IGBT 模块。

(5)高效的冷却方式：为了有效控制 IGBT 模块的结温，需要 IGBT 模块具有低热阻、高效的冷却方式的特征。

(6)高可靠性、长寿命：需要满足乘用车 10 年或 20 万 km 的要求、公交车 10 年或 80 万 km 的要求。

为满足上述要求，国际上主流半导体公司在 IGBT 芯片技术和模块封装技术方面开展研究，开发出了不同封装形式和不同技术规格的车规级 IGBT 模块供客户选用，或者针对客户需求定制开发。

2. IGBT 模块的典型封装形式

车规级 IGBT 模块要适应电动汽车电机控制器功率密度高和结构形态多变的要求，因此 IGBT 模块厂商开发出的车规级 IGBT 模块封装形式各异。目前市场上主要有以下三类封装形式的 IGBT 模块产品供用户选择：标准 IGBT 模块、定制化 IGBT 模块和 IGBT 功率组件。

1)标准 IGBT 模块

标准 IGBT 模块具有标准的电气接口、机械接口、冷却方式与外形尺寸，不同厂家相同规格标准模块的电压等级、电流等级定义方式基本相同[2,3]。

标准 IGBT 模块具有通用性好、选型方便的优点，发展至今已有两代产品：第一代的铜基板散热结构 IGBT 模块与第二代的 Pin-Fin 散热结构 IGBT 模块。

(1)铜基板散热结构 IGBT 模块。图 7-9 为英飞凌公司开发的铜基板散热结构的半桥 IGBT 模块。IGBT 模块中的铜基板是其主要散热通道。在电机控制器中，铜基板涂敷导热硅脂后与散热器的工作面紧密压接在一起。IGBT 模块工作过程中产生的热量通过铜基板、导热硅脂传递到散热器，最终由散热器的冷却介质传递到电机控制器箱体外部。

这种 IGBT 模块散热结构的优点是工艺简单和成熟，缺点是散热性能差，且存在因导热硅脂老化造成的散热性能下降问题。

(2)Pin-Fin 散热结构 IGBT 模块。Pin-Fin 散热结构 IGBT 模块靠散热基板上焊接的金属 Pin-Fin(针翅)直接浸泡在冷却液中实现散热,因此散热性能更好,IGBT 模块可以做得更小,相同功率等级下比铜基板散热模块可减小 30%以上的体积。由于不使用导热硅脂,这种模块也不存在导热硅脂老化问题。图 7-10 为英飞凌公司开发的 Pin-Fin 散热结构的三相全桥 IGBT 模块。

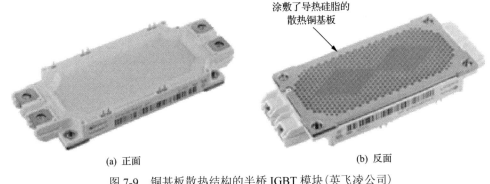

涂敷了导热硅脂的
散热铜基板

(a) 正面　　　　　　　　　　　　　　　　　　(b) 反面

图 7-9　铜基板散热结构的半桥 IGBT 模块(英飞凌公司)

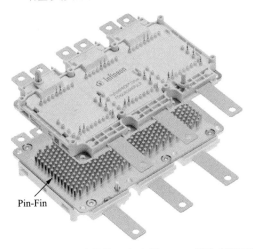

Pin-Fin

图 7-10　Pin-Fin 散热结构的三相全桥 IGBT 模块(英飞凌公司)

2) 定制化 IGBT 模块

定制化 IGBT 模块是根据电机控制器设计厂家要求定制开发的 IGBT 模块,其电气接口、机械接口、外形尺寸和冷却方式等具有独特特征。通常批量较大的电机控制器才采用定制化 IGBT 模块。

图 7-11 为博世公司定制开发的转模封装半桥 IGBT 模块,该模块没有采用笨重的散热铜基板,且引线端子焊接在 IGBT 芯片上并直接引出到壳体外部,减少了绑定线,因此具有体积小、重量轻、散热性能好等优点,与同电气规格的铜基板散热结构 IGBT 模块相比,其重量和体积均降低 50%以上。

图 7-12 为中车时代电气开发的双面冷却半桥 IGBT 模块。该 IGBT 模块有上下两个散热面,因此可以使用两个散热器,由于增大了散热面积,其整体热阻下降约 30%。该模块还具有结构紧凑的特点,与同电气规格的铜基板散热结构 IGBT 模块相比,体积降

低约 70%，重量降低约 60%。

图 7-11　转模封装半桥 IGBT 模块(博世公司)

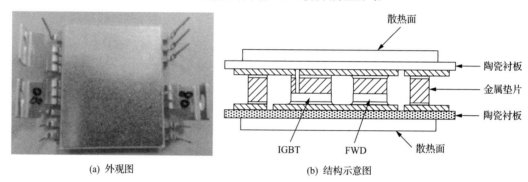

(a) 外观图　　　　　　　　(b) 结构示意图

图 7-12　双面冷却半桥 IGBT 模块(中车时代电气)

3) IGBT 功率组件

一些电机控制器厂商联合半导体厂家，将 IGBT 模块与电机控制器中其他部件集成为一个多功能的 IGBT 功率组件，被集成的部件可以包括散热器、驱动电路板和电流传感器等部件中的一个或者数个，IGBT 功率组件同样属于定制化 IGBT 模块范畴。

图 7-13 为中车时代电气基于双面冷却半桥 IGBT 模块开发的一款 IGBT 功率组件，它集成了 IGBT 模块、散热器、驱动电路板和电流传感器等部件，用户只需要匹配合适的支撑电容、箱体、高压直流接口、交流输出接口和低压电气接口等部件，就能设计出一款电机控制器。本章第八节将介绍基于该功率组件的电机控制器布局设计方案。

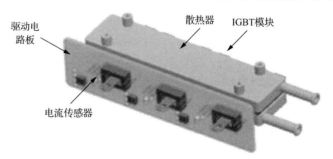

图 7-13　IGBT 功率组件(中车时代电气)

图 7-14 为丰田公司开发的 IGBT 功率组件，其集成了双向 DC/DC 与两个逆变电路所需的 IGBT 芯片和续流二极管与散热器。这种功率组件可大幅提升电机控制器的功率密度和可靠性并降低成本。

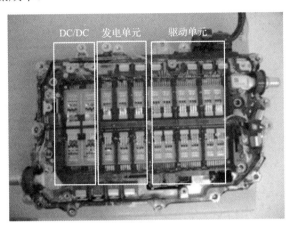

图 7-14　IGBT 功率组件(丰田公司)

3. IGBT 模块的工作特性

IGBT 模块的工作特性直接影响电机控制器的电气性能与热力学性能，了解 IGBT 模块的工作特性是 IGBT 模块选型、驱动电路板和散热器设计的基础。

IGBT 模块可以简单等效成一个由电压信号控制的开关器件。其开通、关断过程可以简单描述为：当 IGBT 模块的栅极 G 与发射极 E 之间的电压 V_{GE} 大于或等于开通阈值电压 V_{th} 时，该 IGBT 模块进入开通状态；当 V_{GE} 小于开通阈值 V_{th} 时，该 IGBT 模块转入关断状态。因此，IGBT 模块的工作状态包括开通状态、关断状态，以及从开通到关断状态切换、关断到开通状态切换等几种状态。

IGBT 模块的工作特性即上述各工作状态的特性，可以用关断或者开通状态下的静态特性，以及开关过程的动态特性来描述。

1) 静态特性

IGBT 模块的静态特性包括输出特性、转移特性和开关特性。

(1) 输出特性：IGBT 模块输出特性也称伏安特性，是指 IGBT 模块在不同栅极-发射极电压 V_{GE} 下的集电极电流 I_C 与集电极-发射极电压 V_{CE} 之间的关系。图 7-15 为某款 IGBT 模块的输出特性曲线。根据 IGBT 模块的工作状态，输出特性分为截止区、饱和区与放大区三个区域，即：①截止区，$V_{GE} < V_{th}$，IGBT 模块处于关断状态；②饱和区，$V_{GE} \geqslant V_{th}$，I_C 随着 V_{GE} 线性增加；③放大区，$V_{GE} \geqslant V_{th}$，I_C 增大到一定程度，不再随 V_{GE} 线性增加。

处于放大区与饱和区的 IGBT 模块均处于开通状态。IGBT 模块作为开关模块，其工作区域主要在截止区的关断状态与饱和区的开通状态之间切换。

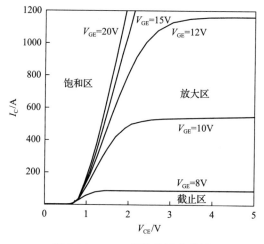

图 7-15　IGBT 模块的输出特性

(2)转移特性：IGBT 模块的转移特性是指在集电极-发射极电压 V_{CE} 一定的条件下，栅极-发射极电压 V_{GE} 与集电极电流 I_C 之间的关系。图 7-16 为某款 IGBT 模块的转移特性。

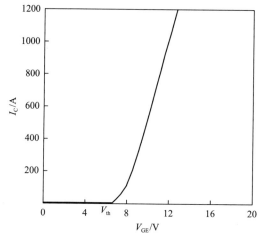

图 7-16　IGBT 模块的转移特性

(3)开关特性：IGBT 模块的开关特性是指 IGBT 模块在开通或者关断条件下，集电极电流 I_C 与集电极-发射极电压 V_{CE} 的关系。

IGBT 模块的输出特性、转移特性与开关特性是 IGBT 静态特性不同维度下的表现形式，三者之间存在对应关系。

从 IGBT 模块输出特性(图 7-15)可以看出，相同集电极电流 I_C 条件下，较高栅极-发射极电压 V_{GE} 对应较低的集电极-发射极电压 V_{CE}。从图 7-16 的转移特性可以看出，当 IGBT 模块栅极-发射极电压 $V_{GE} < V_{th}$ 时，IGBT 模块集电极电流 I_C 约为 0，当 IGBT 模块栅极-发射极电压 $V_{GE} \geqslant V_{th}$ 后，集电极电流 I_C 随着 V_{GE} 的增加近似线性上升。IGBT 模块导通后，在相同导通压降 V_{CE} 下，较高的 V_{GE} 电压可产生较大的集电极电流 I_C，从图 7-15

中的输出特性也可以看出这个规律。

对于 IGBT 模块的开关特性，当 IGBT 模块关断时，集电极电流 I_C 为微安级，此值即为 IGBT 模块的漏电流，正常 IGBT 模块的漏电流会因工艺参数一致性的影响在一定范围之内波动，因此该值可以作为评估 IGBT 模块健康度的指标之一。IGBT 模块开通时，集电极电流 I_C 与集电极-发射极电压 V_{CE} 的关系可以在图 7-15 中看出。

IGBT 模块静态特性是设置 IGBT 模块栅极-发射极电压、集电极电流工作点的重要依据。从图 7-15 的输出特性可以看出，由于集电极电流与集电极-发射极电压 V_{CE} 的乘积为 IGBT 模块的导通损耗（参见本章第七节的 IGBT 模块损耗计算），因此栅极-发射极电压 V_{GE} 直接影响 IGBT 模块导通损耗。例如，若 $V_{GE}=15V$，IGBT 模块工作电流为 400A 时对应的导通压降 $V_{CE}=1.3V$，此时导通损耗为 520W；而若 $V_{GE}=10V$，$I_C=400A$ 时对应的导通压降 $V_{CE}=1.6V$，此时导通损耗为 640W。从降低损耗的角度考虑，选择 $V_{GE}=15V$ 是合适的，但是 V_{GE} 过高会导致 IGBT 模块发生短路时的短路电流过大，危及 IGBT 模块安全，因此 V_{GE} 值的设置需要综合考虑降低损耗与提升安全性两方面的要求。

2）动态特性

动态特性是指 IGBT 模块开关过程中栅极-发射极电压 V_{GE}、V_{CE}、电流 I_C 随时间变化的特性。图 7-17 为 IGBT 模块在一个开关周期中的动态特性图，表 7-1 中给出了该图中各个变量的定义。

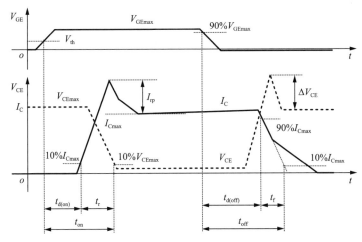

图 7-17 IGBT 模块开关过程中的动态特性曲线

表 7-1 图 7-17 中各变量的定义

变量名称	变量定义
开通时间 t_{on}	IGBT 模块开通过程中，V_{GE} 上升到阈值电压 V_{th} 至 V_{CE} 下降到 $10\%V_{GEmax}$ 时为止的时间
开通延迟时间 $t_{d(on)}$	IGBT 模块开通过程中，V_{GE} 上升到阈值电压 V_{th} 至 I_C 从 0 上升到 $10\%I_{Cmax}$ 的时间
上升时间 t_r	IGBT 模块开通过程中，I_C 上升到 $10\%I_{Cmax}$ 至 V_{CE} 下降到 $10\%V_{GEmax}$ 的时间

变量名称	变量定义
关断延迟时间 $t_{d(off)}$	IGBT 模块关断过程中，V_{GE} 下降到 $90\%V_{GEmax}$ 至 I_C 下降到 $90\%I_{Cmax}$ 的时间
关断时间 t_{off}	IGBT 模块关断过程中，V_{GE} 下降到 $90\%V_{GEmax}$ 到 I_C 下降到 $10\%I_{Cmax}$ 的时间
下降时间 t_f	IGBT 模块关断过程中，I_C 从 $90\%I_{Cmax}$ 开始沿切线方向下降到 $10\%I_{Cmax}$ 的时间
反向恢复电流 I_{rp}	反并联二极管反向电流峰值
关断尖峰电压 ΔV_{CE}	IGBT 模块关断过程中因换流回路中的寄生电感导致的尖峰电压

IGBT 模块的动态特性参数是评估 IGBT 模块驱动电路是否正常、驱动参数设置得是否合理的依据。在表 7-1 中，半桥 IGBT 模块中上、下功率器件的开通时间 t_{on} 与关断延迟时间 t_{off} 的设置要确保 IGBT 模块驱动信号死区时间内不出现 IGBT 模块因上、下功率器件同时开通导致的直通短路故障。而根据关断尖峰电压 ΔV_{CE} 可评估 IGBT 模块是否存在过电压风险。IGBT 模块的动态特性需要结合 IGBT 模块驱动电路、换流回路等外部电路进行评估(参见本章第六节的双脉冲斩波测试)。

4. IGBT 模块的关键参数

IGBT 模块关键参数是设计选型的依据，除了上述提到的工作特性参数外，一般还包括外形尺寸、接口定义、最大额定值和热阻特性等。一般在 IGBT 模块使用说明书中会比较详细地给出这些参数供模块选型用。

某款标准半桥 IGBT 模块所给出的关键参数如下。

1) IGBT 模块外形尺寸与接口定义

IGBT 模块接口包括机械接口与电气接口。图 7-18 为某 IGBT 模块的机械结构三维图，图中的安装孔即为机械接口，用于将 IGBT 模块固定到散热器工作面。电气接口包括强电接口与弱电接口，强电接口即图中的正、负接线端与交流输出端，正、负接线端通过复合母排与支撑电容相连接，弱电接口与 IGBT 模块驱动电路板输出端子相连接，交流输出端用金属母排连接到电机控制器交流输出接口。

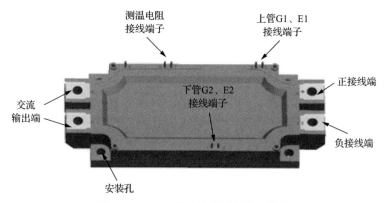

图 7-18　IGBT 模块的机械结构三维图

2) 最大额定值

最大额定值是指 IGBT 模块若干关键参数的最大允许极限值，这些值是 IGBT 模块选型的主要参考依据。表 7-2 列出了某款 IGBT 模块使用说明书提供的集电极-发射极击穿电压 V_C、集电极连续电流 I_C 和最高结温 T_j 等参数的最大值，并简要介绍了这些参数的用途。在后续的 IGBT 模块选型部分，会详细介绍集电极-发射极击穿电压 V_{CE}、集电极连续电流 I_C 和最高结温 T_j 的核算方法。而在 IGBT 模块驱动电路板（详见本章第六节）设计环节，会介绍如何核算饱和电流及短路允许时间等参数。

表 7-2 某款 IGBT 模块最大额定值

参数	最大额定值	用途
集电极-发射极击穿电压 V_{CE}	1200V	IGBT 模块电压选择时作为参考
栅极-发射极电压 V_{GE}	±20V	IGBT 模块驱动电压设置时作为参考
集电极连续电流 I_C	600A（当壳温为 100℃时）	IGBT 模块电流选择时作为参考
正向导通电流 I_F	600A	IGBT 模块电流选择时作为参考
最高结温 T_j	175℃	IGBT 模块散热器设计时作为参考
集电极发射极漏电流 I_{CES}	150μA @（V_{CE}=1200V，V_{GE}=0V）	IGBT 模块健康度评估参考
栅极发射极漏电流 I_{GES}	300nA @（V_{CE}=0V，V_{GE}=+20V/−20V）	IGBT 模块健康度评估参考
饱和电流 I_{SC}	一般为额定电流的 4～8 倍	IGBT 短路保护电路设计时作为参考
短路允许时间 t_s	小于 6μs	IGBT 短路保护电路设计时作为参考

3) IGBT 模块电气特性参数

IGBT 模块的电气特性参数包括前面提到的 IGBT 模块工作特性参数（动态参数与静态参数）以及工作特性曲线不能展示的其他电气参数，如栅极阈值电压和栅极电荷等。

表 7-3 列出了某款 IGBT 模块的部分电气特性参数及其典型值。表中，栅极电荷 Q_G、饱和导通压降 $V_{CE(sat)}$、栅极阈值电压 V_{th} 等参数由 IGBT 模块自身设计参数决定，用户根据需要选用。而动态性能参数与实际应用条件相关，其典型值通过双脉冲斩波测试获得（参考本章第六节驱动电路板的测试）。表 7-3 中 R_G 为 IGBT 模块的开通/关断电阻，L_S

表 7-3 某款 IGBT 模块的电气特性参数

电气特性参数	测试条件	典型值	用途
上升延迟时间 $t_{d(on)}$		0.46μs	开通电阻设计参考
上升时间 t_r		0.11μs	开通电阻设计参考
下降延迟时间 $t_{d(off)}$	V_{CE} =600V，I_C=600A，V_{GE}=+15V/−15V，R_G=0.56Ω，L_S=35nH	0.47μs	关断电阻设计参考
下降时间 t_f		0.09μs	关断电阻设计参考
开通损耗 E_{on}		59.5mJ	用于损耗计算
关断损耗 E_{off}		63.1mJ	用于损耗计算
反向恢复损耗 E_{rr}		41.3mJ	用于损耗计算
关断电压尖峰值 ΔV_{CE}		350V	用于电压选型核算

续表

电气特性参数	测试条件	典型值	用途
栅极电荷 Q_G	V_{CE} =600V，I_C=600A，V_{GE}=+15V/−15V	4.2μC	用于驱动电路功率计算
饱和导通压降 $V_{CE(sat)}$	T_j = 25℃，V_{GES}=15V，I_C =600A	2.75V	用于损耗计算
栅极阈值电压 V_{th}	V_{CE}=25V，I_C=600mA	6.5V	驱动电路设计参考

为换流回路寄生电感。由于 IGBT 模块的动态参数与逆变电路参数有关，表 7-3 中特定测试条件的典型值可以定量评估 IGBT 模块的动态性能。

4）热阻特性

IGBT 模块的热阻特性是指 IGBT 模块内部从 IGBT 芯片、FWD 芯片焊接面到 IGBT 模块散热面热路的参数特性。IGBT 模块的热阻特性是 IGBT 模块结温计算的直接依据，基于 IGBT 模块的热损耗功率及热阻特性，可以计算出 IGBT 模块结温。表 7-4 为某款 IGBT 模块的热阻参数。

表 7-4　某款 IGBT 模块的热阻参数

参数	测试条件	最大值/(K/W)
结-外壳热阻 $R_{th(j-c)}$	以 IGBT 芯片为基准	0.048
	以续流二极管芯片为基准	0.057
外壳-散热器热阻 $R_{th(c-f)}$	涂敷的导热硅脂热阻为 1W/(m·K)	0.0167

5. IGBT 模块选型

IGBT 模块选型是指根据电机控制器的输入电压、输出电流、机械结构和散热条件等要求，从 IGBT 模块产品名录中选择参数合适的产品，IGBT 模块选型的主要工作如下：

1）IGBT 模块类型的选择

根据电机控制器的主电路拓扑结构选择 IGBT 模块的电路拓扑，根据电机控制器机械结构要求选择 IGBT 模块的封装形式和散热形式。

2）外形接口尺寸的确认

根据电机控制器机械结构要求，确认 IGBT 模块的电气和机械接口参数。

3）集电极-发射极击穿电压 V_{CES} 的选择

根据电机控制器的最高直流母线电压确定 IGBT 模块的集电极-发射极击穿电压 V_{CES}。电压 V_{CES} 需要高于 IGBT 模块工作过程中可能出现的最高电压。IGBT 模块在关断过程中除了承受最高直流母线电压 U_{dcmax} 外，还必须承受换流回路寄生电感引起的关断电压尖峰值 ΔV_{CE}。因此其承受的最高直流电压 V_{CEmax} 为

$$V_{CEmax}=U_{dcmax}+\Delta V_{CE} \tag{7-1}$$

备选的 IGBT 模块 V_{CES} 必须高于 V_{CEmax}。

例如，某款电机控制器的额定电压为 540V，最高直流母线电压为 720V，若关断过程中寄生电感引起的 $\Delta V_{CE}=400V$，则其承受的最高电压为 1120V，考虑一定的设计裕量，可以根据产品手册，选用 V_{CES} 电压为 1200V 的 IGBT 模块。

4）集电极连续电流 I_{con} 的选择

IGBT 模块的 I_{con} 需根据电机控制器峰值电流进行选取，要求其满足如下条件：

$$I_{con} \geqslant \sqrt{2} I_{Nmax} / \alpha \tag{7-2}$$

式中，I_{con} 为 IGBT 模块集电极连续电流，A；I_{Nmax} 为电机控制器峰值电流，A；α 为安全系数，无量纲，根据 IGBT 模块壳体温度和经验而定，当 IGBT 模块壳体温度为 80℃时，一般取 1.06，壳体温度越低，α 值取值越大。

完成上述工作后，就可以基本确定 IGBT 模块规格，然后对 IGBT 模块使用说明书中的其他参数进行核算，以确认其是否满足要求。核算的原则是表 7-2 中的参数不允许超标，表 7-3 中的参数根据实际选取。

5）IGBT 模块最高工作结温核算

IGBT 模块工作结温即 IGBT 芯片工作温度，IGBT 模块的工作结温不允许高于表 7-2 中要求的最高结温（通常为 175℃）。IGBT 模块工作结温无法直接测量，需要以散热器工作面温度 T_f 为基准，通过 IGBT 模块损耗与表 7-4 中的热阻参数计算得出，计算公式为

$$T_j = T_f + (R_{th(j-c)} + R_{th(c-f)}) P_{lose} \tag{7-3}$$

式中，T_f 为散热器工作面温度，℃；$R_{th(j-c)}$ 为 IGBT 模块结-外壳热阻，K/W；$R_{th(c-f)}$ 为 IGBT 模块外壳-散热器热阻，K/W；P_{lose} 为 IGBT 模块的损耗功率，W；T_j 为 IGBT 模块结温，℃。

由式（7-3）可知，由于 $R_{th(j-c)}$ 和 $R_{th(c-f)}$ 由 IGBT 模块自身材料决定，为固定值，P_{lose} 由电机控制器工况决定，不能改变，因此降低 IGBT 模块结温最直接的办法是降低散热器工作面温度 T_f（见本章第七节）。

6）最高栅极-发射极电压 V_{GES} 核算

IGBT 模块驱动电路设计时，要保证栅极-发射极电压 V_{GES} 不超出表 7-2 规定的范围（见本章第六节）。

7）饱和电流 I_{SC} 与短路允许时间 t_s 核算

IGBT 模块短路保护电路参数的设置要保证短路电流与响应时间不超出表 7-2 中规定的范围（见本章第六节）。

8）安全工作区校核

IGBT 模块使用说明书中会给出模块中 IGBT 芯片的反偏安全工作区（图 7-19）与续流二极管的安全工作区（图 7-20）。IGBT 芯片的反偏安全工作区是指最高集电极-发射极电

压 V_{CE} 与最大允许集电极电流 I_C 包围的区域；续流二极管的安全工作区是指续流二极管能够承受的最大功率区域。在 IGBT 模块选型中要保证电机控制器极端工况下 IGBT 模块的电压 V_{CE}、电流 I_C 也必须落入安全工作区之内。

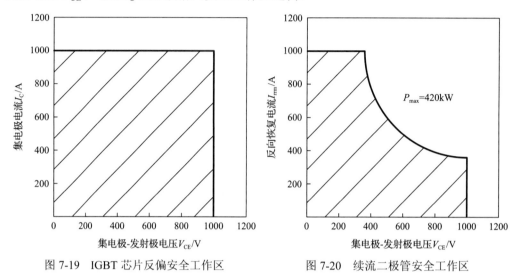

图 7-19   IGBT 芯片反偏安全工作区   图 7-20   续流二极管安全工作区

9) 动态特性参数核算

表 7-3 中 IGBT 模块的动态特性参数与 IGBT 模块驱动电路中的驱动参数相关。从图 7-21 可以看出，随着驱动电阻的增加，开通延迟时间 $t_{d(on)}$、上升时间 t_r、下降延迟时间 $t_{d(off)}$ 和下降时间 t_f 均有所增加，这些参数的增加有益于电磁兼容性，但是会导致 IGBT 模块的开通损耗 E_{on} (图 7-22) 与关断损耗 E_{off} (图 7-23) 的增加，因此在实际应用中需要平衡各方面需求。本章第六节会综合介绍驱动电路参数对 IGBT 模块损耗、短路承受能力和电磁干扰强度等方面的影响规律。

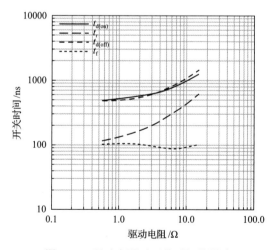

图 7-21   驱动电阻对开关时间的影响

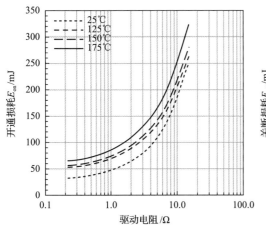

图 7-22　驱动电阻对开通损耗的影响

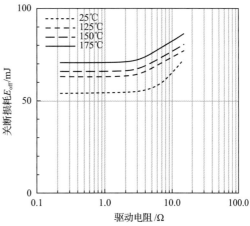

图 7-23　驱动电阻对关断损耗的影响

10) 可靠性要求

除了上述 IGBT 模块的基本性能参数，电机控制器的高可靠性还对 IGBT 模块的可靠性提出了高要求。与工业变频器中应用的工业级 IGBT 模块相比，车规级 IGBT 模块的可靠性参数指标要求更高。表 7-5 中对某款工业级和车规级 IGBT 模块的主要可靠性参数差异性进行了对比。

表 7-5　工业级与车规级 IGBT 模块的主要可靠性参数差异

关键指标	工业级 IGBT 模块	车规级 IGBT 模块
使用寿命	3～10 年	10～15 年
温度冲击次数	≥50 次(试验条件：IGBT 模块在-40℃存储箱与 150℃存储箱中的存储时间均为 1h，两个存储箱间相互切换的时间小于 30s)	≥1000 次(试验条件：IGBT 模块在-40℃存储箱与 150℃存储箱中的存储时间均为 1h，两个存储箱间相互切换的时间小于 30s)
功率循环次数	≥125000 次(测试条件：结温差值 ΔT_j=60K，最高结温 T_{jmax}=125℃)	≥150000 次(测试条件：结温差值 ΔT_j=60K，最高结温 T_{jmax}=150℃)
温度循环次数	≥5000 次(测试条件：25～105℃)	≥20000 次(测试条件：25～105℃)
机械振动条件	一般不做要求	X、Y、Z 每个轴 30h(测试条件：5～200Hz 正弦波，20g)

三、SiC MOSFET 模块

电动汽车对电机控制器性能的要求不断提高，同时 IGBT 模块的开关频率、工作效率和温度性能等逐渐接近材料的本征极限，因此，具有更高频率、更高效率和更好高温特性的 SiC MOSFET 模块逐渐成为电机控制器的重要选择。

由于 SiC MOSFET 模块的导通损耗为 Si 基 IGBT 模块的 50% 以下、开关损耗为 Si 基 IGBT 模块的 30% 以下、工作结温可提升 10% 以上、开关速度可提升 3～5 倍，因此基于性能更优的 SiC MOSFET 模块，可以开发出功率密度、效率更高的电机控制器。

目前国际主流的半导体厂家均开发出了不同规格的 SiC MOSFET 模块产品。图 7-24 分别为英飞凌公司、中车时代电气、科锐股份有限公司(以下简称科锐)和罗姆半导体集团公司(以下简称罗姆)的 SiC MOSFET 模块产品。

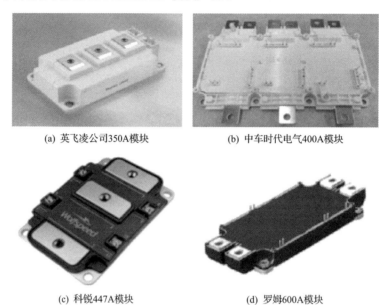

(a) 英飞凌公司350A模块　　　　　(b) 中车时代电气400A模块

(c) 科锐447A模块　　　　　(d) 罗姆600A模块

图 7-24　典型 SiC MOSFET 模块

鉴于 SiC MOSFET 模块的上述优势,国际主流的电机控制器厂家均开展了 SiC 电机控制器的研发工作,部分产品已经开始商业化应用。图 7-25 为特斯拉公司 Model 3 中电机控制器的逆变电路,该逆变电路由 24 个 650V@100A SiC MOSFET 单管模块集成。图 7-26 为丰田公司基于定制化 SiC MOSFET 模块研制的电机控制器。

SiC
MOSFET
模块

图 7-25　SiC MOSFET 模块在特斯拉电机
控制器中的应用

图 7-26　SiC MOSFET 模块在丰田电机
控制器中的应用

第四节　支撑电容和复合母排

支撑电容、复合母排与逆变电路构成了电机控制器的主功率电路。图 7-27 为某款电机控制器逆变电路中 IGBT 模块与复合母排、支撑电容的机械和电气关联关系示意图。支撑电容的主要功能是吸收逆变电路产生的高频纹波电流，并可以降低储能系统到电机控制器之间高压直流电缆的寄生电感和 IGBT 模块关断过程中的尖峰电压幅值。而复合母排为支撑电容与 IGBT 模块的低电感电气连接部件。

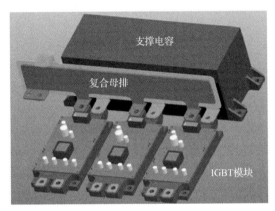

图 7-27　逆变电路中 IGBT 模块与复合母排和支撑电容的关联关系图

支撑电容、复合母排与逆变电路三者之间在机械和电气连接方面均存在强耦合关系，在设计过程中，三者需要协同设计。

支撑电容和复合母排的性能和可靠性直接决定电机控制器的性能和可靠性。本节在介绍功率模块、支撑电容和复合母排寄生电感对功率模块尖峰电压影响的基础上，分别介绍支撑电容和复合母排的特性及选型。

一、逆变电路的高频等效电路及功率模块的尖峰电压

由电路的电磁效应可知，支撑电容、复合母排与逆变电路中不可避免地存在寄生电感或者分布电容。图 7-28 分别为考虑了寄生参数的支撑电容、复合母排与 IGBT 模块的

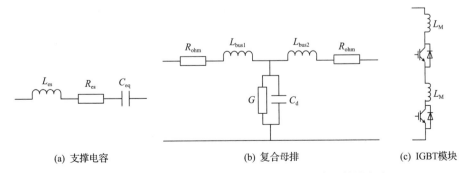

(a) 支撑电容　　　　　　　　(b) 复合母排　　　　　　　　(c) IGBT模块

图 7-28　支撑电容、复合母排与 IGBT 模块的高频等效电路

高频等效电路。图中 L_{es} 为支撑电容的等效串联电感，R_{es} 为支撑电容的等效串联电阻，C_{eq} 为支撑电容的等效电容，R_{ohm} 为复合母排的等效电阻，L_{bus1}、L_{bus2} 为复合母排的寄生电感，G 为复合母排的等效绝缘电阻，C_d 为复合母排的寄生电容，L_M 为 IGBT 模块的寄生电感。

由于寄生电感会直接影响 IGBT 模块的开关暂态过程，引起 IGBT 模块的关断尖峰电压，而支撑电容中的 R_{es} 与复合母排中的 R_{ohm}、G、C_d 对 IGBT 模块的开关暂态影响较小，可以忽略不计，简化后的逆变电路的高频等效电路如图 7-29 所示。图中，L_{M1}～L_{M6} 为 IGBT 模块内部寄生电感，L_{bus1}～L_{bus3} 为复合母排的寄生电感，L_{wire} 为储能系统高压直流电源到支撑电容之间导线的等效寄生电感。

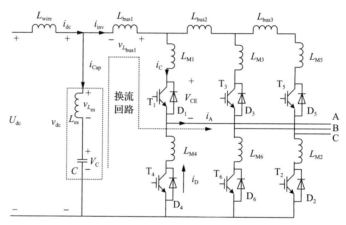

图 7-29　逆变电路的高频等效电路

电机控制器一般采用正弦脉宽调制(sinusoidal pulse width modulation，SPWM)或者 SVPWM。无论采用何种调制方式，三个半桥 IGBT 模块均会按调制要求交替开关。每个开关过程即为一个换流过程，换流过程中电流流经的路线即为换流回路。

在图 7-29 中标示的换流回路中，当 A 相桥臂的上 IGBT 功率器件 T_1 由开通状态切换到关断状态时 i_C 由 i_A 降为 0，A 相桥臂的下 IGBT 功率器件 T_4 开通，二极管 D_4 电流从 0 上升到 i_A，维持 A 相电流 i_A 幅值不变。该过程即为一个换流过程。在换流时，IGBT 器件 T_1 的集电极-发射极电压 V_{CE} 为

$$\begin{cases} V_{CE} = V_C + \Delta V_{CE} \\ \Delta V_{CE} = (L_{bus1} + L_{es} + L_{M1})\dfrac{di_C}{dt} \end{cases} \tag{7-4}$$

从式(7-4)可知，V_{CE} 电压由 V_C 与 ΔV_{CE} 两部分构成。由于支撑电容容值较大，可以认为 V_C 为常量，即为直流母线电压。而 ΔV_{CE} 与换流回路电感和电流变化率有关，在 $\dfrac{di_C}{dt}$ 一定的情况下，只要存在寄生电感 L_{M1}、L_{bus1}、L_{es}，就会存在 ΔV_{CE}。在电动汽车电机控制器中，ΔV_{CE} 通常有数百伏，该电压峰值与直流母线电压 V_C 叠加，增加了 IGBT 模块的耐压负荷。

在换流回路的三种寄生电感中，L_{M1} 由 IGBT 模块封装结构决定，通常 IGBT 模块厂家已采取相应的措施降低该电感值，选型时只能择优选用，因此降低 ΔV_{CE} 的有效措施是降低支撑电容的等效串联电感 L_{es} 和复合母排的寄生电感 L_{bus1}、L_{bus2} 和 L_{bus3}，即支撑电容与复合母排的低感化设计是降低 ΔV_{CE} 的主要途径。

二、支撑电容

1. 支撑电容的类型

电动汽车电机控制器采用的支撑电容有电解电容与薄膜电容(图 7-30)。早期的电机控制器大多采用电解电容，随着技术进步与成本的降低，具有低 R_{es}、低 L_{es}、耐温和耐压更强、寿命更长的薄膜电容逐渐成为主要选择，目前电动汽车电机控制器大多选用薄膜电容作为支撑电容。本节只介绍薄膜电容。

(a) 电解电容　　　　　　　　(b) 薄膜电容

图 7-30　支撑电容类型

薄膜电容根据使用的薄膜材料特征，又可分为普通膜电容与安全膜电容。普通膜电容使用的薄膜材料表面蒸镀了一层金属层的塑料(聚丙烯或者聚酯)薄膜，而安全膜电容使用的薄膜材料表面金属层被划分为不同的区域，相邻区域间通过金属条互连，当任何一个区域发生电击穿故障时，瞬间大电流会将金属条熔断，防止故障扩散，因此其安全性更好。

2. 电机控制器对支撑电容的基本要求

电机控制器对支撑电容提出以下要求：
(1)高功率密度以满足电机控制器的高功率密度要求。
(2)低电感 L_{es}、低电阻 R_{es}：低电感以降低 IGBT 模块关断尖峰电压；低电阻以减少支撑电容损耗，降低工作温度，延长其使用寿命。
(3)高阻燃性以满足防火安全要求。
(4)长寿命以满足电机控制器的寿命要求。
(5)强耐机械振动、机械冲击能力以满足恶劣路况要求。

(6)强耐冲击电流能力以适应电机控制器频繁的峰值工作电流冲击,或者过流故障时的瞬间大电流冲击。

3. 支撑电容关键参数

支撑电容包括以下关键参数:

(1)电容值:表示支撑电容的电容量。

(2)电压值:包括额定电压、最高电压及允许纹波电压。

(3)电流值:包括额定纹波电流、峰值纹波电流。

(4)等效串联电阻与等效串联电感:支撑电容工作中,纹波电流通过等效串联电阻产生功率损耗,而等效串联电感会造成 IGBT 模块关断尖峰电压,因此要求支撑电容的等效串联电阻和等效串联电感越小越好。

(5)寿命:寿命是指支撑电容能够可靠工作的时间。

表 7-6 为某款支撑电容的关键参数。

表 7-6　某款支撑电容的关键参数

参数	指标
标称电容值	1000μF
额定电压	直流 540V
最高电压	直流 720V
允许纹波电压	峰峰值纹波电压≤35V
额定纹波电流	150A
峰值纹波电流	240A
等效串联电阻	≤0.35mΩ
等效串联电感	≤14nH
寿命	使用 100000h 的容值损失≤5%

4. 支撑电容失效模式及寿命

在使用中受温度和电压等应力作用,支撑电容内的薄膜材料会不断老化,性能逐渐下降,主要表现为电容值的下降,当电容值下降到一定值时即认为其寿命终结。支撑电容的寿命是指支撑电容容值衰减到一定值前(行业通常认定为 95%)的使用时间。

影响支撑电容寿命的因素主要有工作温度与工作电压,它们对支撑电容寿命的影响规律可用式(7-5)表示:

$$L_{\text{life}} = L_{\text{N}} \times \left(\frac{U_{\text{N}}}{U_{\text{W}}}\right)^{\alpha_{\text{v}}} \times 2^{\frac{\theta_{\text{hs}} - \theta_{\text{W}}}{\beta_{\text{t}}}} \tag{7-5}$$

式中,L_{life} 为支撑电容寿命,h;L_{N} 为额定电压时的期望寿命,h;U_{N} 为额定电压,V;U_{W} 为工作电压,V;α_{v} 为电压系数,无量纲;β_{t} 为温度系数,无量纲;θ_{hs} 为热点温度(支撑电容内部额定工作温度),℃;θ_{W} 为工作温度,℃。

图 7-31 为某款支撑电容基于式(7-5)，并以 5%电容值衰减为寿命终结判断条件的寿命特性曲线图。图中横轴为工作电压标幺值(工作电压与额定电压的比值)，纵轴为对数坐标下的支撑电容使用寿命。从图中可以看出，在相同工作温度下，随着工作电压升高，支撑电容寿命下降。而在相同工作电压下，工作温度越低，支撑电容使用寿命越长。

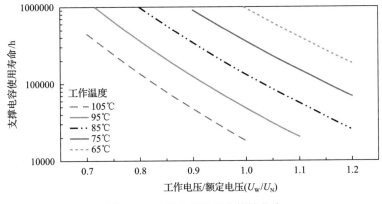

图 7-31　支撑电容的寿命特性曲线

5. 支撑电容选型

在电机控制器设计中，可以选用电容器生产厂家的标准支撑电容产品，也可以根据电机控制器的特殊需求定制开发。当选用标准支撑电容时，选型的任务是根据电机控制器的需求计算出支撑电容的关键参数(包括容量、额定电压和额定电流等)，然后从电容器产品名录中选择满足上述参数要求的支撑电容，从工作环境、机械尺寸、阻燃性、寿命和成本等方面对所选电容进行评估，并对支撑电容进行试验验证。

1)主要参数计算

(1)电容容量。基于直流母线功率平衡的原则，支撑电容容量的计算公式为[4]

$$C_{cap} = P_{max} / (4\eta f_s U_{dc} \Delta U_{dc}) \tag{7-6}$$

式中，P_{max} 为电机控制器最大输出功率，kW；η 为电机控制器效率；f_s 为 IGBT 模块开关频率，Hz；U_{dc} 为直流母线电压，V；ΔU_{dc} 为直流母线电压纹波电压，V。

(2)额定电压。支撑电容的额定电压必须不低于电机控制器的额定电压。

(3)最高电压。电机控制器工作过程中可能承受高于额定电压值的直流母线电压，由于直流母线电压有一定的纹波电压成分，因此所选支撑电容最高电压应高于最高直流母线电压与最高纹波电压幅值之和。一般情况下，纹波电压峰-峰值按最高直流母线电压的±5%选取，因此支撑电容最高电压应满足式(7-7)：

$$U_{max} > 1.05 U_{dcmax} \tag{7-7}$$

式中，U_{max} 为支撑电容最高电压，V；U_{dcmax} 为电机控制器最高直流母线电压，V。

(4)额定电流。支撑电容吸收了逆变电路直流侧绝大部分纹波电流，该纹波电流值与电机相电流大小以及逆变电路的 PWM 方式相关。当采用 SVPWM 时，支撑电容额定纹波电流有效值为[5]

$$I_{cap,rms} = 0.65 I_N \qquad (7\text{-}8)$$

式中，$I_{cap,rms}$ 为支撑电容额定纹波电流有效值，A；I_N 为电机控制器额定电流有效值，A。

(5)峰值电流。支撑电容峰值纹波电流有效值约为额定纹波电流有效值的 1.5 倍：

$$I_{cap,max} = 1.5 I_{cap,rms} \qquad (7\text{-}9)$$

式中，$I_{cap,max}$ 为支撑电容峰值纹波电流有效值，A。

2）其他参数确认

除了上述主要参数，还需对以下参数予以确认：

(1)外形尺寸：支撑电容的外形尺寸能满足电机控制器总体布局要求。

(2)机械接口、电气接口尺寸：支撑电容的机械接口和电气接口满足设计要求。

(3)等效串联电感、等效串联电阻：使用 RLC 测试仪测试，满足设计要求。

(4)寿命：进行高温老化试验，施加额定直流电压与 105℃的温度应力，要求 2000h 试验后容值衰减低于 3%。

6. 试验验证

无论是采用标准电容还是定制电容，均需按照《电力电子电容器》(GB/T 17702—2021)和《汽车电气设备基本技术条件》(QC/T 413—2002)进行型式试验验证。主要试验项目有：①外观检查；②电容值测定；③接线端子间耐受电压试验；④接线端子与外壳间的耐受电压试验；⑤冲击放电试验；⑥自愈性试验；⑦环境试验；⑧机械试验；⑨振动试验；⑩热稳定性试验；⑪耐久性试验。

其中振动试验可以按 QC/T 413—2002 的要求对单个电容器实施，也可以按照《电动汽车用驱动电机系统 第 2 部分：试验方法》(GB/T 18488.2—2015)的要求随电机控制器进行试验。

三、复合母排

作为逆变电路与支撑电容直流进线端的电气连接的复合母排，其运行中需要承受电压、电流、振动和高低温等应力冲击。对复合母排的基本要求为：①具有较低的寄生电感，以降低 IGBT 模块关断尖峰电压；②具有较强的通流能力，保证在正常运行时温升不超过绝缘材料的允许温升；③具有较高的耐电压击穿能力和较小的漏电流；④具有阻燃性；⑤结构简洁紧凑、易于安装；⑥与电机控制器等寿命。

复合母排一般需要根据具体的电机控制器要求来设计。设计过程包括结构的选择、电感和温升的计算等，最后进行试验验证。

1. 复合母排的典型结构及设计

低电感化是复合母排的基本要求。为降低寄生电感，复合母排的正、负母排间距应尽量小以降低环路面积，通常采用图 7-32 中的"多层三明治结构"。图 7-32(a) 为一款复合母排的外形图，图 7-32(b) 为其剖面图，其中正负母排通常采用镀镍紫铜板，而绝缘膜通常选用涤纶树脂绝缘材料。

 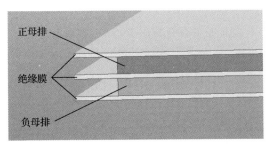

正母排
绝缘膜
负母排

(a) 外形图　　　　　　　　　　　　　　　(b) 剖面图

图 7-32　复合母排的外形与剖面图

在复合母排设计时，除了要尽可能降低寄生电感外，还要根据电机控制器机械结构、电气参数和温升参数等要求开展以下工作：

(1) 根据电机控制器的额定电压、工作环境确定复合母排耐压要求、绝缘厚度、爬电距离和电气间隙等参数。

(2) 根据电机控制器中支撑电容、IGBT 模块和引出线端子等模块的位置确定复合母排的具体机械结构，包括外形尺寸、引脚尺寸和位置、IGBT 模块或支撑电容的安装孔位置尺寸等。

(3) 根据电机控制器工作电流确定复合母排的截面尺寸，保证复合母排在运行中的温升不超过绝缘材料的运行温升限值。

2. 复合母排的低电感设计与计算

降低复合母排的寄生电感是复合母排设计的重要工作。具体设计中主要通过优化结构设计以降低寄生电感，然后采用解析法或者有限元法核算寄生电感值。

对于机械结构比较简单、形状规则的复合母排可以利用经验公式求取寄生电感的解析值。例如，对于图 7-32 中的复合母排，若忽略折弯部分，复合母排形状可简化为规则的长条形，则其寄生电感约为[6]

$$L_e = \frac{\mu_o \mu_\tau l}{\pi} \left(\ln \frac{d}{t+w} + \frac{3}{2} + \Delta_k + \Delta_e \right) \tag{7-10}$$

式中，L_e 为复合母排的寄生电感，μH；μ_o 为相对磁导率，H/m；μ_τ 为真空磁导率，H/m；t 为正、负母排的厚度，mm；d 为复合母排的总厚度，mm；w 为复合母排宽度，mm；l 为复合母排的长度，mm；Δ_k、Δ_e 为修正因子，由母排几何参数决定。

根据式(7-10)，可以采取以下措施降低寄生电感：①支撑电容到 IGBT 模块的路径尽量短；②复合母排中间绝缘膜尽量薄；③正负母排的金属导电层尽量薄；④支撑电容安装孔距尽量小；⑤复合母排尽量宽。

由于采用式(7-10)的简化计算会产生 10%左右的误差，而实际应用中的复合母排结构可能比图 7-32 中的复合母排更复杂，其精确的寄生电感值很难用解析式获取，需采用有限元软件(如 Ansys Q3D)等建立精确模型并进行较准确的仿真计算。

3. 复合母排温升抑制及计算

电流流经复合母排时会产生损耗，引起复合母排发热，如果散热不良会导致复合母排温度过高，破坏其绝缘性能，进而导致复合母排失效，因此需要核算复合母排的温升。

电流流经复合母排时，因等效电阻产生的损耗为

$$P_{Rohm}=I_{bus}^2 R_{ohm} \tag{7-11}$$

式中，R_{ohm} 为等效电阻，Ω；I_{bus} 为复合母排中的电流，A。

对于结构比较规则的复合母排，其等效电阻用式(7-12)表示：

$$R_{ohm}=K_f \frac{\rho[\alpha_t(\theta_w - 20)]}{S}l \tag{7-12}$$

式中，ρ 为导体温度为 20℃的电阻率，$\Omega\cdot m$；α_t 为电阻温度系数，$℃^{-1}$；θ_w 为导体运行温度，℃；K_f 为集肤系数；S 为导体截面积，mm^2。

复合母排产生的热量会经过散热路径传递到周围环境，当达到热平衡时，复合母排表面温升为

$$\tau_w = \frac{I_{bus}^2 R_{ohm}}{\alpha_w F} \tag{7-13}$$

式中，α_w 为导体的总散热系数，$W/(m^2/℃)$；F 为导体的散热面积，mm^2。

从式(7-13)中可以看出，在复合母排工作电流不变的情况下，降低等效电阻 R_{ohm}、增加总散热系数和加大导体散热面积均可以降低复合母排表面温度，具体可以采取以下措施：

(1)尽量加大复合母排导体截面面积，降低复合母排电阻值。

(2)增加正负母排的金属导电层厚度，但与复合母排降低寄生电感的要求相矛盾，需要根据实际情况进行平衡。

(3)通过增加导热垫片、局部导热胶灌封等方法提升复合母排散热性能。

(4)可适当增加接触面积、选用合适的螺栓紧固扭矩等方法，减小复合母排与 IGBT 模块螺栓连接处的接触电阻，防止复合母排局部过热。

对于结构复杂的复合母排，其温升可以使用有限元软件(如 COMSOL 软件)进行仿真计算，从仿真结果可以直观地看出复合母排上的温度分布特征，以评估温升设计是否满足要求。

4. 试验验证

目前尚无相关标准规范复合母排的技术要求、试验项目以及试验方法。复合母排厂家根据复合母排的使用特点、使用工况，借用汽车零部件相关的试验方法，围绕验证性能、可靠性和安全性等开展相关的试验验证工作。表 7-7 给出了复合母排通常开展的试验项目、试验要求和试验方法。

表 7-7　复合母排试验项目、试验要求与试验方法

试验项目	试验要求	试验方法
外形尺寸检查	满足图纸的规定	目测并使用检验工具
绝缘电阻测量	绝缘电阻大于 20MΩ	用兆欧表测试复合母排的正负接线端的绝缘电阻值
耐压试验	无击穿和闪络等现象；漏电流≤5mA	在复合母排正负接线端间施加直流电压($2U_m+1000$)V，U_m 为额定电压，持续 1min
局部放电试验	最大放电量不超过 10pC	按《低压系统内设备的绝缘配合 第 1 部分：原理、要求和试验》(GB/T 16935.1—2008)执行
寄生电感的测量	寄生电感值小于 20nH	采用 RLC 测量仪，对换流回路施加激励，选取与电机控制器开关频率相同的频率点定频测试
湿热循环试验	试验结束后，复合母排不应出现开裂及性能下降现象	按《电工电子产品环境试验 第 2 部分：试验方法 试验 Db 交变湿热(12h+12h 循环)》(GB/T 2423.4—2008)执行
温升试验	复合母排最高温度不超过 100℃	在环境温度 85℃条件下，给复合母排施加额定电流，持续运行 2h
振动试验	试验结束后，复合母排不得有开裂损坏现象，重做电气类试验不得出现电气性能不达标现象	随电机控制器进行试验

第五节　控制电路板

控制电路板(图 7-33)是电机控制器的"大脑"，其主要功能为：将传感器采集到的直流母线电压、电机电流、电机转子位置(对于永磁同步驱动电机，或者速度信号对于异步

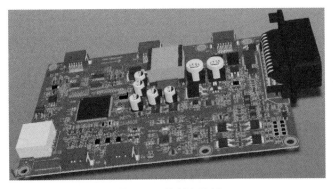

图 7-33　控制电路板

驱动电机)和温度等模拟信号转换成 DSP 能识别的数字信号。

(1)接收整车控制器的控制指令，将采样到的电压、电流等信号作为输入参数，运算第八章介绍的电机控制程序，产生逆变电路中功率模块的驱动控制信号，控制逆变电路产生驱动电机输出转矩所需要的电压和电流。

(2)当发生过电压、过电流、过温、IGBT 模块故障等故障时，触发保护。

图 7-34 为控制电路板功能框图，由信号处理电路和 DSP 最小系统两部分组成。

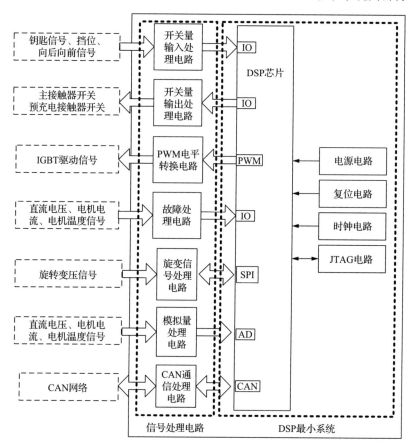

图 7-34 控制电路板功能框图

(1)信号处理电路：信号处理电路将模拟信号转换成数字信号，或者将数字信号转换成模拟信号，主要包括以下几种类型：①将传感器输出的模拟信号、开关电路输出的开关信号、CAN 网络传输的信号转换成 DSP 芯片能够识别的电压信号或者电平信号；②将 DSP 芯片发出的开关量信号、IGBT 模块的 PWM 驱动信号转换成具有一定驱动功率的驱动信号；③将 DSP 芯片发出的 TTL 电平 CAN 信号转换成 CAN 网络中的差分电平信号。

(2)DSP 最小系统：DSP 最小系统是控制电路板的核心，它接收信号处理电路提供的电压、电流、电机转子位置、温度等信号以及整车控制器指令，运行电机控制程序，产生 IGBT 模块的 PWM 驱动信号。如果电机控制器有故障发生，DSP 最小系统会触发保护机制，关断 IGBT 驱动信号，并给整车控制器上报故障类型。

一、DSP 最小系统

DSP 最小系统由 DSP 芯片、电源电路、复位电路、时钟电路和 JTAG 电路等组成，是一台"器件最少的计算机"，其中：①DSP 芯片的功能是获取来自信号处理电路的信号、运行程序并输出控制信号；②电源电路为 DSP 芯片提供工作电源；③时钟电路为 DSP 芯片提供时钟信号；④JTAG 电路是 DSP 芯片程序烧录的电气接口；⑤复位电路保证 DSP 芯片在上电过程中处于复位状态，防止 DSP 芯片在此过程中发出错误指令。

在最小系统中，电源电路、复位电路、时钟电路和 JTAG 电路等电路相对简单，本节不做介绍，以下介绍 DSP 芯片的选择与其基本工作原理。

DSP 芯片需要满足电机控制需要的计算能力、接口配置和存储容量等要求，其选型是 DSP 最小系统设计的关键。

目前用于电机控制的主流 DSP 芯片有：德州仪器(TI)公司的 TMS320F28xx 系列、英飞凌的 TC27x 系列以及 Freescale 公司的 MPC567xK 系列等。这些芯片用于电机控制部分的功能基本类似，以下仅以 TI 公司的 TMS320F2812 为例，介绍 DSP 芯片的具体应用方法。

图 7-35 为 TMS320F2812 的功能框图[7]，它集成了 32 位定点运算的 CPU、供存储控制程序的 128KB Flash 存储器、eCAN 接口、IO 接口、16 路的 AD 采样通道以及两个功能相同的事件管理器 EVA、EVB 等功能单元。在运行电机控制程序时，该芯片接收到整车控制器指令后，CPU 通过 AD 采样通道读入信号处理电路输出的模拟量信号，运行电机控制程序，计算出逆变电路中功率模块 PWM 驱动控制信号的占空比，然后由事件管理器 EVA 或 EVB 实现功率模块驱动控制信号的生成。

事件管理器 EVA、EVB 是 DSP 芯片中产生 PWM 信号的功能单元，以下介绍事件管理器 EVA 或 EVB 产生功率模块驱动控制信号的方法。

图 7-36 为事件管理器产生带有死区时间的 PWM 信号的工作原理图。事件管理器 EVA、EVB 中均有三个比较器，每个比较器均可产生死区时间可调、电平互补的两路 PWM 信号，三个比较器可产生六路 PWM 驱动信号，这些信号经驱动电路调理后，恰好可以满足图 7-6 中两电平电压型逆变电路中全部 IGBT 模块的驱动要求。

以产生 A 相桥臂 IGBT 模块的驱动信号为例进行说明。事件管理器的装载周期与计数周期同步，装载中断时刻给寄存器赋比较值，每个计数周期内有比较中断 1、比较中断 2 两次中断，每次比较中断 PWM 电平翻转 1 次，就可得到如图 7-36 所示的 PWM 波。

因为 IGBT 模块上管、下管功率模块的开关状态切换有一定的时间延续，为避免 IGBT 模块上管、下管功率模块同时导通的故障(直通短路)，上、下管功率模块驱动信号电平转换时刻之间需要增加一定的死区时间，死区时间可以通过程序配置调节。

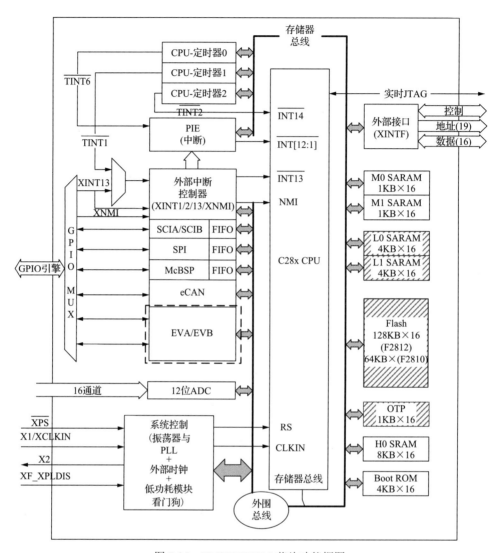

图 7-35　TMS320F2812 芯片功能框图

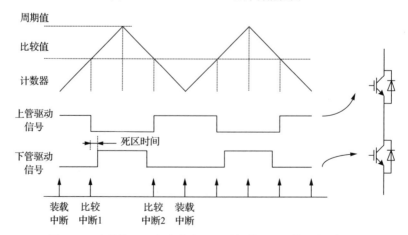

图 7-36　事件管理器产生带有死区时间的 PWM 信号的原理图

二、信号处理电路

信号处理电路是 DSP 最小系统与周边电路之间的信号调理电路，以实现 DSP 最小系统与周边电路之间信号的互联互通。在电机控制器中主要包括以下几种信号处理电路：

(1)开关量输入处理电路。

(2)开关量输出处理电路。

(3)PWM 电平转换电路。

(4)故障处理电路。

(5)旋变信号处理电路。

(6)模拟量处理电路。

(7)CAN 通信处理电路。

在这些信号处理电路中，开关量输入\输出处理电路、PWM 电平转换电路和故障处理电路比较简单，CAN 通信处理电路通常采用行业典型电路，本节不对这些信号处理电路做介绍。以下介绍较为复杂的模拟量处理电路与旋变信号处理电路。

1. 模拟量处理电路

电机控制器中的传感器将被测模拟量转换成电压信号，模拟量处理电路将该电压信号转换成 DSP 芯片能够识别的电压信号。

控制电路板中的模拟量处理电路需要处理的模拟信号包括电压传感器输出的电压信号、电流传感器输出的电流信号以及温度传感器输出的温度信号。由于这些模拟信号的处理方式基本类似，以下只介绍电流信号处理电路。

在电机控制器中，通常采用霍尔电流传感器(图 7-37)测量驱动电机电流。电流传感器将驱动电机的电流信号转换成电压信号，该电压信号需要进行电平转换后才能输送到 DSP 芯片的 AD 采样端口。

图 7-37　霍尔电流传感器

图 7-38 为一种能匹配 NCA1C-300A/SP1 型霍尔电流传感器的电流信号处理电路，通过滤波和分压等环节将电流传感器输出的电压信号调理成 DSP 芯片能够识别的电压信号。

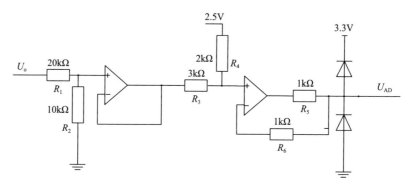

图 7-38　驱动电机电流信号处理电路

NCA1C-300A/SP1 型霍尔电流传感器的基本参数如下：

（1）额定输入电流 I_{PN}：300A。

（2）额定输出电压：4V。

（3）输出电压范围为±12V，对应最大电流测量范围为±900A。

根据电流传感器的基本参数，可知电流传感器的输出电压 U_o 与被测电流 I_P 之间的关系为

$$U_o = \frac{1}{75} I_P \tag{7-14}$$

根据图 7-38 中的电流信号处理电路，可得出

$$U_{AD} = \frac{2}{1125} I_P + 1.5 U_o \tag{7-15}$$

式中，U_{AD} 为电流信号处理电路的输出电压，V。

根据式(7-14)和式(7-15)可以算出被测电流 I_P 在–843.75～843.75A 范围内时，对应的 U_{AD} 为 0～3V。由于 TMS320F2812 是 12 位 AD 采样，其最大采样范围为 0～3V，对应的数字量为 0～4096。

图 7-39 列出了从被测电流到 DSP 芯片读入数据过程中各个环节数据的对应关系，电机控制程序中可以按照这组数据关系计算出被测电流值：

$$I_P = \frac{N_{ADC} - 2048}{2048} \times 843.75 \tag{7-16}$$

式中，N_{ADC} 为 DSP 芯片的 AD 采样数据，自然数。

2. 旋变信号处理电路

永磁同步驱动电机系统中通常采用磁阻式旋变作为位置/速度传感器。当向励磁绕组输入高频正弦波励磁电压 U_{exc} 时，若旋变转子转动，正弦绕组与余弦绕组就会输出正弦电压信号 U_{osin} 和余弦电压信号 U_{ocos}：

$$\begin{cases} U_{\text{exc}} = E\sin(2\pi ft) \\ U_{\text{osin}} = KE\sin(2\pi ft)\sin\theta \\ U_{\text{ocos}} = KE\sin(2\pi ft)\cos\theta \end{cases} \tag{7-17}$$

式中，f 为励磁电压源频率，Hz；E 为励磁电压信号幅值，V；θ 为旋变转子位置角，(°)；K 为旋变变压比，无量纲。

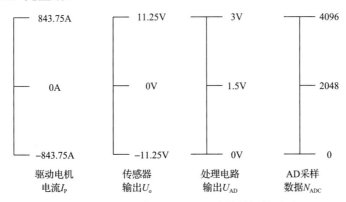

图 7-39 电流传感器到 DSP 芯片的数据关系图

从式(7-17)可以看出，正弦绕组与余弦绕组输出电压的幅值变化比为 $\tan\theta$，因此可以通过 U_{osin} 和 U_{ocos} 的幅值将转子位置角解析出来。

为将转子位置角解析出来，通常采用专用旋变解码芯片，如日本多摩川公司 AU68xx 系列芯片和美国 ADI 公司的 AD2S1200 芯片。

图 7-40 为 AD2S1200 旋变解码芯片与旋变的接线关系原理图。该解码芯片可产生 10kHz 的正弦波激励信号，并通过缓冲放大电路进行幅值放大后施加到励磁绕组两端，而正弦绕组和余弦绕组的输出电压经滤波后接入解码芯片，解码芯片根据式(7-17)解码出转子位置角信号，并通过 16 位 SPI(串行外设接口)通信传递给 DSP 芯片。

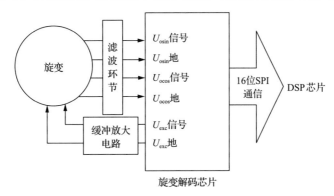

图 7-40 旋变解码芯片工作原理

图 7-41 为旋变解码芯片解码并传输给 DSP 芯片的旋变转子位置角信号波形，图中横坐标为时间，纵坐标为 $0\sim2^{16}$ 的数字量，该信号是周期锯齿波，每一个锯齿波的周期 T_1 对应一个交流电周期 $0\sim2\pi$，因此，若旋变极对数为 P_1，则驱动电机转子旋转一

周 DSP 芯片读到 P_1 个锯齿波；如果驱动电机极对数为 P_2，则驱动电机的转子位置角计算公式为

$$\varphi = \frac{NP_2\pi}{2^{15}P_1} \tag{7-18}$$

式中，φ 为驱动电机转子位置角，rad；N 为旋变解码芯片解码数据，自然数；P_2 为驱动电机极对数，自然数；P_1 为旋变极对数，自然数。

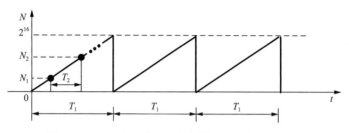

图 7-41 DSP 读入的驱动电机转子位置角信号波形

若 DSP 芯片两次读入位置角信号 N_1、N_2 的时间间隔 T_2 已知，则可以通过两次读到的转子位置角计算出驱动电机转速，计算公式为

$$\omega = \frac{P_2\pi}{2^{15}P_1T_2}(N_2 - N_1) \tag{7-19}$$

式中，ω 为驱动电机转速，rad/s；N_1、N_2 分别为第一次和第二次采样的旋变解码芯片解码数据，自然数；T_2 为 DSP 芯片两次读入位置角信号 N_1、N_2 的时间间隔，s。

第六节　驱动电路板

IGBT 模块驱动电路板的作用为：

(1)将控制电路板发出的驱动信号进行转换，以适应 IGBT 模块的开通与关断的需求。

(2)对低压电与高压电进行隔离。

(3)当 IGBT 模块或者驱动电路板发生故障时，驱动电路触发保护电路并将故障信息反馈给控制电路板。

图 7-42 为 IGBT 模块驱动电路板与控制电路板和 IGBT 模块的关联关系图。

IGBT 模块驱动电路的发展是一个集成度逐渐提升的过程，即从基于分立器件设计、基于集成驱动核设计发展到专用驱动芯片设计的过程。

基于分立器件的设计，元器件多且电路复杂，是早期所采用的方案；集成驱动核中集成了驱动芯片、电阻、电容和隔离变压器等多种器件，因此基于集成驱动核的设计中外围电路器件数量少，驱动电路设计简单，但 PCB(印制电路板)布局设计不灵活。目前电机控制器中驱动电路大多基于成熟的专用驱动芯片进行开发。常用的驱动芯片有英飞

凌公司的 6ED003L06-F 驱动芯片和 AVAGO 公司的 ACPL 系列驱动芯片等。

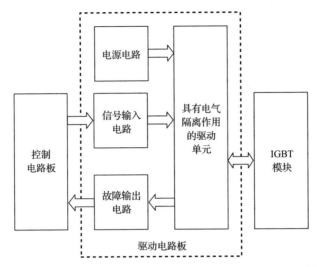

图 7-42　IGBT 模块驱动电路板与控制电路板和 IGBT 模块的关联关系图

以下以 AVAGO 公司的 ACPL-32JT 驱动芯片为例，介绍驱动电路原理图、外围电路设计及驱动电路板的测试方法。

一、驱动电路原理图

图 7-43 为 ACPL-32JT 驱动芯片的功能框图，表 7-8 为各个引脚的功能定义。该驱动芯片是较常用的一种驱动芯片，集成了软关断保护、退饱和检测、欠压锁定与反馈和有源米勒电流钳位等功能。

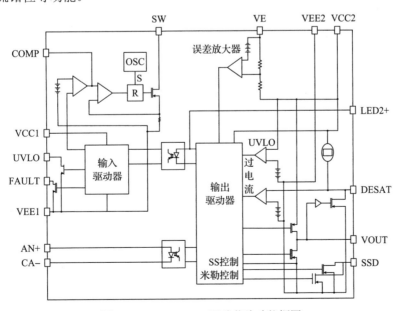

图 7-43　ACPL-32JT 驱动芯片功能框图

表 7-8 ACPL-32JT 驱动芯片引脚定义

引脚	作用	引脚	作用
VEE1	输入端电源负	VEE2	输出端电源负
SW	开关电源驱动输出	LED2+	测试引脚
VCC1	输入端电源正	DESAT	退饱和保护
COMP	开关电源反馈补偿	VE	IGBT 发射极参考
UVLO	低压故障反馈	VCC2	输出端电源正
FAULT	过流故障反馈	VOUT	栅极驱动输出
AN+	驱动信号输入正极	SSD	软关断输出端口
CA–	驱动信号输入负极		

图 7-44 是基于 ACPL-32JT 驱动芯片的 IGBT 模块驱动电路原理图,其由 ACPL-32JT 驱动芯片与外围电路构成。外围电路包括电源电路、信号输入电路、短路保护电路、有源钳位电路、软关断电路和栅极驱动电路、故障输出电路。其中:电源电路为驱动电路提供工作电源;信号输入电路是控制电路板输出信号到驱动电路板的通道;短路保护电路的作用是检测 IGBT 模块是否短路,若短路发生,则驱动芯片触发保护机制,关断 IGBT 驱动信号;有源钳位电路是为了防止 IGBT 模块大电流工作时发生集电极-栅极间的过电压;软关断电路作用是短路保护时以较缓慢的速度关断 IGBT 模块,预防产生集电极-发射极过电压;栅极驱动电路是输出 IGBT 模块栅极-射极间驱动电压信号,驱动 IGBT 模块开通、关断的电路。

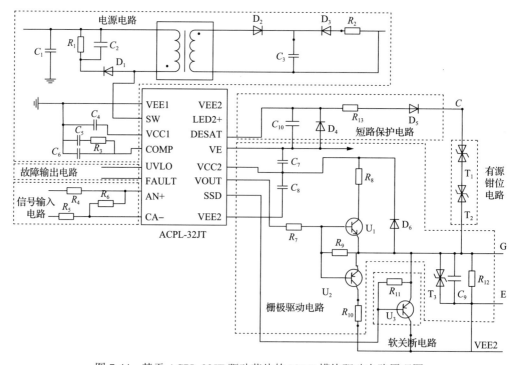

图 7-44 基于 ACPL-32JT 驱动芯片的 IGBT 模块驱动电路原理图

二、外围电路设计

以下仅介绍相对复杂的栅极驱动电路设计、短路保护电路设计和软关断电路设计。

1. 栅极驱动电路

当图 7-44 中的栅极驱动电路正常工作，开通 IGBT 模块时，ACPL-32JT 驱动芯片的 VOUT 引脚输出正电压驱动信号，通过电阻 R_7 驱动三极管 U_1 开通，则 ACPL-32JT 驱动芯片的 VCC2 引脚输出的 15V 电压通过电阻 R_8、三极管 U_1 传输到驱动电路的 G 端，G 端与 IGBT 模块的栅极相连，驱动电路板的 E 端(地)与 IGBT 模块的发射极相连，于是就形成了 IGBT 模块的栅极-发射极驱动回路，该回路中 VCC2 引脚输出的 15V 电压为栅极-发射极电压、电阻 R_8 为开通电阻。

关断 IGBT 模块时，ACPL-32JT 驱动芯片的 VOUT 引脚输出负电压驱动信号，通过电阻 R_7 驱动三极管 U_2 开通，则 ACPL-32JT 驱动芯片的 VCC2 引脚输出的–10V 电压通过电阻 R_{10}、三极管 U_2 传输到驱动电路的 G 端，此时的驱动回路中，电阻 R_{10} 为关断电阻。

栅极驱动电路设计主要包括栅极-发射极电压、驱动电阻的选择以及栅极驱动功率的计算。

1)栅极-发射极电压

栅极-发射极电压正偏压一般为 $V_{GE\_ON}=15V$，负偏压一般为 $V_{GE\_OFF}=-10V$，波动值在 ±10% 内。在图 7-44 的设计方案中，电源电路正常工作时驱动芯片会自动生成满足要求的输出电压。

2)驱动电阻的选择

驱动电阻包括开通电阻与关断电阻。图 7-44 中的开通电阻 R_8、关断电阻 R_{10} 直接决定了栅极驱动电流与驱动电路功率。驱动电阻的阻值，要以栅极峰值驱动电流、驱动功率小于允许值为设置条件。

IGBT 模块开通栅极峰值驱动电流为

$$i_{GON\_p} = \frac{V_{GE\_ON} - V_{GE\_OFF}}{R_8 + R_{in}} \tag{7-20}$$

IGBT 模块关断栅极峰值驱动电流为

$$i_{GOFF\_p} = \frac{V_{GE\_OFF} - V_{GE\_ON}}{R_{10} + R_{in}} \tag{7-21}$$

式中，V_{GE_ON} 为栅极-发射极电压正偏压，V；V_{GE_OFF} 为栅极-发射极电压负偏压，V；R_{in} 为 IGBT 模块内部电阻。

以某型 IGBT 模块为例进行计算，该 IGBT 模块内部电阻 $R_{in}=1.25\Omega$，设置开通电阻 $R_8=1.8\Omega$，设置关断电阻 $R_{10}=1.8\Omega$。

假定 V_{GE_ON} =15V、V_{GE_OFF} =–10V，由式(7-20)和式(7-21)可计算出 i_{GON_p} =8.2A，i_{GOFF_p} =–8.2A。

如果开通、关断栅极峰值驱动电流计算值偏大，可以通过适当增加驱动电阻值进行调整。

3)栅极驱动功率的计算

栅极驱动功率计算公式为

$$P_G = \beta \times f_{sw} \times Q_G \times (V_{GE\_ON} - V_{GE\_OFF}) \tag{7-22}$$

式中，β 为裕量系数，常数，一般取 1.5；f_{sw} 为开关频率，Hz；Q_G 为 IGBT 模块栅极电荷。

假定 Q_G=6.5μC、f_{sw}=4000Hz，根据式(7-22)计算可知，栅极-发射极电压 V_{GE} 在–10～15V 变化过程中的驱动功率为 0.975W。如果栅极驱动功率计算值偏大，可以适当降低开关频率。

除了栅极峰值驱动电流、栅极驱动功率外，栅极-发射极电压和驱动电阻参数设置还直接决定了 IGBT 模块的动态参数，影响 IGBT 模块的损耗、短路承受能力和电磁干扰强度等。因此这两个参数的设置要综合考虑各方面的需求。表 7-9 中列出了上述几个参数的变化对损耗、电磁兼容的影响规律。例如，增加关断电阻 R_{10}，可降低 ΔV_{CE}，减小 IGBT 模块被电压击穿的风险，但会增加 E_{off}，降低了 IGBT 模块的工作效率。因此 R_{10} 需要根据对两方面的要求进行平衡。其他情况类似。

表 7-9　改变栅极驱动电路参数的综合影响

受影响因素	参数变化		
	$+V_{GE}$ 上升	$-V_{GE}$ 上升	R_8、R_{10} 上升
$V_{CE(sat)}$	减小	—	—
t_{on}、E_{on}	减小	—	增加
t_{off}、E_{off}	减小	—	增加
关断尖峰电压 ΔV_{CE}	—	增加	减小
dV/dt 误触发	增加	减小	减小
短路承受能力	降低	—	—
电磁干扰强度	增加	—	减小

2. 短路保护电路

IGBT 模块工作过程中可能出现过流、短路、过温和电源欠压等多种故障，其中短路故障是后果最严重的故障模式。IGBT 模块短路故障是指 IGBT 模块导通过程中发生的短路现象，发生短路时 IGBT 模块集电极电流 I_C 电流快速上升，超过 IGBT 模块允许的工作电流，导致 IGBT 模块过热失效甚至损毁，此时应及时关断 IGBT 模块。

IGBT 模块正常导通时工作在饱和区，集电极-发射极电压 V_{CE} 较低，短路发生时，

IGBT 模块退出饱和区而进入放大区，V_{CE} 快速升高。大部分的 IGBT 模块驱动电路短路保护设计都是基于上述现象，通过检测 V_{CE} 状态异常，进而触发保护机制，关断 IGBT 模块驱动信号。

图 7-45 为 IGBT 模块驱动电路短路保护原理图。ACPL-32JT 内部设有故障电压比较器，比较阈值为 7V。当 ACPL-32JT 令 IGBT 关断时，MOSFET 管 V_L 开通，$V_{DESAT}=0$，小于保护阈值，因此 ACPL-32JT 只保护 IGBT 开通状态的故障。

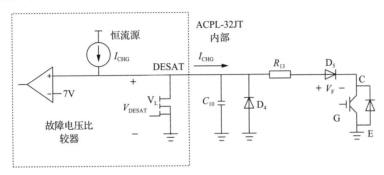

图 7-45　IGBT 模块驱动电路短路保护原理图

当 IGBT 模块正常导通时，恒流源 I_{CHG} 通过二极管 D_5、电阻 R_{13}、IGBT 模块的集电极 C、发射极 E 形成回路，此时 V_{DESAT} 为

$$V_{DESAT} = R_{13}I_{CHG} + V_F + V_{CE} \tag{7-23}$$

式中，V_{CE} 为 IGBT 模块集电极-发射极电压，V；I_{CHG} 为恒流源电流，A；V_F 为二极管 D_5 上的压降，V；R_{13} 为限流电阻，Ω。

根据式(7-23)，可以按照以下原则对 V_F、R_{13} 以及 IGBT 模块触发短路保护时的 V_{CE} 值进行参数设置：

(1)IGBT 模块正常工作时，若 V_{DESAT} 低于故障电压比较器的阈值电压 7V，故障电压比较器不动作；

(2)当电流达到要求的保护值时，V_{DESAT} 升至 7V 以上，故障电压比较器翻转，触发 ACPL-32JT 的短路保护功能。

因为 IGBT 模块关断时 V_{CE} 为直流母线电压，IGBT 模块开通过程中，V_{CE} 的下降有个过程，为避免 V_{CE} 下降到保护导通压降 $V_{CE(sat)}$ 前发生误保护，需要为短路保护设置一个消隐时间 t_{BLANK}，其值应大于 IGBT 模块开通时 V_{CE} 的下降时间。可以通过设置电容 C_{10} 的容值来设定消隐时间 t_{BLANK}：

$$t_{BLANK} = t_{DESAT(BLANKING)} + C_{10} \cdot V_{DESAT} / I_{CHG} \tag{7-24}$$

式中，$t_{DESAT(BLANKING)}$ 为 ACPL-32JT 内部消隐时间，μs；I_{CHG} 为恒流源电流，对于 ACPL-32JT，$I_{CHG} =900\mu A$；C_{10} 为消隐电容，nF。

其他的参数设置可参考文献[8]。

3. 软关断电路

驱动电路板正常工作时，其驱动 IGBT 模块每个 PWM 周期的开通、关断动作属于硬开关，这种开关模式的特点是开关速度快，可以降低 IGBT 模块损耗。但是发生短路时，由于短路电流大，若采用硬关断，高 di/dt 产生的过电压 ΔV_{CE} 会很高，可能导致 IGBT 模块电压击穿。因此短路保护时，需要采用软关断模式。

所谓软关断，即短路发生时，IGBT 模块驱动电路触发保护机制，控制 IGBT 模块集电极电流以较缓慢的速度下降为 0，以避免 IGBT 模块硬关断产生的过电压 ΔV_{CE} 超过允许值。在图 7-44 中，当短路发生时，ACPL-32JT 驱动芯片的 SSD 端输出约 35mA 的电流，驱动三极管 U_3 缓慢释放 IGBT 模块栅极电荷，以尽量小的 di/dt 关断 IGBT 模块，降低关断尖峰电压，从而实现软关断，延长 IGBT 模块的使用寿命。

三、驱动电路板的测试

IGBT 模块驱动电路板的电源电路、信号输入电路、故障输出电路、短路保护电路、有源钳位电路、软关断电路、栅极驱动电路等外围电路均需要进行测试，以评判是否符合设计要求。测试包括以下项目：

(1)电源电路测试：主要测试电源的输出电压幅值、纹波电压幅值、动态特性是否满足设计要求。

(2)信号输入电路测试：主要测试控制电路板发送到驱动电路板的驱动信号波形是否畸变，驱动电平是否满足要求。

(3)栅极驱动电路测试：主要测试驱动电路板与 IGBT 模块参数的匹配是否合理，IGBT 模块开通、关断过程中的暂态特性是否满足设计要求。

(4)有源钳位电路、短路保护电路以及软关断电路的测试：主要测试故障发生时，驱动电路是否能够及时触发保护机制。

(5)故障输出电路：主要测试故障发生时，驱动电路触发保护机制后，能否把故障状态输送给控制电路板。

电源电路、信号输入电路、故障输出电路和有源钳位电路等电路的测试相对简单，以下仅介绍栅极驱动电路的测试方法以及短路保护电路的测试方法。

1) 栅极驱动电路测试

栅极驱动电路通常采用双脉冲斩波测试方法。双脉冲斩波测试是选择 IGBT 模块典型工作点(通常选择最高允许直流母线电压下输出最大允许峰值电流的工况)，栅极驱动电路发出两个驱动脉冲驱动 IGBT 模块开通、关断，以测试 IGBT 模块驱动电路是否满足设计要求。逆变电路三个半桥 IGBT 模块的参数基本一样，驱动电机的三相电感和三相电流也基本相同，因此只需选择一个半桥 IGBT 模块进行双脉冲斩波测试。

图 7-46 为双脉冲斩波测试的电路原理图。整个电路包括复合母排、支撑电容、一个半桥 IGBT 模块以及一个用于模拟驱动电机电感的负载电感。其中，L_{bus1} 为复合母排寄生电感；L_{M1}、L_{M2} 为 IGBT 模块内部寄生电感(纳亨级)；L_{load} 为负载电感(毫亨级)。

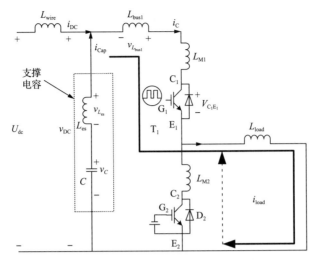

图 7-46 双脉冲斩波测试电路原理图

双脉冲斩波测试时，对图 7-46 中 IGBT 模块的上管栅极-发射极间施加驱动双脉冲，对下管栅极-发射极间一直施加负电压，然后根据 $V_{C_1E_1}$、$V_{G_1E_1}$ 以及 i_{load} 的波形特征判断驱动电路是否正常工作，参数匹配是否合理。图 7-47 展示了双脉冲斩波测试中 $V_{C_1E_1}$、$V_{G_1E_1}$ 以及 i_{load} 的波形特征，这些波形包括如下阶段：

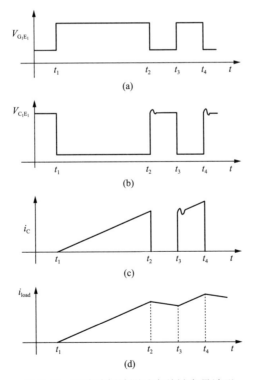

图 7-47 双脉冲斩波测试中关键变量波形

（1）$t_1 \sim t_2$ 阶段：t_1 时刻施加第一个驱动脉冲，IGBT 模块 T_1 开通，电压 U_{dc} 通过 L_{wire}、

L_{bus1}、L_{M1}、T_1、L_{load} 路径形成回路，负载电感电流 i_{load} 线性上升，要求 t_2 时刻达到测试需要的电流值。

则 $t_1 \sim t_2$ 的时间间隔 t_{1-2} 设为

$$t_{1-2} = L_{load} i_{load} / U_{dcmax} \tag{7-25}$$

式中，L_{load} 为负载电感，H；i_{load} 为负载电感电流，A，通常设为 IGBT 模块的峰值工作电流；U_{dcmax} 为直流母线电压最大值，V。

(2) $t_2 \sim t_3$ 阶段：当第一个脉冲关断后，在 $t_2 \sim t_3$ 时间段内电流 i_{load} 通过路径 L_{load}、D_2、L_{M2} 续流，$t_2 \sim t_3$ 的时间间隔可设定为 40~60μs，之后电路进入稳态。

(3) $t_3 \sim t_4$ 阶段：在 t_3 时刻启动第二个脉冲，在 t_4 时刻关断第二个脉冲，$t_3 \sim t_4$ 的时间间隔可设定为 40~60μs。

由于第一个脉冲关断时刻 t_2 与第二个脉冲开通时刻 t_3 时的负载电流 i_{load} 基本相同，因此双脉冲测试主要考察这两个时刻 IGBT 模块的动态特征。

图 7-48 为一个典型的双脉冲斩波测试试验波形。从中可以看出 IGBT 模块开启时刻

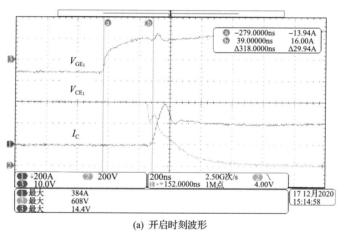

(a) 开启时刻波形

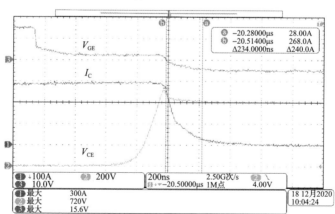

(b) 关断时刻波形

图 7-48　双脉冲斩波测试的试验波形

与关断时刻的暂态特征。根据试验波形可以评判 $V_{G_1E_1}$ 幅值是否正常；开通时间 t_{on}、关断时间 t_{off} 是否超过死区时间设置范围，是否存在 IGBT 模块直通风险；核算 IGBT 模块关断电压尖峰 ΔV_{CE} 以及 IGBT 开关损耗、导通损耗是否超标等。

2) 短路保护电路测试

短路保护电路测试主要验证 IGBT 模块发生短路时，驱动电路能否触发保护机制，关断驱动脉冲。同样可以采用图 7-46 所示的短路保护测试原理图。具体测试方法为：

将图 7-46 中的毫亨级的负载电感改成 100nH 的负载电感，然后发出驱动双脉冲。由式 (7-25) 可知，由于负载电感 L_{load} 太小，电流 i_{load} 会迅速上升，当电流上升到设置的短路保护值时，驱动芯片启动短路保护机制，实施软关断，关断驱动脉冲。

图 7-49 为短路保护测试波形，可以看出，当电流 i_{load} 上升到 2100A 左右时 (没有超出表 7-2 中的最大允许饱和电流 I_{SC}，其值取 4 倍的 IGBT 模块电流，约为 240A)，IGBT 驱动电路检测到短路故障状态，启动保护机制，开始软关断，延迟约 6μs 后 (没有超出表 7-2 中的最大短路允许时间)，电流 i_{load} 平缓地下降到安全电流值，由于 di_{load}/dt 较小，关断尖峰电压 ΔV_{CE} 小于 100V，IGBT 模块被安全关断。

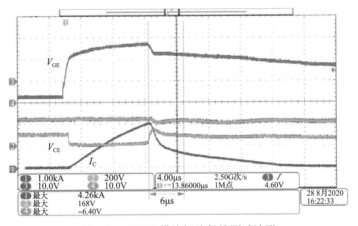

图 7-49 IGBT 模块短路保护测试波形

第七节 散 热 器

IGBT 模块工作过程中会产生热量，需要通过散热器将热量及时带走，以免 IGBT 结温快速上升，导致 IGBT 热失效。

电机控制器常用的散热有风冷散热和水冷散热两种方式。

(1) 风冷散热方式 (图 7-50)：IGBT 模块产生的热量通过散热器的翅片与空气进行热交换，被空气带走。这种散热方式结构简单、成本低，但散热效率较低、结构笨重。

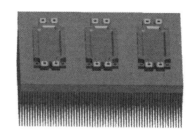

(a) 风冷电机控制器 (b) 散热器

图 7-50 风冷电机控制器及散热器

（2）水冷散热方式（图 7-51）：IGBT 模块产生的热量由水冷散热器内的冷却水带走。这种散热方式具有散热效率高、体积小、重量轻等优点，缺点是需要冷却水路。

(a) 水冷电机控制器 (b) 散热器

图 7-51 水冷电机控制器及散热器

目前电动汽车电机控制器中水冷散热方式的应用最为普遍，本节仅介绍水冷散热器的设计要点，主要包括：①IGBT 模块损耗计算；②散热器结构设计；③散热器温升的仿真计算与抑制；④流阻计算。

一、IGBT 模块损耗计算

IGBT 模块损耗的精确计算是温升计算的基础。尽管目前大部分半导体公司开发出了损耗计算专用软件，用户只需要输入直流母线电压幅值、交流输出电流幅值、开关频率、驱动电阻值和 IGBT 模块型号等参数，就能自动计算 IGBT 模块在该工作点下的损耗值，但了解 IGBT 模块的损耗组成与计算方法，对于 IGBT 的温升计算仍具有十分重要的意义。

IGBT 模块损耗包括 IGBT 芯片损耗和续流二极管芯片损耗两部分。IGBT 芯片的电压 V_{CE} 与电流 I_C 的乘积即 IGBT 芯片的损耗。由于电压 V_{CE} 与电流 I_C 总不同时为 0，因此 IGBT 芯片工作中始终存在损耗；续流二极管芯片电压 V_f 与电流 I_f 的乘积即续流二极管芯片的损耗。由于电压 V_f 与电流 I_f 总大于 0，因此续流二极管芯片工作中始终存在损耗。

1. IGBT 芯片损耗

一个开关周期内 IGBT 芯片产生损耗的过程包括三个阶段：产生开启损耗阶段、产生导通损耗阶段与产生关断损耗阶段，从图 7-52 中可以看出 IGBT 芯片产生损耗的完整过程。IGBT 芯片损耗为开关损耗与导通损耗两部分之和。

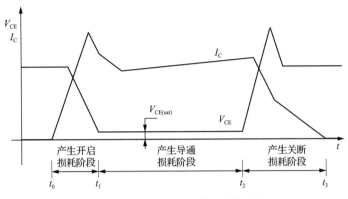

图 7-52　IGBT 芯片产生损耗的过程

（1）开关损耗 P_{sw}：包括 IGBT 芯片开通过程中的开通损耗和关断过程中的关断损耗。

（2）导通损耗 P_{con}：IGBT 芯片导通过程中产生的损耗，是由于饱和导通压降 $V_{CE(sat)}$ 与工作电流 I_C 形成的损耗。

根据图 7-52 中的 I_C 与 V_{CE} 的关系，可得 IGBT 芯片每个开关周期的开关损耗为

$$P_{sw} = \frac{1}{t_1 - t_0} \int_{t_0}^{t_1} I_C \cdot V_{CE} dt + \frac{1}{t_3 - t_2} \int_{t_2}^{t_3} I_C \cdot V_{CE} dt \tag{7-26}$$

式中，V_{CE} 为 IGBT 芯片集电极-发射极电压，V；I_C 为 IGBT 芯片集电极电流，A。

根据图 7-52 中的 I_C 和 V_{CE} 的关系，IGBT 芯片每个开关周期的导通损耗为

$$P_{con} = \frac{1}{t_2 - t_1} \int_{t_1}^{t_2} I_C \cdot V_{CE(sat)} dt \tag{7-27}$$

2. 续流二极管芯片损耗

续流二极管芯片损耗包括两部分：

（1）导通损耗 P_f：续流二极管芯片导通过程中所产生的损耗。

（2）反向恢复损耗 P_{rr}：续流二极管芯片反向恢复过程中产生的损耗。

其中续流二极管芯片的导通损耗为

$$P_f = I_f \cdot V_f \cdot D_D \tag{7-28}$$

式中，I_f 为续流二极管导通电流，A；V_f 为续流二极管芯片导通电压，V；D_D 为续流二极管芯片在一个开关周期中的占空比。

续流二极管芯片的反向恢复损耗为

$$P_{rr} = E_{rr} \cdot f_{PWM} \tag{7-29}$$

式中，E_{rr} 为续流二极管芯片每次反向恢复的损耗，mJ，可从 IGBT 使用说明书中查询；f_{PWM} 为 IGBT 模块的开关频率，Hz。

二、水冷散热器结构设计

水冷散热器是 IGBT 模块与冷却液热交换的中介，不同封装形式的 IGBT 模块采用的散热器形式不同。

(1) 铜基板散热结构 IGBT 模块：其散热器为图 7-53 中的平板式散热器，散热器工作面与 IGBT 模块的铜基板中间涂抹导热硅脂并压接在一起，IGBT 模块工作中产生的热量传导至散热器，冷却液流经散热器，将热量传递到控制器箱体外部。

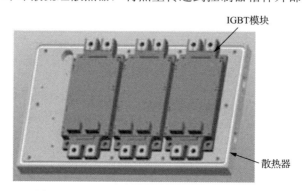

图 7-53　铜基板散热结构 IGBT 模块与散热器

(2) Pin-Fin 散热结构 IGBT 模块：其散热器是图 7-54 所示的一个金属水槽，IGBT 模块的 Pin-Fin 直接浸泡在金属水槽中，IGBT 模块工作中产生的热量直接被冷却液带走。

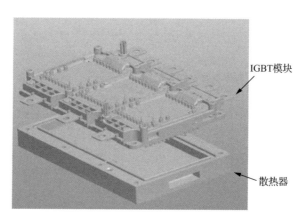

图 7-54　Pin-Fin 散热结构 IGBT 模块与散热器

Pin-Fin 散热结构 IGBT 模块的散热器很简单、高效，因此以下仅介绍铜基板散热结构 IGBT 模块的散热器。

图 7-55 为铜基板散热结构 IGBT 模块的一种散热器的水道剖面图。IGBT 模块涂敷导热硅脂紧贴在水冷散热器上。

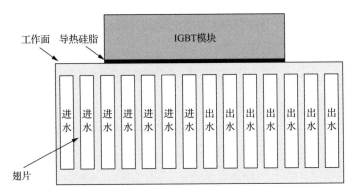

图 7-55 散热器水道剖面图

散热器内设置有冷却水流经的水道，冷却水从水道中流过，把 IGBT 模块产生的热量通过散热器翅片热交换到冷却液中并被带出控制器箱体。

三、温升计算与温升抑制措施

散热器的一个重要设计目标是保证散热器工作面(即 IGBT 模块散热底板与散热器之间的散热接触面)的温升不超过允许值。

常用的温升计算方法包括有限元法与基于经验数据的解析法。有限元法采用专业商业软件进行建模、仿真，其优点是应用场景更直观，并且可以展示散热器工作面温度场情况。图 7-56 为采用有限元软件仿真分析得到的散热器工作面温度分布图。

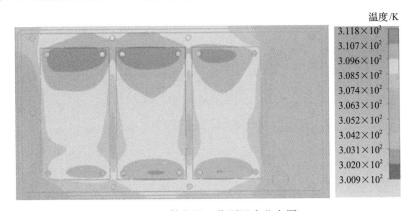

图 7-56 散热器工作面温度分布图

基于经验数据的解析法可以与有限元法互相补充、配合使用，解析法具有物理意义明确的特点，便于理论分析。

电机控制器工作过程中，当散热器与 IGBT 模块达到热平衡时，散热器工作面的温度为

$$T_f = R_{sa}P_{lose} + T_\tau \tag{7-30}$$

式中，R_{sa} 为散热器热阻，K/W；P_{lose} 为 IGBT 模块的损耗功率，W；T_τ 为冷却液进水口温度，℃。

在式(7-30)中，热阻 R_{sa} 为在热平衡时散热器表面上规定点温度和冷却介质进口规定点温度之差与产生这两点温度差的损耗之比：

$$R_{sa} = (T_s - T_\tau) / P \tag{7-31}$$

式中，P 为损耗，W；T_s 为散热器表面上规定点温度，℃。

从式(7-30)可以看出，由于 T_τ 由整车散热系统决定，基本为恒定值，P_{lose} 由电机控制器工况决定，因此降低散热器工作面温度 T_f 的方法就是降低散热器热阻 R_{sa}，针对图 7-55 中的散热器，主要措施有[9]：

(1)减小 IGBT 散热面与冷却液的距离，即减小散热器基板厚度。

(2)增加散热器水道对流换热面积，包括增加翅片数量、增加翅片高度、减小翅片厚度和减小翅片间隙等。

(3)加强对流换热系数，主要通过增加冷却液流量的方法来实现。

图 7-57 为散热器热阻与冷却液流量的关系图，从中可以看出随着冷却液流量逐渐增大，散热器热阻逐渐降低。

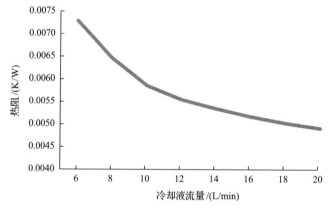

图 7-57　散热器热阻与冷却液流量的关系

四、流阻计算

相同水压条件下，冷却水路中的流阻会影响冷却液流量，因此驱动电机系统对电机控制器散热器冷却水道的流阻提出要求，需要进行冷却水道流阻计算，以确定其是否满足驱动系统对电机控制器散热器的流阻要求。

电机控制器散热器的流阻可以用压强损失 p_w 表示，它包括沿程压强损失 p_f 和局部压强损失 p_m：

$$p_w = \sum p_f + \sum p_m \tag{7-32}$$

沿程压强损失 p_f 是流体黏滞力造成的损失，发生在缓变流整个流程中，表达式为

$$p_f = \lambda \frac{l}{d} \frac{\rho v^2}{2} \tag{7-33}$$

式中，λ 为沿程损失系数，受固体壁面条件、雷诺数、流体物性参数等影响；l 为流道长度，m；d 为当量直径，m；v 为流体速度，m/s；ρ 为流体密度，kg/m^3。

局部压强损失 p_m 是指在局部范围内主要由流体微团碰撞、流体中产生的漩涡等造成的损失，表达式为

$$p_m = \xi \frac{\rho v^2}{2} \tag{7-34}$$

式中，ξ 为局部损失系数，无量纲，其受局部阻碍形状、固体壁面条件、雷诺数等影响。

实际工程应用中散热器结构非常复杂，散热器各区域当量直径、速度等参数不同，沿程损失系数、局部损失系数在流道内为非定值，很难得出其解析解，因此往往需要借助有限元分析方法计算散热器流阻的数值解。图 7-58 为使用有限元软件仿真得到的散热器流阻与冷却液流量的关系图（采用水与乙二醇的各占 50% 的混合冷却液）。

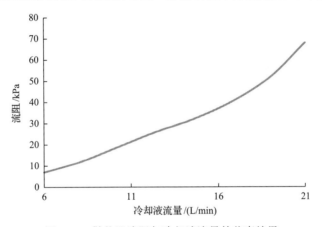

图 7-58 散热器流阻与冷却液流量的仿真结果

对比图 7-57 与图 7-58 可知，由于散热器流阻随着冷却液流量的增加而增加，而热阻随着冷却液流量的增加而下降，因此散热器设计中期望获取较低的热阻和较低的流阻是一对矛盾，需要根据实际需求在散热器水道设计时统筹考虑。

第八节 结 构 设 计

电机控制器的结构设计是指在本章第三节至第七节中介绍的各部件完成选型和设计后，将其合理地布置在拟设计的电机控制器箱体内。结构设计包括箱内关键零部件的布局及机械固定、连线布局及固定、低压电气接口和高压电气接口的设计以及箱体设计。一个良好的结构设计至少应包括以下要素：

(1) 箱体的体积和重量必须满足设计要求。

(2)外形安装尺寸满足整车的需要。

(3)低压电气接口、高压电气接口和冷却系统接口必须便于整车的布局、安装和维护。

(4)内部布局便于维护，并且具有良好的电磁兼容性。

(5)机械强度必须通过《电动汽车用驱动电机系统 第 1 部分：技术条件》(GB/T 18488.1—2015)所规定的振动冲击试验、机械强度试验以及跌落试验等，满足运行时可能承受的振动冲击要求。

(6)关键零部件(如支撑电容、IGBT 模块)以及箱体内部的温度不得超过各零部件及绝缘材料的允许温度。

(7)电机控制器的防护满足设计要求。

(8)具有良好的可制造性，适合批量生产。

(9)标志(含铭牌、高压警示标志和接地标志等)满足相关标准要求。

本节仅介绍电机控制器的内部结构布局的设计。

电机控制器箱体内部结构布局是电机控制器箱体结构设计的主要内容，其基本要求是确保各部件同处于一个狭小的空间内，需要统筹考虑功率密度、电磁兼容、热管理、生产装配等方面的要求。

IGBT 模块、支撑电容和复合母排构成的主电路是电机控制器的核心，因此箱体内部结构布局设计通常围绕主电路实施，然后在主电路的基础上匹配散热器、控制电路板、驱动电路板等其他结构易变形设计的部件。箱体内部高、低温区，强、弱电区，电磁干扰区与电磁敏感区等要分区设计以避免各区间互相干扰。

尽管每一款电机控制器的基本功能一样，但各生产厂商采用的 IGBT 模块和支撑电容等关键部件不同，因此不同生产厂商的电机控制器内部结构布局均有差异。本节根据 IGBT 模块及其散热结构特征，介绍电机控制器的几种典型箱体内部结构布局。

1. 基于铜基板散热结构 IGBT 模块的内部结构布局

图 7-59 是一种基于铜基板散热结构 IGBT 模块的电机控制器内部结构布局图。它的各部件分层布置，自下而上依次为散热器、IGBT 模块与驱动电路板、控制电路板和上盖板等。复合母排与支撑电容靠近 IGBT 模块布置，以降低寄生电感。各部件使用螺钉固定在控制器箱体中。这种电机控制器结构布局设计简单、易于生产，缺点是电机控制器功率密度较低。

2. 基于 Pin-Fin 散热结构 IGBT 模块的控制器内部结构布局

图 7-60 是一种基于 Pin-Fin 散热结构 IGBT 模块的电机控制器的内部结构布局图。它同样采用自下而上的分层布置方案，依次为支撑电容、散热器(水槽)、复合母排、Pin-Fin 散热结构 IGBT 模块、控制电路与驱动电路一体化电路板、控制器箱体上盖板。

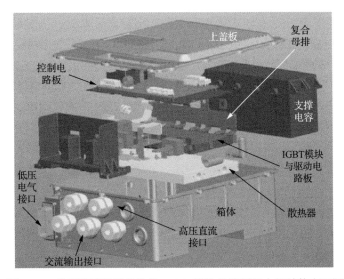

图 7-59 基于铜基板散热结构 IGBT 模块的控制器内部结构布局图

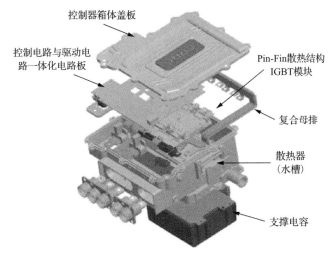

图 7-60 基于 Pin-Fin 散热结构 IGBT 模块的控制器内部结构布局图

该方案最大的优点是 Pin-Fin 散热结构 IGBT 模块的 Pin-Fin 直接浸入散热器(一个水槽)中,通过防水密封圈与散热器紧密压接在一起,而散热器另一面可用于支撑电容冷却,其散热面积利用率增加了一倍。

同时,由于该方案采用了控制电路板与驱动电路板一体化设计,取消了二者之间的连接线束,进一步减少了体积。综上优点,本方案的电机控制器比图 7-59 中的电机控制器的功率密度提升了 50%以上。

3. 基于双面冷却 IGBT 模块的控制器内部结构布局

图 7-61 是一种基于双面冷却 IGBT 模块开发的电机控制器内部结构布局图。这个方案采用了图 7-13 中的 IGBT 功率组件,只需要在此功率组件基础上匹配支撑电容与控制

电路板、高压直流接口、交流输出接口和低压电气接口等部件，并完成箱体设计，就能设计出一款电机控制器。采用这种布局方案的电机控制器结构设计简单、更紧凑，功率密度更高。

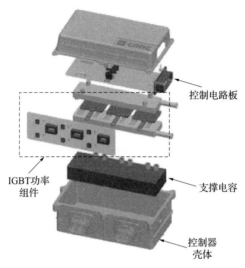

控制电路板

IGBT功率组件

支撑电容

控制器壳体

图 7-61　基于双面冷却 IGBT 模块的控制器内部结构布局图

从以上电机控制器的内部结构布局特征可知，电机控制器内部结构布局主要围绕 IGBT 模块开展，因此 IGBT 模块的结构决定了电机控制器的结构布局特征。

为了提升电机控制器功率密度，可以采用 Pin-Fin 散热、双面冷却等新型散热结构的 IGBT 模块，大幅降低 IGBT 模块热阻，减小 IGBT 模块体积，将电机控制器结构做得更紧凑。

参 考 文 献

[1] US Drove. Driving research and innovation for vehicle efficiency and energy sustainability[R]. Electrical and Electronics Technical Team Roadmap. 2017.

[2] 徐凝华, 吴义伯, 刘国友, 等. 混合动力/电动汽车用 IGBT 功率模块的最新封装技术[J]. 大功率变流技术, 2013, (1): 1-6.

[3] 郭淑英, 王征宇, 罗海辉, 等. 电动汽车 IGBT 的研究与应用[J]. 大功率变流技术, 2017, (7): 29-35.

[4] 应婷, 张宇, 王坚. 直流母线支撑电容纹波电流研究[J]. 大功率变流技术, 2015, (1): 15-19.

[5] 陈玉杰, 吕广强. 电动汽车驱动器中支撑电容体积优化研究[J]. 电子设计工程, 2018, (6): 139-143.

[6] 陈明翊, 马伯乐, 陈玉其, 等. 低感母排技术在 IGBT 变流器中的应用[J]. 大功率变流技术, 2012, (3): 14-17.

[7] 苏奎峰, 吕强. TMS320X281X DSP 应用系统设计[M]. 北京: 北京航空航天大学出版社, 2008.

[8] 夏一帆, 王征宇, 陈建明. 基于 ACPL-32JT 的电动汽车电机控制器 IGBT 驱动电路设计[J]. 大功率变流技术, 2015, (3): 54-57.

[9] 曾鹏, 言艳毛, 杨洪波, 等. 电机控制器 IGBT 散热器的分析与改进[J]. 客车技术与研究, 2016, (5): 12-16.

第八章

电机控制策略

正如第七章所述，电机控制器由两部分组成，即由功率器件等所组成的以"逆变"为核心的硬件部分和以"控制策略"为核心的软件部分。在第七章已介绍了硬件部分，本章介绍控制策略。

图 8-1 为驱动电机系统的构成图。该系统为一个典型的闭环控制运行系统，其基本功能是将车载储能系统中的电能转化为车辆行驶所需的动能。

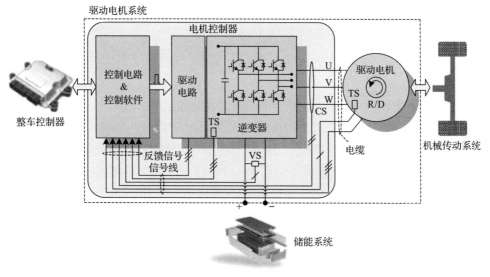

图 8-1　驱动电机系统构成图

VS-电压传感器；CS-电流传感器；TS-温度传感器；R/D-旋转变压器

(1)驱动电机：驱动电机是系统中的被控对象，在电机控制器输出电压和电流的作用下产生车辆运行时所需要的转矩。

(2)电机控制器：电机控制器是系统的控制机构，主要实现控制运算和电源变流的功能。它接收整车控制指令，并采集直流电压、交流电流、电机转速(或位置)等反馈信号，通过微处理器及程序的运算处理，产生恰当的开关脉冲，通过隔离电路驱动电力电子器件开通或关断，将直流电压转化为幅值和相位可调的交流电压，施加在驱动电机上，进而控制电机输出所需要的转矩。

根据自动控制原理，驱动电机系统可抽象为图 8-2 所示的闭环反馈控制结构。其中：系统的控制目标是电机的转矩或转速；控制量是逆变器输出的三相电压，反馈量为电机定子电流和转子转速(或位置)等。

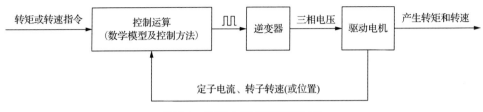

图 8-2   驱动电机系统控制框图

目前,基于电压源逆变器和交流电机的变频调速传动系统的控制技术已比较成熟。针对电动汽车应用场合,主要工作是结合车用驱动电机及其运行工况的特殊性,做相应的适应性开发。本章将首先介绍逆变器的建模及电压调制方法,然后介绍目前电动汽车最常用的两种驱动电机(异步电机和永磁同步电机)的控制方法,最后介绍针对电动汽车特殊要求提出的一些控制方法。

第一节   电压调制方式

与传统的直-交变频调速传动系统一样,为了将储能系统的直流电转换成驱动电机所需要的变频变压的交流电,需采用 PWM 技术。PWM 需要对逆变器进行抽象处理,建立理想的数学模型,基于理想模型进行运算和控制,并对建模过程中忽略的非线性因素进行补偿。本节先介绍逆变器的建模,然后介绍 PWM 的原理和计算方法,最后讨论逆变器的非线性补偿问题。

一、逆变器的控制模型

图 8-3 为电机控制器通常采用的基于电压源的三相桥式二电平逆变器的主电路拓扑结构。当忽略 IGBT 和二极管的开关过程、导通压降和死区时间时,逆变器每一相可以用一个单刀双掷形式的理想开关来代替。通常用高电平或数字"1"表示上管开通下管关

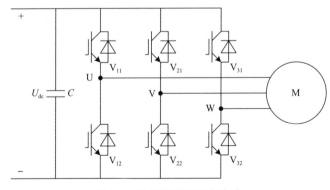

图 8-3   电机控制器的主电路

断，用低电平或数字"0"表示上管关断下管开通。同时，逆变器直流输入用一个电压源代替，三相电机可以采用一个星形电路来表示。这样图 8-3 的主电路可以用图 8-4 所示的控制模型表示。在图 8-3 和图 8-4 中，M 代表驱动电机，U、V 和 W 表示逆变器三相输出端，a、b 和 c 表示驱动电机三相接线端，N 表示电机中性点。

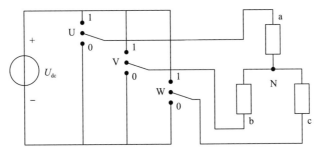

图 8-4 逆变器的数学抽象模型

根据图 8-4，逆变器可以产生 8 种开关组合状态。用一个二进制的三位数从左至右依次表示 U、V 和 W 三相每一相的开关状态(如用 001 表示 U 相开通下管、V 相开通下管和 W 相开通上管)，这 8 种开关组合状态为 000、001、010、011、100、101、110 和 111。

图 8-5 为这 8 种状态的电路连接关系和逆变器输出端的电压波形。其中 000 和 111 表示三相同时开通下管或同时开通上管，这时逆变器施加在负载每一相上的电压为零，因此称为零状态。其他 6 种开关状态均能够在负载每相上施加一定的电压，因此称为有效状态。

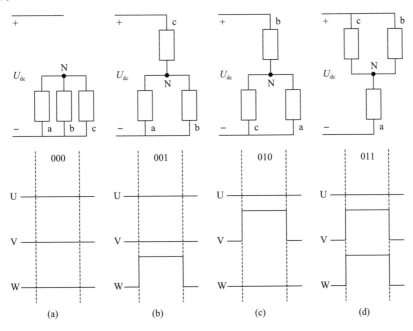

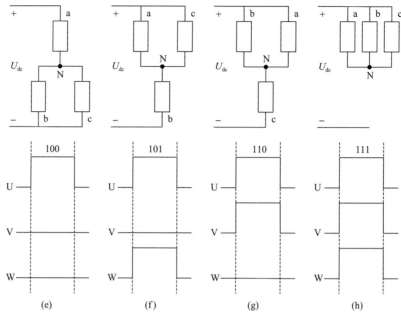

图 8-5 逆变器的 8 种开关组合状态

如果用 U_{aN}、U_{bN} 和 U_{cN} 表示驱动电机 a、b 和 c 三相的相电压，U_{dc} 表示直流输入电压，则逆变器每种开关状态产生的相电压如表 8-1 所示。

表 8-1 逆变器各种开关状态产生的相电压

abc	U_{aN}	U_{bN}	U_{cN}
000	0	0	0
111	0	0	0
100	$2U_{dc}/3$	$-U_{dc}/3$	$-U_{dc}/3$
110	$U_{dc}/3$	$U_{dc}/3$	$-2U_{dc}/3$
010	$-U_{dc}/3$	$2U_{dc}/3$	$-U_{dc}/3$
011	$-2U_{dc}/3$	$U_{dc}/3$	$U_{dc}/3$
001	$-U_{dc}/3$	$-U_{dc}/3$	$2U_{dc}/3$
101	$U_{dc}/3$	$-2U_{dc}/3$	$U_{dc}/3$

三相电机每相绕组的相位在空间上互差 120°电角度，因此施加在每相上的电压也具有了空间相位属性。利用平行四边形法则对三相电压进行合成，就得到一个合成电压矢量(图 8-6)。其中 000 和 111 开关状态对应的矢量幅值为零，称为零矢量；其余 6 个矢量的幅值均为 $2U_{dc}/3$，称为有效矢量。

二、理想条件下的电压 PWM

当逆变器工作时，任一时刻只能处于 8 种开关组合状态中的一种，每种状态下施加在驱动电机上的电压是确定的。通过一系列的开关状态组合，就可以等效出需要的电压波形。逆变器输出开关序列的确定，需要采用特定的 PWM 方法，下面先简要介绍电压 PWM 的原理和方法，然后重点介绍交流变频传动系统使用最广泛的空间矢量 PWM 方法。

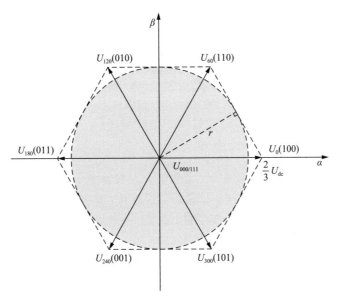

图 8-6 逆变器的 8 个基本电压矢量

1. PWM 的基本原理

电压 PWM 遵循电压冲量相等的基本原理，即冲量相等而形状不同的窄脉冲加在具有惯性的环节上时，其效果基本相同[1]。电压对时间的积分即为冲量，电感就是典型的惯性环节，当足够窄的电压脉冲施加在电感负载上时，如果电压对时间的积分面积相等，则负载的响应波形就基本相同。因此，连续电压可以用一系列矩形波电压脉冲来等效代替，例如，图 8-7 中用一系列电压脉冲来等效一个正弦电压。在脉宽调制过程中，可以通过改变脉冲的宽度、个数和分布，来改变所等效波形的基波频率和幅值，这样就能实现等效波形的变频变压。

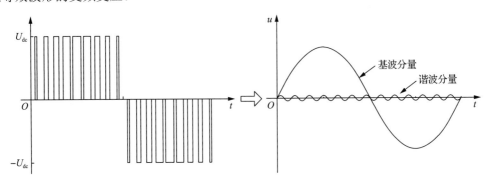

图 8-7 电压 PWM 波形

PWM 产生的电压为一系列幅值相同、宽度不等的矩形波。通过傅里叶级数分解，里面不仅包含了基波分量，还含有一系列高次谐波分量。正如第五章和第六章所介绍的那样，这些谐波会对驱动电机产生不良影响。谐波含量主要与逆变器的开关频率、开关器件非理想性、PWM 方式等相关。在电机控制中，脉宽调制的一个主要目标是在一定的开关频率下尽量减小电压谐波含量，以减小电机的附加损耗。

2. 电压 PWM 的基本方法

电压源型逆变器有多种 PWM 技术，按控制类型可划分为电压前馈型 PWM 技术和电流反馈型 PWM 技术两大类[2]。在交流传动控制领域，电压前馈型 PWM 技术应用更为普遍，下面介绍其三种主要方式。

1）SPWM

如图 8-8 所示，SPWM 方法采用一个频率为 f_c 的等腰三角波作为载波，采用一个频率为 f 的正弦波作为调制波，f_c 与 f 的比值称为载波比。f_c 决定逆变器的开关频率，f 决定等效电压的基波频率。逆变器的开关时刻由载波和调制波的交点确定，调整调制波的幅值，就可以改变输出电压的幅值。

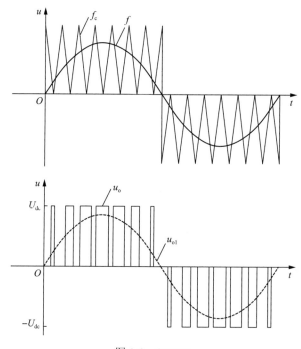

图 8-8　SPWM

U_{dc}-直流电压；u_o-输出电压；u_{o1}-输出电压基波分量

SPWM 实现简单，采用模拟电路就可以实现，因此在工业变流器中的应用非常普及。但是 SPWM 方法也存在一些缺点，一是该方法对直流电压的利用率不高；二是该方法对电流幅值和相位的瞬时控制能力较差，不能满足电机动态控制需求。

2）特定谐波消除 PWM

特定谐波消除 PWM（selective harmonic elimination PWM，SHE-PWM）是为了消除方波中的低次谐波而提出来的一种技术，其基本原理是通过在方波上对称地开槽来消除特定的谐波。如图 8-9 所示，在方波上对称地开槽，将开槽后的波形展开为傅里叶级数，通过调整开槽的位置和宽度，就可以使特定次数的谐波幅值为零。

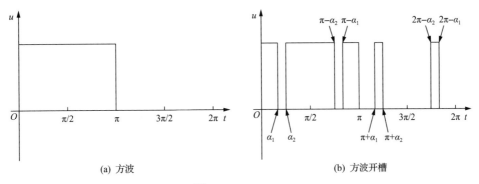

图 8-9　SHE-PWM

SHE-PWM 的主要特点是利用有限的开关频率，准确消除电压波形中比重较大的低次谐波分量。该方法计算复杂，一般采用离线方式算出脉冲序列，然后通过查表的方式确定逆变器的开关状态。目前，SHE-PWM 主要应用于开关频率较低的大功率交流传动场合，开关频率较高的中小功率逆变器通常不会采用这种方法。

3）电压 SVPWM

空间矢量 PWM(Space Vector PWM, SVPWM)适合于三相(或多相)逆变器的控制。根据电机理论，三相交流电压可以合成为一个电压矢量，SVPWM 直接利用逆变器的基本电压矢量来合成这个期望的电压矢量。这种方法具有电压利用率高、计算简便的优点，是用于交流变频传动最合适的方法，目前电动汽车驱动电机控制大都采用 SVPWM。下面对该方法的计算做详细介绍。

3. SVPWM 方法

1）基本原理

SVPWM 同样遵循电压冲量相等的基本原理，不同的是这种方法是从三相电压的整体效果出发，即在一个开关周期内将三相目标输出电压看作一个电压矢量，然后采用基本电压矢量来等效合成目标电压矢量 u_s。如图 8-10 所示，当目标电压矢量旋转到某个区域时，可由组成这个区域的两个相邻的非零矢量来合成这个电压矢量，合成过程采用平行四边形法则。从相电压角度来看，当合成电压矢量与目标电压矢量相等时，每个开关周期施加在负载每一相上的实际电压对时间的积分与每相目标电压对时间的积分也是相等的。

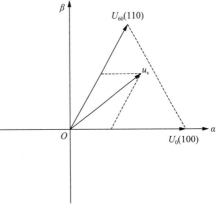

图 8-10　SVPWM 矢量合成

2）开通时间的计算

根据逆变器的工作特点，确定上管的开通时间后，整个上下管的开关状态也就确定了。经过推导，当采用 SVPWM 方法时，上管的开通时间根据式(8-1)计算[3]：

$$\begin{cases} T_a = \dfrac{U_a}{U_{dc}} \times T \\[2mm] T_b = \dfrac{U_b}{U_{dc}} \times T \\[2mm] T_c = \dfrac{U_c}{U_{dc}} \times T \end{cases} \tag{8-1}$$

式中，T_a、T_b 和 T_c 为 a、b、c 三相上管的开通时间，s；U_a、U_b 和 U_c 为本开关周期内期望的相电压平均值，V；U_{dc} 为直流母线电压，V；T 为开关周期，s。

根据式(8-1)计算出的 T_a、T_b 和 T_c 还不是三相上管最终的开通时间，需要做过调制处理和零矢量调整，保证调整后的数值不小于零且不大于开关周期，并实现减小谐波含量、减少开关次数或降低共模电压等特定目标。

3) 过调制处理

所谓过调制，就是当期望的电压矢量的长度无法用基本电压矢量来合成时，逆变器实际无法输出这个电压，这时必须对期望值做适当的调整，使得调整后的电压矢量能够用基本电压矢量来合成。SVPWM 常用的一种过调制处理方法是不改变期望电压矢量的相位，只缩短电压矢量的幅值，并且尽量使输出的电压矢量幅值最大，这种方法的具体计算过程如下：设 T_{max}、T_{mid} 和 T_{min} 分别为 T_a、T_b 和 T_c 中的最大值、中间值和最小值，当 $T_{max}-T_{min}>T$ 时，需要对 T_a、T_b 和 T_c 同比例缩小，使得缩小后的最大开通时间与最小开通时间之差等于 T，因此需要对 T_a、T_b 和 T_c 乘以系数 $T/(T_{max}-T_{min})$。注意，当 $T_{max}-T_{min} \leq T$ 时，表示没有处于过调制区域，这时不需要对 T_a、T_b 和 T_c 做以上处理。

4) 零矢量调整

所谓零矢量调整，就是当有效矢量作用的时间小于开关周期，即 $T_{max}-T_{min}<T$ 时，剩余时间就必须采用"000"和"111"矢量来填充。零矢量填充方式很多，常用的零矢量调整方法有对称七段法和对称五段法。

(1)对称七段法。对称七段法采用零矢量"000"和"111"来填充剩余时间，如图 8-11 所示，零矢量"000"的总宽度和零矢量"111"的宽度相等，并且零矢量"000"平均分配到开关周期的两侧，零矢量"111"位于开关周期的正中间。根据以上原则，在对 T_a、T_b 和 T_c 做了过调制处理后，每个值再分别加上 $(T-T_{max}-T_{min})/2$，就得到 a、b、c 三相上管的最终开通时间(注意，此处的 T_{max} 和 T_{min} 是指 T_a、T_b 和 T_c 经过过调制处理后的最大值和最小值)。对称七段法开关次数最多(每个开关周期每个桥臂 IGBT 都会开关一次)，但电压谐波含量最小。

(2)对称五段法。对称五段法只采用零矢量"000"或"111"来填充剩余时间，如图 8-12 所示。当采用"000"填充时，在对 T_a、T_b 和 T_c 做了过调制处理后，每个值再分别减去 T_{min}，就得到 a、b、c 三相上管的最终开通时间(注意，此处的 T_{min} 是指 T_a、T_b

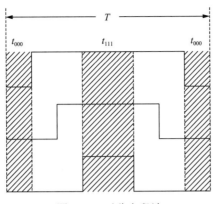

图 8-11 对称七段法

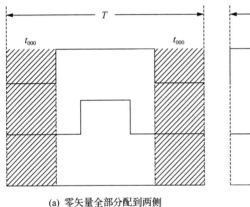

(a) 零矢量全部分配到两侧

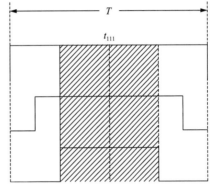

(b) 零矢量全部分配到中间

图 8-12 对称五段法

和 T_c 经过过调制处理后的最小值);当采用 "111" 来填充时,在对 T_a、T_b 和 T_c 做了过调制处理后,每个值再分别加上 $T-T_{max}$,就得到 a、b、c 三相上管的最终开通时间(注意,此处的 T_{max} 是指 T_a、T_b 和 T_c 经过过调制处理后的最大值)。

可以看出,对称五段法相比对称七段法开关次数减小了三分之一,这有利于减小逆变器的开关损耗,但缺点是电压高次谐波有所增加。

5) 最大输出电压

逆变器能够输出的交流电压的大小受直流母线电压的限制。当电压矢量幅值一定时,交流电压才是稳定的正弦波,可见图 8-6 所示的正六边形内切圆是逆变器能够调制出的正弦电压的最大范围。内切圆的半径 r 为

$$r = \frac{2U_{dc}}{3} \times \frac{\sqrt{3}}{2} = \frac{U_{dc}}{\sqrt{3}} \tag{8-2}$$

因此逆变器能够等效输出的最大正弦相电压 u_{a_max} 和线电压 u_{ab_max} 为

$$u_{a\_max} = \frac{U_{dc}}{\sqrt{3}} \div \sqrt{2} = \frac{U_{dc}}{\sqrt{6}}, \quad u_{ab\_max} = \frac{U_{dc}}{\sqrt{2}} \tag{8-3}$$

对电动汽车驱动电机系统，考虑到减小转矩脉动、降低电磁噪声等要求，电压 PWM通常采用正六边形内切圆以内(图 8-6)的正弦输出调制区域。

6)电压谐波含量

在不考虑逆变器非线性因素的理想情况下，SVPWM 输出电压的谐波含量与开关频率和调制系数有关。总体来说开关频率和调制系数越高，输出电压的谐波含量就越小。另外，在载波比相近的情况下，采用同步调制方式的谐波含量比采用异步调制方式的谐波含量要小。对电动汽车驱动电机系统来说，为了减小电磁噪声，逆变器的开关频率普遍都设计得较高，因此输出电压的谐波含量一般能控制在 3%以内。

三、考虑非线性因素的脉宽调制

上面的分析和计算都基于逆变器的理想模型，但实际工作过程中存在很多非理想因素，包括：①逆变器上下桥臂间的开关死区；②逆变器 IGBT 及续流二极管在不同电流和温度下的管压降；③IGBT 的开通和关断延迟；④PWM 脉冲宽度在传输过程中出现的偏差；⑤直流电压采样误差。

这些非理想因素会导致逆变器输出电压出现偏差。为了提高逆变器输出电压的精度，需要对以上因素采取针对性措施。其中 IGBT 的开通和关断延迟、PWM 脉冲宽度在传输过程中出现的偏差和直流母线电压采样误差主要与硬件电路设计相关，通常在产品样机设计及调试阶段通过优化器件选型和电路参数来避免。而消除逆变器开关死区和管压降造成的电压损失问题则需要通过软件设计来解决，下面着重阐述消除这两种因素的具体解决方案。

1. 逆变器死区补偿

死区时间会造成逆变器输出电压误差，电压谐波分量增大，影响电机电流和磁链控制性能，特别是在电机低转速区，线电压较低，死区产生的谐波电压比例较大，使得电流出现严重的畸变，导致转矩脉动明显增大，因此必须设法消除死区的影响。

1)死区产生的原因

逆变器每一相的上下管 IGBT 总是处于互补开关工作状态，但实际 IGBT 的开通和关断都有一个过程，如图 8-13 所示，如果上、下管同时进行开关操作，势必存在贯穿短

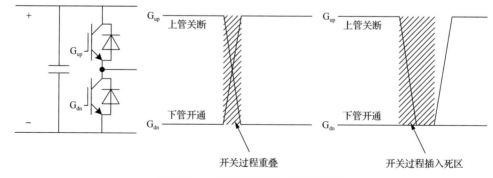

图 8-13　上管和下管开关之间的死区

G_{up}-上管门极脉冲；G_{dn}-下管门极脉冲

路的风险。为了防止贯通短路，上、下管 IGBT 在开关切换过程中插入了一段同时关断的时间，这个时间称为死区时间。

2) 死区补偿方法

死区效应可以通过电流反馈或电压反馈方法进行补偿。前一种方法是通过对电流极性的检测，直接调整理想脉冲的宽度来实现补偿；后一种方法是将检测的输出电压与理想电压进行比较，然后把偏差补偿到理想电压上。由于在电机控制过程中一般都是检测电流，检测输出电压的情况很少，而且基于电流极性检测的死区补偿没有延迟，基于电压反馈的死区补偿存在一个开关周期的延迟，因此前一种方法的应用更加普遍。下面介绍基于电流极性检测的死区补偿方法。

死区时间的设置通常采用"延迟开通，按时关断"的方式。如图 8-14 所示，参考脉冲高电平表示上管开通的时间，低电平表示下管开通的时间，由于需要插入死区，上管的开通边沿相对于参考脉冲的上升沿延迟了一个死区时间 t_{dead}，上管的关断边沿与参考脉冲的下降沿对齐，下管的开通边沿相对于参考脉冲的下降沿延迟了一个死区时间 t_{dead}，下管的关断边沿与参考脉冲的上升沿对齐，因此在一个开关周期内通常会出现两次死区。

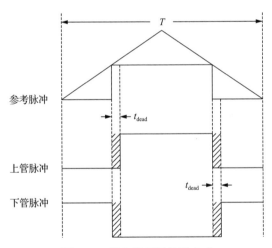

图 8-14 逆变器死区设置方式

当上、下管 IGBT 同时关断时，由于二极管的续流，输出电压仍然会被钳位到直流母线电压正极或负极，但死区时间内输出电压的状态与电流的方向有关。如图 8-15 所示，当电流从逆变器流向驱动电机时，在上下管 IGBT 都关断的情况下，电路通过下管反并联二极管续流，这时电压钳位到直流母线电压负极，因此实际输出电压脉冲高电平的宽度与参考脉冲相比变窄了，减小的宽度刚好为 t_{dead}。

如图 8-16 所示，当电流从驱动电机流向逆变器时，在上下管 IGBT 都关断的情况下，电路通过上管反并联二极管续流，这时电压钳位到直流母线电压正极，因此实际输出电压脉冲高电平的宽度与参考脉冲相比变宽了，增加的宽度刚好为 t_{dead}。

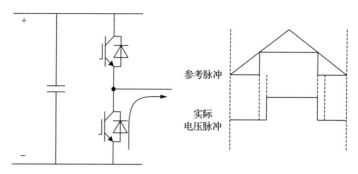

图 8-15　电流从逆变器流向驱动电机时电压脉冲宽度的变化

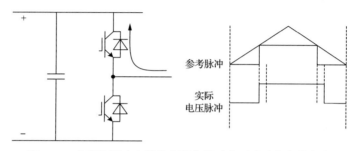

图 8-16　电流从驱动电机流向逆变器时电压脉冲宽度的变化

为了使逆变器实际输出电压脉冲宽度等于期望值，需要对参考脉冲高电平的宽度加以调整，从以上分析可知：当电流从逆变器流向驱动电机时，参考脉冲高电平宽度需在计算值的基础上加上一个死区时间 t_{dead}；当电流从驱动电机流向逆变器时，参考脉冲高电平宽度需在计算值的基础上减去一个死区时间 t_{dead}。图 8-17 展示了参考脉冲、死区补偿后的脉冲和实际电压脉冲之间的关系，可以看出，不管电流是流入驱动电机还是流

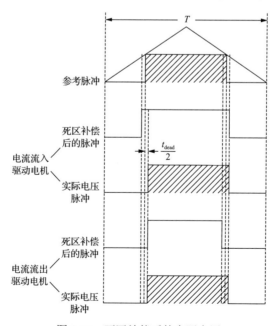

图 8-17　死区补偿后的实际电压

出驱动电机,死区补偿后得到的实际电压脉冲与参考脉冲相比,脉冲高电平的宽度相等,但整体相位延迟了 $t_{dead}/2$。

死区补偿的关键是判断电流的方向,在电流过零点时,由于电流采样误差或电流波动等,容易出现电流方向判断错误的情况。为了避免这种情况,可以采用以下方法:对同步坐标系下的 d、q 轴电流进行低通滤波,然后将滤波后的电流分解到三相坐标系下,用这个电流代替实际采样的电流来确定电流的方向。

死区补偿的另一个问题是计算值加上一个死区时间后会出现大于开关周期的情况,或计算值减去一个死区时间后出现小于零的情况,针对这个问题,一个简单的处理方式是对补偿后的值做一个限制,使最大值不超过开关周期,最小值不小于零。

2. 逆变器导通压降补偿

IGBT 和二极管内部均存在 PN 结特性和电阻特性,因此当其导通并有电流通过时,会在电流方向产生电压降,即管压降,或者称为导通压降。导通压降使得实际施加在电机上的电压降低。不管电流是从 IGBT 流过还是从续流二极管流过,产生的压降方向与电流方向均一致,而且 IGBT 与二极管的压降值相差不多。图 8-18 为一款 IGBT 模块的芯片导通压降曲线,可以看出导通压降随电流的增大而增大,并且当电流大于一定值后,导通压降与电流基本呈线性关系。

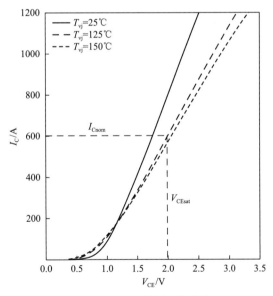

图 8-18 IGBT 导通压降曲线

I_C-IGBT 导通电流;I_{Cnom}-IGBT 最大持续导通电流;T_{vj}-IGBT 芯片结温;V_{CE}-IGBT 导通电压;V_{CEsat}-I_{Cnom} 对应的导通电压

对导通压降的补偿,简单的做法是采用一个电阻来模拟芯片的压降,相当于驱动电机每一相上串联了一个等效电阻 R_{com},其大小可以采用式(8-4)计算。

$$R_{com} = \frac{V_{CEsat}}{I_{Cnom}} \tag{8-4}$$

式中，R_{com} 为等效电阻，Ω；I_{Cnom} 为 IGBT 数据手册给出的最大持续导通电流，A；V_{CEsat} 为 I_{Cnom} 对应的导通电压，V。

在控制程序中，当计算相电流在定子电阻上的压降时，可以将 R_{com} 值直接加到定子电阻上。

较精确的导通压降补偿方法是采用多项式拟合或查表的方法来确定压降值，然后在电机控制模型中加以补偿。一般采用二次多项式就能较好地拟合 IGBT 导通压降曲线，拟合公式如式(8-5)所示：

$$V_{com} = aI_C^2 + bI_C + c \tag{8-5}$$

式中，I_C 为 IGBT 实际导通电流，A；V_{com} 为 I_C 对应的补偿电压，V；a、b 和 c 为拟合系数。

拟合系数可以借助 MATLAB 等工具得到。当控制程序计算相电压时，将补偿电压 V_{com} 加到相电压上即可。

此外，导通压降的大小还与芯片温度有关，可以采用两个多项式对两个不同温度下的导通压降曲线进行拟合，例如，对图 8-18 中 25℃和 150℃条件下的曲线进行拟合，然后根据实际电流和估算的 IGBT 芯片结温，采用插值的方式得到任意温度下的导通压降值。

第二节　异步电机的矢量控制

研究异步电机控制方法的主要目的是改善它的调速控制性能。20 世纪 70 年代之前，异步电机主要用于转速固定不变的传动场合。随着电力电子技术、大规模集成电路技术和计算机技术的进步，以及各种高性能变频调速控制方法的提出和工程化实现，异步电机调速性能得到大幅提升，加之其成本较低、可靠性较高，因此很快就得到了广泛应用。在异步电机变频调速技术发展历程中，主要出现了以下三种典型控制方法。

1）恒电压/频率(V/F)控制技术

从 20 世纪 60 年代开始，基于电机稳态模型的恒电压/频率控制方法和系统被开发。这种方法仅对变量的幅值进行控制，忽略电机中的耦合效应和动态过程，因此调速过程缓慢。但对风机和泵类负载，只要有调速功能，就能起到很大的节能效果，因此早期被广泛应用于各种节能场合，至今仍在使用。

2）矢量控制技术

1971 年，德国工程师 Blaschke 提出了基于转子磁场直接定向的异步电机矢量控制技术，找到了交流电机高性能控制方法，成为交流电机控制技术发展的里程碑。随后大量学者参与了该技术的研究，解决了一系列实际问题，并进行拓展性开发。目前矢量控制技术已成为交流电机变频调速控制的主流技术。

3）直接转矩控制技术

1985 年，德国鲁尔大学的 Depenbrock 教授提出了一种与矢量控制不同的交流调速控制方法，随后日本学者 Takahashi 也提出了类似的控制方案，这种控制思路在国际上被统称为直接转矩控制方法。该方法后续也得到了广泛的研究和工程化应用，特别是在轨道交通和冶金轧钢等大功率传动领域得到了推广应用。

以上三类变频调速控制技术中，恒电压/频率控制由于没有对电流或磁通进行瞬态控制，动态响应能力较差，一般只用于调速过程缓慢的场合；矢量控制和直接转矩控制对电流和磁通进行了动态闭环控制，因此动态响应性能优良，适合用于高性能调速传动领域。最初的直接转矩控制采用"砰-砰"控制方式，存在转矩脉动大、开关频率不固定的缺点，而改良后的直接转矩控制技术复杂性增加，因此现在矢量控制技术的应用显得更为普遍。

从 20 世纪 80 年代开始，自适应控制、滑模变结构控制和智能控制等先进控制理论被应用到电机控制中，提高了电机的控制性能，为电机控制技术的发展开辟了新的路径。20 世纪 90 年代，交流电机无速度传感器控制技术开始成为研究重点，目前已在很多场合得到应用。

矢量控制通常以电流闭环控制为内环，以转矩或转速调节作为外环，电机按圆形磁链轨迹运行，电流谐波和转矩脉动小，既可以实现转矩的快速响应，又能够兼顾电流瞬态抑制，因此非常适合于平稳性要求较高、逆变器电流裕量较小的场合。矢量控制技术的这些特点可很好地满足电动汽车需求，因此无论是永磁同步电机还是异步电机，目前基本上采用的都是矢量控制技术。

本章结合实际工程应用，在介绍异步电机和永磁同步电机数学模型的基础上，分别介绍这两种类型电机的矢量控制技术，包括两种定向方式（转子磁场定向和定子磁场定向）的控制框图和实现路径。本节首先介绍异步电机的矢量控制技术。

一、异步电机矢量控制的基本思路

矢量控制技术借鉴了他励直流电动机的工作原理。图 8-19 是他励直流电动机的模型，可以看出，它的励磁电流 I_f 和电枢电流 I_a 可以独立控制，而且电机的结构决定了励磁电流产生的磁链 ψ_f 和电枢电流产生的磁链 ψ_a 相互垂直。由于主极磁场控制上的解耦，他励直流电动机可以获得较高的动态控制性能。

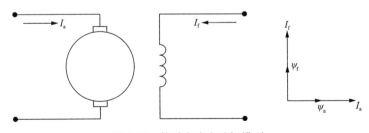

图 8-19 他励直流电动机模型

图 8-20 是异步电动机的模型，根据交流电机理论，三相对称绕组通三相交流电流时，将形成空间上按正弦分布、时间上按同步角频率 ω_e 旋转的合成磁动势，这个合成磁动势

可以用一个矢量 F_s 来表示，在同步旋转坐标系下，合成矢量相当于一个直流量。同样，电机内部转子磁链、定子磁链和定子反电动势各自的合成矢量 Ψ_r、Ψ_s 和 E_s 也在同步旋转，因此各矢量之间必然保持特定的相位关系。

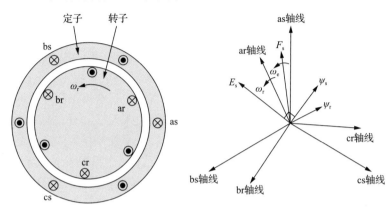

图 8-20　异步电动机模型

as-电机定子 a 相等效绕组；bs-电机定子 b 相等效绕组；cs-电机定子 c 相等效绕组；ar-电机转子 a 相等效绕组；

br-电机转子 b 相等效绕组；cr-电机转子 c 相等效绕组；ω_r-转子电角速度

　　受他励直流电动机工作原理的启发，将异步电机在三相静止坐标系下的方程变换为同步旋转坐标系下的方程，并选择适当的参考坐标，可以从定子电流中分解出单独控制电机主极磁场的励磁电流分量，与之垂直的另一个电流分量只对转矩产生影响，这样异步电机的控制方式就与他励直流电动机类似，这就是矢量控制的基本思想。

　　因此，将电机三相静止坐标系下的数学方程变换为同步旋转坐标系下的数学方程，成为在理论上证实以上思路的关键，这也是矢量控制工程化设计的基础。关于电机数学方程的变换和推导，早已有专著进行了详细论述[2]，这里不再讲述，直接根据同步旋转坐标系下的方程进行控制相关的分析和说明。

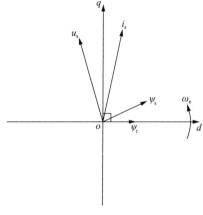

图 8-21　同步旋转坐标系及电压、
电流和磁链向量

二、异步电机的数学模型及分析

　　异步电机数学模型可以在三相坐标系、两相坐标系和同步旋转坐标系下建立。电机矢量控制通常采用同步旋转坐标系下的数学模型。所谓同步旋转坐标系，就是让直角坐标系以原点为轴心、在平面上旋转，旋转速度等于电机合成磁动势的转速。如图 8-21 所示，同步旋转坐标系的两条坐标轴常用字母 d 和 q 表示，并且通常用逆时针方向旋转代表电机正转，用顺时针方向旋转代表电机反转。在同步旋转坐标系下，电压、电流和磁链以向量的形式表示（如图 8-21 中的 u_s、i_s、ψ_r 和 ψ_s），电机模型更加简单和直观。

由于异步电机是一个非线性多变量系统，为了简化模型，做如下假设：①忽略磁路饱和及磁滞对电感的影响；②忽略铁心损耗；③忽略磁场空间谐波，磁动势沿气隙圆周按正弦分布；④不考虑频率和温度变化对绕组的影响。

在上述假设条件下，异步电机在同步旋转坐标系下的电压方程为[2]

$$
\begin{cases}
u_{sd} = R_s i_{sd} + \dfrac{\mathrm{d}\psi_{sd}}{\mathrm{d}t} - \omega_e \psi_{sq} \\[2mm]
u_{sq} = R_s i_{sq} + \dfrac{\mathrm{d}\psi_{sq}}{\mathrm{d}t} + \omega_e \psi_{sd} \\[2mm]
0 = R_r i_{rd} + \dfrac{\mathrm{d}\psi_{rd}}{\mathrm{d}t} - \omega_{sl} \psi_{rq} \\[2mm]
0 = R_r i_{rq} + \dfrac{\mathrm{d}\psi_{rq}}{\mathrm{d}t} + \omega_{sl} \psi_{rd}
\end{cases}
\tag{8-6}
$$

磁链方程为

$$
\begin{cases}
\psi_{sd} = L_s i_{sd} + L_m i_{rd} \\[1mm]
\psi_{sq} = L_s i_{sq} + L_m i_{rq} \\[1mm]
\psi_{rd} = L_m i_{sd} + L_r i_{rd} \\[1mm]
\psi_{rq} = L_m i_{sq} + L_r i_{rq}
\end{cases}
\tag{8-7}
$$

式中，ψ_{sd} 和 ψ_{rd} 分别为定子和转子 d 轴磁链，Wb；ψ_{sq} 和 ψ_{rq} 分别为定子和转子 q 轴磁链，Wb；u_{sd} 和 u_{sq} 分别为定子 d 轴和 q 轴电压，V；i_{sd} 和 i_{sq} 为定子 d 轴和 q 轴电流，A；i_{rd} 和 i_{rq} 分别为转子 d 轴和 q 轴电流，A；R_s 为定子电阻，Ω；R_r 为转子电阻，Ω；L_s 为定子电感，H；L_r 为转子电感，H；L_m 为定转子互感，H；ω_e 为同步角频率，rad/s；ω_{sl} 为转差角频率，rad/s。

磁场定向是交流电机实现高性能控制的基本思路，在磁场定向方式下，电机方程得到简化，物理关系更加清晰。转子磁场定向将电机转子合成磁场的轴线作为 d 轴（其正方向与磁力线方向一致），逆时针方向旋转 90° 的轴线作为 q 轴，因此 q 轴上转子磁链分量为零。这时，异步电机基本方程可简化为

$$
u_{sd} = R_s i_{sd} + \frac{\mathrm{d}\psi_{sd}}{\mathrm{d}t} - \omega_e \psi_{sq}
\tag{8-8}
$$

$$
u_{sq} = R_s i_{sq} + \frac{\mathrm{d}\psi_{sq}}{\mathrm{d}t} + \omega_e \psi_{sd}
\tag{8-9}
$$

$$
0 = R_r i_{rd} + \frac{\mathrm{d}\psi_{rd}}{\mathrm{d}t}
\tag{8-10}
$$

$$
0 = R_r i_{rq} + \omega_{sl} \psi_{rd}
\tag{8-11}
$$

$$
\psi_{sd} = L_s i_{sd} + L_m i_{rd}
\tag{8-12}
$$

$$
\psi_{sq} = L_s i_{sq} + L_m i_{rq}
\tag{8-13}
$$

$$\psi_{rd} = L_m i_{sd} + L_r i_{rd} \tag{8-14}$$

$$0 = L_m i_{sq} + L_r i_{rq} \tag{8-15}$$

下面根据转子磁场定向下的基本方程，对异步电机定、转子磁场关系和电磁转矩产生过程进行分析，以便深入理解异步电机工作原理和矢量控制方法。

1. d 轴电流和磁链关系

电机稳态运行时，转子磁链幅值不变，因此根据式(8-10)，可得出稳态时转子 d 轴电流

$$i_{rd} = 0 \tag{8-16}$$

再根据式(8-12)和式(8-14)，可得出

$$\psi_{sd} = L_s i_{sd} \tag{8-17}$$

$$\psi_{rd} = L_m i_{sd} = \frac{L_m}{L_s} \psi_{sd} \tag{8-18}$$

从以上推导结果可以看出，异步电机在稳态时具有如下性质：转子 d 轴磁动势为零，转子 d 轴磁链(即转子磁链)完全是由定子 d 轴电枢电流产生的磁通经过气隙与转子交链形成的，转子上没有漏磁链。因此，d 轴电流分量被称为励磁电流分量。

2. q 轴电流和磁链关系

电机空载时，转子电角速度(即转子机械角速度与极对数的乘积)与转子磁场角速度相等。当电机加速或电机负载时，转子电角速度与转子磁场角速度之间存在一定差值，这时转子导体切割磁力线并产生电流。转子电流一方面与主磁场作用产生电磁转矩，另一方面引起定子感应电动势变化，促使电能流入，从而实现机电能量转换。以上过程在电机学里被称为异步电机的转子反应。图 8-22 给出了空载和负载工况(牵引工况和制动工况)下电流、磁链和反电动势的相位关系。

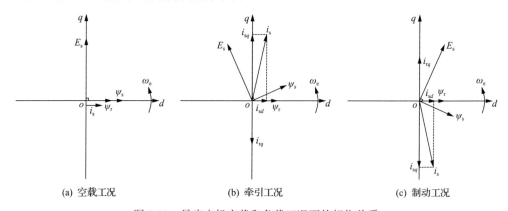

(a) 空载工况   (b) 牵引工况   (c) 制动工况

图 8-22 异步电机空载和负载工况下的相位关系

下面根据同步旋转坐标系下的电机方程对异步电机的转子反应进行分析。由式(8-11)得到

$$i_{rq} = -\frac{\omega_{sl}\psi_{rd}}{R_r} \tag{8-19}$$

式中，$\omega_{sl}\psi_{rd}$ 为转子磁场在转子 q 轴上产生的反电动势。该反电动势作用在转子电阻上就产生电流 i_{rq}，且 i_{rq} 与反电动势相位相差 $180°$。i_{rq} 与 ψ_{rd} 相互作用产生电磁转矩，在 ψ_{rd} 幅值保持不变的条件下，转差频率越大，转子电流 i_{rq} 就越大，产生的电磁转矩也就越大。另外，转子电流 i_{rq} 在转子电阻 R_r 上还会产生热损耗。

由式(8-15)可以得出转子电流对定子磁场的影响：

$$L_r i_{rq} = -L_m i_{sq} \tag{8-20}$$

式(8-20)表明转子电流 i_{rq} 在转子侧产生的磁链将全部由定子 q 轴电流产生的磁链抵消。定子 q 轴电流产生过程为：转子电流 i_{rq} 的增大会使得定子 q 轴磁链 ψ_{sq} 减小，其感生电动势(即 $d\psi_{sq}/dt$)也瞬时减小，由式(8-9)可以看出，当外部施加的电压和主磁通维持不变时，q 轴电流就会增大。定子 q 轴增大的电流正好抵消了转子电流产生的磁链。可见，这个过程一方面维持了转子磁通的恒定，另一方面促成了定子侧电能的流动。

定子侧 q 轴合成磁链不为零，它的表达式为

$$\psi_{sq} = L_s i_{sq} + L_m i_{rq} = L_s i_{sq} - L_m \times \frac{L_m}{L_r} i_{sq} = \left(L_s - \frac{L_m^2}{L_r}\right) i_{sq} = \sigma L_s i_{sq} \tag{8-21}$$

式中，$\sigma = 1 - L_m^2/(L_r L_s)$，$\sigma L_s = L_s - L_m^2/L_r$。

转子电流的作用使得异步电机定子 d 轴和 q 轴等效电感不一样，定子 d 轴等效电感为 L_s，定子 q 轴等效电感为 σL_s，通常 L_s 比 σL_s 大很多。从电路分析计算的角度来看，d 轴、q 轴电感差异是产生电磁功率和转矩的必要条件。

3. 电磁转矩及其最大值

在同步旋转坐标系下，异步电机的电磁转矩 T_e 可表示为[2]

$$
\begin{aligned}
T_e &= \frac{3}{2} \times \frac{P}{2} \times (L_s \times i_{sd} \times i_{sq} - \sigma L_s \times i_{sq} \times i_{sd}) \\
&= \frac{3P}{4} \times \frac{L_m^2}{L_r} \times i_{sd} \times i_{sq} \\
&= \frac{3P L_m^2}{4 L_s L_r} \psi_{sd} i_{sq}
\end{aligned} \tag{8-22}
$$

式中，P 为电机极数。

可见，电磁转矩与定子 d 轴磁链和 q 轴电流的乘积成正比。q 轴电流只影响转矩，因此这部分电流分量称为转矩电流分量。

异步电机工作在低速区时，由于有足够的电压，通常会维持主磁链 ψ_{sd} 恒定，这时电磁转矩与 q 轴电流成正比；随着电机转速升高，反电动势增大，受逆变器输出电压限制，磁链将减小。为了增大电机的转矩输出能力，进入弱磁区间后，通常将逆变器能够输出的最大电压施加在电机上，这时电机反电动势基本维持恒定。假设电机反电动势矢量幅值为 E_s，根据电机基本方程，可以推导出电机能够输出的最大转矩为

$$T_{e\_max} = \frac{3P}{8} \times \frac{E_s^2}{\omega_e^2} \times \frac{1}{\sigma L_s} \times (1-\sigma) = \frac{3P}{8} \times \psi_s^2 \times \frac{1}{\sigma L_s} \times (1-\sigma) \tag{8-23}$$

从式(8-23)可以看出，异步电机最大转矩输出能力与定子磁链的平方成正比，或者说在反电动势 E_s 一定时，异步电机最大转矩输出能力与同步频率的平方成反比。

三、转子磁场间接定向矢量控制

概括性地讲，矢量控制就是将静止坐标系下的交流电流转化为同步旋转坐标系下的直流电流并加以控制，通过对同步旋转坐标系进行恰当的定向，可以实现运算的简化并获得较好的转矩和磁链控制性能。

磁场定向是同步旋转坐标系定向的主要方式，通常有三种磁场定向方式，即按转子磁场定向、按气隙磁场定向和按定子磁场定向，按某个磁场定向，就是将该磁场的轴线作为同步旋转坐标系的横轴。按气隙磁场定向的数学关系最复杂，并且没有明显的优点，因此这种方式实际应用较少，而另外两种定向方式都得到了普遍应用。根据定向手段的不同，矢量控制又可分为直接定向和间接定向。直接定向通过测量方式或观测方式确定磁场位置，间接定向仅仅依靠电机方程来保证对磁场的定向。间接定向方式较简单，工程上容易实现，实际运行性能完全可以满足需求。下面将结合工程应用实践，重点介绍转子磁场间接定向矢量控制和定子磁场间接定向矢量控制这两种方法。

转子磁场间接定向矢量控制的基本思路是：首先通过一定的方法确定转子磁链位置，找到转子磁链位置后，建立同步旋转坐标系，在同步旋转坐标系下计算参考电流并对电流进行闭环控制，将电流控制环节得到的电压反变换到静止坐标系下，最后再进行电压脉宽调制运算。图 8-23 为异步电机转子磁场间接定向矢量控制框图，整个框图分为 7 个功能单元，包括磁链调节、转矩限制、d 轴和 q 轴参考电流计算、电流闭环控制、电压逆 PARK 变换、电流 PARK 变换和转子磁场定向。

在实际数字控制系统中，这 7 个功能单元的运算按一定顺序周期性地执行，图 8-24 展示了一种常用的运算顺序。下面参照这个顺序对每一个功能单元的原理及计算方法进行介绍。在以下描述中，带*的量表示计算值或给定值，不带*的量表示实际值。

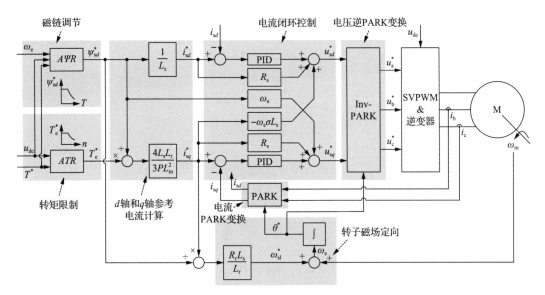

图 8-23　异步电机转子磁场间接定向矢量控制框图

$A\Psi R$ 表示磁链调节器

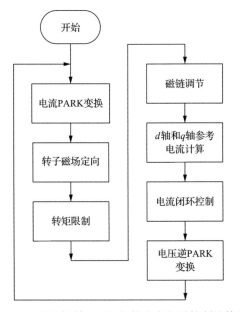

图 8-24　异步电机转子磁场间接定向矢量控制计算顺序

1. 电流 PARK 变换

PARK 变换就是将静止坐标系下的量变换为同步旋转坐标系下的量。控制系统通过电流传感器采样三相电流 i_a、i_b 和 i_c(也可以只采样两相电流,然后利用三相电流之和为零的关系计算出另外一相的电流值),然后将三相静止坐标系下的电流量变换为两相静止坐标系下的电流量 i_α 和 i_β,再通过 PARK 变换将两相静止坐标系下的电流量变换为同步旋转坐标系下的电流量 i_{sd} 和 i_{sq},PARK 变换需要用到 d 轴位置角 θ^*。具体采用的计算公式为

$$\begin{cases} i_\alpha = i_a \\ i_\beta = \dfrac{i_a + 2i_b}{\sqrt{3}} \end{cases} \tag{8-24}$$

$$\begin{cases} i_{sd} = i_\alpha \cos\theta^* + i_\beta \sin\theta^* \\ i_{sq} = i_\beta \cos\theta^* - i_\alpha \sin\theta^* \end{cases} \tag{8-25}$$

在进行电流 PARK 变换时，需要注意 θ^* 一定是电流采样时刻所对应的 d 轴位置。θ^* 通常由上一个控制周期计算得到，如果电流是在当前开关周期的起始时刻采样，那么需要在上一个控制周期内推算出当前开关周期起始时刻对应的 θ^* 值。

2. 转子磁场定向

间接磁场定向方法是根据检测的电机转速和计算的转差频率得到电机的同步频率，再通过对同步频率积分得到合成磁场的位置。在给定 d 轴磁链和 q 轴电流后（这两个量在上一个计算周期得到），根据异步电机在同步坐标系下的方程，可以前馈计算出一个转差频率 ω_{sl}^*，ω_{sl}^* 的计算公式为

$$\omega_{sl}^* = \frac{i_{sq}^*}{\psi_{sd}^*} \times \frac{R_r L_s}{L_r} \tag{8-26}$$

ω_{sl}^* 加上转速传感器检测的转子电角速度 ω_m，就得到同步频率 ω_e，ω_e 对时间 t 积分就间接得到了转子磁链位置 θ^*，即

$$\theta^* = \int_0^t \omega_e \, \mathrm{d}t = \int_0^t (\omega_m + \omega_{sl}^*) \, \mathrm{d}t \tag{8-27}$$

通过以上计算，电机的同步频率和转子磁链位置都得到了确定。

转子磁场定向控制的实际性能能否达到理论分析的效果，关键在于定向的准确性。从以上分析可以看出，前馈计算出的转差频率的准确度决定了定向的精度。计算转差频率时用到了转子电阻、定子电感和转子电感参数，由于计算公式中定子电感和转子电感分别位于分子和分母中，电感参数变化对转差频率计算精度的影响减弱了，因此定向的准确性主要受转子电阻参数的影响。由于转子电阻随温度等因素变化较大，为了保证定向的精度，在实际应用时通常会加入一些自适应校正方法。常用的模型参考自适应转差频率校正方法有：①基于瞬时无功功率的转差频率校正方法；②基于转子反电动势 d 轴分量的转差频率校正方法；③基于定子电压幅值的转差频率校正方法。

3. 转矩限制

转矩指令 T^* 通常由外部给定（如整车控制器根据驾驶员踩下油门踏板的深度来给出），或者由转速控制环节输出。电机控制需要对外部给定的转矩指令做必要的限制，不能超过当前转速下电机的最大转矩输出能力，也不能超过电源的功率限制。

电机最大转矩输出能力可以根据式(8-23)实时计算，也可以根据额定直流母线电压设置一条外特性限制曲线。采用外特性限制曲线来限制转矩时，需要考虑直流母线电压降低对电机转矩输出能力的影响，通常可以用给定限制曲线的值乘以 $(u_{dc}/u_{dc\_rate})^2$ 近似得到实际直流母线电压对应的转矩限制值，式中 u_{dc} 为实际直流母线电压，u_{dc_rate} 为额定直流母线电压。为了确保系统稳定运行，考虑到计算过程中存在参数误差、做了近似处理以及没有考虑动态过程等因素，电机实际工作外特性限制曲线通常需要限制在自然外特性限制曲线范围以内，并保留适当的余量。

电机输出功率等于转矩乘以转速，除以系统效率就得到了直流功率。当采用给定转矩计算出的直流功率超过储能系统限制值时，需要对转矩进行限制，这时可以逆向计算出转矩限制值。计算过程用到了系统效率这个参数，如果储能系统对功率限制的误差不敏感，可以采用一个固定的系统效率值来进行计算，如果储能系统对功率误差精度要求较高，则需要用一组效率参数来计算转矩限制值。另外，还可以采用闭环调节的方式来限制转矩最大值，这种方式可以实现较高的限制精度，但调节过程也引入了一定的振荡。

4. 磁链调节

电机转矩由磁场和电流共同作用产生，由于铁心的磁滞效应，磁场的建立需要一个过程，为了提高电机转矩响应能力，电机即使空载运行，通常也尽量维持主磁通为额定值。当然，为了减小损耗，也可以根据转矩大小来动态调节主磁通，但这时需要评估转矩响应能力是否满足实际需求。

在低转速区，电机需要的电压小于逆变器可输出的最大电压，电机磁链可维持额定值。随着电机转速的升高，反电动势增大，受逆变器输出电压能力的限制，电机磁链不能再维持额定值，需要对电机进行弱磁控制。由于电机转矩输出能力与磁链成正比，为了最大限度地发挥电机的输出能力，通常弱磁运行后需要将逆变器的最大电压施加在电机上。电机端电压等于反电动势与定子电阻压降的矢量和，反电动势基本上等于磁链与同步频率的乘积，因此在电压受限的条件下，磁链的大小由电压决定。

磁链给定值可以通过闭环调节的方式得到，图 8-25 为常用的磁链调节方式。调节器的参考量为逆变器的最大输出电压向量的幅值，反馈量为 d 轴、q 轴输出电压的幅值。电压偏差通过比例积分(PI)调节器进行调节，得到 d 轴磁链的给定值，注意需要对 PI 调节器的积分分量和输出结果进行限幅，使之不超过电机的额定磁链值。

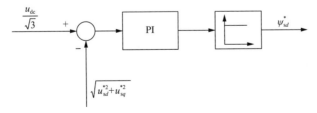

图 8-25 异步电机弱磁调节器

以上磁链调节方法有一定的不足，即对电压的调节总是存在滞后的问题，在动态过程中可能出现磁链给定值偏大的情况，导致电机对电压的需求增加，而逆变器又不能提供这个电压，导致电流比例、积分和微分(PID)调节失效，这时就容易出现电流失控的现象。在电压不足的情况下，恰当地处理电流 PID 控制限幅问题，对抑制电流大幅失控具有重要作用。另外，为了消除动态情况下磁链给定值偏大导致电流 PID 调节饱和的问题，可以适当将磁链调节器的参考电压减小一些，预留一定的调节余量。

还有一种弱磁控制方法，就是自动弱磁控制。这种控制方法的具体做法是：当电机转速达到一定值后(还没有到弱磁点)，逐渐取消电流 PID 控制，这样 d 轴、q 轴电压就只剩下前馈分量。这时，q 轴电流改为调节转差频率的方式来控制，d 轴电流不再闭环控制。在这种控制模式下，d 轴电流(即励磁电流)是一个自由产生的量，它的大小将由电压值、同步频率和电机参数共同确定。

5. d 轴和 q 轴参考电流计算

矢量控制的核心是闭环控制励磁电流(d 轴电流)和转矩电流(q 轴电流)。要控制电流，就需要先计算出电流参考量。电流参考量的大小与磁链及转矩值有关，假设磁链和转矩给定值为 ψ_{sd}^* 和 T_e^*，根据式(8-28)，计算出 d、q 轴给定电流 i_{sd}^* 和 i_{sq}^*：

$$\begin{cases} i_{sd}^* = \dfrac{\psi_{sd}^*}{L_s} \\ i_{sq}^* = \dfrac{T_e^*}{\psi_{sd}^*} \times \dfrac{4L_s L_r}{3P L_m^2} \end{cases} \tag{8-28}$$

电流计算过程中用到了电感参数，因此电感参数的精度会影响输出转矩的精度。

6. 电流闭环控制

电流控制关系到电机动态响应速度和系统运行的稳定性，是矢量控制的核心环节。这里联合应用了两种控制方法来实现对电流的控制：一是前馈控制方法；二是 PID 控制方法。前馈控制主要实现对 d 轴、q 轴反电动势交叉耦合项的补偿，通过前馈补偿的方式，反电动势分量得到抵消，会显著提高电流控制的响应速度。PID 控制是闭环控制常用的方法，其中比例环节可以提高响应速度、尽快消除偏差，积分环节可以消除静差，微分环节主要用于抑制系统超调。理论上，只要电机参数准确，前馈电压就等于最终的控制电压，但实际参数存在误差，而且电机运行中存在各种动态过程，因此 PID 调节器在系统中起着补偿电压偏差、调节动态过程的作用。

电流闭环控制环节可用以式(8-29)表示，其中 $1/s$ 表示积分环节，s 表示微分环节，k_p 为比例控制系数，k_i 为积分控制系数，k_d 为微分控制系数。式(8-29)中，等号右侧的 $-\omega_e \sigma L_s i_{sq}^* + R_s i_{sd}^*$ 和 $\omega_e \psi_{sd}^* + R_s i_{sq}^*$ 分别为 d 轴、q 轴的前馈电压分量，其余部分为 d 轴、q 轴的 PID 电压分量。

$$\begin{cases} u_{sd}^* = -\omega_e \sigma L_s i_{sq}^* + R_s i_{sd}^* + \left(k_p + \dfrac{k_i}{s} + s k_d \right) \times (i_{sd}^* - i_{sd}) \\ u_{sq}^* = \omega_e \psi_{sd}^* + R_s i_{sq}^* + \left(k_p + \dfrac{k_i}{s} + s k_d \right) \times (i_{sq}^* - i_{sq}) \end{cases} \quad (8\text{-}29)$$

介绍 PID 数字化实现及参数选取的文献较多，这里不再赘述。

电流 PID 控制需要对积分分量做必要的限幅，在低转速区电压充足的情况下，限幅值可以取为一个固定的值，取值大小只要满足动态过程调节的电压需求即可。在高速区，特别是电机弱磁运行后电压余量不多的情况下，积分分量的限幅取值就需特别注意，通常在电压不足的情况下，需要保证 d 轴、q 轴各自前馈电压分量不受影响，在此基础上将剩余的电压用于调节，并且这部分电压可先满足 q 轴 PID 的需求，其次再用于 d 轴 PID。

7. 电压逆 PARK 变换

电压逆 PARK 变换就是将同步旋转坐标系下的量变换为静止坐标系下的量。将电流闭环控制环节得到的电压 u_{sd}^* 和 u_{sq}^* 变换为两相静止坐标系下的电压 u_α^* 和 u_β^*，然后再变换为三相静止坐标系下的电压 u_a^*、u_b^* 和 u_c^*，变换需要用到 d 轴位置角 θ^*，具体计算公式为式(8-30)和式(8-31)：

$$\begin{cases} u_\alpha^* = u_{sd}^* \cos \theta^* - u_{sq}^* \sin \theta^* \\ u_\beta^* = u_{sq}^* \cos \theta^* + u_{sd}^* \sin \theta^* \end{cases} \quad (8\text{-}30)$$

$$\begin{cases} u_a^* = u_\alpha^* \\ u_b^* = \dfrac{\sqrt{3} u_\beta^* - u_\alpha^*}{2} \\ u_c^* = \dfrac{-\sqrt{3} u_\beta^* - u_\alpha^*}{2} \end{cases} \quad (8\text{-}31)$$

在进行电压逆 PARK 变换时，需要注意所采用的 θ^* 应为下一个开关周期中点时刻对应的 d 轴位置，因为当前计算的是下一个开关周期需要施加在电机上的电压。可以采用当前同步频率和时间差近似推算将来的 d 轴角度值。

算出三相电压给定值后，即可利用本章第二节所讲的 SVPWM 方法计算逆变器的开关脉冲占空比。

总体来说，转子磁场间接定向矢量控制方法结构简单，工程化实现容易，实际性能满足电动汽车要求，当前已得到了普遍应用。从以上计算过程可以看出，转子磁场定向控制方法对电机参数很敏感，电机参数不准确容易导致动态响应性能变差、转矩控制精度不高、运行效率下降等问题。为了克服这些问题，对电机参数鲁棒性更好的定子磁场定向方法又被提出。

四、定子磁场间接定向矢量控制

定子磁场间接定向矢量控制是将定子合成磁场的轴线作为参考坐标系的 d 轴，这时 q 轴上的磁链恒为零。电机在定子磁场定向下的基本方程为[4]

$$u_{sd} = R_s i_{sd} \tag{8-32}$$

$$u_{sq} = R_s i_{sq} + \omega_e \psi_{sd} \tag{8-33}$$

$$0 = R_r i_{rd} - \omega_{sl} \psi_{rq} \tag{8-34}$$

$$0 = R_r i_{rq} + \omega_{sl} \psi_{rd} \tag{8-35}$$

$$\psi_{sd} = L_s i_{sd} + L_m i_{rd} \tag{8-36}$$

$$0 = L_s i_{sq} + L_m i_{rq} \tag{8-37}$$

$$\psi_{rd} = L_m i_{sd} + L_r i_{rd} \tag{8-38}$$

$$\psi_{rq} = L_m i_{sq} + L_r i_{rq} \tag{8-39}$$

电磁转矩方程为

$$T_e = \frac{3P}{4} \times \psi_{sd} i_{sq} \tag{8-40}$$

根据式(8-33)～式(8-40)，可以得到

$$i_{sq} = \frac{4T_e}{3P\psi_{sd}} \tag{8-41}$$

$$i_{sd} = \frac{\left(\dfrac{\psi_{sd}}{\sigma L_s} + \dfrac{\psi_{sd}}{L_s}\right) - \sqrt{\left(\dfrac{\psi_{sd}}{\sigma L_s} - \dfrac{\psi_{sd}}{L_s}\right)^2 - 4i_{sq}^2}}{2} \tag{8-42}$$

$$\omega_{sl} = \frac{R_r L_s i_{sq}}{(\psi_{sd} - \sigma L_s i_{sd})L_r} \tag{8-43}$$

由式(8-42)可以看出，在定子磁场定向下，d 轴电流和 q 轴电流并不解耦，即 d 轴电流随 q 轴电流的变化而变化，这是定子磁场定向方式受到质疑的地方。但定子磁场定向有一个明显的优点，即电机定子电压几乎全部落在 q 轴上，d 轴上只有数值较小的定子电阻压降。除去定子电阻上的功率损耗，d 轴电流为无功电流，q 轴电流为有功电流，这是定子磁场定向的一个重要特征。

图 8-26 为异步电机定子磁场间接定向矢量控制框图，其结构与转子磁场间接定向矢

量控制框图类似，也可划分为磁链调节、转矩限制、d 轴和 q 轴参考电流计算、电流闭环控制、电压逆 PARK 变换、电流 PARK 变换和定子磁场定向 7 个单元。定子磁场定向控制各个功能单元运算的顺序与转子磁场定向控制相同，但用到的计算公式有所不同，另外一个不同的地方是转子磁场定向下 d 轴电压有一个交叉反电动势补偿量，而定子磁场定向下 d 轴电压没有反电动势补偿量。限于篇幅，这里不再对定子磁场定向控制的每个功能单元做详细描述。

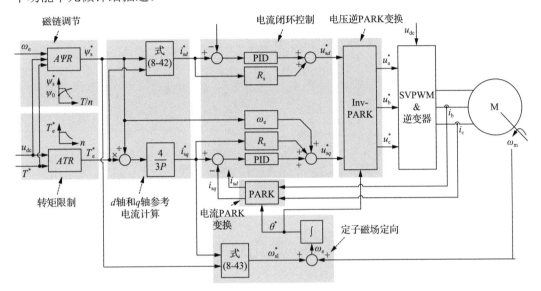

图 8-26　异步电机定子磁场间接定向矢量控制框图

电机的运行是通过施加在它上面的电压来控制的，电压有两个属性：一是电压的幅值，二是电压的频率。随着电机转速升高，逆变器输出电压幅值达到最大值，这时只能通过调整转差频率来改变电机的输出转矩和功率。定子磁场定向控制系统的设计一般利用了以上特点，在低转速区，一般通过调节 d 轴、q 轴电压对电流进行闭环控制。当电机转速达到一定值后，不能再通过调节电压幅值控制电流，这时 d 轴、q 轴电压根据式（8-32）和式（8-33）设置成固定值，并且 d 轴电流切换为开环控制，q 轴电流通过调节转差频率来闭环控制。

图 8-27 为异步电机定子磁场定向高速区的控制框图。在这种控制模式下，d 轴电流是一个"自由量"，它的大小将由施加在电机上的电压值和同步频率共同确定，不需要计算给定值，也不需要控制干预，因此对电机参数更加鲁棒。当前馈电压幅值达到控制器能够输出的最大电压时，电机就进入"自动弱磁"运行区域，无须设计专门的弱磁控制环节。q 轴电流不再通过调节电压来控制，而是切换为调节转差频率来实现。

在实际应用中，电机低转速区仍采用 d 轴、q 轴电流闭环控制方式。d 轴电流和转差频率的计算用到了电机的电感和电阻，因此对电机参数仍然是敏感的。但高速区切换到转差频率调节控制方式后，控制系统就不受电机参数变化的影响了，因此在工程应用中会尽量提高转差频率调节控制的工作范围，通常当电机转速达到额定转速的 30% 后，系统就可切换控制方式。

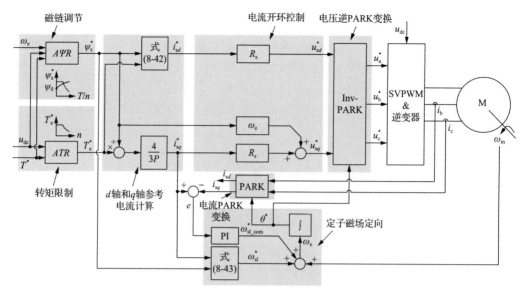

图 8-27 异步电机定子磁场定向高速区控制框图

$\omega_{sl\_com}^*$ 为转差频率调节量

第三节　永磁同步电机的矢量控制

随着交流电机控制理论的发展和微处理器技术的进步，在异步电机控制技术的基础上，同步电机高性能闭环控制技术也得到了快速发展。与异步电机一样，同步电机也可以进行矢量控制和直接转矩控制，其中矢量控制在电动汽车永磁同步电机控制中应用得最为广泛。

永磁同步电机矢量控制原理与异步电机是相同的，都是将静止坐标系下的交流电流转化为同步旋转坐标系下的直流电流并加以控制，通过对同步旋转坐标系进行恰当的定向，可以实现运算的简化并获得较好的转矩和磁链控制性能。

本节首先介绍永磁同步电机的数学模型，在此基础上分别介绍基于转子磁极和定子磁场定向的两种控制方法。

一、永磁同步电机的数学模型及分析

永磁同步电机类型较多，按永磁体安装方式可分为内嵌式和表贴式，按磁场波形可分为正弦波磁场和方波磁场。目前国内电动汽车驱动电机系统主要采用内嵌式正弦波磁场永磁同步电机，因此本节只对该类型电机进行分析。

图 8-28 为永磁同步电机的模型，其定子结构与异步电机类似，通三相对称正弦电流后将形成同步旋转的合成磁动势 F_s。转子结构与异步电机差异较大，转子磁场由定子电枢电流和转子永磁体共同产生，转子电角速度(即转子机械角速度与极对数的乘积)与定子合成磁动势旋转角速度相等，因此定子磁动势向量与转子主极磁场之间必然保持特定的相位关系。

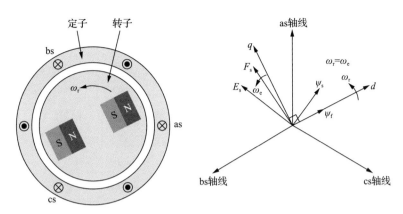

图 8-28 永磁同步电机模型

对于同步电机，通常把主磁极的轴线称为直轴（d 轴），与直轴正交的轴线称为交轴（q 轴），直轴和交轴自然构成了一个同步旋转坐标系。

根据同步电机双反应理论分析方法，对电机直轴和交轴分别建立电压方程和磁链方程[2]：

$$\begin{cases} u_{sd} = R_s i_{sd} + \dfrac{\mathrm{d}\psi_{sd}}{\mathrm{d}t} - \omega_e \psi_{sq} \\ u_{sq} = R_s i_{sq} + \dfrac{\mathrm{d}\psi_{sq}}{\mathrm{d}t} + \omega_e \psi_{sd} \end{cases} \tag{8-44}$$

$$\begin{cases} \psi_{sd} = L_{sd} i_{sd} + \psi_f \\ \psi_{sq} = L_{sq} i_{sq} \\ \psi_{rd} = L_{md} i_{sd} + \psi_f \\ \psi_{rq} = L_{mq} i_{sq} \end{cases} \tag{8-45}$$

式中，ψ_{sd} 和 ψ_{rd} 分别为定子和转子 d 轴磁链，Wb；ψ_{sq} 和 ψ_{rq} 分别为定子和转子 q 轴磁链，Wb；ψ_f 为永磁磁链，Wb；u_{sd} 和 u_{sq} 分别为定子 d 轴和 q 轴电压，V；i_{sd} 和 i_{sq} 分别为定子 d 轴和 q 轴电流，A；R_s 为定子电阻，Ω；L_{sd} 为定子电感，H；L_{md} 为定转子 d 轴互感，H；L_{sq} 为定子 q 轴电感，H；L_{mq} 为定转子 q 轴互感，H；ω_e 为同步角频率，rad/s。

在同步旋转坐标系下，永磁同步电机的电磁转矩 T_e 可表示为[2]

$$\begin{aligned} T_e &= \frac{3}{2} \times \frac{P}{2} \times [(\psi_f + L_{sd} \times i_{sd}) \times i_{sq} - L_{sq} \times i_{sq} \times i_{sd}] \\ &= \frac{3P}{4} \times i_{sq} \times [\psi_f + i_{sd} \times (L_{sd} - L_{sq})] \end{aligned} \tag{8-46}$$

式中，P 为电机极数。

二、永磁同步电机转子磁极定向矢量控制

所谓转子磁极定向，就是以转子永磁体合成磁场轴线作为同步旋转坐标系 d 轴的参

考位置，并且 d 轴正方向与转子内部磁力线方向一致。转子磁极定向矢量控制是永磁同步电机的首选控制方案，因为转子磁极位置可通过在轴端安装位置传感器的方式直接测量得到。在转子磁极定向下，调节主极磁场的电流分量和调节转矩的电流分量相互解耦，可以实现良好的动态响应性能。图 8-29 为永磁同步电机在转子磁极定向下的控制框图，包括磁链调节、转矩限制、d 轴和 q 轴参考电流计算、电流闭环控制、电压逆 PARK 变换、电流 PARK 变换和转子磁场定向等环节。

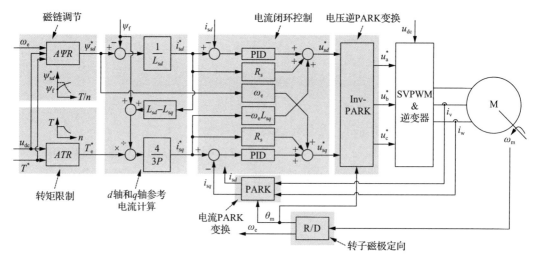

图 8-29 永磁同步电机转子磁极定向矢量控制框图

在图 8-29 中，d 轴、q 轴给定电流 i_{sd}^* 和 i_{sq}^* 的计算公式为

$$i_{sd}^* = \frac{\psi_{sd}^* - \psi_{\mathrm{f}}}{L_{sd}} \tag{8-47}$$

$$i_{sq}^* = \frac{4}{3P} \times \frac{T_{\mathrm{e}}^*}{\psi_{\mathrm{f}} + i_{sd}^* \times (L_{sd} - L_{sq})} \tag{8-48}$$

式中，ψ_{sd}^* 为磁链调节环节输出的 d 轴磁链给定值；T_{e}^* 为转矩限制环节输出的转矩给定值。

永磁同步电机转子磁极定向矢量控制结构与异步电机转子磁场定向矢量控制的结构类似(图 8-23)，控制运算顺序也相同，由于前面已对异步电机转子磁场定向矢量控制各个环节进行了详细描述，这里仅对永磁同步电机控制的不同之处进行介绍。

内嵌式永磁同步电机具有以下两个特点：一是转子永磁体预先建立了一定强度的磁场，电机不需要励磁就能输出转矩，即使采用动态调节主磁场的方式，转矩响应能力也能满足车辆需求；二是电机 q 轴方向的磁导率大于 d 轴方向的磁导率，电机具有磁阻转矩，通过利用磁阻转矩可以降低定子绕组电流。以上两个特点为电机的效率优化控制创造了条件，产生了最大转矩-电流比(MTPA)效率优化控制方法，并使得电机磁链调节环节与异步电机相比有所不同。

1. 最大转矩-电流比控制

由永磁同步电机转矩方程可以看出，即使 d 轴电流为零，只要在 q 轴上施加一个电流，电机也可以产生转矩，这个转矩称为永磁转矩。对内嵌式永磁同步电机，它的 d 轴电感值小于 q 轴电感值，如果同时在 d 轴上施加一个负电流，它将产生一个额外的转矩，这个转矩称为磁阻转矩。因此，对一个给定的转矩需求，通过利用磁阻转矩，电机输出相同转矩所用的电流，会比只利用永磁转矩的控制方式时要小，而且存在一个使电机转矩与总电流比值最大的分配关系。定子铜耗是永磁同步电机的主要损耗，输出相同的转矩，如果所用的定子电流最小，那么就意味着电机的损耗最小，因此永磁同步电机通常会利用磁阻转矩特性，实现最大转矩-电流比控制。

用 i_s 表示电机定子电流向量幅值，给定 i_s 后，在 d-q 坐标系下，i_{sd} 和 i_{sq} 可能的分解方案为一个圆，如图 8-30 所示。

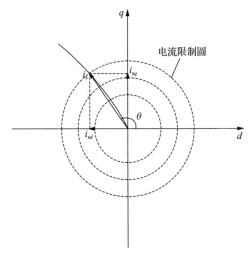

图 8-30　永磁同步电机电流限制圆及 MTPA

设定子电流向量与 d 轴之间的夹角为 θ，则有

$$\begin{cases} i_{sd} = i_s \cos\theta \\ i_{sq} = i_s \sin\theta \end{cases} \tag{8-49}$$

将式(8-49)代入式(8-46)，就得到

$$T_e = \frac{3P}{4}\left(i_s \psi_f \sin\theta + \frac{L_{sd} - L_{sq}}{2} i_s^2 \sin 2\theta \right) \tag{8-50}$$

如式(8-50)所示，在 i_s 一定的条件下，不同的 θ 对应不同的电磁转矩。通过对式(8-50)求极值，可得到使转矩最大的 θ 值，即

$$\theta = \frac{\pi}{2} + \arcsin\left[\frac{-\psi_{\mathrm{f}} + \sqrt{\psi_{\mathrm{f}}^2 + 8(L_{sq} - L_{sd})^2 i_{\mathrm{s}}^2}}{4(L_{sq} - L_{sd})i_{\mathrm{s}}}\right] \tag{8-51}$$

对不同的定子电流限制值，有一条曲线，如图 8-30 中第三象限的曲线所示，以这条曲线上的点为端点的向量与 d 轴之间的角度满足式(8-51)。因此，沿着这条曲线，电机可获得最大的转矩。

通过式(8-50)和式(8-51)计算给定转矩对应的电流较为复杂，而且受电感参数变化的影响，不适合实际应用。工程上通常采用试验标定的方式找出符合最大转矩-电流比关系的转矩-电流曲线或转矩-磁链曲线。

结合图 8-29 的控制框图及 d 轴、q 轴参考电流计算方式，可以通过试验的方式，标定出不同转矩下使定子电流最小的 d 轴磁链给定曲线，如图 8-31 所示。将标定得到的曲线存入程序中，然后采用查表的方式得到给定转矩对应的 d 轴磁链值，再根据式(8-47)和式(8-48)计算出 d 轴、q 轴电流参考值。

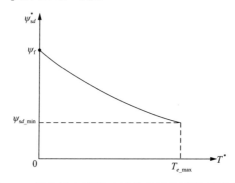

图 8-31　符合最大转矩-电流比关系的转矩-磁链曲线

2. 调节 q 轴电流的辅助弱磁控制

永磁同步电机在低速时，d 轴磁链可以按图 8-31 所示的曲线给定。随着电机转速的升高，仅永磁磁场产生的反电动势就有可能超过逆变器的最高电压，这时必须对电机进行弱磁控制，给定磁链的大小可以通过电压闭环调节的方式得到，调节器的结构如图 8-32 所示。在低速区，电压幅值小于 $U_{\mathrm{dc}}/\sqrt{3}$，磁链取值由转矩-磁链曲线决定；进入弱磁区后，磁链取值在转矩-磁链曲线以内，大小由调节器决定。

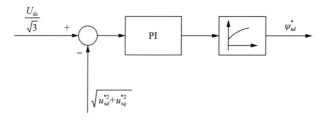

图 8-32　永磁同步电机弱磁调节器

在高速弱磁运行区，随着 q 轴电流的增加，q 轴磁链产生的反电动势会占用掉大部分电压，这时调节器会使 d 轴磁链进一步向负方向减小，当 d 轴磁链等于零时，以上弱磁调节器就达到了拐点，因为继续减小磁链反而会使反电动势的幅值增大，整个调节器就进入了正反馈调节状态。

为了防止出现这种情况，需要限制 d 轴磁链不小于零。当 PI 调节器输出值小于零时，一种可行的方法就是将 d 轴磁链值限制为零，同时减小 q 轴电流的幅值。将弱磁调节器改进为图 8-33 所示的结构，当 PI 调节器输出的磁链值小于零时，将超出的部分乘以一个系数 k，形成一个用于减小 q 轴电流幅值的量，这样就能实现对电机磁场的进一步减弱。

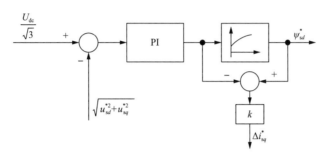

图 8-33 改进后的永磁同步电机弱磁调节器

三、永磁同步电机定子磁场定向矢量控制

转子磁极定向控制的一个缺点是对电机参数变化很敏感，磁链动态变化使得 d 轴、q 轴电感也跟着变化，如果不对电感参数做校正，转矩控制精度将难以保证。另外，基于转子侧的磁场定向控制都存在反电动势交叉耦合的问题，即 d 轴磁链分量会在 q 轴上产生反电动势，q 轴磁链分量会在 d 轴上产生反电动势，这种耦合增加了矢量控制的难度。因为通常需要计算出用于补偿 d 轴、q 轴反电动势的电压前馈值，但受电机参数变化及动态过程的影响，很难准确地给定这两个量，特别是在高速弱磁区，受可调制出的最大电压向量的限制，一个轴上的电压变化势必会对另一个轴上的电压产生影响，电压调节器失效，这时容易导致电流失控。针对以上问题，基于定子磁场定向的矢量控制提供了解决方法。下面对该方法的要点做详细介绍。

1. 定子磁场定向分析

定子磁场定向就是将定子磁链向量相位作为分析及控制的参考零位。如图 8-34 所示，将定子磁场轴线作为 M 轴（其正方向与磁力线方向一致），逆时针方向旋转 90°的轴线作为 T 轴，建立 $M\text{-}T$ 坐标系。在负载情况下，$M\text{-}T$ 坐标系与 $d\text{-}q$ 坐标系相差一个相位角 δ，这个相位角通常称为负载角。

定子磁场定向使永磁同步电机定子电压方程和电磁转矩方程得到了简化[2]，其中定子电压方程简化为

$$u_M = R_s i_M + \frac{\mathrm{d}\psi_s}{\mathrm{d}t} \tag{8-52}$$

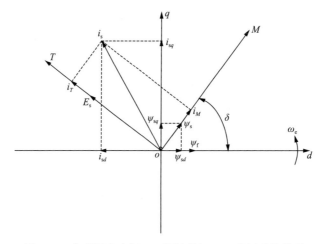

图 8-34　永磁同步电机 d-q 坐标系与 M-T 坐标系的关系

$$u_T = R_s i_T + \omega_e \psi_s \tag{8-53}$$

电磁转矩方程简化为

$$T_e = \frac{3P}{4} \psi_s i_T \tag{8-54}$$

式中，u_M 为定子 M 轴电压，V；u_T 为定子 T 轴电压，V；i_M 为定子 M 轴电流，A；i_T 为定子 T 轴电流，A。

在定子磁场定向下，M 轴上只有数值很小的一部分定子电阻压降，T 轴上几乎集中了所有的电压，理论上不存在电压向量需要在两个坐标轴上分配的问题。i_T 与定子反电动势同相位，是控制电机有功功率的电流分量；i_M 与定子磁链同相位，是控制电机无功功率的电流分量。

由于永磁同步电机定子电感受转子位置的影响，电机设计时通常只给出了 d-q 坐标系下 d 轴和 q 轴上的电感值，因此 M-T 坐标系下的计算必须借助负载角 δ 转换为 d-q 坐标系下的计算。由永磁同步电机磁链方程得到

$$i_{sd} = \frac{\psi_{sd} - \psi_f}{L_{sd}} = \frac{\psi_s \cos\delta - \psi_f}{L_{sd}} \tag{8-55}$$

$$i_{sq} = \frac{\psi_{sq}}{L_{sq}} = \frac{\psi_s \sin\delta}{L_{sq}} \tag{8-56}$$

将式(8-55)和式(8-56)代入式(8-46)，得到

$$T_e = \frac{3P}{4} \times \psi_s \times \left[\frac{\psi_f}{L_{sd}} \times \sin\delta - \left(\frac{\psi_s}{L_{sd}} - \frac{\psi_s}{L_{sq}} \right) \times \sin\delta \times \cos\delta \right] \tag{8-57}$$

式(8-57)描述了电磁转矩 T_e 与定子磁链 ψ_s 及负载角 δ 之间的关系，是用来计算负载角 δ 的基本公式。

当定子磁链 ψ_s 的值一定时，根据式 (8-57) 可以画出电磁转矩与负载角之间的关系曲线，如图 8-35 所示。可以看出，当负载角为零时，电磁转矩为零，随着负载角的增大，电磁转矩也增大，当负载角增大到一定值时，电磁转矩将达到最大值，这时如果进一步增大负载角，电磁转矩反而会减小。因此，可以通过控制定子磁链与永磁磁链的夹角来控制电机的电磁转矩，但需注意负载角不能超过曲线的拐点。

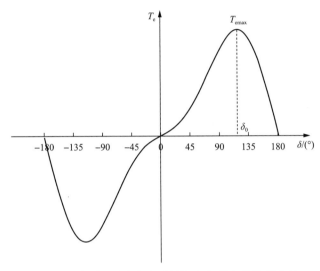

图 8-35　永磁同步电机电磁转矩与负载角的关系曲线

2. 定子磁场定向控制策略

为了实现控制对参数的鲁棒性，以及解决高速弱磁区电压调节器失效的问题，永磁同步电机定子磁场定向控制的策略是：在电机零转速和低转速区采用电压调节器对 M 轴和 T 轴电流进行闭环控制，在高转速区切换为采用负载角调节器对 T 轴电流进行闭环控制，并让 M 轴开环运行。

零速和低速阶段的控制框图如图 8-36 所示，主体上仍然是计算出两个坐标轴上的电流参考值，然后采用前馈加 PID 调节的方式对两个坐标轴上的电流进行闭环控制。

在高速阶段，控制框图切换为图 8-37 所示的形式，这时 M、T 轴电压给为固定值，电流不再通过调节电压来控制，M 轴电流切换为开环控制模式，T 轴电流通过调节负载角来控制。在这种控制模式下，M 轴电流是一个自由量，它的大小将由施加在电机上的电压值和同步频率共同确定，不需要计算给定值，也不需要控制干预，因此对电机参数更加鲁棒。

整个控制过程需要完成三个计算：①计算负载角前馈值 δ^*；②计算参考电流 i_M^* 和 i_T^*；③计算前馈电压 u_M^* 和 u_T^*。

1) 负载角前馈值计算

式 (8-57) 是关于 δ 的一元方程，但方程中同时含有 δ 的正弦、余弦及两者的乘积，经过分析，发现难以直接求出 δ 的解析解。但是，在数字控制中可以采用迭代计算方法得到 δ 的足够精确的数值解。迭代运算的关系如图 8-38 所示。

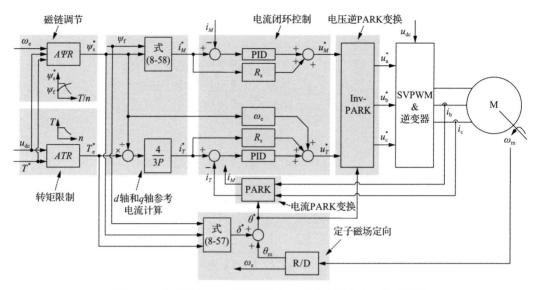

图 8-36 永磁同步电机定子磁场定向零速和低速阶段控制框图

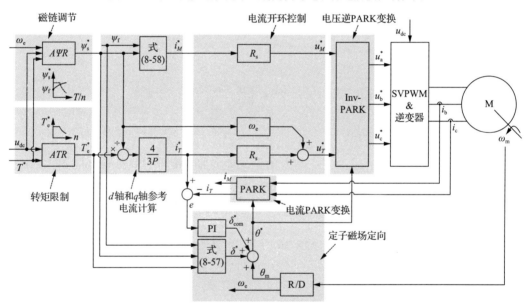

图 8-37 永磁同步电机定子磁场定向高速阶段控制框图

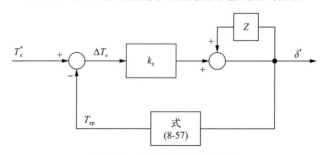

图 8-38 负载角迭代计算框图

迭代计算的过程如下：首先用当前转矩指令值 T_e^* 减去上次迭代得到的转矩值 T_{ep}，得到转矩偏差值 ΔT_e，用该偏差值乘以一个系数 k_e 后得到负载角的调整值，把该调整值与上次迭代得到的负载角值相加，得到新的负载角值 δ^*，最后根据式 (8-57) 计算出下次迭代所需的转矩值 T_{ep}。为了提高 δ^* 的计算精度，每个控制周期可进行多次迭代计算，并且保留当前控制周期计算的 δ^* 和 T_{ep} 用作下一个控制周期首次迭代计算的输入值。

2) 参考电流计算

根据 M-T 坐标系和 d-q 坐标系的关系，i_M、i_T 和 i_{sd}、i_{sq} 具有如下关系：

$$
\begin{cases}
i_M = i_{sq} \sin\delta + i_{sd} \cos\delta \\
i_T = i_{sq} \cos\delta - i_{sd} \sin\delta
\end{cases}
\tag{8-58}
$$

利用已经计算出的负载角前馈值 δ^*，可计算出 d 轴电流给定值 i_{sd}^* 和 q 轴电流给定值 i_{sq}^*，计算公式如下：

$$
\begin{cases}
i_{sd}^* = \dfrac{\psi_{sd}^* - \psi_f}{L_{sd}} = \dfrac{\psi_s^* \cos\delta^* - \psi_f}{L_{sd}} \\
i_{sq}^* = \dfrac{\psi_{sq}^*}{L_{sq}} = \dfrac{\psi_s^* \sin\delta^*}{L_{sq}}
\end{cases}
\tag{8-59}
$$

根据 M-T 坐标系和 d-q 坐标系的关系，将 i_{sd}^* 和 i_{sq}^* 分解到 M-T 坐标系下，得到无功电流给定值 i_M^* 和有功电流给定值 i_T^*：

$$
\begin{cases}
i_M^* = i_{sq}^* \sin\delta^* + i_{sd}^* \cos\delta^* \\
i_T^* = i_{sq}^* \cos\delta^* - i_{sd}^* \sin\delta^*
\end{cases}
\tag{8-60}
$$

此外，有功电流给定值 i_T^* 还可以根据式 (8-61) 计算：

$$
i_T^* = \frac{4T_e^*}{3P\psi_s^*}
\tag{8-61}
$$

3) 前馈电压计算

前馈电压可只计算定子电阻压降和动生反电动势，忽略感生电动势部分，因为在稳态时感生电动势为零，在动态时感生电动势靠 PID 调节器来补偿，因此前馈电压的具体计算公式为

$$
\begin{cases}
u_M^* = R_s i_M^* \\
u_T^* = R_s i_T^* + \omega_e \psi_s^*
\end{cases}
\tag{8-62}
$$

3. 磁场定向校正及弱磁控制

电机在零速和低速区采用电压调节器对电流进行闭环控制，这种控制方式可以保证

电机在堵转和启动过程中稳定地输出转矩。由于电机参数误差，根据式(8-57)的迭代方法计算得到的负载角 δ^* 与电机实际负载角不相等，这会导致定子磁场定向偏差。当转速达到一定值后，控制切换为图 8-37 所示的结构形式，这时可以自动克服定向偏差的问题。

根据磁链与电压的关系：

$$\dot{\psi}_s = \int (\dot{V}_s - R_s \dot{I}_s)\mathrm{d}t \tag{8-63}$$

电机定子磁链等于定子电压(除去电阻上的压降)对时间的积分，只要施加在电机上的实际电压与给定电压相等，电机就能建立相应的磁链。通过对逆变器死区、管压降、线路压降以及数字控制延迟等因素进行补偿，使控制器输出电压幅值和相位尽量精确，从而间接地保证定子磁链幅值和相位的精度。在磁链准确的前提下，根据式(8-61)计算出的有功电流给定值 i_T^* 也是准确的。通过调节负载角对 i_T^* 进行闭环控制，负载角误差得到了补偿，其大小完全由需要产生的有功电流决定。总之，让控制器准确地输出给定电压，并以有功电流分量为参考调节负载角，这两点共同确保了定向的准确性。

由式(8-55)、式(8-56)和式(8-58)，可推导出以下关系：

$$i_M = -i_T \times \frac{\cos\delta}{\sin\delta} + \frac{\psi_s}{L_{sq}} \tag{8-64}$$

$$i_{sd} = \frac{\psi_s \cos\delta - \psi_f}{L_{sd}} \tag{8-65}$$

在有功电流 i_T 和定子磁链 ψ_s 受控的条件下，电机的无功电流分量是受控的，直轴电流分量也是受控的。当控制器能够输出的电压达到最大值时，电机会强制进入弱磁模式，用于削弱主极磁场的直轴电流自动产生，这就实现了电机高速下的"自动弱磁"控制。

第四节　电动汽车驱动电机特殊控制问题

车载驱动电机系统与地面运行的驱动电机系统相比，会面临更多的特殊要求，如车辆运行的舒适性要求电机转矩必须足够平稳、工况的复杂性要求系统能够应对各种极端情况。下面对驱动电机的转矩脉动抑制和永磁同步电机的堵转运行保护这两个普遍存在的问题进行介绍。

一、驱动电机转矩脉动抑制

电机转矩脉动是产生电磁噪声的重要原因，尤其对驱动电机，转矩脉动会造成车辆传动链甚至车身产生抖振，影响车辆的驾乘舒适性。转矩脉动较大的电机必然电磁谐波也较大，电机损耗和发热严重，并消耗更多的电能。因此，对电动汽车来说，抑制驱动电机的转矩脉动尤为重要。

电机转矩脉动的直接原因是气隙磁场存在脉动。对异步电机，含有谐波分量的气隙磁场使转子感应出更多谐波电流，转子谐波电流与气隙磁场作用产生谐波转矩；对永磁同步电机，幅值存在脉动的气隙磁场与转子作用产生的转矩也一定含有脉动分量。

造成气隙磁场脉动的原因主要有两大类：①电机本体方面的原因，包括齿槽效应、磁路饱和、绕组磁动势谐波、转子永磁体产生的磁场谐波、转子永磁体结构缺陷、定转子不同轴等因素；②逆变器电源方面的原因，有限的开关频率、开关死区时间、器件导通压降、电流采样误差、转子位置检测误差等因素导致逆变器输出电压含有大量谐波。

正如第六章所述，抑制转矩脉动有两个技术方向，一是从电机设计方面着手，二是从电机控制方面着手。电机设计可以通过定子斜槽、转子斜极、采用分数槽绕组、优化永磁体产生的磁场波形、选择合适的槽极配合等措施，达到降低电磁谐波及转矩脉动的目的。在电机控制方面，核心思想是围绕如何产生稳定的气隙磁场来采取措施。对自身存在较大谐波的电机，谐波电流注入法和正弦反电动势控制法具有一定效果，但实际控制中存在各种约束条件，把气隙磁场矫正为稳定波形的实现难度很大；对自身电磁场波形较理想的电机，一般只需要保证相电流的正弦性，就能使电机输出转矩较为平稳，控制方面的难度也大幅降低。因此，合理的做法是尽量通过优化设计消除电机自身的非理想因素，而控制方面要做的工作是尽量保证电机相电流的正弦性。

下面介绍一种基于滑模控制的转矩脉动抑制方法，这种方法主要解决各种不确定性干扰所导致的电流谐波问题。这里假设电机自身性能良好，电机转矩脉动主要由电流谐波导致。

1. 滑模控制简介

滑模控制又称为变结构控制。它最早由苏联学者在 20 世纪 50 年代提出，并引起了广大学者的关注。滑模控制之所以逐渐受到重视，主要在于它的鲁棒性，即滑模控制系统对被控对象的模型误差、参数变化及外部扰动具有较强的不敏感性。另外，动态响应快也是滑模控制的突出优点。对于驱动电机系统，由于本身的变结构及参数时变特性，采用滑模控制可获得良好的动态性能。

2. 控制思路及原理图

图 8-39 为基于滑模控制的转矩脉动抑制控制框图，其中虚线框内是实际的电机模型，将其等效成理想模型与一个扰动量 u_h 的叠加。而控制算法计算出的电压给定量分为 u_{sm} 和 u_0 两部分。其中 u_{sm} 是由滑模变结构控制得到的补偿量，用于抵消 u_h 的作用。在这种控制策略的作用下，图 8-39 的虚线右边变为了理想的电机模型。可以针对理想电机模型进行调节器设计，得到控制量 u_0，最终实现理想的电流输出，以抑制转矩脉动。

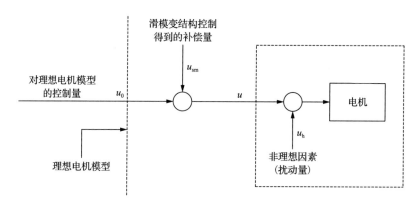

图 8-39　基于滑模控制的转矩脉动抑制控制框图

由以上原理可见，滑模变结构控制的目标是抵制模型扰动，即让 $u_{\text{sm}} + u_{\text{h}} = 0$。设理想电机模型为一阶惯性环节，得到

$$\frac{\mathrm{d}i}{\mathrm{d}t} = -k_2 i + k_1(u_0 + u_{\text{sm}} + u_{\text{h}}) \tag{8-66}$$

式中，k_1、k_2 分别为理想电机模型中的电压、电流的系数。

将控制目标移到等式的右边，并对两边进行积分，当 $u_{\text{sm}} + u_{\text{h}} = 0$ 时，可得到

$$i + \int_0^t -(-k_2 i + k_1 u_0)\,\mathrm{d}t = 0 \tag{8-67}$$

以下进行滑模变结构控制的设计。定义滑模函数为

$$s = i + \int_0^t -(-k_2 i + k_1 u_0)\mathrm{d}t \tag{8-68}$$

令

$$\dot{s} = k_1(u_{\text{sm}} + u_{\text{h}}) \tag{8-69}$$

根据滑模变结构的原理，需要通过控制 u_{sm} 实现 $s\dot{s} < 0$。据此可设计滑模算法为

$$u_{\text{sm}} = -M\text{sign}(s), \qquad M \geqslant |u_{\text{h}}'| \tag{8-70}$$

式中，u_{h}' 为扰动量估计值；M 为常量系数。

由式 (8-70) 可见，M 的选取根据是对扰动量的估计。

该算法的最终实现如图 8-40 所示，与图 8-39 的原理一致。实际电机模型经过滑模算法校正后达到理想状态，系统转变为对理想电机模型进行闭环控制，图中 i^* 为给定的目标电流，i 为电机实际电流，i' 为理想电机模型的输出电流。通过调节器得到控制量 u_0，叠加上滑模控制量 u_{sm}，施加在实际电机上，最终达到理想的电流输出。

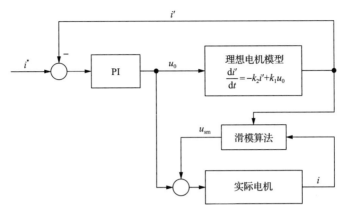

图 8-40 控制结构框图

3. 控制结构简化

上述方法的原理很简单，但是实现起来比较繁杂，特别是需要建立一个理想电机的仿真模型，这需要增加大量的计算负担。因此，需要设计一种可用于实际工程的简化算法。

理想电机模型可以改写为

$$\frac{\mathrm{d}i'}{\mathrm{d}t} - (-k_2 i' + k_1 u_0) = k_1 \left[u_{\mathrm{sm}} + u_{\mathrm{h}} + \frac{k_2}{k_1}(i' - i) \right] \tag{8-71}$$

如果将 $k_2(i'-i)/k_1$ 看作模型扰动的一部分，那么抗扰目标变为

$$u_{\mathrm{sm}} + u_{\mathrm{h}} + \frac{k_2}{k_1}(i' - i) = 0 \tag{8-72}$$

定义滑模函数为

$$s = i + \int_0^t -(-k_2 i' + k_1 u_0)\mathrm{d}t \tag{8-73}$$

则

$$\dot{s} = u_{\mathrm{sm}} + u_{\mathrm{h}} + \frac{k_2}{k_1}(i' - i) \tag{8-74}$$

如果只关注稳态时电流扰动分量为零，则有

$$\dot{s} = u_{\mathrm{sm}} + u_{\mathrm{h}} + \frac{k_2}{k_1}(i^* - i) \tag{8-75}$$

根据滑模变结构的原理，需要通过控制 u_{sm} 实现 $s\dot{s} < 0$，可以设计滑模算法如下：

$$u_{\mathrm{sm}} = -M\mathrm{sign}(s), \qquad M \geqslant \left| u_{\mathrm{h}}' + \frac{k_2}{k_1}(i^* - i) \right| \tag{8-76}$$

以上滑模算法是在稳态下推导得到的。为了保持原系统的动态性能，动态时仍采用传统的 PI 调节器，可采用如图 8-41 所示的复合结构。对比图 8-40，图 8-41 的控制运算大为简化。

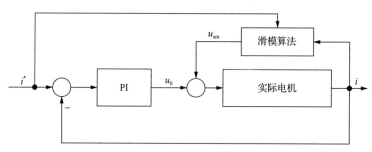

图 8-41　简化的控制结构图

以上方法的工程化实现容易，通过台架试验对参数 M 进行适当标定就能获得对电流谐波和转矩脉动的改善，是一个简单有效的方法。

二、永磁同步电机的堵转运行及保护措施

正如第六章所述，永磁同步驱动电机系统有一个特殊点，即在电机出现堵转时，定子电流基波频率为零，这时电机控制器和驱动电机的某一相可能会持续流过峰值电流。图 8-42 展示了电流向量相位刚好与 U 相重合的情况，这时 U 相电流 i_u 持续为峰值，上桥臂 IGBT 持续在大电流条件下工作，器件温度会急剧上升，很容易发生过热，进而出现功能失效甚至器件损坏的情况。

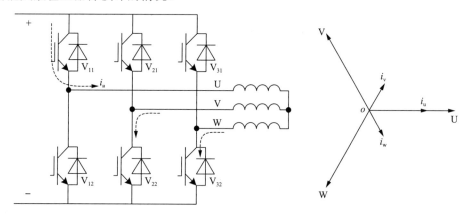

图 8-42　电机堵转时 U 相电流持续为峰值

为了提高堵转工况下系统的可靠性，使系统在异常条件下也不至于损坏，在控制上通常需要采取降低 IGBT 开关频率、设置堵转运行保护等措施。

1. 降低 IGBT 开关频率

在电机堵转和低转速运行区间，可适当降低控制器 IGBT 的开关频率，实际测试表明，在电机基波频率低于 5Hz 时，IGBT 开关频率降低至 500Hz，仍可以实现对电机的

良好控制。通过降低开关频率，IGBT 的发热损耗可大幅下降，相同条件下 IGBT 达到超温保护点的时间会明显加长。图 8-43(a) 是堵转工况下 IGBT 开关频率为 4kHz 时的芯片结温上升曲线，图 8-43(b) 是堵转工况下 IGBT 开关频率为 1kHz 时的芯片结温上升曲线。可以看出，开关频率为 4kHz 时，IGBT 结温从 65℃ 上升到 150℃ 的时间为 1.2s，而开关频率降为 1kHz 后，时间增长到了 4.5s。

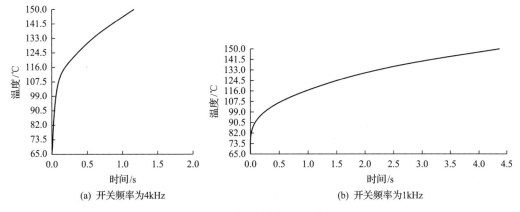

(a) 开关频率为4kHz   (b) 开关频率为1kHz

图 8-43　IGBT 结温上升曲线

逆变器 IGBT 开关频率的降低，不一定是通过降低载波频率的方式来实现，一些脉宽调制方法也能实现降频的目的，例如，SVPWM 采用五段调制法就能够使 IGBT 的开关次数减小三分之一。降低开关频率会使得逆变器输出电压谐波增大，这时可以配合采用同步脉宽调制方式来降低电压谐波和保证三相电压对称。

2. 设置堵转运行保护

在堵转工况下，为了保证系统可靠，IGBT 模块和电机都需要在控制程序中设置堵转保护功能，下面以电机控制器为例来介绍堵转保护设计，对驱动电机，可以采用相同的方法，只是参数整定不同而已。

电机控制器堵转运行时间与堵转时的器件发热损耗、散热器热容、散热器温度等因素相关。对已装车使用的电机控制器，IGBT 的开关频率已确定，直流母线电压变化范围有限，交流输出电流是最大的变化因素，因此电流的大小及持续时间决定了电机控制器的堵转运行时间。

反时限过电流保护是一种适用于电流异常导致器件过热的保护方法，其保护动作时间与电流呈类似于反比例的关系，即电流越大，允许运行的时间就越短。常用的反时限保护数学模型的基本形式为

$$t = \frac{k}{\left(\dfrac{I}{I_{\mathrm{p}}}\right)^r - 1} \tag{8-77}$$

式中，I 为故障电流值；I_p 为保护启动电流值，该参数需要整定；r 为常数，针对过流导致过热状况的保护，通常取 $r=2$；k 为常数，其量纲为时间，该参数需要整定；t 为发生过流时允许的最长运行时间。在确定参数 I_p 和 k 之后，就可确定运行时间 t 和 I/I_p 的关系曲线，如图 8-44 所示。

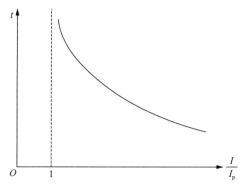

图 8-44 反时限保护曲线

考虑到实际上被保护电机控制器的故障电流 i 随时都有可能变化，直接应用式 (8-77) 可能得不到正确的结果，这种情况下可采用积分形式：

$$\int_0^t \left[\left(\frac{i(t)}{I_p} \right)^2 - 1 \right] \mathrm{d}t = k \qquad (8\text{-}78)$$

为了便于数字计算，对式 (8-78) 做如下离散化处理：

$$\sum_{n=0}^{\infty} \left[\left(\frac{i(nT)}{I_p} \right)^2 - 1 \right] T = k \qquad (8\text{-}79)$$

式中，T 为控制周期。

反时限保护的关键是整定参数 I_p 和 k。参数 I_p 可以设置为电机控制器在最严苛散热条件下持续运行且结温刚好达到最高允许值时所对应的电流。参数 k 可以采用以下方式确定：仿真计算电机控制器在最严苛散热条件下以峰值电流运行到最大允许结温的时间，将这个时间和参数 I_p 一起代入式 (8-77)，计算出参数 k。

控制程序根据实时采样的相电流值 $i(nT)$ 和参数 I_p 计算 $[i(nT)/I_p]^2-1$ 的累加量，计算过程中累加量的最小值限制为 0（因为累加量为负表示散热能力大于发热量，热量没有累积），一旦累加值大于 k，就表示器件温度超限了，这时需启动保护。

参 考 文 献

[1] 王兆安，刘进军. 电力电子技术[M]. 5 版. 北京：机械工业出版社，2019.

[2] Leonhard W. Control of Electrical Drives[M]. 3rd ed. Berlin: Springer, 2001.

[3] Toliyat H A, Levi E, Raina M. A review of RFO induction motor parameter estimation techniques[J]. IEEE Transactions on Energy Conversion, 2003, 18(2): 271-283.

[4] Bose B K. 现代电力电子学与交流传动[M]. 王聪, 赵金, 于庆广, 等译. 北京: 机械工业出版社, 2013.

第九章

电磁兼容技术

根据《电工术语　电磁兼容》（GB/T 4365—2003），电磁兼容性（electromagnetic compatibility，EMC）是指设备或者系统在其电磁环境中能正常工作且不对该环境中任何事物构成不能承受的电磁骚扰的能力。其中电磁环境是指存在于给定场所的所有电磁现象的综合，电磁骚扰（又称为电磁干扰）是指任何引起装置、设备或者系统性能降低或者对生物或非生物产生不良影响的电磁现象。

电动汽车上装载了各种类型的电子电气设备，这些电子电气设备在工作中会产生各种电磁干扰，并影响其他电子电气设备的可靠和安全工作。因此保证每一个电子电气设备的电磁兼容性具有十分重要的意义。在电动汽车所有的电子电气设备中，驱动电机系统功率最大、电流最大，是整个车辆电磁干扰贡献率最大的设备。一旦驱动电机系统出现电磁兼容问题，不仅会影响自身的可靠运行，还可能影响车上其他装备的正常工作，威胁整车的可靠性和安全性。因此提升驱动电机电磁兼容性对有效保障驱动电机系统和整车的可靠运行具有十分重要的意义。

本章在介绍驱动电机系统电磁兼容环境及要求的基础上，分别介绍驱动电机系统的最大的电磁干扰源（PWM 波）产生的机理、耦合路径以及驱动电机系统电磁干扰的抑制措施。

第一节　驱动电机系统电磁兼容环境、要求及试验评价方法

根据电磁兼容环境的定义，驱动电机系统的电磁兼容环境包括电磁兼容所涉及的地点和电磁现象产生的原因。了解驱动电机系统电磁兼容环境，即驱动电机系统在电磁兼容环境下所处位置和电磁干扰产生的原因，有助于对驱动电机系统电磁兼容现象的理解，以便采取相应的抑制措施。

为了评价驱动电机系统所产生的电磁干扰强度以及对外部设备电磁干扰的承受能力，各相关标准针对相应的应用提出了具体的量化指标。

本节首先介绍驱动电机系统的电磁干扰环境及特点，然后介绍电磁兼容性要求。

一、驱动电机系统电磁兼容环境

图 9-1 为电动汽车上装载的主要电子电气设备。按电压大小这些设备分为高压设备和低压设备。

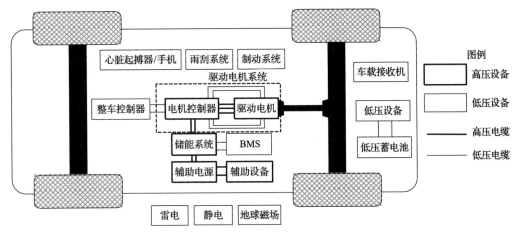

图 9-1 驱动电机系统的电磁兼容环境

(1)高压设备：包括主驱动回路设备(储能系统、电机控制器和驱动电机以及各类传感器)和辅助驱动回路设备(储能系统、辅助电源和辅助设备)。辅助设备包括空调、压缩机等。根据辅助设备不同，辅助电源包含数个 DC/DC 变换器或者 DC/AC 逆变器，它们可以单独布置在车上，也可以集成在一个集成电气系统箱内(参见第 2 章)。

(2)低压设备：由低压蓄电池和低压设备所组成，低压设备包括整车控制器、电池管理系统(BMS)、雨刮系统、制动系统等。

这些设备通过高压电缆线或者低压电缆线相连，在工作时会产生各种电磁干扰。另外电机控制器本身也由许多电气元器件和连线组成(图 7-4)，在工作时也会产生电磁干扰。这些电磁干扰不仅会影响自身的工作，还可能会干扰装载在车上的各类车载接收机(包括声音和电视接收机、地面移动通信、雷达、导航、无线电话、业余爱好者的和民用的无线电设备)、乘客的手机和心脏起搏器等。

自然界的雷电、静电和地球磁场所产生的电磁干扰也可能影响车载电子电气设备(含驱动电机系统)的正常工作。

尽管驱动电机系统的电磁干扰环境复杂，但就电磁兼容基本性质来讲，驱动电机系统的电磁兼容与其他电子设备或系统一样，都由电磁干扰源、耦合路径和敏感设备三个基本要素所组成。

1. 电磁干扰源

电磁干扰源指产生电磁干扰的元件、器件、设备、分系统、系统或自然现象。其原因包括自然原因和人为原因。自然原因是指自然现象发生时所产生的电磁干扰，包括地球磁场、雷击、静电和宇宙射线等。人为原因主要包括：①电气装置工作时"无意"辐射的电磁能量；②"有意"发射某一频段电波的专用电气设备(如广播、电视、雷达、导航等)所辐射的电磁能量。

从图 9-1 和图 7-4 中可以清楚地看出电动汽车和驱动电机系统的主要电磁干扰源，如表 9-1 所示。根据干扰源产生的部位或原因将干扰源的来源分为驱动电机系统内部、驱动电机系统与外部设备间、外部设备以及自然现象。

表 9-1　电动汽车和驱动电机系统的主要电磁干扰源及可能产生的影响

	干扰源	产生的原因	可能产生的影响
驱动电机系统内部	电机控制器内部的主电路开关器件的开关过程所产生的电流和电压的突变	人为-无意	电机驱动系统内部最大干扰源，主要为宽带干扰。该干扰源对系统内部及外部设备产生干扰
	继电器(如预充电回路的接触器)闭合和断开所产生的电流和电压突变	人为-无意	通常为瞬态干扰，在电路中与系统寄生参数产生谐振，形成宽带干扰
	电机控制器内部的低压控制电源、控制电路、驱动电路等功能电路以及驱动板、控制板上的开关电源等	人为-无意	这些电路板内的晶振、数字集成电路等逻辑电平在转换过程中，产生高频干扰源。该干扰源为宽带传导或辐射干扰，对车载导航、视频等系统产生干扰
	电机控制器内部各元器件的引脚	人为-无意	引脚信号与引脚的寄生参数形成对外干扰。该干扰源频率成分丰富，为宽带干扰
	电机控制器内部的各部件之间的连线	人为-无意	工作时形成对外发射的天线，产生辐射干扰。电磁干扰耦合到其他附近设备上形成传导干扰，是电机控制器内部的重要干扰发射部件。由于干扰源不同，既有宽带干扰也有窄带干扰
	电机控制器与驱动电机间的功率电缆	人为-无意	将电机控制器主电路、开关电源中的开关器件产生的干扰向外部传播，是驱动电机系统中的主要干扰发射部件，以宽带干扰为主
	电机控制器与驱动电机温度传感器、速度传感器或者位置传感器相连的低压电缆	人为-无意	由于传感器电缆较长，易形成发射天线，将PCB内部干扰发射出来，由于干扰源不同，既有宽带干扰也有窄带干扰
驱动电机系统与外部设备间	电机控制器与储能系统间的功率电缆	人为-无意	将电机控制器主电路、开关电源中的开关器件产生的干扰向外部传播，是驱动电机系统中的主要干扰发射部件，以宽带干扰为主
	电机控制器与整车控制器间的低压电缆	人为-无意	由于传感器电缆较长，易形成发射天线，将PCB内部干扰发射出来，由于干扰源不同，既有宽带干扰也有窄带干扰
外部设备	辅助电源和辅助设备(含各类连线)	人为-无意	辅助电源和非线性负载产生开关信号，形成宽带高频信号，耦合到驱动系统，影响到低压控制系统
	低压电池和低压设备(含各类连线)	人为-无意	这些设备中的开关电路等同样会产生电磁干扰，通常为宽带干扰。这些干扰通过电源网络或CAN网络进入驱动电机系统
	车载接收机	人为-有意	所产生的高频干扰耦合到驱动电机系统中，产生信号失真并影响整车运行
自然现象	雷电	自然	雷电产生的雷电电磁脉冲通过感应方式进入驱动电机系统
	静电放电(ESD)	自然	整车作为浮地设备，容易积累静电荷，静电荷达到一定电压后，产生静电放电，影响驱动电机系统运行
	地球磁场	自然	地球磁场强度较小，一般不会影响驱动电机系统
	宇宙射线	自然	对驱动电机系统影响较小

在表 9-1 所述的所有干扰源中，由电机控制器主电路的开关器件的开通关断所引起的

电磁干扰为最大的干扰源，本章第二节将就该干扰源产生的机理及影响做了详细的介绍。

2. 耦合路径

耦合路径是指把能量从干扰源耦合(或传输)到敏感设备上并使该设备产生响应的媒介。在驱动电机系统中，干扰源通过以下耦合路径传播到敏感设备上(图 7-4 和图 9-1)。

(1)传导耦合：干扰源通过金属导体传输的干扰耦合，以电压或电流的形式将电磁噪声的能量在电路中传送。

(2)辐射耦合：干扰源在空间以电磁波的形式传播。

本章第三节将专门介绍干扰耦合路径。

3. 敏感设备

敏感设备(又称敏感体)即被干扰设备、干扰接收设备等，是指对电磁干扰产生响应的设备。驱动电机系统本身既是干扰源又是敏感体，表 9-1 中产生电磁干扰的大部分内部设备和外部设备同样既是干扰源又是敏感体。

在驱动电机系统中，敏感设备主要包括：

(1)电机控制器本身以及电机控制器内部的驱动电路板、控制板和传感器等。

(2)驱动电机的绝缘系统和轴承。

(3)车载电气设备，如整车控制器、电池管理系统、导航系统、视频系统等。

(4)各种高压电缆线(功率电缆线)和低压电缆线。

(5)电机控制器内部的各种连线。

(6)电机控制器内部各种元器件露出的引脚。

(7)车载接收机。

(8)乘客的心脏起搏器、手机等电子设备。

二、驱动电机系统电磁兼容环境特点

1. 电磁兼容环境复杂

从图 9-1 可以看出，整个驱动电机系统所处的电磁兼容环境非常复杂，主要体现在：

(1)电气设备多：有高压设备、低压设备，有敏感设备，也有强干扰设备。

(2)线束多：车内的各种设备通过众多的线束进行互连来协调运行。

(3)电缆路径长：车内各处都有电气设备，从而可能导致电缆在车内走线路径长。

(4)高低压线束共存：在车内狭小的空间内，无法将敏感线与强干扰线分开走线，导致高低压电缆线共同走线，干扰耦合路径增多。

(5)电磁干扰产生的机理不同：既有开关电源的宽带干扰，也有高压开关管、继电器的窄带干扰。

(6)干扰源与敏感体相互影响，干扰源也可能是敏感体，敏感体也可能是干扰源。

2. 运行工况复杂

驱动电机系统的运行特点为频繁启停,并且转速不断变化。在启动时,由于继电器等设备动作,干扰增强;在制动时,由于电机处于发电状态,启动系统的斩波模式、干扰模式在变化,速度也在变化,驱动电流也随之不断变化,因此系统干扰频谱随时变化。驱动电机系统在不同工况下产生的干扰亦有差别,既有连续干扰,也有瞬态干扰。

3. 高压、大电流和高频率

根据电磁兼容原理,电磁干扰的幅值和频率与设备的电压、电流和频率相关。一般情况下,设备电压越高、电流越大、频率越高,电磁干扰的幅值越大。设备频率越高,电磁干扰的频率越高。目前在驱动电机系统中,电压、电流及频率的范围为:

(1)直流母线电压:直流母线电压达到900V甚至更高。

(2)电流:基波电流达到几百安,并且内部含有谐波分量。

(3)频率:电机控制器基波频率达到1kHz以上。当采用IGBT功率器件时,其开关频率达到10kHz左右,而采用SiC功率器件时,其开关频率达到数十千赫兹。较高的开关频率产生高频干扰,而其他的电气设备,如控制板内晶振、开关电路等,开关频率可达到几十兆赫兹,干扰频率达到几百兆赫兹。

4. 浮地系统

电动汽车车轮为橡胶车轮。橡胶车轮与大地处于绝缘状态,安装在车上的电气设备,包括驱动电机系统为浮地系统。车上所有的电气设备都以车架为参考地平面,这种接地系统给电磁兼容性带来两个方面的影响。

(1)高低压共地的影响:由于车上的控制系统、安全控制系统、行驶控制系统、信息系统中的控制单元大部分是弱电系统,属于电磁敏感电子系统,对电磁干扰的容忍性较低。而驱动电机系统为高压大功率设备,会产生强干扰,高低压共地时增加了驱动电机系统与其他设备之间干扰耦合的风险。

(2)静电:静电包括人体对车辆部件的接触放电,也有车辆行驶中产生的静电荷,以及车辆经过复杂电磁环境(如高压线)时产生的感应电荷。由于车体是浮地系统,静电逐渐聚集,电压升高,当存在泄放路径时会集中释放,大量静电荷的转移与释放会对系统中的电气设备产生干扰。

5. 空间狭小

正如第一章和第七章所述,电机控制器的基本要求为高功率密度、高体积密度和低成本。为了追求驱动电机系统的功率密度和体积密度,驱动电机以及电机控制器的体积非常小。对于电机控制器,目前的体积密度已达到30kVA/L。空间的狭小必定造成电气设备空间小、线束间距近,从而干扰耦合强。

6. 成本的约束

低成本也是驱动电机系统的重要要求之一。为了降低成本，限制了复杂的电磁干扰抑制器件的安装，从而给驱动电机系统的电磁兼容设计带来较大挑战。

三、驱动电机系统电磁兼容性要求及试验评价方法

电磁干扰对驱动电机系统本身及外部设备的可靠性会带来重大影响，因此相关标准对驱动电机系统电磁干扰的要求进行了规定。各标准一般从电磁干扰和抗干扰两个方面三个维度对电磁兼容性提出规定：①电磁辐射发射；②传导发射；③系统抗干扰能力。

由于驱动电机系统的电磁兼容水平与试验方法和测量距离直接相关，一般情况下电磁兼容的要求与确定的试验方法相对应。

目前在驱动电机系统行业内，采用《电动汽车用驱动电机系统电磁兼容性要求和试验方法》(GB/T 36282—2018)和《车辆、船和内燃机 无线电骚扰特性 用于保护车载接收机的限值和测量方法》(GB/T 18655—2018)来规定驱动电机系统的电磁兼容性的要求。

1. GB/T 36282—2018

GB/T 36282—2018 参考了《道路车辆 电磁兼容性要求和试验方法》(GB 34660—2017)的 ESA(electrical/electric sub-assembly，电气/电子部件)发射限值、辐射抗扰度、沿电源线的瞬态传导抗扰度等要求，增加了静电放电抗扰度要求，以适应车辆各部件在车载状态下与人体接触以及搬运状态下与人体接触时的静电放电抗扰度[1]。

在该标准中，从电磁辐射发射(含宽带电磁辐射发射和窄带电磁辐射发射)和抗扰度(含电磁辐射抗扰度、对沿电源线的瞬态传导抗扰度和静电放电抗扰度)两个维度五个方面对电磁兼容性的要求做出了规定。其中宽带电磁辐射发射是指带宽大于某一特定测量设备或接收机带宽的发射，窄带电磁辐射发射是指带宽小于特定测量设备或接收机带宽的发射。

表 9-2～表 9-6 为五个方面的具体要求。表 9-7 为表 9-4～表 9-6 中"功能状态"(即测试对功能的影响程度)的具体定义。这些要求所对应的试验方法为：①宽带电磁辐射发射试验；②窄带电磁辐射发射试验；③电磁辐射抗扰度试验；④对沿电源线的瞬态传导抗扰度试验(仅对 12V 和 24V 的低压模块进行试验)；⑤静电放电抗扰度试验。

表 9-2 宽带电磁辐射发射限值

频率 f/MHz	30～75	75～400	400～1000
场强/[dB(μV)/m]	$62-25.13\lg(f/30)$	$52+15.13\lg(f/75)$	63

表 9-3 窄带电磁辐射发射限值

频率 f/MHz	30～75	75～400	400～1000
场强/[dB(μV)/m]	$62-25.13\lg(f/30)$	$42+15.13\lg(f/75)$	53

表 9-4 电磁辐射抗扰度要求

频率 f/MHz	试验方法	试验等级	功能状态
20～200	大电流注入(BCI)法	60mA	B
200～2000	电波暗室(ALSE)法	30V/m	B

表 9-5 对沿电源线的瞬态传导抗扰度要求

试验脉冲	抗扰试验等级	功能状态
1	Ⅲ	C
2a	Ⅲ	B
2b	Ⅲ	C
3a/3b	Ⅲ	A
4[①]	Ⅲ	B

① 脉冲 4 仅适用于使用 12V 或 24V 电源启动发动机的混合动力汽车用驱动电机系统。

表 9-6 静电放电抗扰度要求

工作状态	放电类型	试验等级/kV	功能状态
不通电	直接接触放电	±8	C
	空气放电	±15	C
仅低电压(LV)供电	直接接触放电	±8	A
	空气放电	±15	A

表 9-7 功能状态分类定义

类别	定义
A 类	EUT(equipment under test,受试设备)在施加干扰期间和之后,能执行其预先设计的所有功能
B 类	EUT 在施加干扰期间,能执行其预先设计的所有功能。其中,除存储功能之外,可以有一项或多项功能指标超出规定的偏差。在停止施加干扰后,所有功能自动恢复到正常工作范围内
C 类	EUT 在施加干扰期间,不执行其预先设计的一项或多项功能,在停止施加干扰之后能自动恢复到正常操作状态

2. GB/T 18655—2018

为了避免车载电气设备所产生的电磁干扰影响车载接收机的正常工作,国际电工委员会发布《车辆、船和内燃机 无线电骚扰特性 用于保护车载接收机的限值和测量方法》(CISPR25:2016)。

GB/T 18655—2018 等效采用 CISPR25:2016。该标准规定了从 150kHz～1000MHz 频率范围内的无线电骚扰限值和测量方法,并对相关传导和辐射发射的限值做出了明确的规定。按照干扰强度将传导和辐射发射的限值分为等级 1～等级 5(class 1～class 5)五个等级,其中等级 5 要求最高。该标准的出发点是防止电气设备的电磁干扰对车载接收机的影响,因此没有对设备的抗扰度方面提出要求。150kHz～1000MHz 的辐射会对广播信号和移动业务等无线电信号造成干扰。

　　在我国，为了评判驱动电机系统传导和辐射发射的水平，采用该标准的传导和辐射发射的限值规定和试验方法。

　　表 9-8～表 9-11 分别为低压电源传导骚扰的限值(电压法)、控制线/信号线的传导骚扰限值(电流法)、辐射骚扰限值(ALSE 法)和屏蔽电缆的传导骚扰限值(电压法)。这些要求所对应的具体试验方法为：①低压电源线的传导发射测试；②控制线/信号线的传导电流法测试；③辐射发射测试；④高压屏蔽电缆传导电压法测试。

表 9-8　低压电源传导骚扰限值(电压法)

业务	波段	频率/MHz	电平/dB(μV)														
			等级 5			等级 4			等级 3			等级 2			等级 1		
			峰值	准峰值	平均值	峰值	准峰值	平均值	峰值	准峰值	平均值	峰值	准峰值	平均值	峰值	准峰值	平均值
广播	LW	0.15～0.30	70	57	50	80	67	60	90	77	70	100	87	80	110	97	90
	MW	0.53～1.80	54	41	34	62	49	42	70	57	50	78	65	58	86	73	66
	SW	5.9～6.2	53	40	33	59	46	39	65	52	45	71	58	51	77	64	57
	FM	76～108	38	25	18	44	31	24	50	37	30	56	43	36	62	49	42
	TV Band I	48.5～72.5	34		24	40		30	46		36	52		42	58		48
移动业务	VHF	30～54	44	31	24	50	37	30	56	43	36	62	49	42	68	55	48
	VHF	68～87	38	25	18	44	31	24	50	37	30	56	43	36	62	49	42

表 9-9　控制线/信号线的传导骚扰限值(电流法)

业务	波段	频率/MHz	电平/dB(μV)														
			等级 5			等级 4			等级 3			等级 2			等级 1		
			峰值	准峰值	平均值	峰值	准峰值	平均值	峰值	准峰值	平均值	峰值	准峰值	平均值	峰值	准峰值	平均值
广播	LW	0.15～0.30	50	37	30	60	47	40	70	57	50	80	67	60	90	77	70
	MW	0.53～1.80	26	13	6	34	21	14	42	29	22	50	37	30	58	45	38
	SW	5.9～6.2	19	6	−1	25	12	5	31	18	11	37	24	17	43	30	23
	FM	76～108	4	−9	−16	10	−3	−10	16	3	−4	22	9	2	28	15	8
	TV Band I	48.5～72.5	0		−10	4		−4	12		2	18		8	24		14
	DAB III	171～245	−2		−12	4		−6	10		0	16		6	22		12
移动业务	VHF	30～54	10	−3	−10	16	3	−4	22	9	2	28	15	8	34	21	14
	VHF	68～87	4	−9	−16	10	1	−10	16	7	−4	22	13	2	28	15	8
	VHF	142～175	4	−9	−16	10	1	−10	16	7	−4	22	13	2	28	15	8

　　注：①在有多个频段使用相同的限值时，用户选择适当的频段来覆盖这些频段进行测试。当试验计划中出现频段交叠时，在试验计划中明确适用的限值。

　　②虽然定义了峰值、准峰值和平均值检波限值，但不要求三种检波方式都进行测量。

表 9-10 辐射骚扰限值（ALSE 法）

业务	波段	频率/MHz	电平/dB（μV）												
			等级 5			等级 4			等级 3			等级 2			等级 1		
			峰值	准峰值	平均值	峰值	准峰值	平均值	峰值	准峰值	平均值	峰值	准峰值	平均值	峰值	准峰值	平均值
广播	LW	0.15～0.30	46	33	26	56	43	36	66	53	46	76	63	56	86	73	66
	MW	0.53～1.80	40	27	20	48	35	28	56	43	36	64	51	44	72	59	52
	SW	5.9～6.2	40	27	20	46	33	26	52	39	32	58	45	38	64	51	44
	FM	76～108	38	25	18	44	31	24	50	37	30	56	43	36	62	49	42
	TV Band Ⅰ	48.5～72.5	28		18	34		24	40		30	46		36	62		42
	TV Band Ⅲ	174～223	32		22	38		28	44		34	50		40	56		46
	DAB Ⅲ	171～245	26		16	32		22	38		28	44		34	50		40
	TV Band Ⅳ	470～566	41		31	47		37	53		43	59		49	65		55
		606～806	41		31	47		37	53		43	59		49	65		55
	DTTV	470～566	45		35	51		41	57		47	63		53	69		59
		606～806	45		35	51		41	57		47	63		53	69		59
	DAB L Band	1447～1494	28		18	34		24	40		30	46		36	52		42
	SDARS	2320～2345	34		24	40		30	46		36	52		42	58		48
移动业务	VHF	30～54	40	27	20	46	33	26	52	39	32	58	45	38	64	51	44
	VHF	68～87	35	22	15	41	28	21	47	34	27	53	40	33	59	46	39
	VHF	142～175	35	22	15	41	28	21	47	34	27	53	40	33	59	46	39
	模拟 UHF	380～512	38	25	18	44	31	24	50	37	30	56	43	36	62	49	42
	RKE	314～316	32		18	38		24	44		30	50		36	56		42
	RKE	430～440	32		18	38		24	44		30	50		36	56		42
	模拟 UHF	820～960	44	31	24	50	37	30	56	43	36	62	49	42	68	55	48
	EGSM/GSM900	930～960	44		24	50		30	56		36	62		42	68		48
	BDS,B1 Ⅰ	1553～1569		5.5			11.5			17.5			23.5			29.5	
	GPS L1 民用	1567～1583		10			16			22			28			34	
	GLONASS L1	1591～1617		10			16			22			28			34	
	GSM 1800（PCN）	1805～1850	44		24	50		30	56		36	62		42	68		48
	3G/IMT2000	1880～1920	44		24	50		30	56		36	62		42	68		48
	3G/IMT2000	2010～2025	44		24	50		30	56		36	62		42	68		48
	3G/IMT2000	2110～2170	44		24	50		30	56		36	62		42	68		48
	蓝牙/802.11	2400～1500	44		24	50		30	56		36	62		42	68		48

表 9-11 屏蔽电缆的传导骚扰限值（电压法）

业务	波段	频率/MHz	电平/dB（μV）														
			等级 5			等级 4			等级 3			等级 2			等级 1		
			峰值	准峰值	平均值	峰值	准峰值	平均值	峰值	准峰值	平均值	峰值	准峰值	平均值	峰值	准峰值	平均值
广播	LW	0.15～0.30	107	94	87	117	104	97	127	114	107	137	124	117	147	134	127
	MW	0.53～1.80	84	71	64	92	79	72	100	87	80	108	95	88	116	103	96
	SW	5.9～6.2	77	64	57	83	70	63	89	76	69	95	82	75	101	88	81
	FM	76～108	50	37	30	56	43	36	62	49	42	68	55	48	74	61	54
	TV Band I	48.5～72.5	47		37	53		43	59		49	65		55	71		61
移动业务	VHF	30～54	59	46	39	65	53	45	71	58	51	77	64	57	83	70	63
	VHF	68～87	51	38	31	57	44	37	63	50	43	69	56	49	75	62	55

第二节 主电路 PWM 波产生的电磁干扰

本章第一节给出了驱动电机系统的主要电磁干扰源。在这些干扰源中，电机控制器中开关器件的开关过程中所产生的电磁干扰最强，是主要的电磁干扰源。

本节在分析驱动电机系统电压产生原理的基础上，以 IGBT 为例，介绍功率器件开关过程中干扰产生的机理以及干扰电压的计算。

一、电机控制器电压产生的机理

正如在第七章和第八章所介绍的那样，电机控制器采用 PWM 方式，给驱动电机输出产生规定转速和转矩的交流电压。

尽管 PWM 方式很多，但无论采用何种方式，电机控制器均输出如图 9-2 所示的波形。即在 PWM 过程中，IGBT 不停地开关。在 IGBT 的开通和关断过程中电压呈方波形式变化，即呈现脉冲特性。这种脉冲特性的方波除了含有大量的高次谐波外，在电压的

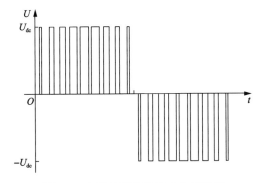

图 9-2 电机控制器的输出电压波形

上升和下降过程中，电压和电流会产生突变。这种突变为电磁干扰的源头。其中脉冲性方波的频谱特性是分析干扰频率特性和干扰电压大小的基础。

二、梯形电压的频谱特性

图 9-2 中所给出的波形是理想方波，即不考虑电压的上升时间和下降时间。实际上，功率器件的开通和关断不是瞬间完成的，而是需要一定的时间来完成。电压的上升时间和下降时间，即 dU/dt 为一个有限值（如对于 IGBT 功率器件 dU/dt 一般为数千伏每微秒），即电压为一个梯形波。图 9-3 为典型的梯形波波形，其中：t_r 为波形上升时间，t_f 为波形下降时间，τ 为脉冲宽度（半幅度点处上升边和下降边之间的时间跨度），T 为信号周期，U_{dc} 为直流母线电压。

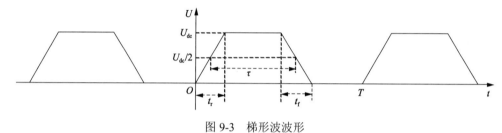

图 9-3 梯形波波形

假定 $t_r = t_f$，每一个梯形波电压的数学表达式为[2]

$$U(t) = \begin{cases} \dfrac{U_{dc}}{t_r} t & (0, t_r) \\ U_{dc} & (t_r, \tau) \\ \left(\dfrac{\tau + t_r}{t_r} - \dfrac{t}{t_r}\right) U_{dc} & (\tau, \tau + t_r) \end{cases} \tag{9-1}$$

通过傅里叶变换得到梯形波的频谱特性 $U(f)$ 为

$$U(f) = \frac{2U_{dc}\tau}{T} \left| \frac{\sin\left(\dfrac{n\omega_0 t_r}{2}\right)}{\dfrac{n\omega_0 t_r}{2}} \right| \left| \frac{\sin\left(\dfrac{n\omega_0 \tau}{2}\right)}{\dfrac{n\omega_0 \tau}{2}} \right| \tag{9-2}$$

或者为

$$U(f) = \frac{2U_{dc}\tau}{T} \left| \frac{\sin(nf_0\tau)}{nf_0\tau} \right| \left| \frac{\sin(nf_0 t_r)}{nf_0 t_r} \right| \tag{9-3}$$

式中，$\omega_0 = 2\pi f_0 = \dfrac{2\pi}{T}$。

$$U_{dB} = 20\lg U(f) = 20\lg\left(\frac{2\tau}{T}U_{dc}\right) + 20\lg\left|\frac{\sin(\pi f\tau)}{\pi f\tau}\right| + 20\lg\left|\frac{\sin(\pi f t_r)}{\pi f t_r}\right| \tag{9-4}$$

式中，连续频率 f 为式（9-3）中离散频率 nf_0 的替代值，n 为谐波次数，$n=1,2,\cdots$。

图 9-4 为根据式(9-4)所得到的梯形波的频谱包络线。表 9-12 为梯形波的频谱包络线在不同频率段的电压值及特点。

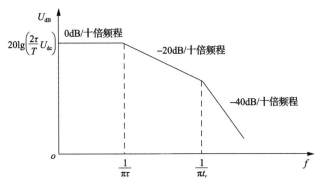

图 9-4　梯形波的频谱包络线

表 9-12　梯形波的频谱包络线在不同频率段的电压值及特点

频率范围	电压值	特点
$0 \leqslant f \leqslant \dfrac{1}{\pi\tau}$	$20\lg\left(\dfrac{2\tau}{T}U_{dc}\right)$	包络线为 0dB/十倍频的水平直线
$\dfrac{1}{\pi\tau} < f < \dfrac{1}{\pi t_r}$	$20\lg\left(\dfrac{2\tau}{T}U_{dc}\right) + 20\lg\left(\dfrac{1}{\pi f\tau}\right)$	包络线为斜率为–20dB/十倍频的渐近线
$f \leqslant \dfrac{1}{\pi t_r}$	$20\lg\left(\dfrac{2\tau}{T}U_{dc}\right) + 20\lg\left(\dfrac{1}{\pi^2 f^2 \tau t_r}\right)$	包络线为斜率为–40dB/十倍频的渐近线

从图 9-4 也可以看出，对于直流母线电压 U_{dc}、脉冲宽度 τ 和脉冲周期 T 一定的梯形波，其电压的上升时间和下降时间(t_r)越小，则–20dB/十倍频和–40dB/十倍频转折点越往高频方向移动，高频成分幅值越大，高频干扰越强，即增加梯形波的上升和下降时间有利于降低高频干扰幅度。

三、干扰源及干扰电压

当驱动电机由三相纯正弦波供电时，每一相的电压幅值相同，相位相差 120°，此时任意瞬间的三相电压之和为 0，相与相之间的电压差为标准正弦波。但当驱动电机由输出脉冲性电压的电机控制器供电时，由于电压的这种脉冲性，三相电压之和不为 0，两相之间的电压差为梯形波，从而产生共模电压和差模电压。这种共模电压和差模电压是驱动电机系统主要的电磁干扰源，通过本章第三节将要述及的耦合路径，将产生共模干扰和差模干扰。

另外，功率器件的死区效应和拖尾效应等也会产生共模电压和差模电压，从而引起共模干扰和差模干扰。

1. 共模电压

如图 9-5 所示，共模干扰是指干扰电压在信号线及其回线(一般称为信号地线)上的幅度相同，干扰电流则是在导线与参考物体构成的回路中流动。共模干扰电压 U_{cg} 出现于信号芯线和中性线（如测量接地线）之间，相当于在中性线和回路之间插入了一个干扰电压源 U_{cg}。由于 U_{cg} 的存在，在信号回路中产生了 I_{cg1} 和 I_{cg2} 两个方向相同的干扰电流，这两个电流的幅值和相位完全相等，最后在负载端通过接地电阻（或对地的寄生参数）流入信号地。在图 9-5 中，Z_s、Z_L 分别为信号回路的源阻抗和负载阻抗。

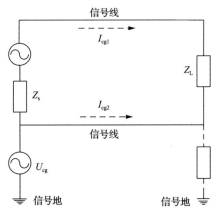

图 9-5　共模电压

在驱动电机系统中，主电路的共模电压为逆变桥输出中点对参考地的电位差。所以三相逆变桥的共模电压可以认为是：当输出接到电动机负载，且电机三相绕组星形连接时，星形连接的中点对地参考电位差，如图 9-6 所示。

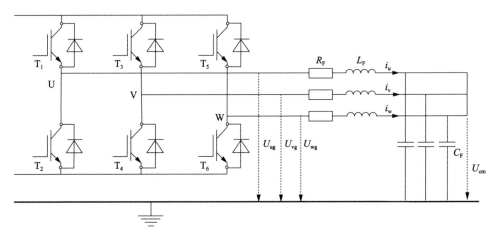

图 9-6　逆变电路原理图

在图 9-6 中，R_F 和 L_F 分别为驱动电机的定子电阻和电感；C_F 为驱动电机定子绕组对地的寄生电容；U_{ug}、U_{vg}、U_{wg} 分别为 U、V、W 相对地电压；i_u、i_v、i_w 分别为 U、V、W 相电流；U_{cm} 为驱动电机中心点对地电压，即所谓的"共模电压"。

根据基尔霍夫电压定律可以得到

$$\begin{cases} U_{\text{ug}} - U_{\text{cm}} = R_{\text{F}}i_{\text{u}} + L_{\text{F}}\dfrac{\text{d}i_{\text{u}}}{\text{d}t} \\[2mm] U_{\text{vg}} - U_{\text{cm}} = R_{\text{F}}i_{\text{v}} + L_{\text{F}}\dfrac{\text{d}i_{\text{v}}}{\text{d}t} \\[2mm] U_{\text{wg}} - U_{\text{cm}} = R_{\text{F}}i_{\text{w}} + L_{\text{F}}\dfrac{\text{d}i_{\text{w}}}{\text{d}t} \end{cases} \tag{9-5}$$

将式(9-5)中的三个方程相加可得

$$U_{\text{ug}} + U_{\text{vg}} + U_{\text{wg}} - 3U_{\text{cm}} = R_{\text{F}}(i_{\text{u}} + i_{\text{v}} + i_{\text{w}}) + L_{\text{F}}\frac{1}{\text{d}t}\text{d}(i_{\text{u}} + i_{\text{v}} + i_{\text{w}}) \tag{9-6}$$

当驱动电机采用星形连接时，$i_{\text{u}}+i_{\text{v}}+i_{\text{w}}=0$，由式(9-6)可得

$$U_{\text{cm}} = (U_{\text{ug}} + U_{\text{vg}} + U_{\text{wg}})/3 \tag{9-7}$$

图 9-7 为共模干扰电压 U_{cm} 的波形。

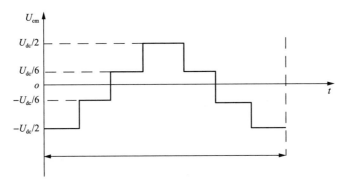

图 9-7　共模干扰电压波形

当电机控制器采用 SPWM 方式调制时，共模电压为[3]

$$\begin{aligned} U_{\text{cm}} &= (U_{\text{ug}} + U_{\text{vg}} + U_{\text{wg}})/3 \\ &= \frac{2U_{\text{dc}}}{\pi}\sum_{m=1}^{\infty}\sum_{n=-\infty}^{\infty}\frac{1}{m}\text{J}_{3n}\left(\frac{mM\pi}{2}\right)\sin\frac{(m+3n)\pi}{2}\cos(m\omega_{\text{c}}t + 3n\omega_0 t) \end{aligned} \tag{9-8}$$

式中，M 为调制比；$\text{J}_{3n}(\cdot)$ 为 $3n$ 阶贝塞尔函数；ω_{c} 为载波角频率；ω_0 为基波角频率；U_{dc} 为直流母线电压，V。

2. 差模电压

如图 9-8 所示，差模干扰是指干扰电压存在于信号线及其回线(一般称为信号地线)之间，干扰电流在导线与参考物体构成的回路中流动。在图 9-8 中，Z_{s}、Z_{L} 分别为信号源阻抗和负载阻抗，差模干扰电压 U_{dg} 出现于电流回路的信号线及其回线之间，与回路工作信号 U_{s} 串联在一起。U_{dg} 在回路中产生差模电流 I_{dg}，差模电流流经负载系统(用 Z_{L}

表示)时,与回路的工作信号叠加在一起,对工作信号形成干扰。

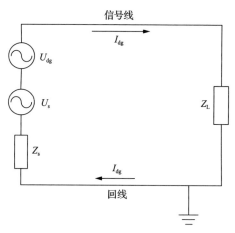

图 9-8　差模干扰

图 9-9 为驱动电机系统的差模电压的构成示意图。差模电压 U_{dm} 为逆变桥输出的线电压,即输出的相电压差。U、V 两相之间的差模电压为

$$U_{dm\text{-}UV} = U_{ug} - U_{vg} \tag{9-9}$$

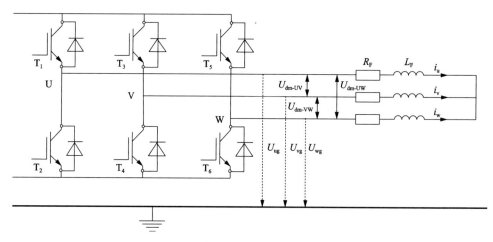

图 9-9　差模电压

图 9-10 为 U 相和 V 相以及 V 相和 W 相之间的差模电压 $U_{dm\text{-}UV}$ 和 $U_{dm\text{-}VW}$ 波形。同样,当采用 SPWM 时,差模电压为[3]

$$
\begin{aligned}
U_{dm\text{-}UV} &= U_{ug} - U_{vg} \\
&= \frac{4U_{dc}}{\pi} \sum_{m=1}^{\infty} \sum_{n=-\infty}^{\infty} \frac{1}{m} J_n\left(\frac{mM\pi}{2}\right) \sin\frac{(m+n)\pi}{2} \sin\frac{n\pi}{3} \cos\left[m\omega_c t + n\left(\omega_0 t - \frac{\pi}{3}\right) + \frac{\pi}{2}\right]
\end{aligned}
$$

$$\tag{9-10}$$

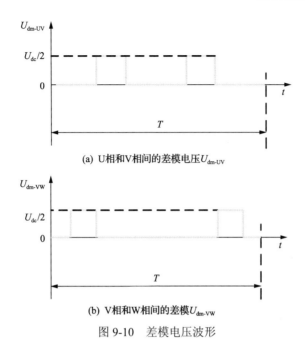

(a) U相和V相间的差模电压$U_{\text{dm-UV}}$

(b) V相和W相间的差模$U_{\text{dm-VW}}$

图 9-10　差模电压波形

第三节　干扰耦合路径

根据电磁兼容理论，所有的电磁干扰源均是通过传导和辐射两种耦合路径产生电磁干扰并传播的。传导电磁干扰传播是指干扰源通过导线或其他元器件(如电容、电感等)，以电压或电流的形式，将电磁干扰的能量在电路中传送。而辐射电磁干扰传播则是指干扰源以电磁波的形式通过空间传播。

本章第一节所介绍的驱动电机系统的电磁干扰源，也是通过传导和辐射两种耦合路径产生电磁干扰并传播的。本节介绍驱动电机系统的辐射干扰与传导干扰两种耦合路径。

一、辐射干扰耦合路径

任意一个带电的物体都会向外发射电磁波并辐射能量，处于电磁波所涉及的电磁场内的敏感体则会接收到该电磁波，感应出额外的电压和电流，即电磁干扰，从而影响其正常工作。

在驱动电机系统，存在以下几种辐射源：

(1)驱动电机系统内的各种导线(如复合母排、高压功率电缆、控制电缆)均相当于天线。当驱动电机系统工作时，会在这些导体中流过电流，产生对外辐射。

(2)各种电缆上所产生的共模电流会在上述电缆上向外辐射电磁波。

(3)差模电流形成的环路会形成环线天线，向外辐射电磁波。

根据电磁波的传播特性，电磁波所形成的电磁场可分为电磁辐射场和电磁感应场，而根据敏感体与干扰源(电磁波发射体)的距离，电磁场可分为近场区和远场区。不同类型的电磁场的特点以及对敏感体的影响机理截然不同。电磁辐射场是指电磁场能量以电磁波的形式向外发射。电磁感应场是指电磁波遇到导电金属物时，其能量在辐射源与导电金属物之间周期性地来回流动，不向外发射，只在辐射源周围传播。

1. 电磁场的特点

无论是电磁辐射场还是电磁感应场，根据距离的不同均分为近场区和远场区，相应的近场区和远场区中产生的干扰耦合分别称为近场耦合和远场耦合。

假定辐射电磁波波长为 λ，近场区和远场区的临界距离 r_0 为

$$r_0 = \frac{\lambda}{2\pi} \tag{9-11}$$

式中，λ 为辐射电磁波波长，m；r_0 为临界距离，m。

在距辐射源 r_1 的半径范围的电磁场为近场区，在距辐射源 r_2 的半径范围的电磁场为远场区。其中

$$\begin{cases} r_1 \leqslant r_0 \\ r_2 > r_0 \end{cases} \tag{9-12}$$

近场区电磁波根据其场强类型又可分为电场区和磁场区两种。

(1)电场区：当干扰源是高电压、小电流、高阻抗源，即非闭合载流导线时，可以看作单极天线，其近场区主要表现为电场。

(2)磁场区：当干扰源是低电压、大电流、低阻抗源，即闭合载流导线时，可以看作小环天线，其近场区主要表现为磁场。

近场区和远场区的电磁场特点明显不同，表 9-13 为两种电磁场的特点。

表 9-13　近场区和远场区的电磁场特点

要素	近场区	远场区
电场 E 与磁场 H 的相位	相差 90°	同相位，即为 0°
电场 E 与距离 r 的关系	$E \propto \dfrac{1}{r^3}$	$E \propto \dfrac{1}{r}$
磁场 H 与距离 r 的关系	$H \propto \dfrac{1}{r^2}$	$H \propto \dfrac{1}{r}$
电场 E 和磁场 H 的关系	无确定的比例关系	E/H 之比为 Z $Z = (\mu\varepsilon)^{1/2}$

注：E 为电场，V/m；H 为磁场，A/m；μ 为介质磁导率，H/m；ε 为介电常数，F/m。

2. 辐射耦合方式

当驱动电机系统及其零部件处于干扰源通过辐射所产生的电磁场中时，就会与该电磁场产生耦合，接受该电磁场的能量。主要耦合方式有天线耦合、闭合回路耦合和

导线感应耦合[4]。

1) 天线耦合

严格意义上讲，任一金属导体就是一根天线，都能接收电磁波，感应出电压。图 9-11 为常见的典型天线结构，包括双极天线、单极天线、回路天线和缝隙天线。

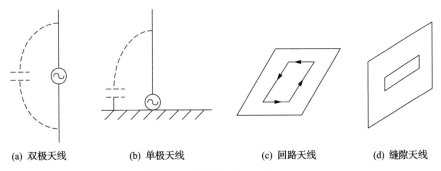

| (a) 双极天线 | (b) 单极天线 | (c) 回路天线 | (d) 缝隙天线 |

图 9-11 常见的典型天线结构

图 9-11(a)为双极天线，天线中存在干扰电压时，天线上下两极通过电场耦合(等效耦合电容)，这种耦合场在空中形成辐射场。

图 9-11(b)为单极天线，天线在地平面上产生镜像效应，其效果与单极电线完全一样。

图 9-11(c)为回路天线，即电流在导体中形成回路。根据电磁感应原理，在天线周围产生磁场，形成磁场辐射。

图 9-11(d)为缝隙天线。当电磁波从导电平面的一边，通过缝隙泄漏到另一边时，缝隙就相当于一个天线，产生对外辐射。

驱动电机系统一般结构尺寸较小，对双极天线和单极天线，其受电场干扰段的长度 l(单位为 m)远小于电场信号的波长 λ(单位为 m)，此时天线感应的开路电压为

$$U = \int_0^l E \cdot dS \approx El \qquad (9\text{-}13)$$

式中，E 为天线所处位置的电场强度，V/m；S 为回路面积，m^2。

从式(9-13)可以看出感应电压与感应天线的长度成正比，所以在电路设计中要特别关注天线(如电缆)的长度，并且特别要避免电缆悬空。

2) 闭合回路耦合

当信号或电源电流通过一组导线往返时，这组导线就组成了回路模型，可以等效成闭合回路(如图 9-11 的回路天线)。图 9-12 为按正弦变化的电磁场在闭合回路中的感应耦合。对图中右边接收电路起干扰作用的主要是 x 方向的电场 E_x 和 y 方向的磁场 H_y，设闭合回路(ABCD)周长为 l，回路面积为 S，根据电磁感应定律，闭合环路中产生的感应电压为

$$U = \oint E \cdot dl \qquad (9\text{-}14)$$

式中，U 为感应电压，V；E 为电场强度，V/m。

或者

$$U = -\frac{\mathrm{d}\Phi}{\mathrm{d}t} = -\frac{\partial}{\partial t}\oint_S B \cdot \mathrm{d}S \qquad (9\text{-}15)$$

式中，Φ 为磁通量，Wb。

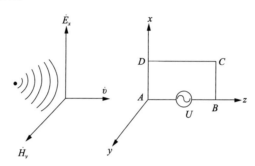

图 9-12　电磁场对闭合回路的耦合示意图

根据式(9-15)，感应电压与回路面积成正比，所以在电路设计中必须关注回路构成的面积，回路面积越小，感应的干扰电压就越低。

不论何种类型的天线，基本工作原理都与单极天线和回路天线相同，可以采用式(9-13)或式(9-14)得出其所感应的电压。

驱动电机系统内也存在大量的天线，表 9-14 为典型的天线类型及场合。

表 9-14　驱动电机系统中典型的天线类型及场合

天线类型	典型场合
双极天线	PCB 内悬空的电源正负线
单极天线	PCB 内悬空的测试针/连接器内悬空的引脚
回路天线	驱动电机系统高压直流共模回路/交流共模回路
缝隙天线	电机控制器机箱盖板缝隙

3）导线感应耦合

由于电机控制器与驱动电机、储能系统以及整车控制器相连的各类电缆线一般均暴露在机箱之外(图 9-13)，这些电缆线受到干扰源辐射场的影响而感应出的干扰电压(或电流)，干扰电压(电流)沿导线进入电机控制器内部形成辐射干扰。此时每根导线都可以等效为单极天线，可以用式(9-13)计算感应的干扰。

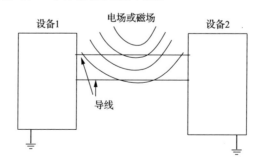

图 9-13　电磁入射对导线的感应耦合

在导线比较短、电磁波频率较低的情况下，可以把图 9-13 中导线和阻抗构成的回路看作理想的闭合环路，该回路等效成回路天线，电磁场通过闭合环路引起的干扰属于闭合回路耦合。

3. 电磁辐射对驱动电机系统电磁干扰的影响

敏感元件在电磁场中感应电压后，会在电路中产生共模干扰和差模干扰。

1) 共模干扰

如图 9-14 所示，处于水平的电场或垂直的磁场，且悬浮于空间的导线上会感应出开路电压 U，该开路电压即为共模干扰电压。此共模干扰电压将在导线上产生电流，其回路的电流为导线间分布电容的位移电流。当导线的两端各接有电气设备或电路时（图 9-15），回路面积与导线电容都会增加，导致共模电压及电流增加。

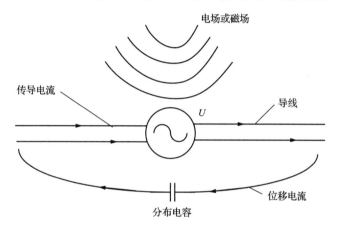

图 9-14　直接引入导线的开路电压

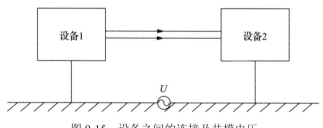

图 9-15　设备之间的连接及共模电压

在驱动电机系统中，互相连接的两个设备通常都有接地设计，此时如果两个设备的互连电缆布置与地平面有较大间隙，这就形成了天线等效面积，当有空间辐射存在时，就直接转化为共模干扰。因此在布线设计中，应尽量将电缆贴近地平面布置，以减小共模干扰。

2) 差模干扰

如图 9-16 所示，电场或磁场会直接透入导线之间（图中两条距离为 d 的导线之间所围的面积），从而产生差模干扰，直接将干扰信号施加在被干扰回路的输入/输出端（设备 1 和设备 2）。

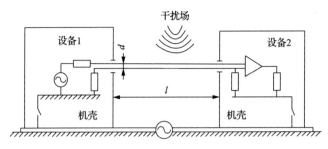

图 9-16 电磁场对连接导线的差模干扰

同样在驱动电机系统中，在以下情况下会产生差模干扰：①电源的正负电缆之间；②同一电路的信号往返电缆之间有较大间隙时，往返电缆之间形成差模回路；③非平衡电路之间也容易产生差模干扰。因此，在设计中尽量采用平衡电路，信号或电源的往返线之间的间隙应尽量小，避免差模干扰。

二、传导干扰的耦合路径

传导干扰是指干扰源通过显性部件或者隐形部件以电压或者电流的形式传播电磁干扰，其中：

(1)显性部件：指电路中看得见的部件，如导线、导电部件、电源、公共阻抗和电感等。在驱动电机系统中，这些显性部件包括连接电缆和母排等。

(2)隐形部件：指电路中看不见的部件，主要指各部件以及部件内部天然存在的分布电容和分布电感等。分布电容和分布电感统称为分布参数。在驱动电机系统中存在大量的分布参数。

根据作用机理的不同，驱动电机系统的传导干扰也可分为共模干扰和差模干扰两种形式。

1. 共模干扰

由于驱动电机系统中存在大量的分布电容和分布电感等隐形部件，本章第二节所介绍的电机控制器所产生的共模干扰电压会对分布电容等进行充放电，形成以下回路：①电机控制器和储能系统之间的直流母线；②电机控制器与驱动电机之间的电缆线；③分布电容和地之间构成流通回路，产生高频共模电流。当共模电流的频率在 30MHz 以上时，共模电流还会以电磁波的形式在空间传播至敏感体。

图 9-17 为考虑分布参数的驱动电机系统的电路图。$C_{c1} \sim C_{c6}$ 为 IGBT 模块中各器件集电极 C 与散热器之间的分布电容；C_{lA}、C_{lB}、C_{lC} 为屏蔽电缆对外壳的分布电容；C_{mA}、C_{mB}、C_{mC} 为电机定子绕组对外壳的分布电容；C_{bus+}、C_{bus-} 为复合母排正负极板对外壳的分布电容；C_{bat+}、C_{bat-} 为动力电池正负电极对外壳的分布电容；C_{o+}、C_{o-} 为直流母线上其他负载对外壳的分布电容；L_{lA}、L_{lB}、L_{lC} 为屏蔽电缆的等效集总电感；L_{l+}、L_{l-} 为动力电池与电机控制器间屏蔽导线的等效集总电感；L_{bus1}、L_{bus2} 为复合母排的等效集总寄生电感；L_{mA}、L_{mB}、L_{mC} 为驱动电机等效电感；R_{lA}、R_{lB}、R_{lC}、R_{l+}、R_{l-} 为屏蔽导线的等效电阻；R_{mA}、R_{mB}、R_{mC} 为驱动电机等效定子电阻。

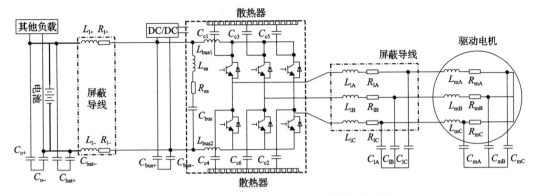

图 9-17 包含分布参数的驱动电机系统的电路图

1) 共模电流耦合路径

共模电流是通过分布电容流入地线的电流。图 9-18 为驱动电机系统共模电流传导干扰原理图。总体上来讲,耦合路径可以分为直流母线侧(图 9-19)和驱动电机侧(图 9-20)。共模电流不同的耦合路径会在敏感体上产生不同的后果,表 9-15 为耦合路径及所产生的电磁干扰[5]。

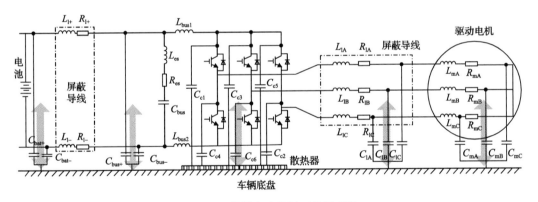

图 9-18 共模电流传导干扰原理图

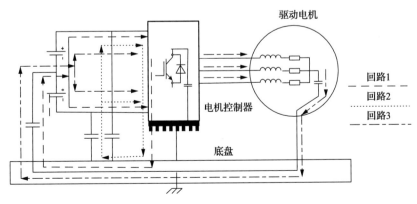

图 9-19 直流母线侧共模电流回路

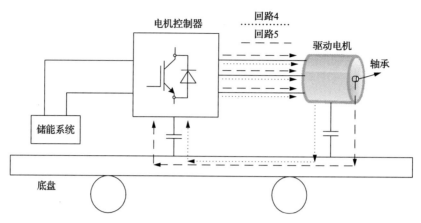

图 9-20　电机控制器与驱动电机之间的共模电流回路

表 9-15　共模电流的耦合路径及所产生的电磁干扰

干扰电流流经的方向	回路电流类型	路径	电磁干扰影响大小
直流母线侧	回路 1	IGBT→IGBT 对散热器的寄生电容→底盘→电池组对底盘的分布电容→电池组→直流母线→电机控制器	由于该回路在底盘与直流母线之间，回路面积较大，对系统产生的影响较大
	回路 2	IGBT→IGBT 对散热器的寄生电容→底盘→动力电缆对底盘的分布电容→动力电缆→电机控制器	通常动力电缆采用屏蔽电缆，动力电缆对底盘的分布电容变为动力电缆芯线与屏蔽层之间的分布电容，该回路面积小，对系统的影响相对较小
	回路 3	定子绕组→定子绕组与电机外壳的寄生电容→底盘→电池组对底盘的分布电容→直流母线→电机控制器→电机动力线→驱动电机	由于该回路在底盘与电机电缆之间，回路面积最大，对系统产生的影响最大
驱动电机侧	回路 4	定子绕组→定子绕组与电机外壳的寄生电容→底盘→IGBT 对散热器的寄生电容→逆变器→电机动力线→驱动电机	由于该回路在底盘与直流母线之间，回路面积较大，对系统产生的影响较大
	回路 5	电机定子线圈→电机转子线圈→轴承→变速箱→底盘→IGBT 对散热器的寄生电容→逆变器→电机动力线→电机定子线圈	该回路会在电机轴承、变速箱上产生电腐蚀

根据图 9-17 中各分布参数值及传播路径，可以计算出任一节点处的干扰电压或者任一处的电流。

共模电流在驱动电机系统中传播时，会对外产生电磁辐射，距电流环路 r 处的电场强度的大小为

$$E = 1.257 \times 10^{-6} \, fIL / r \tag{9-16}$$

式中，E 为电场强度，V/m；f 为电流的频率，MHz；L 为电缆的长度，m；I 为电流，A；r 为距离电流环路的距离，m。

2. 差模干扰

差模干扰是指相线之间的干扰，由电机控制器工作时产生的脉冲电流 $\mathrm{d}i/\mathrm{d}t$ 引起，通

过相线与电源形成干扰回路。与共模干扰不同，差模干扰只是在系统导线中流动，而不需要流经地平面。差模路径通常是将往返导线一起布置，因此其回路相对较小，在相同的电流情况下对外产生的干扰也比共模干扰小，但差模电流往往非常大，因此也必须注意差模干扰问题。

在驱动电机系统中，主要的差模耦合路径包括：

(1) 耦合路径 1：如图 9-21 所示，差模电流经过 IGBT 器件驱动电机、储能系统形成的干扰回路即为差模干扰回路，该回路面积大，干扰通过 L_{1+}、R_{1+}、L_{1-}、R_{1-} 影响直流母线上的其他负载。

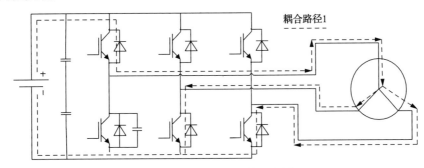

图 9-21　差模传导干扰路径图

(2) 耦合路径 2：如图 9-22 所示，该路径上的差模电流主要在直流端流动。只要控制好回路面积，其影响与路径 1 相当。

(3) 耦合路径 3：如图 9-22 所示，当高频电流作用在电机上时，会在电机定子线圈上产生电压尖峰并引起电机绕组匝间电压不平衡(详见第三章)。

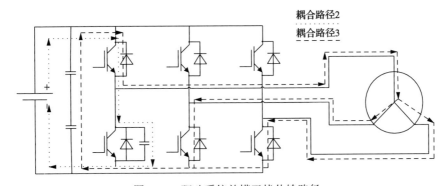

图 9-22　驱动系统差模干扰传输路径

根据图 9-20 中的分布参数以及图 9-21、图 9-22 所示的耦合路径，采用差模干扰源的差模电压的计算公式[式(9-10)]，可以计算出任一节点处的干扰电压或者任一处的电流。

另外差模电流在驱动电机系统中传播时，形成的电流回路会产生电磁辐射，其电场强度的大小为

$$E = 1.316 \times 10^{-14} f^2 A I / r \tag{9-17}$$

式中，A 为电流的环路面积，m^2。

从式(9-17)看出，差模辐射的电场强度与差模回路面积、差模电流成正比。在电路设计中在尽量减小差模电流的同时，应尽量将差模回路面积控制到最小。

第四节　电磁干扰的抑制

电磁干扰对驱动电机系统的可靠性和安全性产生不良的影响，因此如何抑制电磁干扰成为驱动电机系统设计的一个重要工作。

与所有的电磁干扰抑制措施一样，驱动电机系统电磁干扰的抑制也是围绕电磁干扰三要素(干扰源、耦合路径和敏感设备)采取相应的措施。

(1)降低干扰源强度，主要是降低干扰源的干扰电压，从根本上降低干扰强度。

(2)切断耦合路径，主要是增加耦合传播路径的阻抗，或者改变干扰源的返回路径，避免干扰的继续传播。常用措施有屏蔽、滤波、接地、布局和布线设计等。

(3)主要是提升敏感设备的抗干扰能力，或者在敏感设备端增加隔离措施，使干扰无法进入敏感设备电路，常用措施包括滤波、接地、屏蔽等。

但必须指出，为提升驱动电机系统的电磁兼容性所采取的措施是以牺牲驱动电机系统的某些性能(如成本、体积)为代价的，在具体选择和设计时，必须根据具体需求选择合适的方案。

一、降低干扰源强度的措施

为了降低本章第一节所述的干扰源的强度，可从元器件的选型、优化主电路、优化驱动电路和优化控制策略等方面采取相应的措施[6]。

1. 元器件的选型

正如本章第一节所述，电机控制器内部可以主动产生脉冲信号的元器件均为干扰源。通过选择合适的元器件，降低这些元器件产生的干扰源的强度，可以有效地提升电机控制器的电磁干扰性能。表 9-16 为不同元器件的选型原则[6]。

表 9-16　不同元器件的选型原则

序号	元器件	选型原则
1	功率器件	优先选择内部互连线较少、走线较优的模块
2	变压器	应尽量选用带金属壳屏蔽的变压器
3	晶振	应尽量选用带金属壳屏蔽的晶振； 选用能量较低的无源晶振
4	数字器件	尽量选择逻辑转换状态(即所有引脚同时切换)时，所需电流更小的器件； 尽量选择传输延迟时间较长的器件； 选择电源供电电压尽量低的数字器件
5	隔离芯片	应避免选择磁隔离元器件
6	二极管	优先选择具有软恢复特性的二极管

另外合适的元器件以及电机控制器的制造工艺也可以有效抑制电磁干扰：

(1)尽量选择引脚较短、内部寄生电感较小、电源和地引脚相邻且都尽量位于封装中心的器件。

(2)优先选择小间距的表面贴装封装的IC(集成电路)芯片。

2. 优化主电路

根据前面的分析，主电路的 IGBT 开关动作是驱动电机系统的主要干扰源，因此对主电路的优化可以直接降低系统电磁干扰，包括主电路拓扑结构的改进、增设主电路的吸收电路等。其中主电路拓扑结构的改进用于消除电机控制器的共模电压，主要措施是采用三相四桥臂两电平变换器和双三相变换器。

增设主电路的吸收电路是指在功率器件(如 IGBT)上增加吸收电路(或者称为缓冲电路)，主要目的是吸收与抑制开关器件关断过程中所产生的浪涌过电压。图 9-23 为常用的吸收电路拓扑。

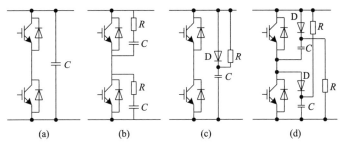

图 9-23　常用的吸收电路拓扑

图 9-23(a)为单一电容吸收电路，这种电路最简单，成本也最低，但这种电路主要用于中低压小功率 IGBT 模块，随着功率等级增大，单一电容吸收电路容易与主电路电感产生 LC 谐振，从而造成直流母线电压振荡。

图 9-23(b)为 RC 吸收电路，该电路对于控制瞬态电压、寄生电感和 dU/dt 有效果，但是其损耗较大。

图 9-23(c)为 RCD 吸收电路，用于由两只 IGBT 模块组成的半桥电路中，通过使用一个快速恢复二极管来抑制浪涌电压尖峰，防止单一电容吸收电路引起的直流母线电压振荡，这在母线较长的情况下效果尤为明显。RCD 吸收电路对快速恢复二极管的选型要求较高，如果二极管选型不当，则会增加吸收电路的寄生电感，在大电流下关断 IGBT 模块时，反而会产生较高的尖峰电压。因此，这种吸收电路比较适合中等功率的电力电子装置。

图 9-23(d)为放电阻止型 RCD 吸收电路，该电路适合用于大功率场合，是一种吸收效果很好的电路，该电路直接将低感电容连接到每个 IGBT 模块的集电极和发射极，使所在的回路具有更小的杂散电感。

但增加吸收电路后，除了会增加电路设计复杂度、设备成本和体积外，还会增加系统功率负担，降低开关效率。

3. 优化驱动电路

驱动电路就是通过控制 IGBT 门极电压来控制 IGBT 开通与关断动作，门极电压上升与下降时间直接影响 IGBT 开关过程的速度，即影响功率器件的 dU/dt 或 di/dt，进而影响驱动电机系统的高频干扰源的水平。因此通过优化驱动电路的设计，可以有效降低干扰源的水平。主要措施有：采用分段控制的方式，控制 IGBT 的开通与关断速度；采用闭环控制方式，根据 IGBT 输出的 dU/dt 或 di/dt 及时调整开关速度。

根据图 9-4，为了降低干扰，可以将三段线的第一段水平线往下移或者两段斜线往左边低频段移动，其中：

(1) 下移第一段水平线，即降低 $20\lg(2\tau U_{dc}/T)$ 的幅值，包括减小 U_{dc} 值或 τ/T 值。通常 U_{dc} 值是系统的功能需求，无法改变，而 τ/T 与调制方式相关，因此只能通过修改控制算法改变。

(2) 第二段斜线要左移，就是减小 $1/(\pi\tau)$ 值，即增加 τ 值，也就是降低开关频率。

(3) 左移第三段斜线：即减小 $1/(\pi t_r)$ 值，也就是增加 t_r 值，这需要增加 IGBT 的开通时间，但开关时间增加，IGBT 的损耗增加，发热增大，所以调制 IGBT 的开通关断时间时必须考虑效率与散热问题。

4. 优化控制策略

正如前面所述，干扰源水平受脉宽调制策略的影响，因此通过优化和改进调制策略，可能降低干扰强度。总体上讲，改进的思路可以分为以降低干扰峰值为目的的展宽干扰频谱法和以降低干扰源能量为目的的改变电压矢量合成法[6]。

二、切断耦合路径

在切断耦合路径方面，主要措施有电磁屏蔽、滤波、接地以及布局和布线设计等。

1. 电磁屏蔽

1) 电磁屏蔽的基本原理和分类

电磁屏蔽是以导电或导磁材料制成的屏蔽壳体(实体的或非实体的)将需要屏蔽的区域封闭起来，形成电磁隔离，使其内部产生的电磁场不能越出这一区域而干扰外部设备，而外部电磁场亦不能进入这一区域，或者进出该区域的电磁能量将得到很大的衰减。

根据干扰源相对于屏蔽体的屏蔽目的(在屏蔽体的内部或外部)，可分为被动屏蔽和主动屏蔽。被动屏蔽是指屏蔽体用来防止干扰场进入被屏蔽空间内，多用于屏蔽对象与干扰源相距较远的场合。而主动屏蔽是用屏蔽体防止屏蔽体内部的干扰场泄漏到外部空间。

正如本章第三节所述，干扰源所产生的电磁场分为电场、磁场和电磁场三类，相应的电磁屏蔽也分为电场屏蔽、磁场屏蔽和电磁场屏蔽。

(1) 电场屏蔽。电场屏蔽的原理是用导体将电场进行隔离，主要用于高电压设备附近的电场抑制。电场屏蔽分为静电屏蔽和交变电场屏蔽。静电屏蔽体通常由逆磁材料(如铜、铝)制成，并和地连接，使电场终止在屏蔽体的金属表面上，并把电荷转送入地。交变电场屏蔽采用接地良好的金属屏蔽体将干扰源产生的交变电场限制在一定的空间内，从而阻断干扰源至接收器的传输路径。

(2) 磁场屏蔽。磁场屏蔽体由高磁导率的材料制成。当低频磁场遇到该磁场屏蔽体时，它能使该低频磁场的磁通旁路，避免其与被保护的电路交连。当高频磁场遇到该磁场屏蔽体时，交变的高频磁场会在导电屏蔽体表层形成涡流，该涡流可以削弱外界磁场的强度。

(3) 电磁场屏蔽。电磁场屏蔽的原理是采用屏蔽导体，使干扰场在屏蔽体内形成涡流并在屏蔽体与被保护空间的分界面上产生反射，从而削弱干扰场在被保护空间的场强值，达到屏蔽效果。

2) 电磁屏蔽在抑制电机控制器电磁干扰中的应用

在电机控制器中，采用电磁屏蔽来抑制电磁干扰的措施有屏蔽电缆、屏蔽的连接器和采用金属的箱体等。

(1) 屏蔽电缆和屏蔽的连接器。从前面的分析知道，电机控制器输入输出电缆之间的串扰以及与地平面(车辆底盘)之间的寄生电容形成了电磁干扰(electro magnetic interference，EMI)传播通道。因此只要切断或削弱它们之间的串扰，就能有效抑制电机驱动系统 EMI 的传播，通常采用屏蔽电缆。屏蔽电缆不仅能减小电缆之间的串扰，还能有效屏蔽电缆内导线作为天线单元向外发射电磁辐射干扰。

屏蔽电缆材料主要有金属管、箔(铜箔、铝箔等)以及编制金属网等。由于空间限制以及为了满足布线时弯曲的需求，驱动电机系统通常采用编制金属网的屏蔽电缆。

基于同样的原因，驱动电机系统的各类连接器一般也采用屏蔽型。

(2) 金属的箱体。电机控制器的箱体一般采用金属，如铝和钢。当采用钢板时，利用钢的导电性形成涡流，可屏蔽电场和高频磁场，并隔离低频磁场干扰；当采用铝材时，利用的是导电性抑制电场和高频磁场，但对低频磁场抑制效果较差。

原则上，不论采用铝材还是钢材，满足电机控制器强度的箱体的厚度都能有效抑制电机控制器内部的干扰源通过箱体泄漏，也能防止外部干扰源通过箱体进入电机控制器内部。

但为满足制造、装配、维修、散热及观察等要求，控制器表面一般都开有形状各异、尺寸不同的缝隙和开口等。电磁能量会通过这些孔洞和缝隙泄漏，导致屏蔽效能降低。电机控制器屏蔽设计的一个重要任务就是降低这些缝隙和开口所引起的磁能量的泄漏。由于接缝(含控制器盖板处接缝、电缆和连接器与箱体的接缝)和孔洞(如观察窗口)对屏蔽效能的影响最大，以下介绍抑制这两种因素引起的电磁能量泄漏的措施。

(a) 控制器盖板处接缝泄漏的抑制。抑制控制器盖板处接缝泄漏的主要措施是在箱体设计中注意缝隙的尺寸。在任何情况下都应该使缝隙长度远小于所需要抑制的电磁波波长，一般应小于 1/100 波长，至少不大于 1/20 波长。缝隙长度大于 1/100 波长时，就会产生较大的泄漏。当缝隙长度达 1/4 波长或更长时，缝隙就成为电磁辐射器，造成电磁能量的大量泄漏。

除此之外，还可采用以下方法：①盖板装配面处加入导电衬垫；②增加盖板缝隙深度；③增加搭接面积；④缩短螺钉间距。

(b) 观察窗口泄漏的抑制。观察窗口包括指示灯、表头面板、数字显示器及 CRT(阴极射线管)等，这一类孔洞的电磁泄漏比较严重。抑制观察窗口泄漏的措施包括：①使用波导衰减器；②使用金属丝网或带有金属丝网的玻璃夹层板；③对重要的器件进行屏蔽，对进入器件的所有导线滤波；④使用导电玻璃。

2. 滤波

滤波是指在驱动电机系统的电路中，增加阻断 EMI 传播途径的各种 EMI 滤波器。选择或者设计合适的 EMI 滤波器，可以有效降低驱动电机系统干扰的发射强度。

通常用插入损耗(insertion loss，IL)来评价 EMI 滤波器对干扰的抑制能力，IL 值越大，说明抑制能力越有效。

1) 典型的滤波电路

在驱动电机系统中，有用的信号通常频率较低，而干扰信号通常为工作信号的高次谐波，频率较高，因此抑制系统干扰就是抑制这些高频成分，但不影响低频的工作信号。这类 EMI 滤波电路就是要能通过低频的工作信号，滤除高频干扰信号，即采用低通滤波电路。根据电磁干扰源的不同，采取不同的滤波电路。根据功能不同，滤波电路分为差模滤波电路(图 9-24)和共模滤波电路(9-25)。通常采用的滤波元器件有磁环、电容和电感以及这些元器件的不同组合。

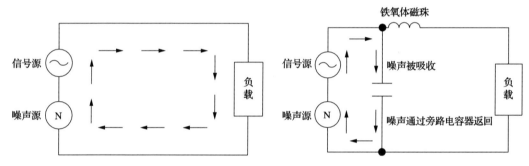

图 9-24　差模滤波电路

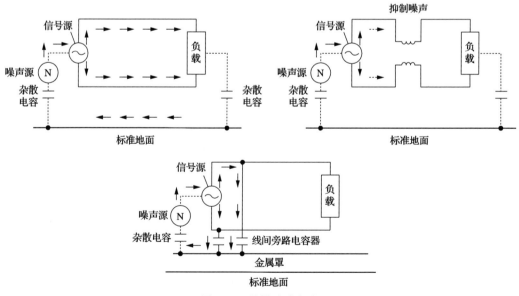

图 9-25　共模滤波电路

无论是差模滤波电路还是共模滤波电路，在同一滤波电路中，根据不同器件的组合形式，典型的滤波电路有电感、电容、Γ 型、反 Γ 型、Π 型和 T 型电路等。表 9-17 为具体的电路结构与插入损耗表达式，其中 ω 为干扰信号角频率。

表 9-17 典型滤波电路结构和插入损耗

滤波电路类型	电路结构	插入损耗
电容	（电路图：R、C、R、源）	$\mathrm{IL}=10\lg\dfrac{\omega RC}{2}$
电感	（电路图：L、R、R、源）	$\mathrm{IL}=10\lg\left(1+\dfrac{\omega L}{2R}\right)$
Γ 型	（电路图：L、R、C、R、源）	$\mathrm{IL}=10\lg\dfrac{\left(2-\omega^2 LC\right)^2+\left(\omega CR+\dfrac{\omega L}{R}\right)^2}{4}$
反 Γ 型	（电路图：L、R、C、R、源）	$\mathrm{IL}=10\lg\dfrac{\left(2-\omega^2 LC\right)^2+\left(\omega CR+\dfrac{\omega L}{R}\right)^2}{4}$
Π 型	（电路图：L、R、C、C、R、源）	$\mathrm{IL}=10\lg\left[\left(1-\omega^2 LC\right)^2+\left(\dfrac{\omega L}{2R}-\dfrac{\omega^3 LC^2 R}{2}+\omega CR\right)^2\right]$

续表

滤波电路类型	电路结构	插入损耗
T 型		$IL=10\lg\left[\left(1-\omega^2 LC\right)^2+\left(\dfrac{\omega L}{R}-\dfrac{\omega^3 LC^2 R}{2R}+\dfrac{\omega CR}{2}\right)^2\right]$

滤波电路的选择可根据信号源及负载阻抗的相对大小而定。当信号源阻抗及负载阻抗都比较小时,应选用 T 型滤波电路;当两者的阻抗都比较高时,应选用 Π 型滤波电路;当两者阻抗相差较大时,则应选用 Γ 型或反 Γ 型滤波电路。对于低信号源阻抗和高负载阻抗,可以选用 Γ 型滤波电路;反之,对于高信号源阻抗和低负载阻抗,应选用反 Γ 型滤波电路。

总之,滤波电路的选用遵循阻抗失配原则:源内阻是高阻抗的,则滤波电路的输入阻抗就应该是低阻抗的,反之也同样成立。在失配情况下,干扰信号在阻抗突变点产生波反射,而不再往前传播,达到较好的滤波效果。

2)EMI 滤波器典型结构

EMI 滤波器可以采用上述的典型电路组合而成。图 9-26 为电机控制器常用的一种滤波器典型结构。该滤波器为电感和电容组成的低通滤波器,能让低频的有用信号顺利通过,而对高频干扰有抑制作用。

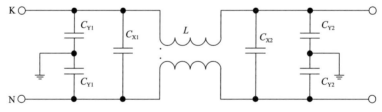

图 9-26　EMI 滤波器的典型结构

图 9-26 中对共模干扰进行滤波的为 C_{Y1}、L、C_{Y2},对共模干扰信号的抑制采用的是与表 9-16 中的 Π 型滤波电路相似的电路。而 C_{X1}、C_{X2} 构成差模滤波电路。另外 C_{Y1}、C_{Y2} 也可以看成相同的两个串联在 K、N 之间的电容,对差模信号有一定的滤波作用。

3)滤波器的应用

在驱动电机系统中,通常在干扰源端口采用滤波器,如高压直流输入输出端口、控制电源输入端口、旋变接口、CAN 接口、速度温度传感器信号端口等。

在具体应中用除了根据需要选择合适的滤波器类型外,还需注意滤波器的安装问题,如果滤波器安装得不合适反而会得到一个更差的效果,主要准则包括:

(1)为了保证滤波器的安全可靠工作,滤波器需要安装在设备的机架或机壳上,滤波器的接地点应和设备机壳的接地点相同,并尽量缩短滤波器的接地线。

（2）滤波器应安装在设备电源线输入端，设备内部电源要安装在滤波器的输出端。两种情况下的连线要尽量短。

（3）确保滤波器输入线和输出线分离。当输入、输出线必须接近时，应采用双绞线或屏蔽线。

3. 接地

接地是指在系统的某个选定点与某个电位基准面之间建立一条低阻抗的导电通路，接地是电子电气设备电磁兼容的重要措施之一。通过接地，将电磁干扰提前返回至干扰源端，避免干扰继续向其他设备传播。在驱动电机系统中，接地包括安全地和信号地。

安全地是采用低阻抗的导体，将用电设备的外壳连接到地平面上，使操作人员不致因设备外壳漏电或静电放电而发生触电危险。

信号地是指电路中各种电压信号的电位参考点，为系统中的所有电路提供一个电位基准。在电动汽车上，通常以车体作为电位参考点，车载电气设备以车体作为接地基准。根据系统中不同设备间接地线之间的连接方式，信号接地方式分为单点接地、多点接地、混合接地、悬浮接地方式。表 9-18 给出了不同接地方式的比较。

表 9-18 不同接地方式的比较

项点	单点接地	多点接地	混合接地	悬浮接地
典型电路	设备1 设备2 设备3 串联接地	设备1 设备2 设备3	设备1 设备2 设备3 设备1 设备2 设备3	设备1 设备2 设备3
优点	结构比较简单，各个电路的接地引线比较短	接地线较短，接地阻抗小	在一定频率上，它既是单点接地系统，又能为直流电流提供通路，避免设备间的直流电位差过大	设计简单，抗干扰性能好
缺点	各电路之间通过共地产生干扰耦合	接地线多，设备互联时各接地线间容易形成地回路	接地方式较为复杂，需要根据设备干扰特性设计电感电容	容易产生静电积累，到一定程度会产生放电，引起干扰或损坏
适应性	同类设备接地	适用于高频及数字电路	设备干扰特性差异大的电路	便携或移动设备上使用

电动汽车整个车身是与大地绝缘的，所以驱动电机系统的接地都是以车架作为系统基准地，整车电气部件以车架作为共同参考电位。在如图 9-27 所示的某驱动电机系统中，高压动力电缆采用屏蔽电缆并双端接地，在电机控制器或驱动电机外壳已经接地的情况下，屏蔽层可接到电机控制器或驱动电机外壳实现接地。其他如储能系统、电机控制器底座、驱动电机外壳等也应良好接地。由于系统中高压和低压都以车体为地，为了避免共地引起高低压之间的耦合，必须控制各接地点之间的阻抗达到最低。

4. 布局设计

根据前面的分析，驱动电机系统、外部设备、驱动电机系统内部的各个部件和元器件可能均是干扰源，也是敏感体。这些干扰源通过传导和辐射影响敏感体。根据电磁干扰强度与距离成反比、与干扰源强度成正比等关系，在驱动电机系统和整车电气设备布

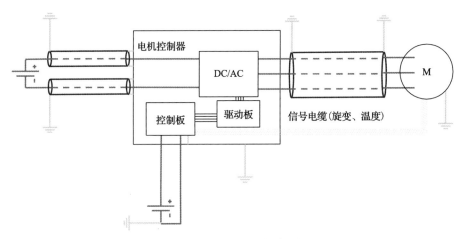

图 9-27　驱动电机系统接地

局时,可以采用合适的布局,降低干扰源对敏感体的影响,主要原则包括:

(1)在整车电气设备布置时,电机控制器应尽可能靠近电机布置,使电机控制器和驱动电机之间的连线尽可能缩短(一般不超过 0.5m,甚至为零,如使用搭接滤波器)。

(2)整车控制器应尽量远离驱动电机系统等高压电气部件。

(3)高频率的信号线尽可能短。

(4)电机控制器内部电路尽可能远离电机控制器接口位置。

5. 布线设计

在整车电气设备之间,驱动电机系统和整车电气设备之间、驱动电机与电机控制器之间、电机控制器内部存在大量的线束。这些线束通过传导和辐射向周边以及相连接的设备产生电磁干扰,同时作为接收设备也会接收外部的电磁信号,成为敏感体。

合理的布线设计可以有效降低电磁干扰,主要设计原则有:

(1)线束中的导线平行传输距离一般较长,因此导线之间存在较大的分布电容和互电感,这会导致导线之间发生信号的串扰,为了降低串扰,电缆长度应尽可能短。

(2)由于驱动电机系统安装空间的限制,不可能使所有导线都保持一定的理想间距。通常可将线束分类,按工作电压等级、工作频率、连续瞬态、干扰特性和敏感度特性等归类,分开布线、分开铺设,并保持相互之间的最小间距。

(3)如果各类不同电缆之间不能保持最小间距,应使用附加的屏蔽物(如金属屏蔽管等),并充分隔离。

(4)尽量将各种不同类型的导线垂直交叉布置,此时不需要最小间距。

(5)对于干扰特别强或特别容易被干扰的电缆,尽可能采用屏蔽电缆并双端接地,电缆屏蔽层接地阻抗不大于 10mΩ。

(6)内部互连电缆应尽可能短,避免多余线段的折绕,同一电路的进出线应相邻敷设。

三、提高敏感设备的抗干扰能力

电机控制器工作在复杂的电磁环境中,外界的干扰信号可以通过线束、空间耦合的方式进入控制器的内部，干扰控制器的正常运行，因此设计时需要考虑采用合适的方式来避免敏感器件受到干扰。主要措施包括器件选型、电路结构、布局。

1. 器件选型

对于外界的传导和辐射干扰，器件本身的抗干扰能力直接决定产品的性能，因此要选择抗电磁干扰能力强的器件。

优先选用共模抑制比较高的芯片，如驱动板中的驱动解码芯片、驱动电源变压器等，这些芯片一方面与高压 IGBT 相连，另一方面与驱动电路、控制电路等低压电路相连，所以这些芯片必须有较强的隔离效果，通常芯片手册中可以查到相关隔离参数。

2. 电路结构

为实现同样的功能，通常可采用不同的电路。而不同电路的抗干扰能力各不相同，电路抗干扰设计的基本任务是电路既不因外界电磁干扰影响而误动作或丧失功能，也不向外界发送过大的噪声干扰，以免影响其他电路正常工作。因此提高电路的抗干扰能力也是 EMC 设计的一个重要环节。

选择电路结构的主要原则有：

(1)选择功率小、功耗波动小的电路。

(2)电路形成的回路面积尽可能小。

(3)与外部直接相连的引脚，如 CAN、旋变、电机温度采样电路，出于静电防护的考虑，在插接件处增加瞬态电压抑制二极管(TVS)，并且 TVS 放置在紧靠插接件的位置。

(4)采用稳定性好的电路，避免采用振荡电路。

3. 布局

器件布局时，如果器件间距离过远，连接线路长，则阻抗增加，抗电磁干扰能力下降，成本也增加；器件间间距过小，则散热不好，且邻近线条易受干扰。在具体布局时，应当在确定系统尺寸后，再确定特殊元件的位置，然后根据电路的功能单元，对电路的全部元器件进行布局。

在确定元器件的位置时要遵守以下原则：

(1)尽可能缩短高频元器件之间的连线，设法减少它们的分布参数和相互间的电磁干扰。易受干扰的元器件不能相互靠得太近，输入和输出元件应尽量远离。

(2)某些元器件或导线之间可能有较高的电位差，此时应加大它们之间的距离，以免放电引起意外短路。带高电压的元器件应尽量布置在调试时手不易触及的地方。

根据电路的功能单元对电路的全部元器件进行布局时，要遵循以下原则：

(1)按照电路的流程安排各个功能电路单元的位置，使布局便于信号流通，并使信号尽可能保持一致的方向。

(2)以每个功能电路的核心元器件为中心，围绕它来进行布局。元器件应均匀、整齐、紧凑地排列。尽量减少和缩短各元器件之间的引线和连接。

(3)在高频下工作的电路，要考虑元器件之间的分布参数。一般电路应尽可能使元器件平行排列。这样，不但美观，而且装焊容易，易于批量生产。

参 考 文 献

[1] 王云, 陈希琛, 丁一夫, 等. 解析 GB/T 36282—2018[J]. 安全与电磁兼容, 2019, (5): 40-44.

[2] 于争. 信号完整性揭秘 于博士 SI 设计手记[M]. 北京: 机械工业出版社, 2013.

[3] 姜艳姝. PWM 变频器输出共模电压及其抑制技术的研究[J]. 中国电机工程学报, 2005, 25(9): 47-53.

[4] 林福昌. 电磁兼容原理及应用[M]. 北京: 机械工业出版社, 2009.

[5] 龙海清. 电动汽车 PWM 驱动电机系统 EMC 研究[D]. 重庆: 重庆大学, 2014.

[6] 贡俊. 电动汽车工程手册 第五卷 驱动电机与电力电子[M]. 北京: 机械工业出版社, 2019.

第十章

基于功能安全的电机控制器设计

为满足人们对汽车驾乘舒适度不断提升的需求，汽车电子电气系统功能越来越齐全，同时也愈加复杂，随之带来的是发生故障的可能性提高，尤其是当某种功能出现失效时，可能带来行车安全风险。而任何一个在设计、制造阶段未被识别到的电子电气功能的缺陷都可能导致其功能的失效，从而造成交通事故。在这种背景下，电子电气系统的功能安全设计就应运而生了。

所谓功能安全是指将电子电气系统功能异常所引起的危害控制在合理的风险范围内。功能安全的最终目的是确保当电子电气产品出现故障时，车辆也能运行且不致导致车辆及人身安全问题。

国际上相关组织和汽车制造商对汽车的功能安全非常重视。ISO 在 2011 年发布了 *Road Vehicles-Functional Safety*（ISO 26262：2011）标准，系统性地提出了汽车电子电气系统的安全开发流程和方法，成为汽车功能安全设计的纲领性文件，从某种意义上该标准也已成为事实上的强制标准。基于功能安全的体系和产品认证作为体现企业功能安全开发能力的证据，近年来也在行业内得到重视。

我国汽车行业对汽车功能安全也一直给予高度重视。2015 年 3 月，工业和信息化部发布了《关于汽车安全标准体系建设》（工装涵[2015]414 号），强调：以主被动安全、功能安全技术和标准为重点，完善我国汽车安全标准体系。2016 年 5 月，工业和信息化部开始实施《整车及关键电控系统功能安全 ASIL 等级及测试评价规范研究》（工装涵[2016]190 号）；2017 年 4 月，工业和信息化部、发展改革委、科技部联合出台了《汽车产业中长期发展规划》，明确提出以功能安全、网络安全为重点，加强智能网联汽车标准体系建设。全国汽车标准化技术委员会于 2015 年开始《道路车辆 功能安全》（GB/T 34590—2017）标准的编制工作。GB/T 34590—2017 等同采用 ISO 26262：2011，也是我国汽车功能安全的纲领性文件。

作为电动汽车核心动力部件并属于汽车电子电气产品范畴的电机控制器，其主要功能是控制驱动电机产生车辆运行所需要的转矩。非预期的转矩增加或减少等都将对车辆的安全行驶产生风险。为提升功能安全，电机控制器的功能安全设计必须作为电机控制器设计制造的重要一环。

本章在解读 GB/T 34590—2017 的基础上，分别从概念、系统以及软硬件三个层面介绍电机控制器的功能安全设计流程和方法。

第一节　GB/T 34590—2017 标准简介

一、标准的作用和思路

GB/T 34590—2017 包括 10 部分，图 10-1 为整体架构。

图 10-1　GB/T 34590—2017 架构

GB/T 34590—2017 规定了电子电气系统在道路车辆上的功能安全要求及具体应用，提供了一种确保电子电气系统产品在安全生命周期内所有活动符合功能安全要求，以及防止失效导致的安全风险的系统化解决方法(包括工作流程和管理流程两方面)，主要作用为：

(1)提供汽车安全生命周期的参考模型，并支持在安全生命周期内裁剪必要的活动；

（2）提供汽车特定的基于风险的分析评估方法［汽车安全完整性等级(automotive safety integration level，ASIL)］；

（3）使用 ASIL 定义避免出现不合理的、不可接受的残余风险的安全要求；

（4）提出达到足够和可接受的安全等级的验证和确认措施；

（5）提出与供应商相关的要求。

该标准的出发点和思路是：以 V 模型为基础，以产品安全生命周期为主线，从产品的功能安全管理(第 2 部分，即管理层面)、开发过程的功能安全设计(第 3 部分至第 7 部分)以及支持过程、指南(第 8 部分至第 10 部分)等方面，对产品的功能安全设计提出规范和模型。

在标准中提出了如下概念或方法。

1）产品安全生命周期

所谓安全生命周期是指参与安全相关系统实现的所有活动，这些活动起始于产品的概念设计，涵盖系统开发、软硬件开发、生产、运行、服务，直至报废整个过程。

2）相关项

相关项是实现车辆层面功能或者部分功能的系统或者系统组。其中系统是一组至少与一个传感器、一个控制器和一个执行器相关联的要素。功能安全的开发始于相关项。

3）危害分析和风险评估

危害分析和风险评估是识别相关项中因故障而引起的危害，并对危害进行归类，制定防止危害事件发生或减轻危害程度的安全目标，以避免不合理的风险。

4）功能安全概念

为了实现安全目标，定义功能安全要求及相关信息，并将要求分配到架构要素上，以及定义要素之间的必要交互。

5）ASIL

为了避免不合理的残余风险，在 GB/T 34590—2017 中提出了 ASIL，定义了标准中相关项或要素的必要要求和安全措施。其中 ASIL 划分是安全管理的重要核心内容。

6）产品分级

对于电子电气产品，一般包含控制功能实现的软件部分和保证软件运行及功能实现的硬件部分，而作为顶层设计的系统将硬件和软件有机结合。基于这种理念，在 GB/T 34590—2017 中，将电子电气产品开发分为系统设计阶段、硬件设计阶段与软件设计阶段。

7）裁剪

原则上讲，对于一个具体产品的功能安全设计必须包含 GB/T 34590—2017 规定的所有活动。但是根据产品开发的基础不同，GB/T 34590—2017 支持在安全生命周期阶段内对相关活动进行裁剪。只要该活动满足以下条件之一，就允许对该活动予以裁剪：①对于在已有产品的基础上进行的更改，执行了影响分析，且结果显示更改范围不包括本活动时;②当与主机厂达成协议,该活动由主机厂负责实施时。

二、标准各部分的主要内容和关联关系

在 GB/T 34590—2017 中,GB/T 34590.2—2017 规定了应用于汽车领域的功能安全管理的要求;GB/T 34590.3—2017~GB/T 34590.7—2017 规定产品开发过程(概念阶段、产品开发、生产和运行)的功能安全设计规范;GB/T 34590.8—2017 规定了对支持过程的要求;GB/T 34590.9—2017 从"关于 ASIL 裁剪的要求和分解"、"要素共存的准则"、"相关失效的分析"和"安全分析"四个维度,以"汽车安全完整性等级"和"以安全为导向"为分析手段,详细规定了功能安全设计的工作方法和要求。而 GB/T 34590.1—2017 和 GB/T 34590.10—2017 为正确理解和运用该标准提供基础知识或者解释。其中概念设计、产品开发以及生产发布(生产与运行)之后是安全设计的内核。

产品开发过程的每一个阶段均有完整的流程,且每一个阶段不是孤立的,与其他阶段存在相互耦合的关系。图 10-2 为产品安全生命周期内各部分之间的相互关系(其中,图中的数字,如 2-5 代表第 2 部分,第 5 章),其主要的耦合关系为:

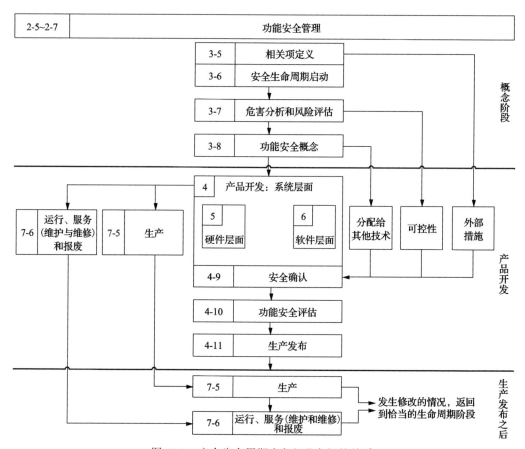

图 10-2 安全生命周期内各部分之间的关系

(1)概念阶段为产品开发提供输入，产品开发为生产发布之后提供输入。

(2)概念阶段为安全确认阶段提供必要的前置条件，为生产，运行、服务(维护与维修)和报废提供输入条件。

(3)在产品开发过程中，系统层面包含系统设计以及系统验证(安全确认、功能安全评估)的 V 模型流程，同时在硬件设计与软件设计子阶段也会包含相应的子 V 模型流程。

(4)在整个开发过程中的任一阶段出现问题，都需要返回到相应的安全生命周期阶段进行迭代，即整个开发过程是一个相互迭代的过程。

三、各阶段的主要活动内容和流程

如前所述，安全生命周期的核心是"活动"。在 GB/T 34590—2017 相关部分中，规定了每一阶段的活动及流程。

1. 功能安全管理

功能安全管理关注的是从产品概念阶段到报废阶段的整个安全生命周期内，为达到相关系统的功能安全，所进行的管理和技术活动。其关键管理任务是计划、协调和追踪与功能安全相关的活动。为达到功能安全管理目标而进行的主要活动有：①在公司层面确定行使产品全生命周期各阶段中安全管理的责任主体及职责，其中责任主体可以为人员或部门或相应机构，但责任主体必须独立于项目；②确定安全管理责任主体在其所负责的范围内，根据具体项目规定所从事的所有管理活动和技术活动。

2. 概念阶段

概念阶段为安全生命周期的启动阶段。在该阶段，功能安全的主要工作内容为：

1)相关项定义

相关项定义的目的：为危害分析和风险评估、功能安全概念等后续阶段的功能安全设计提供必要的信息，主要包括其功能、接口、环境条件、应用场景、法规要求和危害等，以及这些相关项之间的依赖关系和相互影响。

2)安全生命周期启动

安全生命周期启动的目的：对所有的相关项确定开发类别，并根据相关项的类别制定不同的安全计划。其中开发类别分为新的相关项和在现有相关项基础上进行的修改。

3)危害分析和风险评估

为了避免不合理的风险，对相关项的危害事件进行识别和归类的方法、定义防止和减轻相关危害的安全目标、确定 ASIL 等级的方法等称为危害分析和风险评估。其目的是识别所开发的产品因故障所引起的危害并制定安全目标。

4)功能安全概念

功能安全概念的主要内容是从安全目标中导出功能安全要求，并将其分配给相关项的初步架构要素。为了满足安全目标，功能安全概念包含包括安全机制在内的安全措施，这些安全措施将在相关项的构架中实现并在功能安全要求中规定。图 10-3 表示功能安全概念的架构及其要素，即通过危害分析和风险评估得出多个安全目标(ASIL 等级)，再根据每一个安全目标得出为实现该安全目标的数个功能安全要求，其中多个安全目标也可能对应一个功能安全要求。

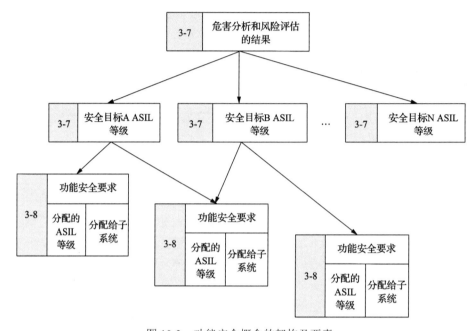

图 10-3　功能安全概念的架构及要素

功能安全概念设计的主要原则包括：

(1)在功能安全概念中应涵盖运行模式、故障容错时间间隔和安全状态等，并且也应将报警和降级概念定义为功能安全要求。如果为了满足安全目标而对驾驶员或其他潜在涉险人员的必要行动做出了假设，则在功能安全概念中应该定义这些行为，同时还应该涉及供驾驶员或其他潜在涉险人员使用的方法和控制手段。

(2)在功能安全要求的分配中，如果将几个功能安全要求分配给同一个架构元素，当在初始架构中无法证明这些要求是相互独立或者免于干扰时，该架构要素应按照安全要求中最高的 ASIL 等级开发。

(3)在分配功能安全要求时，应建立安全架构概念，分配功能安全要求到架构各要素，各要素需继承功能安全要求的最高 ASIL 等级。

(4)如果功能安全概念依赖于其他技术的要素，应导出基于其他技术的要素所实现的功能安全要求，并将其分配给架构中的相关要素。这种情况下，应定义与其他技术要素接口相关的功能安全要求，并通过特定的措施来保证基于其他技术要素所实现的功能安全要求，但无须为这些要素分配 ASIL 等级。

3. 产品开发：系统层面

图 10-4 给出了系统层面的安全开发流程。系统层面的开发流程也是一个典型的 V 模

型流程，其中 V 模型的左边(对应 4-5～4-7)规定了产品在系统层面的设计流程；V 模型的右边(对应 4-8～4-10)规定了产品在系统层面的验证流程。

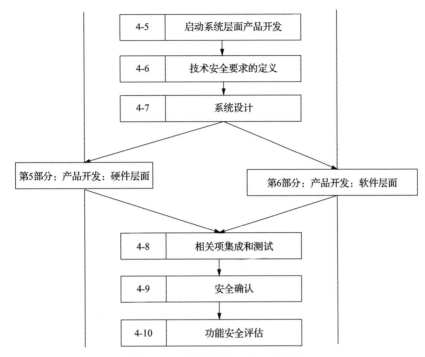

图 10-4　系统层面的安全开发流程

系统层面安全设计的主要工作为：

(1)启动系统层面产品开发：确定并计划系统开发各子阶段过程中的功能安全活动，以及完成这些活动的必要支持过程，制定相关实施计划。

(2)技术安全要求的定义：制定技术安全要求，同时考虑功能安全概念和初步的架构设想，从而进一步细化功能安全概念。在将相关项层面的功能安全要求细化到系统层面时，要考虑安全机制的制定。

(3)系统设计：①根据技术安全要求，细化系统的外部接口、环境约束和系统配置要求，当认为系统较复杂时，可将系统分解成数个子系统，同时明确各子系统间的关系；②细化系统初始架构，并为硬件和软件的开发提出要求。

(4)相关项集成和测试：从软硬件集成开始，经过系统集成，最后完成整车集成。同时在每个集成阶段进行特定的集成测试，以证明集成的要素之间交互的正确性。

(5)安全确认：通过检查和测试，确认预定安全目标是否实现。安全确认要提供三个证据：①符合安全目标的证据；②功能安全概念适合相关项的功能安全的证据；③安全目标在整车层面上正确完整并得到完全实现的证据。

(6)功能安全评估：由 GB/T 34590.2—2017 规定的负责功能安全的组织对相关项所实现的功能的安全性进行评估。

4. 产品开发：硬件层面

图 10-5 给出了硬件层面的安全开发流程，基本流程为：首先将系统技术安全要求中与硬件相关的技术安全要求转换为本阶段的硬件安全要求，然后根据硬件安全要求和系统架构开展硬件设计，通过硬件架构度量和随机硬件失效率指标对硬件设计进行评估，最后对硬件设计进行集成和测试。

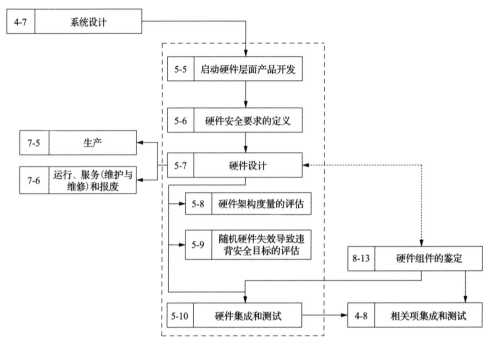

图 10-5　硬件层面的安全开发流程

硬件层面安全设计的主要工作内容：

(1)启动硬件层面产品开发：根据系统设计的相关项集成和测试计划，确定并计划硬件开发各子阶段过程中的功能安全活动及必要的支持过程。

(2)硬件安全要求的定义：将系统设计所确定的技术安全要求中与硬件相关的部分分配给硬件。如果某项技术安全要求既与硬件有关又与软件有关，则应将该要求细化成对硬件的安全要求。

(3)硬件设计：根据硬件安全要求和系统架构进行硬件设计。硬件设计包括硬件架构设计和硬件详细设计，其中硬件架构设计是指搭建所有硬件组件的组成以及这些硬件组件间的相互关系；硬件详细设计是在电气原理图级别上对硬件进行细化设计。此外，硬件设计中还应对生产，运行、服务(维护与维修)和报废的操作提出要求。

(4)硬件架构度量的评估：即评估相关项架构应对随机硬件失效的有效性。评估的主要方法有单点故障度量和潜伏故障度量两种硬件架构度量方法。若硬件架构评估不通过，则需返回到硬件设计甚至系统设计阶段进行修改和迭代开发。硬件评估通过后，对硬件设计进行集成和测试。

(5) 硬件随机失效导致违背安全目标的评估：即评估由相关项随机硬件失效产生的单点故障、残余故障和可能的双点故障所导致的违背安全目标的残余风险。如果进行评估后，发现残余风险不满足安全目标，则需返回到硬件设计甚至系统设计阶段进行修改和迭代开发。如果残余风险满足安全目标，则可对硬件设计进行集成和测试。

(6) 硬件集成和测试：其目的是通过测试确保所开发的硬件符合硬件安全要求。主要工作是将硬件各要素集成后，按照功能模块进行硬件测试。只有硬件及其组件测试通过后才能进入相关项的集成和测试。

5. 产品开发：软件层面

图 10-6 为软件层面的安全开发流程。其基本流程为：首先将系统技术安全要求中与软件相关的技术安全要求转换为本阶段的安全要求，然后根据软件安全要求开展软件架构和单元设计，最后对软件进行测试和验证。

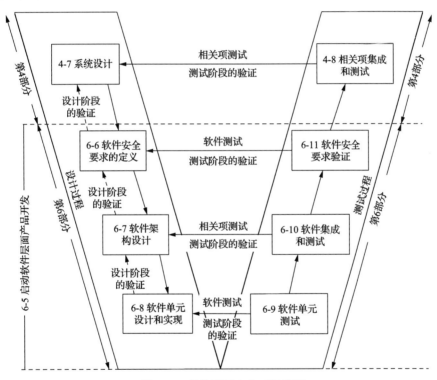

图 10-6　软件层面安全开发流程

在图 10-6 中，为了与 V 模型进行严格匹配，没有给出"启动软件层面产品开发"活动一项。

软件层面的产品开发同样遵循 V 模型流程，每一个开发阶段都有测试与验证阶段与之相对应，其目的是保证每一条安全要求的可测试性与可验证性，并且软件的安全要求、功能设计、测试验证之间是可以相互溯源的。

软件层面安全设计的主要工作内容为：

(1) 启动软件层面产品开发：按照相关项开发的范围和复杂度确定并计划软件开发中的各子阶段及其支持过程。

(2) 软件安全要求的定义：将系统设计阶段的技术安全要求与软件相关的部分转换为软件的具体安全要求，其中软件安全要求的定义需要考虑硬件约束及其对软件的影响。

(3) 软件架构设计：对全部软件组件及其在层次结构中的交互进行描述，包括静态与动态两个方面。其中静态方面是对所有软件组件间的接口和数据路径进行描述；而动态方面是对进程顺序和时序等行为进行描述。软件架构设计应考虑设计的可验证性、配置软件的适用性、实现的可行性等。

(4) 软件单元设计和实现：按照软件架构设计和相关软件安全要求，定义和实现软件单元，并在静态下对软件单元的设计和实现进行验证。

(5) 软件单元测试：建立软件单元测试流程，并根据单元测试流程对软件单元进行测试，证明软件单元满足软件单元设计规范且不包含非期望的功能。

(6) 软件集成和测试：根据软件架构设计，对软件要素进行集成；并按照软件架构设计对软件要素之间特有的集成层次和接口进行测试，以证明软件架构设计已被嵌入式软件实现。

(7) 软件安全要求验证：验证嵌入式软件在目标环境下是否满足软件安全要求。

6. 生产和运行阶段

生产和运行阶段的主要工作包含生产，运行、服务(维护与维修)和报废等，具体为：

(1) 生产：将安全相关的特殊特性分配到生产计划和生产控制中，定义确保生产过程中实现功能安全的要求。

(2) 运行、服务(维护与维修)和报废：定义相关项、系统或要素的客户信息、维护和维修及拆卸指导说明，以保证车辆整个生命周期内的功能安全。

7. 支持过程

支持过程是指项目开发中对支持过程活动的要求：

(1) 分布式开发的接口：描述相关项和要素进行分布式开发的流程及相关责任的分配。

(2) 安全要求的定义和管理：确保正确地定义安全要求及其属性和特性，同时确保在整个安全生命周期内对管理安全要求的一致管理。

(3) 配置管理：确保工作成果及其产生的原理和一般条件，在任何时间以可控的方式可被唯一识别和重新生成，同时确保可追溯较早版本和当前版本的关系及区别。

(4) 变更管理：在整个安全生命周期中，分析和控制安全相关工作成果的变更，确保工作成果的一致性。

(5) 验证：确保工作成果符合它们相应的要求。

(6) 文档：开发用于整个安全生命周期的文档管理策略，以促进有效的和可重复的文档管理过程。

(7) 所使用软件工具的置信度：一方面是提供准则，以确定所要求的软件工具置信度水平；另一方面是在适用时提供鉴定软件工具的方法，以建立证据证明软件工具适合用于剪裁标准要求的活动或任务。

(8)软件组件的鉴定:提供证据,以证明在开发的相关项中对它们的重复使用是合适的。

(9)硬件组件的鉴定:提供证据,以证明中等复杂性的硬件组件及元器件作为相关项、系统或要素的一部分来使用是合适的;同时提供硬件组件的失效模式、失效模式分布以及与相关项的安全概念相关的诊断能力。

(10)在用证明:当现场数据可用时,对已有相关项或要素的复用,可以使用在用证明,作为符合功能安全的替代方法。

四、危害分析和风险评估及 ASIL 等级划分

由于产品在运行中不可避免会发生失效和故障,从而对产品甚至整车产生功能危害,因此在第 3 部分(概念设计)中将危害分析和风险评估作为"顶层设计"的一项重要的工作。危害分析和风险评估的目的是识别所开发的产品因故障所引起的危害,并制定安全目标,其主要工作内容是:

(1)采用一定的方法,如 HAZOP(hazard and operability analysis,危害与可操作性分析)、FMEA(failure mode and effect analysis,失效模式与影响分析)和头脑风暴等,识别出产品可能存在的故障和失效模式、这些故障可能造成的危害。

(2)根据危害的性质对危害进行分类。

(3)根据潜在失效模式和危害程度,定义汽车安全完整性等级。

其中 ASIL 等级划分是安全管理的重要和核心内容。

根据风险程度,将产品的汽车安全完整性等级分为 A、B、C、D 四个等级,分别为 ASIL A、ASIL B、ASIL C 和 ASIL D。其中 ASIL A 等级最低,ASIL D 等级最高。

1. ASIL 等级划分原则

ASIL 等级通过危害分析和风险评估的结果得到,其原则是系统的功能安全风险越大,对系统的功能要求越高,系统就应具有越高的汽车安全完整性等级。

2. ASIL 等级确定方法

根据上述提到的 HAZOP 等方法,将功能故障和驾驶场景的组合称为危害事件(hazard event)。危害事件确定后,根据严重度(severity)、暴露度(exposure)和可控性(controllability)三个维度来确定危害事件的风险等级。

功能故障只有在特定的驾驶场景下才会造成伤亡事件,即功能故障只有与驾驶场景结合在一起才有实际含义。比如,当近光灯系统出现非预期熄灭的功能故障时,如果驾驶场景为漆黑的夜晚行驶在山路上,由于该功能故障的存在,驾驶员看不清道路状况,可能会造成车毁人亡。但如果驾驶场景是在白天,此功能故障则不会产生任何的影响。

因此,进行功能故障分析后,需要进行情景分析,识别与此故障相关的驾驶情景,如高速公路超车和车库停车等。在分析驾驶情景时,建议从驾驶操控类型(如转向、超车、制动和加速等)、环境条件(如风雪交加、夜晚和隧道)等几方面去考虑。

1）严重度及划分方法

严重度（S）是指确定的危害对驾驶员、乘客、车辆周围人员或周边车辆中的人员可能产生的潜在伤害程度。严重度分别用 S0～S3 表示，其中 S0 代表严重度最低，S3 代表严重度最高，表 10-1 为严重度（S）的具体划分方法。

表 10-1　严重度（S）的划分方法

等级	S0	S1	S2	S3
严重度含义	无伤害	轻度和中度伤害	严重的和危及生命的伤害（有存活的可能）	危及生命的伤害（存活性不确定）、致命的伤害

2）暴露度及划分方法

暴露度（E）是指车辆出现某运行场景的概率或时间长短，分别用 E0～E4 表示，其中 E0 代表出现的概率最低或时间最短，E4 代表出现的概率最高，表 10-2 为暴露度（E）的具体分类方式。

表 10-2　暴露度（E）的划分方法

等级	E0	E1	E2	E3	E4
暴露度含义	不可能	非常低的概率	低概率	中等概率	高概率

3）可控性及划分方法

可控性（C）是指如果危害事件将要发生，驾驶员能够保持或者重新控制车辆的可能性，或者在这个危害发生范围内的个体能够通过他们的行动来避免危害的可能性，可控性分别用 C0～C3 表示，其中 C0 代表可控性最高，C3 代表可控性最差。表 10-3 为可控性（C）的具体分类方式。

表 10-3　可控性（C）的划分方法

等级	C0	C1	C2	C3
可控制性含义	可控	简单可控	一般可控	难以控制或不可控

4）ASIL 确定原则

当严重度（S）、暴露度（E）和可控性（C）确定后，可以根据三者所代表的数字之和来确定 ASIL 等级，具体确定原则为：

（1）S+E+C＜7：无须分配 ASIL 等级，仅需要进行质量管理（QM）。

（2）S+E+C=7：ASIL 等级为 A。

（3）S+E+C=8：ASIL 等级为 B。

（4）S+E+C=9：ASIL 等级为 C。

（5）S+E+C=10：ASIL 等级为 D。

表 10-4 给出了不同的 S、E 和 C 值组合与 ASIL 等级的对应关系。

表 10-4 不同的 S、E 和 C 值组合与 ASIL 等级的对应关系

严重度等级	暴露度等级	可控性等级		
		C1	C2	C3
S1	E1	QM	QM	QM
	E2	QM	QM	QM
	E3	QM	QM	A
	E4	QM	A	B
S2	E1	QM	QM	QM
	E2	QM	QM	A
	E3	QM	A	B
	E4	A	B	C
S3	E1	QM	QM	A
	E2	QM	A	B
	E3	A	B	C
	E4	B	C	D

第二节 电机控制器的功能安全——概念设计

电机控制器的主要功能如下：

(1)驱动：整车控制器(VCU)采集油门踏板信息，将油门踏板信息转换为电机控制器(MCU)的驱动转矩指令。电机控制器通过 CAN 总线接收 VCU 的牵引转矩指令，控制驱动电机输出给定的转矩，实现对车辆的驱动。

(2)制动：整车控制器采集制动踏板信息，将制动踏板信息转换为电机控制器的制动转矩指令。电机控制器通过 CAN 总线接收 VCU 的制动转矩指令，控制电机处于发电状态，实现能量回收制动。

图 10-7 为电机控制器及其关联对象的关系图。其中整车控制器负责驾驶员意图的获取，并根据油门、制动以及挡位信息判断当前的工作模式，计算期望的转矩并发出对应的指令。电机控制器根据整车控制器发送的指令输出相应频率的电压,给驱动电机供电，以产生车辆运行所需要的转速和转矩[1]。

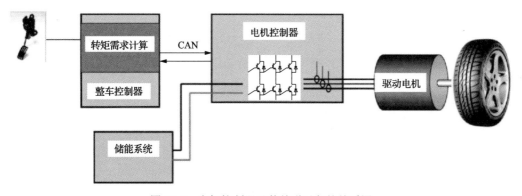

图 10-7 电机控制器及其关联对象的关系图

GB/T 34590—2017 对功能安全设计的流程和方法同样适用于电机控制器。其中 GB/T 34590—2017 中的有关安全管理(第 2 部分)、生产和运行以及支持过程等偏向管理方面的流程和基本工作可以"原封不动"地移植到电机控制器的功能安全管理和设计中,而产品开发阶段的概念功能安全设计、系统功能安全设计、硬件功能安全设计和软件功能安全设计等必须根据电机控制器的特点进行适应性设计。

本节根据 GB/T 34590—2017 所规定的功能安全设计流程,以纯电动汽车用电机控制器为例,介绍概念设计的设计流程和主要工作。

一、相关项定义

对于电机控制器,相关项定义包括边界条件、功能列表、运行模式、电气接口、通信接口、环境要求、基本电气特性以及法规与标准要求等内容。通俗地讲,相关项指实现整车层面功能或部分功能的系统或系统组。相关项的定义是功能安全产品开发的基础,后续的功能安全设计和分析活动都将以此为输入条件。

1. 边界条件

在电机控制器的功能安全开发过程中,需要对电机控制器所处的整车环境和边界条件进行描述,这些信息一般由整车厂根据实际车型从系统的角度进行分配。如果作为一个独立的安全产品进行开发,则需要假定电机控制器所处的环境、边界条件及应用条件,以确保所开发的产品的功能安全。

2. 功能列表

功能列表是指将电机控制器的功能用表格的形式罗列出来,以便对每一个功能的失效进行危害分析,表 10-5 为功能列表的一个示例。

表 10-5   电机控制器功能列表示例

功能序号	功能名称	功能描述
FUN-001	驱动功能	当 MCU 接收到转矩模式请求时,MCU 根据 VCU 的转矩指令控制电机输出转矩,实现正常驱动功能
FUN-002	制动功能	当 MCU 接收到转矩模式请求时,MCU 根据 VCU 的转矩指令控制电机处于发电状态,实现能量回收功能

3. 运行模式

运行模式是指电机控制器在工作时可能处于的与功能安全相关的运行状态,在功能安全开发中需要合理考虑各运行模式间的转换关系。

电机控制器主要运行模式有:初始化模式、上电模式、正常模式、关断模式和下电模式等。

4. 电气接口

电气接口是电机控制器与图 10-7 各相关联对象的电气连接关系。这些电气接口是保证电机控制器实现其功能的基础，也是功能安全设计的基础。图 10-8 为电机控制器的外部接口关系图，其中电气接口包括低压和高压连接部分。

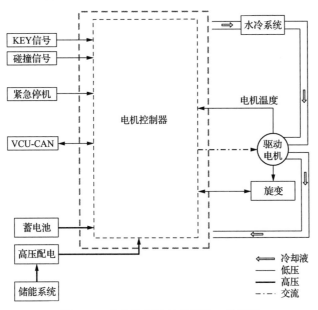

图 10-8　电机控制器的外部接口关系图

(1) 蓄电池：提供 12V/24V 低电压供电。

(2) 储能系统 (动力电池或燃料电池)：提供所需直流母线电压，驱动电机用于输出转矩并且回馈旋变信号和温度信号。

(3) KEY 信号：为点火钥匙信号，对 MCU 进行上下电控制，通常通过整车硬线给出。

(4) 碰撞信号：用于异常情况下的快速转矩切断，通常通过整车硬线给出。

5. 通信接口

通信接口指电机控制器与整车控制器之间的通信协议，目前普遍采用 CAN 通信协议。

6. 环境要求

环境要求是电机控制器设计的输入条件，主要环境要求包括海拔、环境温度、工作温度、湿度、存储温度和冲击振动等。电机控制器的主要设计要求之一是具有较好的环境适应性。

7. 基本电气特性

基本电气特性也是电机控制器设计的输入条件，主要包括直流母线电压范围、低压供电范围、电机参数等。

8. 法规与标准要求

电机控制器的法规即电机控制器的设计、试验和验收标准。目前电机控制器设计、试验和验收的标准是《电动汽车用驱动电机系统 第 1 部分：技术条件》(GB/T 18488.1—2015)和《电动汽车用驱动电机系统 第 2 部分：试验方法》(GB/T 18488.2—2015)。

二、启动

概念阶段的启动工作主要是根据电机控制器项目进度以及安全生命周期制定相应的安全计划。

三、危害分析和风险评估

电机控制器主要功能是根据整车控制器指令驱动电机输出预期的转矩，转矩过高、过低或者与实际方向相反均是可能出现的故障模式。因此在识别系统功能的基础上，分析其所有可能的功能故障、可能产生的危害并进行风险评估是保障功能安全的重要手段。如果在系统设计阶段发现该阶段(危害分析和风险评估)没有识别出来的故障，要回到该阶段，进行更新。

可以按照本章第一节的方法对电机控制器进行危害分析和风险评估。电机控制器可能存在的功能失效模式主要有：①非预期的转矩增加；②非预期的转矩减少；③非预期的转矩卡滞等。

下面以非预期的转矩增加为例进行危害分析和风险评估。其他几种失效模式可按同样的方法进行分析与评估。

危害分析和风险评估的基本思路是：根据车辆运行中可能出现的场景，分析该功能失效模式在每个运行场景下的 S、E、C 等级，并进一步得出 ASIL 等级。

车辆运行的场景非常丰富，如汽车在市区缓行且前方有行人穿过、汽车在市区缓行且前方有车辆突然制动、汽车在高速公路上行驶且前方有行人或车辆等。本节只以日常驾驶中常见的汽车在市区缓行且前方有行人穿过的场景为例进行分析，其他场景可按相同方法进行分析。

汽车在市区缓行且前方有行人穿过的场景的暴露度(E)的等级为 E4；非预期加速后与前方行人发生碰撞，属于行人/自行车事故，极有可能造成人员死亡，因此严重度(S)等级定义为 S3；而一般驾驶员可以通过猛踩制动踏板使车辆减速或停下，因此可控性(C)等级可定义为 C2。根据 GB/T 34590—2017 所给出的方法，在该运行场景下，ASIL 等级可确定为 C。

根据相似原则，还可对该危害的其他场景进行分析，以便确定控制系统的最终 ASIL 等级。表 10-6 给出了基于非预期的转矩增加的几个典型场景的危害分析和风险评估。

从上述分析可知，非预期的转矩增加在不同的场景下所对应的 ASIL 等级并不相同，在产品开发时，应选择最高的 ASIL 等级进行开发。

必须指出，最终的 ASIL 等级需要综合考虑所有的场景。根据非预期的转矩增加的危害分析和风险评估，可以确定安全目标为避免非预期的转矩增加，安全状态为切断转矩输出。对所有情形进行分析后，最终电机控制器的 ASIL 等级为 C。

表 10-6　非预期的转矩增加典型场景的 ASIL 等级

功能描述	功能失效行为	整车层面危害	危害场景描述	危害事件	ASIL 评估			
					S	E	C	ASIL
提供所需要的转矩	非预期的转矩增加	非预期的车辆加速	汽车在市区缓行且前方有行人穿过	非预期加速后与前方行人发生碰撞	S3	E4	C2	C
提供所需要的转矩	非预期的转矩增加	非预期的车辆加速	汽车在市区缓行且前方有车辆突然制动	非预期加速后与前方车辆发生追尾	S2	E4	C2	B
提供所需要的转矩	非预期的转矩增加	非预期的车辆加速	汽车在高速公路上行驶且前方有行人	非预期加速后与前方行人发生碰撞	S3	E1	C2	QM
提供所需要的转矩	非预期的转矩增加	非预期的车辆加速	汽车在高速公路上行驶且前方有车辆	非预期加速后与前方车辆发生追尾	S3	E4	C2	C

四、功能安全概念

功能安全概念需要根据安全目标和安全状态导出功能安全要求，并对初步安全架构进行构建，将功能安全要求分配到相应初始架构元素上。

1. 功能安全要求定义

如上所述，功能安全要求由安全目标和安全状态导出。以下以非预期的转矩增加为例对功能安全要求进行说明。

功能安全要求一般采用表格形式列出，其中功能安全要求包括序号、要求描述及对应的 ASIL 等级。表 10-7 为电机控制器所引出的功能安全要求(functional safety requirement, FSR)，对于功能安全要求的定义要清楚、可理解、不可分割和可验证等。

表 10-7　电机控制器功能安全要求表

功能安全要求序号(FSR ID)	要求描述	ASIL 等级
FSR_01	根据相电流和相电压，每隔 x ms 测量实际的转矩，测量转矩精度要求 $\leqslant y$ N·m	C(C)
FSR_02	如果不能正确测量转矩(电流或电压测量失效)，应该进入安全状态	C(C)
FSR_03	如果测量的转矩与请求的转矩偏差超出允许范围，应该进入安全状态	C(C)
FSR_04	在正常模式下，应该对 VCU 发送的包含转矩请求的报文进行 E2E(端到端)检查	C(C)
FSR_05	如果检查到 E2E 错误，应该进入安全状态	C(C)

2. 初始安全架构的构建与安全要求分配

1)初始安全构架

图 10-9 为根据电机控制器的功能安全要求以及外部接口关系所构建的电机控制器初始安全架构。在初始安全构架的构建过程中，要将上述的相应安全要求分配到相应架构要素中。

该初始安全架构包含 5 个子系统：VCU、安全转矩指令模块(STCM)、安全控制模块(SCM)、转矩控制模块(TCM)和驱动模块(DM)。

(1)VCU 系统：为外部电子控制单元(ECU)。VCU 在本质上是安全的。

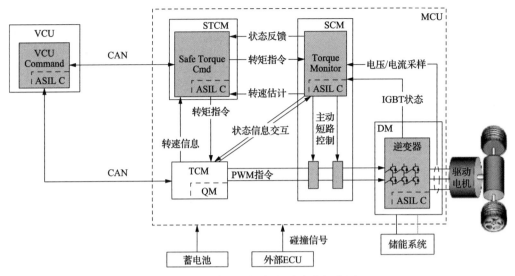

图 10-9　电机控制器的初始安全架构图

（2）STCM 系统：通过 CAN 接收来自 VCU 的模式控制命令、转矩命令、转速命令、制动信号和挡位信号。基于上述信号计算出 MCU 的需求转矩，并发送给 SCM 和 TCM。STCM 本质上也是安全的。

（3）SCM 系统：接收来自 STCM 的转矩命令，根据三相电流和电压信号计算实际转矩并将其与转矩指令对比，监控驱动电机的实际转速并将其与转速命令对比，监控转速变化率并与规定阈值对比，在违背安全目标时触发关断路径；SCM 还需要监控功率器件（如 IGBT）的状态，并触发正确的关断路径。SCM 本质上也是安全的。

（4）TCM 系统：接收来自 STCM 的转矩与 SCM 的模式命令，执行转矩控制算法并输出 PWM 命令。

（5）DM 系统：根据 PWM 命令驱动逆变器产生预期的转矩，同时在被 SCM 触发后应该执行关断路径。

2）安全要求分配

根据 GB/T 34590.9—2017，可以对功能安全要求进行分解。对于电机控制器而言，可以按以下方式分解：

（1）ASIL C 的 MCU 可以分解为 ASIL C 的 STCM 模块和 ASIL C 的转矩输出模块。

（2）ASIL C 的转矩输出模块可以分解为 QM（C）的电机预期扭矩输出模块和 ASIL C（C）的扭矩监控及安全关断模块。

（3）QM（C）的电机预期转矩输出模块包含 QM（C）的执行转矩控制的功能模块（TCM）和 QM（C）的功率器件驱动模块（DM）。

（4）ASIL C（C）的转矩监控及安全关断模块包含 ASIL C（C）的转矩监控模块（SCM）和 ASIL C 的执行关断路径的功率器件驱动模块（DM）。

基于以上分解过程，对于执行转矩控制的功能模块（TCM）按照 QM 等级设计开发即可；而功率器件驱动模块（DM）既有 QM 等级的要求又有 ASIL C 等级的要求，因此功率器件驱动模块（DM）按照最高等级 ASIL C 设计开发。

VCU 内部应有一个安全相关的功能，根据驾驶员的命令以及不同的运行条件，计算指令转矩及转速，并发送给 MCU。VCU 应符合失效安全的设计，即如果检测到功能失效，会触发安全状态。发送给 MCU 的指令要么是正确值要么就不发送。同时 VCU 算法也会保证制动转矩是合理的。

第三节 电机控制器的功能安全——系统设计

在本章第二节所涉及的概念设计中，已将电机控制器系统的初始安全架构划分为 VCU、STCM、TCM、SCM 和 DM 五个子系统，并对每个子系统分配了相应的功能安全要求，定义了每个子系统的 ASIL 等级。

系统阶段的主要工作是将上述的功能安全要求细化为系统层面的技术安全要求 (technical safety requirement，TSR)，并根据技术安全要求对初始架构的五个子系统进行细化与完善，形成技术安全概念。将技术安全要求进一步分配给硬件和软件，形成软硬件接口规范以方便后续的硬件设计与软件设计。待硬件与软件开发完成后，集成硬件和软件要素进行相关项测试。最后将电机控制器作为一个相关项集成到整车中进行安全确认，并对电机控制器的功能安全进行评估。

在系统设计阶段必要的活动和流程包含：启动系统层面产品开发、技术安全要求的定义、系统设计、相关项集成和测试、安全确认、功能安全评估。

一、启动系统层面产品开发

启动系统层面产品开发的主要任务是制定和策划电机控制器系统开发层面的功能安全活动。该阶段最终的输出成果为：①细化的电机控制器项目计划；②细化的电机控制器安全计划；③电机控制器相关项集成和测试计划；④电机控制器确认计划；⑤电机控制器功能安全评估计划。

二、技术安全要求的定义

技术安全要求的目的是将相关项层面的功能安全要求在系统层面进一步细化。在分析技术安全要求时，为检测功能是否失效，需要考虑安全机制。安全机制是为了达到或保持某种安全状态，由电子电气系统的功能、要素或其他技术来实施的技术解决方案，以探测故障或控制失效。

对于电机控制器而言，安全状态为切断电机的转矩输出，通常采用主动短路(active short circuit，ASC)的模式。具体实现方式为：同侧桥臂 IGBT 同时开通，对向桥臂 IGBT 同时关断，使电机的三相绕组短接成一点。

根据电机控制器的功能安全目标以及功能安全要求，按照功能安全诊断、冗余、监控和关断等方法，可得到电机控制器的技术安全要求。表 10-8 给出了电机控制器的部分技术安全要求。

表 10-8 电机控制器技术安全要求表

技术安全要求序号 (TSR ID)	属性	要求描述	ASIL 等级
TSR-001	安全相关要求	STCM 模块应通过 CAN 从 VCU 接收如下信号, 周期 a ms: 模式控制信号; 转矩命令信号; 转速命令信号; 挡位信号; 制动信号	QM(C)
TSR-002	安全机制	安全转矩指令模块应周期性地对接收的 VCU、CAN 信号进行 E2E 检查, 周期为 x ms	C(C)
TSR-003	安全机制	如果 x ms 内发生 n 次 E2E 校验错误, 则安全转矩指令模块应该触发安全状态	C(C)
TSR-004	安全相关要求	安全控制模块应该测量 U、V、W 三相电压	C(C)
TSR-005	安全相关要求	安全控制单元应该通过测量相电流计算电机的转速	C(C)
TSR-006	安全相关要求	安全控制单元测量的转速最大偏差绝对值应为 x%	C(C)
TSR-007	安全机制	如果 CPU 的正常功能无法保证,那么安全电源单元应该激活关断路径,进入安全状态	C(C)
...			
TSR-xxx	安全机制	启动时, 安全控制单元应执行控制器内部硬件安全机制的自检	C(C)

三、系统设计

系统设计阶段的主要工作内容与流程:

(1)根据技术安全要求进行系统架构设计,并将技术安全要求分配到相应的子模块中,形成技术安全概念。

(2)对系统设计进行安全分析,识别出系统性失效的原因和系统性故障的影响,根据分析结果进一步完善系统设计。

(3)制定系统层面的随机硬件失效措施。

(4)将技术安全要求分配到软硬件中,形成初步的软硬件接口(hardware-software interface,HSI)规范。

1. 系统架构设计

架构设计的目的是使系统从架构层面满足功能安全的要求。在系统架构设计中通常采用 EGAS 架构。采用 EGAS 架构的优点是保留了原有电机控制器成熟可靠的功能算法,只需在原有功能的基础上加入安全监控功能即可实现系统的功能安全。

EGAS 架构的设计理念是将控制系统进行分层设计,即分为功能层(Level 1)、功能监控层(Level 2)和处理器监控层(Level 3)。图 10-10 为 EGAS 架构图。

在图 10-10 中各层的基本功能为:

(1)功能层(Level 1):主要实现产品的基本功能。

(2)功能监控层(Level 2):主要实现对 Level 1 的监控和诊断,一旦诊断出 Level 1 出现故障,将触发系统的故障响应,并由 Level 1 或 Level 2 执行。

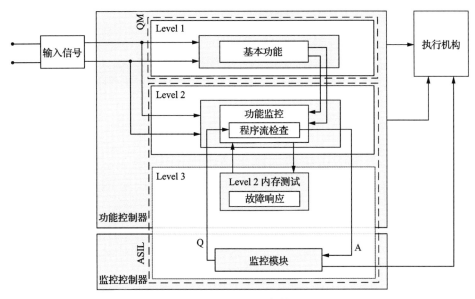

图 10-10　EGAS 架构图

(3)处理器监控层(Level 3)：通过问(Q)和答(A)的形式监控 Level 2 处理器是否出现故障。为此，需要由一个独立的专用集成电路(ASIC)或微处理器实现，当出现故障后触发系统的故障响应，并独立于 Level 1 去执行。

根据各层所实现的功能，可以将 Level 1 定义为基本功能(QM)，而 Level 2 和 Level 3 定义为安全功能(ASIL)。

图 10-11 为以系统初始架构为基础，按照 EGAS 分层架构原则实现的电机控制器的架构图。

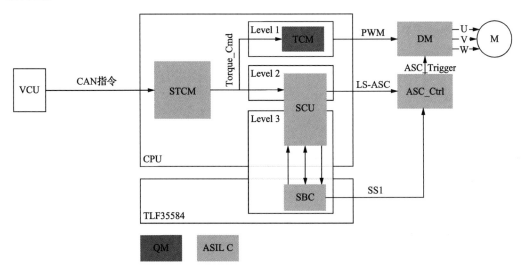

图 10-11　电机控制器 EGAS 架构图

电机控制器的功能安全目标是电机转矩的大小及方向应该与转矩需求相符合。电机控制器安全状态为：驱动电机轴上输出转矩为零。因此电机控制器的系统架构设计主要围绕转矩监控以及转矩的安全关断来展开。

在图 10-11 所示的电机控制器 EGAS 架构图中，各部分的功能为：

（1）STCM 接收 VCU 命令，并输出转矩命令给 TCM 以及 SCU（安全控制单元）。

（2）TCM 接收 STCM 转矩命令信号，输出 PWM 信号控制电机输出相应转矩。TCM 属于 EGAS 架构中的 Level 1。

（3）SCU 接收 STCM 转矩命令信号，并与 SCU 估算的转矩对比。当偏差超出允许范围时，触发关断路径。同时，SCU 监控处理器的运行状态，当检测到处理器不能正确工作时，通知 SBC（系统基础芯片）执行关断。SCU 属于 EGAS 架构中的 Level 2 和 Level 3。

（4）SBC 作为外部处理器监控模块，负责监控处理器是否正确运行。当检测到处理器运行不正确，或接收到 SCU 的关断信号时，触发 SS1 执行关断。SBC 也属于 EGAS 架构中的 Level 3。

SCU、SBC 和 ASC_Ctrl 构成了图 10-9 系统初始架构中的 SCM 子系统。

2. 技术安全概念

在电机控制器的系统设计中，转矩监控方案的设计是系统设计的重要部分。在系统设计阶段需要对转矩监控方案进行详细描述，将转矩监控的功能安全要求转换为可实现的技术安全要求，并将这些技术安全要求分配到相应的硬件和软件中，形成完整的技术安全概念。

3. 安全分析

为了避免系统性失效，需要对系统设计进行安全分析，以识别系统性失效的原因和系统性故障的影响。

安全分析通常采用演绎分析和归纳分析两种方法。其中演绎分析方法主要有故障树分析、可靠性框图和鱼骨图等；归纳分析方法主要有失效模式与影响分析、事件树分析和马尔可夫模型等。

根据 GB/T 34590.5—2017，不同的 ASIL 等级需要采取不同的分析方法（表 10-9），从表中可以看出，对于 ASIL C 等级，要求同时采用演绎分析与归纳分析两种方法进行安全分析。

表 10-9　系统设计安全分析方法

方法	ASIL 等级			
	ASIL A	ASIL B	ASIL C	ASIL D
演绎分析	o	+	++	++
归纳分析	++	++	++	++

对于每种方法，应用相关方法的推荐等级取决于 ASIL 等级，具体如下："++"表示对于指定的 ASIL 等级，高度推荐该方法；"+"表示对于指定的 ASIL 等级，推荐该方法；"o"表示对于指定的 ASIL 等级，不推荐也不反对该方法。

以 FMEA 为例，针对电机控制器，需要对所有系统层面的故障模式（如非预期输出转矩过大)进行严重度、发生频率、探测措施的分析,进而评估其风险值。

4. 随机硬件失效的控制措施

电机控制器的随机硬件失效有存储芯片的软失效、电阻开路失效和电流传感器短路失效等。这些硬件一旦失效,就有可能导致安全目标的违背。因此在系统阶段应制定相应的随机硬件失效的控制措施以及相应的目标值。这些控制措施一般通过硬件诊断的方式来实现。

根据 GB/T 34590.5—2017 第 8 章和第 9 章的规定,对于 ASIL C 等级的 MCU,其设计应满足:①单点故障指标≥97%;②潜伏故障指标≥80%;③随机硬件指标<10^{-7}/h。

5. 软硬件接口规范

在电机控制器的系统设计中,技术安全要求最终都要分配到系统架构中的软硬件元素上。因此,需要定义初版的 HSI 规范。HSI 规范中应该包括软件控制的硬件设备和支持软件运行所需的硬件资源。

通常来说,芯片相关的硬件资源是需要定义的重点,包括单片机的各种工作模式定义、硬件内部共享和专用资源(内存、定时器、中断和 I/O 等)、硬件通信机制和时间约束等。另外一个重点是定义硬件诊断特征和需要软件实现的硬件诊断功能。

四、相关项集成和测试

电机控制器的相关项集成和测试的目的是:测试每一条安全要求是否满足规范和 ASIL 级别的要求、验证涵盖安全要求的"系统设计"在整个相关项上是否得到正确实施。

电机控制器的相关项集成和测试包含三个子阶段:

(1)第一个子阶段:相关项所包含的每一个要素的软硬件集成。

(2)第二个子阶段:构成一个完整系统的一个相关项的所有要素的集成。

(3)第三个子阶段:相关项与车辆上其他系统的集成以及与整车的集成。

本阶段最终输出的成果物为:①细化的相关项集成和测试计划;②电机控制器集成测试规范;③电机控制器集成测试报告。

五、安全确认

安全确认的目的是提供符合安全目标的、在整车层面上是正确完整的并得到完全实现的证据。

与前面的验证活动(如设计验证、安全分析、硬件集成和测试、软件集成和测试、相关项集成和测试)不同,安全确认是在整车层面进行的。

本阶段的输出成果物为:①细化的确认计划;②电机控制器产品确认报告。

六、功能安全评估

功能安全评估的目的是评估相关项是否已符合既定的功能安全目标。功能安全评估的范围包含:①安全计划要求的工作成果;②功能安全要求的流程;③对在相关项开发过程中已实施的且可评估的安全措施进行适宜性和有效性评审。

功能安全评估一般由负责功能安全的组织，如整车厂，或负责功能安全的供应商来启动，最终输出功能安全评估报告。

根据标准要求，应委派一名或多名人员开展功能安全评估，被委派的人员应提供一份包含对功能安全实现程度的评判报告。

第四节　电机控制器的功能安全——硬件设计

硬件设计是指根据系统阶段输出的相关要求进行硬件设计，主要工作包括启动硬件层面产品开发、硬件安全要求的定义、硬件设计安全分析、硬件架构度量的评估、随机硬件失效导致违背安全目标的评估、硬件集成和测试等。

一、启动硬件层面产品开发

根据本章第一节中系统阶段硬件层面的开发流程，制定电机控制器硬件开发各子阶段的功能安全活动计划。该阶段最终输出的成果物为"细化的电机控制器安全计划"。

二、硬件安全要求的定义

在系统设计阶段技术安全要求基础上，将技术安全要求进一步分配给硬件，对于需要软硬件协调的技术安全要求，要进一步划分出只有硬件的安全需求。

通过技术安全要求可以导出相应的硬件安全要求。以系统设计中表 10-8 技术安全要求 TSR-004(安全控制模块应该测量 U、V、W 三相电压)为例，该技术安全要求通过软硬件的方式实现，表 10-10 为硬件的安全要求。

表 10-10　硬件的安全要求

硬件安全要求序号 (HSR-ID)	需求描述	ASIL 等级
HSR-04-01	需要 CPU 处理器的模数转换器(ADC)来处理三相相电压电阻分压后得到的采样信号	C(C)
HSR-04-02	模拟采样电路需要最少能够处理 x V 的电压，将电压范围调节到 0～5V；最大处理电压需要根据直流母线电压范围来确定	C(C)
HSR-04-03	中心点的电压设为 2.5V	C(C)
HSR-04-04	设计的低通滤波器能够将方波信号转化为正弦信号，低通滤波器截止频率尽量和电流滤波器保持一致	C(C)

三、硬件设计

根据硬件安全要求开展硬件架构设计，图 10-12 为基于 TC27x 的电机控制器硬件安全架构，整个构架由以下几个部分组成：微处理器、外部硬件看门狗电路、安全电源模块和 IGBT 安全驱动电路。

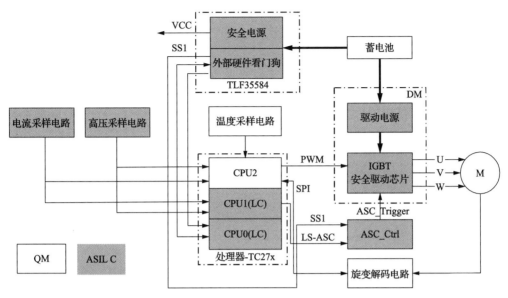

图 10-12 基于 TC27x 的电机控制器硬件安全架构

1) 微处理器

在硬件架构设计中,电机控制器的芯片部分 ASIL 等级不应小于上文确定的 ASIL C。可以通过 ASIL 分解的方式使用普通的多芯片冗余方案降低对微处理器本身 ASIL 等级的需求,但这种方法的设计成本和难度均远高于采用安全芯片,因此通常选择带有锁步核且 ASIL 等级为 D 的安全芯片。

目前符合 ASIL D 等级的安全芯片主要有单核锁步芯片(如 TI 公司的 TMS570 系列芯片)和多核锁步芯片(如 NXP 公司的 MPC57xx 系列芯片、英飞凌公司的 TC27x 系列芯片等)。

该架构在硬件层面已经实现了基本功能与安全功能模块的分离,而要实现软件层面的 EGAS 架构,可将转矩控制相关的代码放置在 CPU2,即 QM 核中执行(Level 1);将转矩监控和诊断相关的代码放置在 CPU1,即安全核中执行(Level 2),同时安全核与看门狗完成对芯片本身及程序流的监控(Level 3)。

当 CPU1 监控到转矩异常后,根据故障分级原则,将降级的转矩指令传递给 CPU2 去执行,如果转矩进一步异常,当达到最高故障等级后由 CPU1 直接对 PWM 脉冲处理电路进行封锁;当看门狗监控到程序流或芯片异常后,在复位微处理器的同时直接对 PWM 脉冲处理电路进行封锁。而 CPU0 可以在软件层面实现对监控层的诊断,或对功能层组成双核冗余监控,实现更高安全等级的控制。

2) 外部硬件看门狗电路

外部硬件看门狗是防止代码崩溃的最后一道防线。主 CPU 周期性地提示硬件看门狗定时器来防止硬件复位。因为外部硬件看门狗与主 CPU 之间相互独立,避免了 CPU 内部因时钟失效导致看门狗失效的可能。通过问答机制,硬件看门狗可以确认程序流是否按照正确的功能运行,并且程序流的逻辑序列也可以得到检查。通过组合逻辑监控机制和程序序列的时序,可以达到很高的诊断覆盖率。外部硬件看门狗电路设计一般采用专用集成芯片，也可采用可编程的 CPLD（复杂可编程逻辑器件）或 FPGA（现场可编程门阵列）来实现。

3）安全电源模块

由于安全电源模块给电机控制器中的 CPU 以及关键器件提供电源，要求电源模块具有较高的可靠性和较强的故障诊断能力。一般情况下选择符合 ASIL 等级的集成芯片来降低系统设计的复杂度。比如，NXP 公司的 MC33FS6500/FS4500 系统基础芯片集成了电源模块与 CAN、LIN 等通信功能，满足 ASIL D 要求。其内部有两路故障安全输出引脚，当检测到故障时通过故障安全引脚使系统进入安全状态。英飞凌公司的 TLF35584 电源管理芯片具有同样的安全引脚输出功能，与 MC33FS6500/FS4500 不同的是，该芯片没有集成通信功能，但集成了看门狗模块，支持问答式看门狗和时间窗看门狗。

4）IGBT 安全驱动模块

电机控制器的 IGBT 驱动电路在功能安全设计与非功能安全设计上差异较大。传统的非功能安全 IGBT 驱动电路可能只需要对 IGBT 进行驱动和保护；而具有功能安全的 IGBT 驱动电路不仅要对 IGBT 进行驱动和保护，还需要监控驱动芯片自身的状态、驱动电源的过欠压、IGBT 门级驱动信号以及输入 PWM 信号等。因为需要对驱动芯片内部功能进行复杂的自检测试，所以一般功能安全的 IGBT 驱动芯片都带有 SPI 通信接口，需要主 CPU 配合进行相应的驱动配置与自检测试，以此来达到安全等级的要求。

四、硬件设计安全分析

硬件架构设计完成后，即开展在原理图级别上的硬件详细设计。与系统设计阶段类似，为了识别失效的原因和故障的影响，还需要对硬件设计进行安全分析。对于 ASIL C，硬件设计的安全分析需要同时进行归纳（如 FMEA）和演绎[如故障树分析（FTA）]分析，如表 10-11 所示。

表 10-11　硬件设计的安全分析

方法	ASIL 等级			
	ASIL A	ASIL B	ASIL C	ASIL D
演绎分析	o	+	++	++
归纳分析	++	++	++	++

对于每种方法，应用相关方法的推荐等级取决于 ASIL 等级，具体如下："++"表示对于指定的 ASIL 等级，高度推荐该方法；"+"表示对于指定的 ASIL 等级，推荐该方法；"o"表示对于指定的 ASIL 等级，不推荐也不反对该方法。

以 FMEA 为例，针对电机控制器，需要对所有硬件层面的故障模式（如控制信号错误造成输出转矩过大）进行严重度、发生频率、探测措施的分析，进而评估其风险值。

五、硬件架构度量的评估

为了保证硬件架构设计的合理性，需要对硬件架构度量值进行计算，以确保满足相应 ASIL 等级指标要求。

图 10-13 给出了硬件要素的失效模式分类。

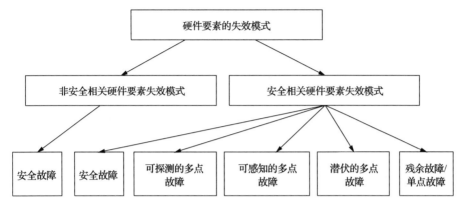

图 10-13 硬件要素的失效模式分类

对于某一具体失效模式的分类流程如图 10-14 所示。

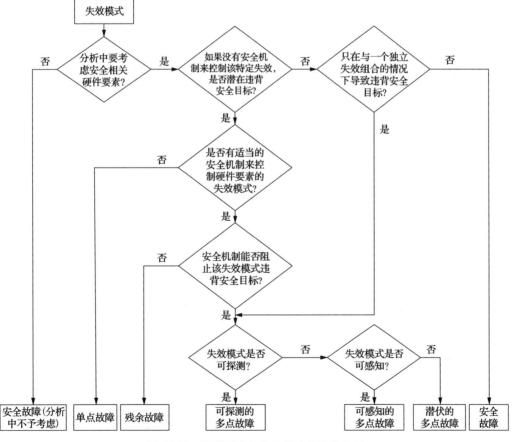

图 10-14 硬件要素的失效模式分类流程图

硬件架构度量中给出了单点故障度量和潜伏故障度量两个硬件指标。其中，单点故障度量可理解为用于防止硬件架构中单点或残余故障风险的安全机制的覆盖率指标；潜伏故障度量可理解为用于防止硬件架构中潜伏故障风险的安全机制的覆盖率指标。

不同 ASIL 等级对这两个指标的要求如表 10-12 所示。

表 10-12　硬件架构度量指标　　　　　　　　　　　　　　（单位：%）

硬件架构度量	ASIL B	ASIL C	ASIL D
单点故障度量	≥90	≥97	≥99
潜伏故障度量	≥60	≥80	≥90

本阶段的主要工作就是对电机控制器硬件电路中与安全相关的电路进行定量计算，计算单点故障和潜伏故障度量指标是否满足要求，如电流采样电路、高压采样电路、ASC控制电路等。集成芯片一般由厂家给出相关的安全手册和安全档案(safety case)进行说明。

六、随机硬件失效导致违背安全目标的评估

对于随机失效率指标可采用以下两种方法进行评估，这两种方法均可评估单点失效、潜在失效或者可能的多点失效导致违背安全目标的残余风险。

(1)方法一：对随机硬件失效的概率度量(PMHF)进行评估，如定量 FTA。表 10-13给出了 GB/T 34590—2017 所要求的随机硬件失效率目标值。

表 10-13　随机硬件失效率目标值　　　　　　　　　　（单位：h^{-1}）

ASIL 等级	ASIL B	ASIL C	ASIL D
随机硬件失效率目标值	$<10^{-7}$	$<10^{-7}$	$<10^{-8}$

(2)方法二：独立评价每一个会违背安全目标的单点故障和潜在故障，如割集分析。该方法对不同的故障类型有不同的衡量指标，如表 10-14 和表 10-15 所示。

表 10-14　单点故障的硬件元器件失效率等级目标值

ASIL 等级	ASIL B	ASIL C	ASIL D
单点故障的失效率等级目标值	失效率等级 2 或 失效率等级 1	失效率等级 2+专用措施 或失效率等级 1	失效率等级 1+专用措施

表 10-15　残余故障诊断覆盖率的最大失效率等级

ASIL 等级	残余故障诊断覆盖率			
	≥99.9%	≥99%	≥90%	<90%
ASIL D	失效率等级 4	失效率等级 3	失效率等级 2	失效率等级 1+专用措施
ASIL C	失效率等级 5	失效率等级 4	失效率等级 3	失效率等级 2+专用措施
ASIL B	失效率等级 5	失效率等级 4	失效率等级 3	失效率等级 2

第一种评估方法比第二种更为简洁，因此行业内通常采用 PMHF 对随机失效率指标进行评估。

七、硬件集成和测试

硬件集成和测试是为确保所开发的硬件符合其硬件安全要求，包含硬件集成和硬件测试两个活动。本阶段的主要工作是根据硬件安全要求，制定相应的测试用例，对硬件电路进行测试。在硬件集成和测试过程中需要重点验证安全机制(针对硬件安全要求的安全机制)的完整性和正确性。为此可采用如下测试方法：

(1)功能测试：其目的是验证电机控制器的具体特性是否正常。将充分表征预期正常操作的数据输入相关项，把它们的响应与预期响应做比较。

(2)故障注入测试：其目的是在硬件产品中引入故障并分析其响应；当定义了安全机制时，故障注入测试总是适用的。

(3)电气测试：其目的是在规定的电压范围内进行静态和动态测试，验证是否符合硬件安全要求。

第五节 电机控制器的功能安全——软件设计

软件设计是指根据系统阶段输出的相关要求进行软件设计，主要工作包括启动软件层面产品开发、软件安全要求的定义、软件架构设计、软件单元设计和实现、软件单元测试、软件集成和测试、软件安全要求验证等。

一、启动软件层面产品开发

启动软件产品开发是一项计划活动，根据相关项的开发范围和复杂度确定软件开发中各子阶段的计划以及相应的支持过程。通过适当的方法，启动软件开发各子阶段，以满足相应的功能安全要求。

本阶段的最终输出有：①细化的安全计划；②软件验证计划；③模型语言和编程语言的设计及编码指南；④工具应用指南。

二、软件安全要求定义

软件安全要求在系统设计阶段技术安全要求基础上，将技术安全要求进一步分配给软件。同样对于需要软硬件协调的技术安全要求应进一步划分出只有软件的安全要求。

根据表10-8所示的电机控制器的技术安全要求可以导出相应的软件安全要求。以系统设计中技术安全要求 TSR-004(安全控制模块应该测量 U、V、W 三相电压)为例，该技术安全要求以软硬件的方式实现，表10-16 为软件部分安全要求。

三、软件架构设计

软件架构设计的目的是使软件从架构层面满足功能安全的要求。软件架构包括静态架构和动态架构，静态架构为软件模块的分布示意，动态架构为软件程序流和数据流的分布示意。本节以静态架构为例进行说明。

表 10-16 软件部分安全要求

软件安全要求序号 (SSR-ID)	需求	ASIL 等级
SSR-04-01	SCM 应该每隔 x μs 能够从 ADC 结果寄存器中获取 U、V、W 三相电压的 ADC 转换结果、ADC 采样通道以及采样结果有效标志位	C(C)
SSR-04-02	SCM 模块应该每隔 x μs 能够从 ADC 结果寄存器中获取 U、V、W 三相电压的中点电压 ADC 转换结果、ADC 采样通道以及采样结果有效标志位	C(C)
SSR-04-03	采样相电压的 ADC 模块需要同时采样中性点电压来计算物理值	C(C)

根据 GB/T 34590—2017 的要求，软件的设计应具有层次性、高内聚性和低耦合性。为满足软件设计的这种要求，目前通常采用 AUTOSAR(automotive open system architecture，汽车开放系统架构)软件架构设计。

1. AUTOSAR 简介

AUTOSAR 由汽车制造商、供应商以及工具开发商联合开发，其目的是为汽车工业提供一个开放的、标准化的软件架构，以提高软件在不同汽车平台上的可扩展性、安全可靠性、可移植性、实用性以及可维护性，便于车辆电子系统软件的交换与更新，以及高效管理越来越复杂的车辆电子和软件系统。

AUTOSAR 的基本理念为：软硬件分离、软件分层分级。

图 10-15 为传统的软件开发和基于 AUTOSAR 的软件开发的区别。在传统软件开发模式中，存在软件分层不明显的问题，软件和硬件之间存在嵌套关系，由此导致以下问题：

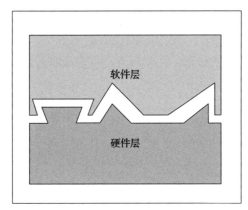

(a) 传统软件开发　　　　(b) 基于AUTOSAR的软件开发

图 10-15 传统软件开发和基于 AUTOSAR 的软件开发的区别

(1)软件在开发过程中一旦遇到问题和缺陷，难以确定问题产生的原因是在于硬件驱动程序还是软件算法设计，影响软件开发效率，增加了开发成本，也会使软件存在潜在的风险。

(2)与硬件的耦合也降低了软件组件在不同硬件平台上的可移植性和重用性。

而 AUTOSAR 采用的是将软件分层、模块按功能划分、软硬件分离的模式。将软件架构划分为应用软件层(application layer，APP)、基础软件层(basic software，BSW)和实时运行环境层(runtime environment，RTE)，有效解决传统电机控制软件开发存在的问题，能够更好地应对电机控制系统日益复杂的软件功能开发。

2. 基于 AUTOSAR 电机控制器的软件静态架构

图 10-16 为基于 AURIX TC27x 芯片的电机控制器软件静态架构。

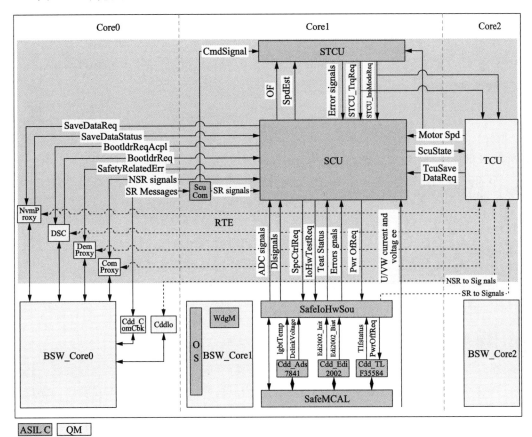

图 10-16　基于 AURIX TC27x 芯片的电机控制器软件静态架构

在该构架中，基础软件位于 Core0，主要实现 CAN 通信、诊断通信、标定通信、非易失内存管理等底层功能。安全控制管理相关的功能位于 Core1，包括系统阶段的功能监控层和处理器监控层的技术要求。转矩控制功能位于 Core2，负责实现电机控制。在 Core1 和 Core2 中仅包含一个基础软件的最小子集来支持应用层软件功能和复杂驱动功能。

在 10-16 图中，安全转矩指令单元(safety torque command unit，STCU)根据 VCU 请求生成 MCU 的实际转矩指令。SCU 实现上层安全机制，如转矩计算和监控、关断路径控制等。转矩控制单元(torque control unit，TCU)负责电机控制。SafeIoHwSou 负责执行底层算法，包含处理数字 I/O 信号、ADC 信号以及监控硬件状态。SafeMCAL 提供支持ASIL C 的 TC27x 的底层驱动，来支撑上层功能。

四、软件单元设计和实现

基于软件架构设计，开发软件单元的详细设计。详细设计将分别按照建模或编码指南，以模型或直接源代码的形式实现。在进入软件单元测试阶段前，对详细设计和实现进行静态验证。如果使用手工开发代码，在源代码层面应具备与实现相关的特性。如果使用基于模型开发的自动生成代码，这些特性用于模型而不需要用于源代码。为了将软件安全要求和非安全相关要求同时实施到同一个软件单元设计中，此阶段一般用一个开发过程处理安全相关和非安全相关的要求。

五、软件单元测试

软件单元测试主要是对软件的每一个单元模块进行测试，通过设计特殊的测试用例对被测单元模块进行测试，并根据单元模块的输出是否符合预期来判断测试是否通过。软件单元测试的目的是证明软件单元满足设计规定，且不包含非预期的功能。

软件单元的测试环境应尽可能地接近目标环境。如果软件单元测试环境不是在目标环境下执行，应分析源代码和目标代码的差异及测试环境之间的差异，以便在后续测试阶段的目标环境中定义额外的测试。

软件单元测试可以在不同的环境中执行，如模型在环测试、软件在环测试、处理器在环测试以及硬件在环测试等。对于基于模型的开发，在模型层面执行软件单元测试，随后需要在模型和目标代码之间进行背靠背的比较测试。背靠背比较测试用于确保测试对象的模型表现等同于自动生成的代码。

六、软件集成和测试

此阶段按照软件架构设计，对软件要素之间特有的集成层次和接口进行测试。软件要素的集成和测试步骤直接对应软件的分层架构，证明软件组件和嵌入式软件均满足以下要求：①与软件架构设计相符合；②与软硬件接口规范相符合；③已定义的功能；④鲁棒性；⑤足够的资源来支持相关的功能。

七、软件安全要求验证

本阶段的目的是证明嵌入式软件在目标环境下满足软件安全要求。在软件安全要求验证结果的评估过程中，应考虑如下几个方面：①与期望结果是否一致；②软件安全要求的覆盖率；③通过与不通过的准则。

参 考 文 献

[1] 伍理勋, 陈建明, 陈磊, 等. 电动汽车电机驱动控制器功能安全架构研究[J]. 控制与信息技术, 2018, (3): 1-11.

第十一章

试验验证技术

试验验证是保证驱动电机系统可靠性的重要环节。根据不同的试验目的，验证试验分为研发验证试验和认证测试试验。

研发验证试验又称为 DV(design verification) 试验，是为了验证所开发的驱动电机系统是否满足既定研发目的而进行的试验，通常由研制者自主完成。通过研发验证试验，把研发和制造过程中可能存在的问题在试验台上充分暴露，并根据试验情况对驱动电机系统进行针对性的改进，以保证其在实际运行时的安全可靠。通过试验验证发现问题，是降低研发成本的重要手段。

认证测试试验是由第三方测试机构根据相关标准所进行的一种强制性试验。驱动电机系统只有通过该认证，才能装载至配套的电动汽车上。

无论哪种试验，相关标准是其基础和依据。目前我国驱动电机系统的设计、试验所依据的标准是《电动汽车用驱动电机系统 第 1 部分：技术条件》(GB/T 18488.1—2015)和《电动汽车用驱动电机系统 第 2 部分：试验方法》(GB/T 18488.2—2015)。其中认证测试试验的要求和试验项目完全遵循这些标准，而研发验证试验除了遵循这些标准外，还可以根据研究目标，自行设置试验项目。

本章首先回顾国内外驱动电机系统的试验验证标准体系，简单介绍体系内各标准的基本内容，然后介绍基于《电动汽车用驱动电机系统》(GB/T 18488—2015)的认证测试试验内容(第二节至第五节)，包括驱动电机、电机控制器和驱动电机系统的检验规则、试验项目、技术要求、试验方法和试验流程，最后介绍研发验证试验的试验项目(第六节)。

第一节　驱动电机系统试验验证标准体系的简介

标准是驱动电机系统设计、试验验证和验收的基础，因此行业对驱动电机系统的标准研究和制定非常重视，做了大量的工作，建立了一系列试验验证用标准。

一、国际组织相关的驱动电机系统试验验证标准

1. ISO 标准

ISO 一直比较重视电动汽车标准的研究，在道路车辆标准化技术委员会(ISO/TC22)下成立了电动车辆分技术委员会(ISO/TC22/SC37)。ISO/TC22/SC37 制定了 ISO 21782《电

力驱动道路车辆——电驱动部件测试规程》系列标准，表 11-1 为该系列标准一览表。其中 ISO 21782-1、ISO 21782-2、ISO 21782-3、ISO 21782-5 和 ISO 21782-6 与电机驱动系统强相关。

表 11-1　ISO 21782 系列标准一览表

序号	标准标号	标准名称
1	ISO 21782-1：2019	Electrically propelled road vehicles-Test specification for electric propulsion components-Part 1: General test conditions and definitions
2	ISO 21782-2：2019	Electrically propelled road vehicles-Test specification for electric propulsion components-Part 2: Performance testing of the motor system
3	ISO 21782-3：2019	Electrically propelled road vehicles-Test specification for electric propulsion components-Part 3: Performance testing of the motor and the inverter
4	ISO 21782-4：2021	Electrically propelled road vehicles-Test specification for electric propulsion components-Part 4: Performance testing of the DC/DC converter
5	ISO 21782-5：2021	Electrically propelled road vehicles-Test specification for electric propulsion components-Part 5: Operating load testing of the motor system
6	ISO 21782-6：2019	Electrically propelled road vehicles-Test specification for electric propulsion components-Part 6: Operating load testing of motor and inverter
7	ISO 21782-7：2021	Electrically propelled road vehicles-Test specification for electric propulsion components-Part 7: Operating load testing of the DC/DC converter

2. IEC 标准

IEC 是早期开展电驱系统标准制定的组织之一。其中 IEC/TC9 制定了一系列轨道交通和公路车辆用牵引系统、牵引电机和变流器的试验验证标准。这些标准的特点是将牵引电机、变流器和控制部分有机组合在一起，将牵引系统分层分级制定标准，即分为系统级和部件级(牵引电机、变流器)，每个标准对牵引系统或者相关部件的性能要求和试验验证的规定比较完整，但这些标准对环境适应性方面的要求和试验验证略显不足。尽管这些标准偏重轨道交通领域，但对电动汽车的驱动电机系统也有一定的指导和借鉴意义。表 11-2 为相关标准一览表。目前这些标准均转换成了相对应的国标。

表 11-2　IEC 有关驱动电机系统标准一览表

序号	标准标号	标准名称	适用性	对应的国标
1	IEC 61377：2016	Railway application-Rolling stock-Combined test method for traction systems	系统	《轨道交通 机车车辆 牵引系统组合试验方法》(GB/T 25117—2020)
2	IEC 60349-1：2010	Electric traction-Rotating electrical machiness for rail and road vehicles-Part 1: Machines other than electronic converter-fed alternating current motors	直流牵引电机	《电力牵引 轨道机车车辆和公路车辆用旋转电机 第 1 部分：除电子变流器供电的交流电动机之外的电机》(GB/T 25123.1—2018)
3	IEC 60349-2：2010	Electric traction-Rotating electrical machiness for rail and road vehicles-Part 2: Electronic convertor-fed alternating current motors	异步牵引电动机和电励磁同步电动机	《电力牵引 轨道机车车辆和公路车辆用旋转电机 第 2 部分：电子变流器供电的交流电动机》(GB/T 25123.2—2018)

续表

序号	标准标号	标准名称	适用性	对应的国标
4	IEC 60349-3：2010	Electric traction-Rotating electrical machines for rail and road vehicles-Part 3: Determination of the total losses of convertor-fed alternating current motors by summation of the component losses	异步牵引电动机	《电力牵引 轨道机车车辆和公路车辆用旋转电机 第3部分：用损耗总和法确定变流器供电的交流电动机的总损耗》（GB/T 25123.3—2011）
5	IEC 60349-4：2011	Electric traction-Rotating electrical machines for rail and road vehicles-Part 4: Permanent magnet synchronous electrical machines connected to an electronic converter	永磁同步牵引电机	《电力牵引 轨道机车车辆和公路车辆用旋转电机 第4部分：与电子变流器相连的永磁同步电机》（GB/T 25123.4—2015）
6	IEC 61287-1：2014	Railway applications-Power convertors installed on board rolling stock-Part 1: Characteristics and test methods	变流器	《轨道交通 机车车辆用电力变流器 第1部分：特性和试验方法》（GB/T 25122.1—2018）
7	IEC 61287-2：2001	Railway applications-Power convertors installed on board rolling stock-Part 2: Additional technical information	变流器	《轨道交通 机车车辆用电力变流器 第2部分：补充技术资料》（GB/T 25122.2—2010）

3. 日本汽车技术法规

日本汽车技术法规（安保基准）有14-5-1《电动汽车驱动电机额定输出功率试验规程》和14-5-2《电动汽车驱动电机最大输出功率试验规程》两项法规，分别规定了电动汽车电机在与控制器相连接的条件下额定输出功率及最大输出功率的测试方法。

4. ECE法规

联合国欧洲经济委员会（Economic Commission for Europe，ECE）汽车法规由联合国世界车辆法规协调论坛（WP.29）起草。该委员会制定了多项电动汽车的国际法规。其中针对驱动电机系统制定了《用于驱动M类和N类机动车辆的内燃机净功率和电驱动系统最大30min功率测量方法的统一规定》（ECE R85 Rev1-Amendment5），该法规在原ECE R85基础上进行补充完善，增加了对电力驱动系统的要求，并在测试净功率的基础上增加了对30min最大功率的测试。

二、我国驱动电机系统试验验证标准的发展

我国一直比较重视驱动电机系统标准的研究和制定工作。2001年在电动汽车研发刚刚兴起之时就制定了驱动电机系统标准：《电动汽车用电机及其控制器技术条件》（GB/T 18488.1—2001）和《电动汽车用电机及其控制器试验方法》（GB/T 18488.2—2001），这两个标准还于2006年和2015年进行了修订。其间，国内驱动电机研究、生产机构针对如何提升驱动电机产品质量，进行了驱动电机测试评价方法和标准的研究及完善，制定了多项标准，初步构建起驱动电机系统的试验验证标准体系，推进了驱动电机系统行业的进步和规范化管理。目前驱动电机系统试验验证方面的标准有：

（1）《电动汽车用驱动电机系统 第1部分：技术条件》（GB/T 18488.1—2015）。

（2）《电动汽车用驱动电机系统 第2部分：试验方法》（GB/T 18488.2—2015）。

(3)《电动汽车用驱动电机系统可靠性试验方法》（GB/T 29307—2012）。

(4)《电动汽车用驱动电机系统电磁兼容性要求试验方法》（GB/T 36282—2018）。

(5)《电动汽车用异步驱动电机系统》（QC/T 1068—2017）。

(6)《电动汽车用永磁同步驱动电机系统》（QC/T 1069—2017）。

其中 GB/T 18488.1—2015 和 GB/T 18488.2—2015 是纲领性标准，是驱动电机系统设计、试验、验收和使用以及认证试验的依据。QC/T 1068—2017 和 QC/T 1069—2017 为 GB/T 18488.1—2015 的补充，QC/T 1068—2017、QC/T 1069—2017、GB/T 29307—2012 和 GB/T 36282—2018 为 GB/T 18488.2—2015 的补充。

第二节　我国驱动电机系统试验验证标准简介

一、GB/T 18488—2015 简介

正如本章第一节所述，GB/T 18488—2015 是驱动电机系统的纲领性标准，是驱动电机系统设计、试验、验收和使用的规范性标准，为强制性标准。

GB/T 18488—2015 分为两部分。其中 GB/T 18488.1—2015 规定了电动汽车用驱动电机系统的工作制、电压等级、型号命名、要求、检验规则及标志与标识等，适用于电动汽车用驱动电机系统、驱动电机、驱动电机控制器。该标准共有 7 章和 2 个附录。

GB/T 18488.2—2015 规定了电动汽车用驱动电机系统试验用的仪器仪表、试验准备及各项试验方法，适用于电动汽车用驱动电机系统、驱动电机、驱动电机控制器。该标准共有 10 章和 1 个附录。

二、GB/T 29307—2012 简介

GB/T 29307—2012 规定了电动汽车用驱动电机系统在台架上的一般可靠性试验方法，其中包括可靠性试验负荷，即可靠性评定方法，适用于最终动力输出为电动机单独驱动或者电动机和发动机联合驱动的电动汽车用驱动电机系统。该标准共有 10 章和 1 个附录。

该标准是参照发动机的 402h 的寿命试验而制定的。

三、QC/T 1068—2017 简介

QC/T 1068—2017 规定了电动汽车用异步驱动电机系统的要求、试验方法、检验规则、标志与标识，适用于电动汽车用异步驱动电机系统。该标准针对异步驱动电机的特点，参考《三相异步电动机试验方法》（GB/T 1032—2005）和 IEC 60349-2：2010，补充了用于验证异步电动机特性的两个试验项目：空载试验和堵转试验，并给出了试验结果的容差。这两个试验均为出厂检验项目，目的是验证批量生产电机性能的一致性。

四、QC/T 1069—2017 简介

QC/T 1069—2017 规定了电动汽车用永磁同步驱动电机系统的要求、试验方法、检验规则、标志与标识，适用于电动汽车用永磁同步驱动电机系统。该标准针对永磁同步驱动电机及系统的特点，参考了《三相同步电机试验方法》(GB/T 1029—2005) 以及 IEC 60349-4：2011，补充了用于验证永磁同步驱动电机系统和永磁同步驱动电机的试验项目及要求。对于永磁同步驱动电机，共补充了六个试验项目，即空载反电势测量、短路电流、齿槽转矩、初始位置角度、空载损耗和永磁体退磁。其中短路电流和永磁体退磁为型式检验项目，其余试验为出厂检验项目。对于永磁同步驱动电机系统，共计补充了两个试验项目，即系统空载损耗和脉动转矩，这两个试验均为型式检验项目。

五、GB/T 36282—2018 简介

GB/T 36282—2018 规定了电动汽车用驱动电机系统电磁兼容性要求和试验方法，适用于纯电动汽车、混合动力电动汽车和燃料电池电动汽车用驱动电机系统。该标准共有 6 章和 3 个附录。

第三节 检验规则、技术要求和试验项目

GB/T 18488.1—2015 比较详细地规定了驱动电机系统的检验规则、技术要求和试验项目，而 QC/T 1608—2017 和 QC/T 1069—2017 分别对异步驱动电机系统和永磁同步驱动电机系统的试验项目和技术要求提出了补充规定。

一、检验规则

检验规则包括检验分类、相关检验的条件、抽样规则及检验判定原则。

根据 GB/T 18488.1—2015 的规定，检验分为出厂检验和型式检验。

出厂检验用于验证产品的一致性，每套驱动电机系统均应进行出厂检验。

型式检验用于验证新设计的驱动电机系统是否满足设计的技术条件，属于产品的定型试验。在下列条件之一下应进行型式检验：

(1) 新产品或老产品转厂生产时。

(2) 正式生产后，如结构、材料、工艺有较大改变，可能影响产品性能时。

(3) 正常生产 2 年应周期性地进行一次检验。

(4) 产品长期停产后，恢复生产时。

(5) 出厂检验结果与上次型式检验有较大差异时。

(6) 国家质量监督机构提出进行型式检验的要求时。

型式检验从出厂检验合格的产品中抽取。送样数量为 3 套，其中 2 套供型式检验，另 1 套保存备用。

表 11-3 为型式检验结果的评定标准。

表 11-3　型式检验结果的评定标准

检验结果分类	判据
合格	型式检验用样机的全部项目检验符合要求
不合格	只要有一台样机的任一项目不符合要求
偶然失效	当样机失效属于孤立性质的偶然失效时，允许用备用样机代替失效样机，补做失效发生前(包括失效时)的所有试验，然后继续试验，若再有任一项目不符合要求，则判定不合格
性能降低	样机经环境试验后，允许出现不影响其使用的性能降低。性能降低的允许值在产品技术文件中规定

二、技术要求

技术要求是试验项目验收的判别依据，每一个试验项目均有相应的技术要求。在 GB/T 18488.1—2015、QC/T 1068—2017 和 QC/1069—2017 中规定了驱动电机系统的试验项目及对应的技术要求。

GB/T 18488.1—2015 给出了驱动电机系统的试验项目。但由于驱动电机系统是驱动电机与电机控制器的总成，按目前的供应形态，驱动电机系统、驱动电机、电机控制器可以由一家公司提供，也可以由三家公司分别提供。这样，当驱动电机系统、驱动电机、电机控制器不是一家公司提供时，驱动电机系统供应商较难利用该标准对驱动电机或者电机控制器提出要求并予以验收。

为此本节以 GB/T 18488.1—2015、QC/T 1068—2017 和 QC/1069—2017 为基础，按驱动电机系统、驱动电机(异步驱动电机和永磁同步驱动电机)、电机控制器对技术要求和试验项目解耦分类。其中驱动电机及电机控制器的技术要求侧重于试验其本体，而驱动电机系统的技术要求侧重于系统级，即将驱动电机及电机控制器当成黑箱看待。

GB/T 18488.1—2015 第 5 章共提出了 49 项要求。这些要求按属性分为一般性项目、温升、输入输出特性、安全性、环境适应性和可靠性共六类。按适用的对象这些要求可归属于驱动电机、电机控制器或者驱动电机系统，其中归属于驱动电机的有 41 项；归属于电机控制器的有 40 项，归属于驱动电机系统的有 18 项。表 11-4 给出了这些要求适用的部件。

表 11-4　技术要求适用的对象

	要求	适用的对象[①]	GB/T 18488.1—2015 对应的章节
一般性项目	外观	Q/C	5.2.1
	外形和安装尺寸	Q/C	5.2.2
	质量	Q/C	5.2.3
	电机控制器壳体机械强度	C	5.2.4
	液冷系统冷却回路密封性能	Q/C(仅适合液冷)	5.2.5
	电机定子绕组冷态直流电阻	Q	5.2.6

续表

要求			适用的对象①	GB/T 18488.1—2015对应的章节
一般性项目	绝缘电阻	电机定子绕组对机壳的绝缘电阻	Q	5.2.7.1
		电机定子绕组对温度传感器的绝缘电阻	Q	5.2.7.2
		电机控制器绝缘电阻	C	5.2.7.3
	耐电压	电机绕组的匝间冲击耐电压	Q	5.2.8.1
		工频耐电压 电机绕组对机壳的工频耐电压	Q	5.2.8.2.1
		工频耐电压 电机绕组对温度传感器的工频耐电压	Q	5.2.8.2.2
		工频耐电压 电机控制器工频耐电压	C	5.2.8.2.3
	超速		Q	5.2.9
温升			Q	5.3
输入输出特性	工作电压范围		Q/C/S	5.4.1
	转矩-转速特性		Q/C/S	5.4.2
	持续转矩		Q/C/S	5.4.3
	持续功率		Q/C/S	5.4.4
	峰值转矩		Q/C/S	5.4.5
	峰值功率		Q/C/S	5.4.6
	堵转转矩		Q/C/S	5.4.7
	最高工作转速		Q/C/S	5.4.8
	驱动电机系统效率	驱动电机系统最高效率	Q/C/S	5.4.9.1
		驱动电机系统高效工作区	Q/C/S	5.4.9.2
	控制精度	转速控制精度	Q/C/S	5.4.10.1
		转矩控制精度	Q/C/S	5.4.10.2
	响应时间	转速响应时间	Q/C/S	5.4.11.1
		转矩响应时间	Q/C/S	5.4.11.2
	电机控制器工作电流	电机控制器持续工作电流	C	5.4.12.1
		电机控制器短时工作电流	C	5.4.12.2
		电机控制器最大工作电流	C	5.4.12.3
	馈电特性		Q/C/S	5.4.13
安全性	安全接地检查		Q/C	5.5.1
	电机控制器的保护功能		Q/C	5.5.2
	电机控制器支撑电容放电时间		C	5.5.3
环境适应性	低温	低温贮存	Q/C	5.6.1.1
		低温工作	Q/C	5.6.1.2
	高温	高温贮存	Q/C	5.6.2.1
		高温工作	Q/C	5.6.2.2

要求		适用的对象①	GB/T 18488.1—2015 对应的章节
环境适应性	湿热	Q/C	5.6.3
	耐振动 扫频振动	Q/C	5.6.4.1
	耐振动 随机振动	Q/C	5.6.4.2
	防水、防尘	Q/C	5.6.5
	盐雾	Q/C	5.6.6
	电磁兼容性 电磁辐射骚扰	Q/C/S	5.6.7.1
	电磁兼容性 电磁辐射抗扰性	Q/C/S	5.6.7.2
可靠性		Q/C/S	5.7

① Q 代表适用于驱动电机；C 代表适用于电机控制器；S 代表适用于驱动电机系统；Q/C 代表适用于驱动电机和电机控制器；Q/C/S 代表适用于驱动电机、电机控制器以及驱动电机系统。

GB/T 18488.1—2015 执行后，根据驱动电机系统的发展，起草单位对以下几项要求进行了修订：

(1)防护等级：在 GB/T 18488.1—2015 中，规定驱动电机和电机控制器的防护等级不得低于 IP44。《电动客车安全要求》(GB 38032—2020)要求：安装在客舱地板以下且距地面 500mm 以下的 B 级电压电气设备防护等级不低于 IP67。由于目前大部分驱动电机系统，特别是驱动电机位于客舱地板以下且距地面 500mm 以下，因此其防护等级必须达到 IP67 以上。

(2)电磁兼容性：在 GB/T 18488.1—2015 中，没有对驱动电机系统的电磁兼容性做具体规定，只是要求"满足产品技术条件"。GB/T 36282—2018 对电磁兼容性做出了具体规定。

QC/T 1068—2017 中对异步驱动电机提出了以下两种要求：①空载特性；②堵转特性。这两项要求用于验证驱动电机性能的一致性，具体试验方法和容差均遵循 IEC 60349-2: 2010 的规定。

QC/T 1069—2017 中对永磁同步驱动电机提出了如下七种要求：①初始位置角度；②最大空载反电动势限值；③空载反电动势容差；④齿槽转矩；⑤电机的空载损耗；⑥稳态短路电流限值；⑦永磁体老化退磁。其中空载反电动势容差为±5%，永磁体老化退磁要求是在可靠性试验后，退磁不应超过±5%，其余要求均由产品技术文件规定。

在 QC/T 1069—2017 中，对永磁同步驱动电机系统提出了如下两种要求：①脉动转矩；②驱动电机系统的空载损耗，这些要求均由产品技术文件规定。

概括起来，GB/T 18488.1—2015 的 49 项要求具体可分为以下几种情形：

(1)属于由供需双方协商确定或由产品技术条件规定的 22 项，包括：①质量(5.2.3)；②电机定子绕组冷态直流电阻(5.2.6)；③所有的输入输出特性，计 18 项(5.4)；④电磁兼容性 2 项(5.6.7)，但 GB/T 36282—2018 已给出了具体量化指标。

(2)依据《旋转电机 定额和性能》(GB 755—2008)及其他工业电机标准提出的驱动电机的要求有 7 项：①电机定子绕组对机壳的绝缘电阻(5.2.7.1)；②电机定子绕组对温度传感器的绝缘电阻(5.2.7.2)；③电机绕组的匝间冲击耐电压(5.2.8.1)；④电机绕组对

机壳的工频耐电压(5.2.8.2.1)；⑤电机绕组对温度传感器的工频耐电压(5.2.8.2.2)；⑥超速(5.2.9)；⑦温升(5.3)。

(3)根据《汽车电气设备基本技术条件》(QC/T 413—2002)并结合驱动电机系统的特点而制定的要求有1项，即耐振动(5.6.4)。

(4)根据驱动电机系统的特点而制定，除上述要求之外其余的要求均属于这种类型。

三、试验项目

试验项目是为了验证要求而设置的。同样根据解耦原则，将 GB/T 18488.1—2015、QC/T 1068—2017 和 QC/1069—2017 所给出的驱动电机系统试验项目解耦分类。

驱动电机及电机控制器的技术要求侧重于试验其本体。而驱动电机系统的技术要求侧重于系统级。只有当驱动电机和电机控制器组合在一起时才能进行驱动电机系统试验，包括温升、特性试验等。严格来讲，只有驱动电机和电机控制器通过其型式检验后才能进行系统的组合试验。有些试验项目，如温升、特性试验等只有在组合试验时才能进行。

表 11-5～表 11-8 分别给出了电机控制器、异步驱动电机、永磁同步驱动电机和驱动电机系统的试验项目。在表 11-5～表 11-7 中同时给出了试验类别(T 代表型式检验，R 代表出厂检验)，即属于型式检验项目还是出厂检验项目。表 11-8 的所有试验项目均是型式检验项目。

表 11-5　电机控制器的试验项目

序号	试验分类	试验项目		试验类别
1	一般性项目	外观检查		R
2		外形和安装尺寸		R
3		质量		T
4		电机控制器壳体机械强度		T
5		液体系统冷却回路的密封性能		R
6		电机控制器绝缘电阻		R
7		电机控制器工频耐电压		R
8	输入输出特性	工作电压范围		T
9		转矩-转速特性		T
10		持续转矩		T
11		持续功率		T
12		峰值转矩		T
13		峰值功率		T
14		堵转转矩		T
15		最高工作转速		T
16		电机控制器效率	电机控制器最高效率	T
17			电机控制器高效工作区	T
18		控制精度	转速控制精度	T
19			转矩控制精度	T

续表

序号	试验分类	试验项目		试验类别
20	输入输出特性	响应时间	转速响应时间	T
21			转矩响应时间	T
22		电机控制器工作电流	电机控制器持续工作电流	T
23			电机控制器短时工作电流	T
24			电机控制器最大工作电流	T
25	安全性	安全接地检查		R
26		电机控制器的保护功能		T
27		电机控制器支撑电容放电时间		T
28	环境适应性	低温	低温贮存	T
29			低温工作	T
30		高温	高温贮存	T
31			高温工作	T
32		湿热		T
33		耐振动	扫频振动	T
34			随机振动	T
35		防水和防尘		T
36		盐雾		T
37	电磁兼容性	电磁辐射骚扰		T
38		电磁辐射抗扰性		T
39	可靠性			T

表 11-6　异步驱动电机的试验项目

序号	试验分类	试验项目		试验类别
1	一般性项目	外观检查		R
2		外形和安装尺寸		R
3		质量		T
4		液体系统冷却回路的密封性能		R
5		电机定子绕组冷态直流电阻		R
6		绝缘电阻	电机定子绕组对机壳的绝缘电阻	R
7			电机定子绕组对温度传感器的绝缘电阻	R
8		耐电压	电机绕组的匝间冲击耐电压	R
9			电机绕组对机壳的工频耐电压	R
10			电机绕组对温度传感器的工频耐电压	R

续表

序号	试验分类	试验项目			试验类别
11	一般性项目	超速			T
12	温升				T
13	输入输出特性	工作电压范围			T
14		转矩-转速特性			T
15		持续转矩			T
16		持续功率			T
17		峰值转矩			T
18		峰值功率			T
19		堵转转矩			T
20		最高工作转速			T
21		驱动电机效率	电机系统效率		T
22			电机高效工作区		T
23		馈电特性			T
24		空载特性			R
25		堵转特性			R
26	安全性	安全接地检查			T
27	环境适应性	低温	低温贮存		T
28			低温工作		T
29		高温	高温贮存		T
30			高温工作		T
31		湿热			T
32		耐振动	扫频振动		T
33			随机振动		T
34		防水和防尘			T
35		盐雾			T
36	可靠性				T

表 11-7 永磁同步驱动电机的试验项目

序号	试验分类	试验项目	试验类别
1	一般性项目	外观检查	R
2		外形和安装尺寸	R
3		质量	T
4		液体系统冷却回路的密封性能	R
5		电机定子绕组冷态直流电阻	R

续表

序号	试验分类	试验项目		试验类别
6	一般性项目	绝缘电阻	电机定子绕组对机壳的绝缘电阻	R
7			电机定子绕组对温度传感器的绝缘电阻	R
8		耐电压	电机绕组的匝间冲击耐电压	R
9			电机绕组对机壳的工频耐电压	R
10			电机绕组对温度传感器的工频耐电压	R
11		超速		T
12	温升			T
13	输入输出特性	工作电压范围		T
14		转矩-转速特性		T
15		持续转矩		T
16		持续功率		T
17		峰值转矩		T
18		峰值功率		T
19		堵转转矩		T
20		最高工作转速		T
21		驱动电机效率	电机最高效率	T
22			电机高效工作区	T
23		馈电特性		T
24		初始位置角度		R
25		最大反电动势限值		T
26		空载反电动势容差		R
27		齿槽转矩		T
28		电机空载损耗		T
29	安全性	安全接地检查		T
30	环境适应性	低温	低温贮存	T
31			低温工作	T
32		高温	高温贮存	T
33			高温工作	T
34		湿热		T
35		耐振动	扫频振动	T
36			随机振动	T
37		防水和防尘		T
38		盐雾		T
39	可靠性			T

表 11-8 驱动电机系统的试验项目

序号	试验分类	试验项目		备注
1	输入输出特性	工作电压范围		
2		转矩-转速特性		
3		持续转矩		
4		持续功率		
5		峰值转矩		
6		峰值功率		
7		堵转转矩		
8		最高工作转速		
9		驱动电机系统效率	驱动电机系统最高效率	
10			驱动电机系统高效工作区	
11		控制精度	转速控制精度	
12			转矩控制精度	
13		响应时间	转速响应时间	
14			转矩响应时间	
15		电机控制器工作电流	电机控制器持续工作电流	
16			电机控制器短时工作电流	
17			电机控制器最大工作电流	
18		馈电特性		
19		脉动转矩		只限于永磁同步驱动电机系统
20		驱动电机系统空载损耗		
21	电磁兼容性	电磁辐射骚扰		
22		电磁辐射抗扰性		
23	可靠性			

第四节 试 验 方 法

试验方法是指为完成所要进行的试验项目所采取的试验手段，包括试验地点、试验配置、试验仪器、试验电源、布线和冷却装置等。

本节基于相关标准，介绍所有项目的共性技术，本章第五节将介绍主要试验项目的试验流程。

一、试验地点

如无特殊规定,所有试验应在下列环境条件下进行(GB/T 18488.2—2015 第4.1条):

(1)温度：18~28℃。

(2)相对湿度：45%~75%RH。

(3)气压：86~106kPa。

(4)海拔：不超过 1000m,若超过 1000m,应按 GB 755—2008 的有关规定。

二、试验配置

试验配置是指为了完成试验项目的试验连接方式,包括电气连接、机械连接和试验仪器等。

每一个试验项目都有其相对应的试验配置。可以按照驱动电机或者电机控制器是否通电和是否带载,将试验配置分为以下五种情形：裸机测试、空载运行、负载运行、驱动电机反拖运行和异步驱动电机堵转运行。

1. 情形 1：裸机测试

裸机测试是指驱动电机或者电机控制器直接放在平台或者试验台上,并采用一定的工具或者仪器进行的试验检测。对于驱动电机,电机静止不动。表 11-9 为裸机测试的试验项目。根据试验项目不同,驱动电机或者电机控制器可以带电测试(表 11-9 中带"*"的试验项目)。

表 11-9 裸机测试的试验项目

部件	试验项目
驱动电机 (含永磁同步驱动电机和异步驱动电机)	外观； 外形和安装尺寸； 质量； 液冷系统冷却回路密封性能； 直流电阻*； 绝缘电阻测量*； 耐电压试验*； 齿槽转矩测量(仅对永磁同步驱动电机)
电机控制器	外观； 外形和安装尺寸； 质量； 壳体强度； 液冷系统冷却回路密封性能； 绝缘电阻测量*； 耐电压试验*

2. 情形 2：空载运行

空载运行是指驱动电机由外部电源供电,但不带负载,电机空载运行。图 11-1 为几种典型的试验配置图。在图 11-1 中,T 为调压器、Q 为接触器(下同)。在图 11-1(c)中,电机三相绕组开路。

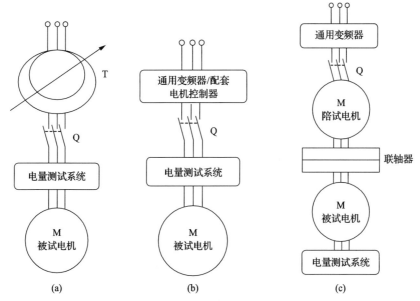

图 11-1 空载运行试验配置图

表 11-10 为空载运行的试验项目和对应的试验配置图。

表 11-10 空载运行的试验项目和试验配置图

部件	试验项目	试验配置图
异步驱动电机	空载试验	图 11-1(a)
	振动试验	图 11-1(a)或者图 11-1(b)
	噪声试验	图 11-1(b)
	超速试验	图 11-1(b)
永磁同步驱动电机	空载反电动势	图 11-1(b)或者图 11-1(c)
	振动试验	图 11-1(b)
	噪声试验	图 11-1(b)
	超速试验	图 11-1(b)或图 11-1(c)

3. 情形 3：负载运行

负载运行是指驱动电机或者电机控制器连接负载，接通试验电源的负载运行工况。负载运行主要针对驱动电机系统的"输出特性试验"和"可靠性试验"。

驱动电机的负载(陪试电机)可以为测功机(水力测功机、电力测功机或者电涡流测功机)、发电机或者与被试电机相同的电机(背靠背)。图 11-2 为三种典型的试验配置图。

4. 情形 4：驱动电机反拖运行

驱动电机反拖运行是指被试驱动电机由另一陪试电机拖动，被试驱动电机或者电机控制器负载运行。

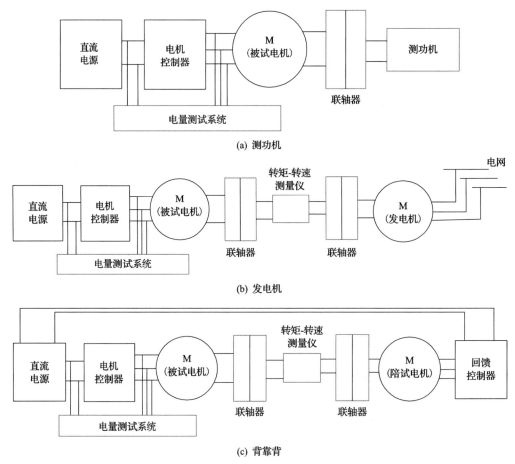

(a) 测功机

(b) 发电机

(c) 背靠背

图 11-2　负载运行试验配置图

反拖运行主要是用于驱动电机系统"输出特性试验"的回馈试验(图 11-3)和永磁同步驱动电机的短路电流测试项目[图 11-1(c)]。在图 11-1(c)中，电机必须在端子侧短路(三相或者两相)。

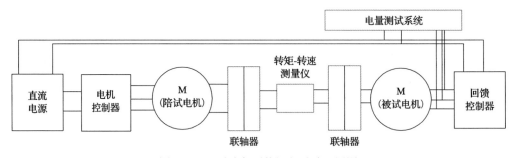

图 11-3　驱动电机反拖运行试验配置图

5. 情形 5：异步驱动电机堵转运行

异步驱动电机堵转运行是指驱动电机施加电源，但轴端采用堵转装置阻止电机转动。

图 11-4 为驱动电机堵转运行试验配置图。

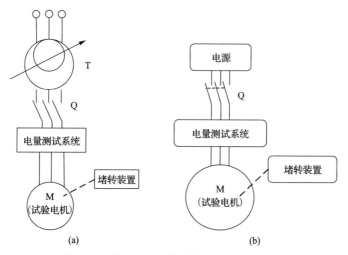

图 11-4　异步驱动电机堵转运行试验配置图

电源可以为工频电源[调压器，图 11-4(a)]或者发电机组的变频电源或者通用逆变器（含配套电机控制器）[图 11-4(b)]。

三、试验仪器

1. 一般要求

结合 GB/T 18488.2—2015、《三相同步电机试验方法》（GB/T 1029—2021）和 GB/T 1032—2012，表 11-11 给出了试验所采用的主要试验仪器及准确度的要求。

表 11-11　试验仪器准确度

序号	试验仪器	准确度或误差
1	电量测量仪器（正弦供电时）	0.5 级（满量程）（兆欧表除外）
2	仪用互感器（正弦供电时）	0.2 级（满量程）
3	转速测量仪	±2r/min
4	转矩测量仪（含测功机和传感器）	0.5 级
5	频率测量仪	0.2 级（满量程）
6	温度测量仪	±1℃
7	电阻测量仪	0.2 级

电量测量仪器包括电压表、电流表和功率表，可以采用分立式仪表，也可采用将三者集成在一起的复合式电量测量系统或功率分析仪。

2. 非正弦电参数测量用仪器仪表的特殊规定

驱动电机系统进行负载试验时，电机控制器输出的电气参数呈现出非正弦性，而非正弦电气参数的测量非常复杂。在 GB/T 18488.2—2015 中要求"尤其对于电气参数测量的仪器仪表,应能够满足相应的直流参数和交流参数测量的精度和波形要求。"

在对非正弦供电的电参量进行测量时,输入功率可以用数字采样仪表同时在每相上测量,优先采用三相测量法,也可以采用二瓦特表法。总输入功率由一个时间周期内的电压和电流的乘积得到,基波功率采用同一采样的数据通过傅里叶变换得到。

但由于谐波的功率因数一般非常低(电压功率因数小于0.1),在整个频率范围内幅值和相位漂移误差可能较大,从而影响仪表的准确度。如何消除这种漂移误差,提升测量准确度,是非正弦电参数测量仪需要解决的问题。

表11-12列出了功率测量所能达到的最高总准确度。

表11-12 功率测量的最高总准确度 (单位:%)

频率/kHz	功率因数>0.8	功率因数=0.4	功率因数<0.1
<2	±1.0	±2.0	±10.0
2~20	±2.0	±5.0	±14.0
20~50	±4.0	±8.0	±20.0

目前非正弦供电的电参量测量均采用复合式功率测量仪。

四、试验电源

对于驱动电机系统,输入电源为储能系统,因此,驱动电机与电机控制器组合在一起进行系统试验时(表11-8),试验电源只需要一个直流电源。GB/T 18488.2—2015 的 4.3 规定了试验电源的要求:

(1)试验过程中,试验电源由动力直流电源提供,或者由动力直流电源和其他储能(耗能)设备联合提供;试验电源的工作直流电压≤250V时,其稳压误差≤±2.5V;试验电源的工作直流电压>250V时,其稳压误差≤±1%被试驱动电机系统的工作直流电压。

(2)试验电源能够满足被试驱动电机系统的功率要求,并能够工作于额定工作电压状态。

当驱动电机、电机控制器本体单独试验时,同样需要试验电源。

尽管 GB/T 18488.1—2015 规定驱动电机进行温升和特性试验时,要求试验电源即为配套电机控制器,但由于电机供应商在新产品开发阶段可能较难找到与之配套的电机控制器,为此可以用"其他电机控制器"进行摸底和验证试验,但要求其输出波形及谐波含量与配套电机控制器的电源波形和谐波分量非常相似。

表11-13给出了驱动电机和电机控制器单独试验时建议采用的试验电源及要求。

表11-13 建议采用的试验电源及要求

序号	部件	试验项目	采用的试验电源及要求
1	驱动电机(含异步驱动电机和永磁同步驱动电机)系统	温升试验	配套电机控制器;其他电机控制器,但其输出波形及谐波含量与配套电机控制器的电源波形和谐波分量非常相似
2		输出转矩测量	
3		效率(含效率 MAP 图)	
4		噪声测量	

续表

序号	部件	试验项目	采用的试验电源及要求
5	驱动电机(含异步驱动电机和永磁同步驱动电机)	超速试验	工业用通用逆变器,只要频率和容量能拖动驱动电机达到规定的超速转速; 配套电机控制器
6	异步驱动电机	空载试验	工频电源或者正弦输出电源。电源品质满足 GB/T 1032—2012 的规定
7		堵转试验	
8		振动试验	
9	永磁同步驱动电机	空载反电势的测量	工业用通用逆变器,只要频率和容量能够拖动驱动电机达到规定的超速转速; 配套电机控制器
10		振动试验	

五、布线

布线对试验的结果会有一定的影响:①电缆线的阻抗所产生的电压降可能使驱动电机和电机控制器的电压下降而影响输出性能;②影响电磁兼容的试验效果。

因此在 GB/T 18488.2—2015 中规定:

(1)试验中布线的规格应与车辆上的实际布线一致,布线长度也应与车辆上的实际布线相同。

(2)如果试验中的布线对测量结果产生实质性影响,则应调整相应的外线路阻抗,使之与车辆上布线的阻抗尽可能相等。

六、冷却装置

冷却装置为驱动电机系统提供冷却回路,其冷却介质类型、流量和进口处温度直接影响电机的性能,尤其是温升。因此在 GB/T 18488.2—2015 中规定:驱动电机和电机控制器的冷却条件宜模拟其在车辆中的实际使用条件,冷却装置的型号、冷却液的种类、流量和温度应记录于试验报告中。

第五节 试 验 流 程

试验流程主要包括试验目的、试验配置和试验仪器、试验步骤及评判依据等。

GB/T 18488.2—2015、GB/T 36282—2018、GB/T 29307—2012、QC/T 1068—2017 和 QC/T 1069—2017 中对试验项目的试验流程做出了规定。本节只介绍在相关标准中规定得不够详尽的试验项目的试验流程,其他试验项目按这些标准的相关条款执行。

一、驱动电机超速试验

1. 试验目的

驱动电机超速试验的目的是验证驱动电机转子在超速状态下的机械强度。

2. 试验工况

试验转速为 1.2 倍的最高工作转速，持续运行 2min。在 GB/T 18488.2—2015 中，试验时的电机转子温度为常温。但由于电机转子的强度随温度的升高而下降，根据实际运行条件，试验温度应在热态下进行，最好是在额定温升结束后立即进行该试验。

3. 试验配置和试验仪器

表 11-14 为 GB/T 18488.1—2015 所提出的试验配置和试验方案。

表 11-14　超速试验的试验配置和试验方案

配置	试验方案	试验配置图
配置一：采用被试驱动电机空载自转的方法	试验时，被试电机在通用逆变器或者配套的控制器的控制下，平稳运行至 1.2 倍最高工作转速，并在此转速点空载运行不低于 2min	图 11-1(b)
配置二：采用原动机拖动法	被试电机不通电，在陪试电机拖动下平稳旋转至 1.2 倍最高工作转速，并在此转速点空载运行不低于 2min	图 11-1(c)

除此之外，还可以采取以下方式，将电机拖动到超速转速。

(1)采用工业通用变频器给电机供电[参见图 11-1(b)]。无论对于异步驱动电机还是永磁同步驱动电机，只要所选择的工业通用变频器的输出参数(频率、电压或者电流)足以带动电机(尤其是永磁同步驱动电机)即可，采用这种方法进行试验更方便和快捷。

(2)当电机最高转速很高时，1.2 倍最高转速可能对轴承造成损伤，可以采取一定的措施和方法只将转子超速，但试验时转子必须为热态。

4. 试验步骤和试验判据

在 GB/T 18488.2—2015 中所规定的试验判据为：超速试验后，驱动电机的机械部分不应发生有害变形(GB/T 18488.1—2015 的 5.2.9)且不出现紧固件松动及其他不允许的现象(GB/T 18488.2—2015 的 5.9.6)。

建议采用如下试验流程来判断"有害变形"；

(1)驱动电机组装前，测量其两端端环或者护环(如采用)[对于异步驱动电机，见图 11-5(b)]或转子铁心三段[对于永磁同步驱动电机，见图 11-5(c)]互成 45°的四点的外径尺寸[即图 11-5(a)的 A1-A2、B1-B2、C1-C2、D1-D2]，做好标记并同时将测量数据记录在案。

(2)组装驱动电机。

(3)加热转子(可在额定温升试验后立即进行)。

(4)在超速转速下运行 2min。

(5)解体驱动电机，测量(1)中所标记的点的外径尺寸并与超速试验前的尺寸做比较。

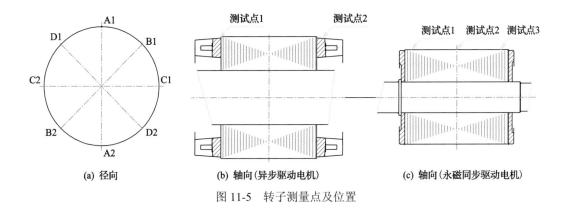

图 11-5 转子测量点及位置

二、驱动电机温升试验

1. 试验目的

驱动电机温升试验的目的是验证其在规定工况下各部分温升是否满足标准的要求。

2. 试验工况

GB/T 18488.2—2015 对试验工况的定义是"一定的工作状态"。根据 GB/T 18488.1—2015 的规定，试验应至少在以下工况下进行：①额定工况；②峰值工况。

3. 试验配置和试验仪器

温升试验的试验配置图见图 11-3。温升试验的试验电源必须是与其配套的电机控制器。

为了测量驱动电机、电机控制器以及驱动电机系统的效率，需测量其输入和输出的相应参数（表 11-15）。

表 11-15　温升试验的参数测量及建议仪器仪表

部件	输入端		输出端	
	测量参数	所用仪表	测量参数	所用仪表
驱动电机	电压、电流、功率因数和输入功率（基波和谐波）	功率分析仪	转矩、转速和输出功率	转矩-转速测量仪（如用测功机，由测功机直接输出）
电机控制器	直流母线电压、电流和输入功率	功率分析仪	电压、电流、功率因数和输入功率（基波和谐波）	功率分析仪
驱动电机系统	直流母线电压、电流和输入功率	功率分析仪	转矩、转速和输出功率	转矩-转速测量仪（如用测功机，由测功机直接输出）

4. 冷却条件

GB/T 18488.2—2015 中并没有详细规定试验时的冷却条件。由于驱动电机试验时的冷却条件对温升试验结果影响较大，目前也没有规定当试验台的冷却条件与实际冷却条件不同时的温升修正方法，因此试验时的冷却条件应该尽量与实际使用时相同：

(1)空气最高温度：与电机的最高工作温度相同(电机放在相应的温度箱中)；

(2)液冷系统：冷却液及其流量和进口温度与实际使用的相同。

5. 试验时的初始温度

在 GB/T 18488.2—2015 中也没有详细规定试验时的初始温度。但根据 GB 755—2008 的规定，对于短时定额，试验时的初始温度为冷态，对于持续定额，初始温度可以为热态，但试验时保持额定负载的持续时间应超过 2h。

6. 试验流程

在 GB/T 18488.2—2015 中对试验流程进行了比较详细的规定：

(1)冷态直流电阻测量。

(2)给电机施加规定试验工况。

(3)试验持续时间：试验最后 2h 内的温度变化不大于 2K(对于持续定额)或者定额所规定的时间(对于短时定额)。

(4)停机。

(5)热态直流电阻测量。

(6)采用外推法确定停机时刻的热态直流电阻并折算成温升。

7. 试验判据

在 GB/T 18488.1—2015 第 5.3 条中规定，驱动电机定子绕组的温升应符合 GB 755—2008 的规定(表 11-16)。

表 11-16 驱动电机定子绕组的温升限值

绝缘系统的热分级	155	180	200
温升限值/K	105	125	145

三、转矩-转速特性及效率试验

1. 试验目的

该试验的目的是验证驱动电机系统是否满足 GB/T 18488.1—2015 中所规定的要求。具体试验项目包括：①转矩-转速特性；②额定效率；③高效工作区；④最高效率；⑤持续转矩；⑥持续功率；⑦峰值转矩；⑧峰值功率；⑨堵转转矩；⑩最高工作转速。

具体来说，验证驱动电机系统在规定直流电压下的转矩输出是否满足：①规定的转矩-转速特性要求(图 11-6)；②额定点的转矩及效率；③转矩-转速特性包络线范围内的效率分布。

2. 试验配置和试验仪器

转矩特性及效率试验的试验配置图见图 11-2。试验仪器的要求见本章第四节。

3. 测量参数

进行转矩-转速特性试验时，在驱动电机系统工作转速范围(图 11-6)内一般取不少于 10 个转速点，最低转速点宜不大于最高工作转速的 10%，相邻转速点之间的间隔不大于最高工作转速的 10%。

对于高效区的测量，在图 11-6 所规定的转矩-转速包络线范围内，测量点不少于 100 个，且测量点分布均匀。

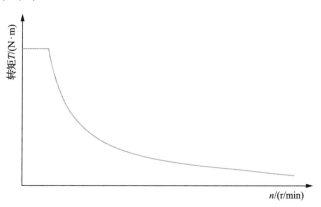

图 11-6　转矩-转速特性

表 11-17 为每一点所测量的参数。

表 11-17　转矩-转速特性及效率试验的测量参数

部件	输入端		输出端	
	测量参数	所用仪表	测量参数	所用仪表
驱动电机	频率、电压、电流、功率因数和输入功率(基波和谐波)	功率分析仪	转矩、转速和输出功率	转矩-转速测量仪(如用测功机，由测功机直接输出)
电机控制器	直流母线电压、电流和输入功率	功率分析仪	频率、电压、电流、功率因数和输入功率(基波和谐波)	功率分析仪
驱动电机系统	直流母线电压、电流和输入功率	功率分析仪	转矩、转速和输出功率	转矩-转速测量仪(如用测功机，由测功机直接输出)

4. 试验条件

试验条件包括冷却条件、驱动电机系统的初始温度及直流母线电压范围等。

该试验不考核电机的温升，因此冷却条件可以与装车条件相同(如工作环境温度、液体流量及进口温度等)，也可以与装车条件不同，如可以在室温条件下进行试验。但试验时，驱动电机系统可能长期超过额定负荷运行，因此试验时必须防止驱动电机系统过热，如试验进行一定时间后，待驱动电机系统温升降到一定值后再进行试验。

表 11-18 为不同试验项目的试验条件(初始温度和直流母线电压)。

表 11-18 试验条件

序号	试验项目	试验条件	
		初始温度	直流母线电压
1	转矩-转速特性	热态	根据用户的要求。但至少应在额定直流母线电压、最高直流母线电压和最低直流母线电压下进行试验
2	额定效率	热态	额定直流母线电压
3	持续转矩	热态	
4	持续功率	热态	
5	高效工作区	热态	根据用户的要求。但至少应在额定直流母线电压、最高直流母线电压和最低直流母线电压下进行试验
6	最高效率	热态	额定直流母线电压
7	峰值转矩	热态	
8	峰值功率	热态	
9	堵转转矩	热态	
10	最高工作转速	热态	

5. 试验流程

试验流程为：①调节直流母线电压到规定的值；②给驱动电机系统施加规定的转矩和转速；③按表 11-18 的要求，记录该点的测量数据，同时记录冷却条件的相应参数。

6. 效率的测量及计算

驱动电机系统、驱动电机及电机控制器的效率测量采用的是直接法。根据表 11-17 所测得的输入功率和输出功率，通过计算得出相应的效率：

$$
\begin{cases}
\text{电机控制器效率：} \eta_c = \dfrac{P_{co}}{P_{ci}} \times 100\% \\[2mm]
\text{驱动电机效率：} \eta_m = \dfrac{P_{mo}}{P_{mi}} \times 100\% = \dfrac{P_{mo}}{P_{co}} \times 100\% \\[2mm]
\text{驱动电机系统效率：} \eta = \dfrac{P_{mo}}{P_{ci}} \times 100\%
\end{cases}
\tag{11-1}
$$

式中，η_c 为电机控制器效率，%；η_m 为驱动电机效率，%；η 为驱动电机系统效率，%；P_{co} 为电机控制器输出功率，kW；P_{ci} 为电机控制器输入功率，kW；P_{mo} 为驱动电机输出功率，kW；P_{mi} 为驱动电机输入功率，kW。

特别指出的是，驱动电机的输入功率，即电机控制器的输出功率，应该包括谐波损耗。

效率测量采用的是直接法，即通过测量输出功率和输入功率计算效率。但由于定子铜耗及转子铝(铜)耗与温度有关，温度越高，效率越低，因此试验顺序对效率有较大的影响。

四、电压工作范围试验

电压工作范围试验的目的是验证驱动电机系统在最高直流母线电压、额定直流母线电压和最低直流母线电压工况下的输出转矩是否符合产品技术条件的规定。该试验实际上已包含在特性试验中，在此不再赘述。

五、馈电特性试验

1. 试验目的

馈电特性试验的目的是验证驱动电机系统在制动工况能否输出规定的转矩及整个工作范围内的效率要求（图 11-7）。

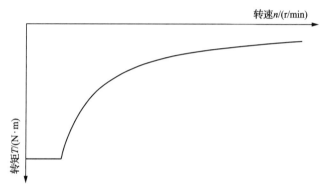

图 11-7 转矩-转速特性（制动工况）

2. 试验配置和试验仪器

转矩特性试验及效率试验的试验配置图见图 11-3。即驱动电机由陪试电机反拖运行，被试电机处于发电状态。

试验仪器的要求见本章第四节。

3. 测量参数

测量参数及数目与转矩特性试验相同，即对于转矩-转速特性试验，在驱动电机系统工作转速范围（图 11-7）内一般取不少于 10 个转速点，最低转速点不大于最高工作转速的 10%，相邻转速点之间的间隔不大于最高工作转速的 10%。

对于高效区的测量，在图 11-7 所规定的转矩-转速包络线范围内，测量点不少于 100 个，且测点分布均匀。

表 11-19 为每一点所测量的参数。

4. 试验条件

试验条件包括冷却条件、驱动电机系统的初始温度及直流母线电压范围。

表 11-19　转矩特性试验及效率试验的测量参数

部件	输出端		输入端	
	测量参数	所用仪表	测量参数	所用仪表
驱动电机	频率、电压、电流、功率因数和输出功率(基波和谐波)	功率分析仪	转矩、转速和输入功率	转矩-转速测量仪(如用测功机,由测功机直接输出)
电机控制器	直流母线电压、电流和输出功率	功率分析仪	频率、电压、电流、功率因数和输入功率(基波和谐波)	功率分析仪
驱动电机系统	直流母线电压、电流和输出功率	功率分析仪	转矩、转速和输入功率	转矩-转速测量仪(如用测功机,由测功机直接输出)

　　同样该试验不考核电机的温升,因此冷却条件可以与装车条件相同(如工作环境温度、液体流量及进口温度等),也可以与装车条件不同,如可以在室温条件下进行试验。但试验时,驱动电机系统可能处于额定负荷长期运行,试验时必须防止驱动电机系统过热,比如试验一定时间后,待驱动电机系统温升降到一定值后再进行试验。

　　试验时,驱动电机系统处于热态。

　　直流母线电压根据用户的要求而定,但至少应在额定直流母线电压、最高直流母线电压和最低直流母线电压三种工况下进行。

5. 试验流程

　　试验流程为:①调节直流母线电压到规定的值;②给驱动电机系统施加规定的转矩和转速;③按表 11-19 的要求,记录该点的测量数据,同时记录冷却条件的相应参数。

6. 效率的测量及计算

　　同样驱动电机系统、驱动电机及电机控制器的效率测量采用的是直接法。根据表 11-19 所测得的输入输出功率,通过计算得出相应的效率:

$$
\begin{cases}
电机控制器效率:\eta_c = \dfrac{P_{co}}{P_{ci}} \times 100\% \\[2mm]
驱动电机效率:\eta_m = \dfrac{P_{mo}}{P_{mi}} \times 100\% = \dfrac{P_{ci}}{P_{mi}} \times 100\% \\[2mm]
驱动电机系统效率:\eta = \dfrac{P_{co}}{P_{mi}} \times 100\%
\end{cases}
\tag{11-2}
$$

　　驱动电机的输出功率,即电机控制器的输入功率,也应该包括谐波损耗。

六、转矩控制精度试验

　　该试验的目的是验证驱动电机系统转矩控制精度,作为判断驱动电机系统控制能力的依据。

本节第三部分"转矩-转速特性试验"实际上是测量"转矩控制精度",不再赘述。每一测量点的转矩控制精度计算方法详见第一章。

七、转速控制精度试验

该试验的目的是验证驱动电机系统转速控制精度,作为判断驱动电机系统控制能力的依据。

本节第三部分"转矩-转速特性试验"有关试验规定可以用于转速控制精度试验,不同的是转矩-转速试验是先给定转矩再测量输出转矩,而转速控制精度试验是先给定转速,再测量输出转速。

每一测量点的转速控制精度计算方法详见第一章。

八、转矩响应时间试验

1. 试验目的

该试验的目的是通过测量驱动电机系统从接收转矩指令信号到第一次达到相应转矩期望值的时间,以验证驱动电机系统的控制能力。

2. 试验配置和试验仪器

转矩响应时间试验的试验配置图见图 11-2。

试验仪器的要求见本章第四节。

3. 试验工况

考虑到实际应用,建议试验工况为:

(1)直流母线电压:额定电压。

(2)工作点:在牵引工况的转矩-转速特性(参见图 11-6)中从零转速(即堵转)到最高转速之间取 10 点进行试验。

(3)电机状态:分别在冷态和热态下进行。

4. 测量参数

可以按照表 11-17 的规定测量相关的参数,但允许只测量输出转速、输出转矩和相应的时间。

5. 试验条件

试验条件与转矩-转速特性试验相同。

6. 试验流程

(1)将电机分别在圆周等分的 5 个位置点堵住。

(2)在每一个转子堵转位置,给电机控制器设定规定的最大转矩(零转速下的转矩),

对电机进行转矩控制，并记录转矩设定的时刻 t_0。

(3)观察所输出的转矩，记录当输出转矩达到规定值(容差范围内)的时刻 t_1。

(4)停机。

(5)转矩响应时间为 t_1-t_0。

对于异步驱动电机，由于转子位置对转矩响应时间影响较小，可以只在任意一个转子位置进行试验。

可以测量其他转速点的转矩响应时间，具体试验流程为：

(1)将电机拖动到试验转速。

(2)电机在该转速下空载，然后给电机控制器设定规定的转矩，对驱动电机进行转矩控制，并记录转矩设定的时刻 t_0。

(3)观察所输出的转矩，记录当输出转矩达到规定值(容差范围内)的时刻 t_1。

(4)停机。

(5)转矩响应时间为 t_1-t_0。

试验需在驱动电机分别为热态和冷态时进行。

九、转速响应时间试验

1. 试验目的

该试验的目的是通过测量驱动电机系统从接收转速指令信号到第一次达到相应转速期望值的时间，以验证驱动电机系统的控制能力。

2. 试验配置和试验仪器

转速响应时间试验的试验配置图见图11-2。试验仪器的要求见本章第四节。

3. 试验工况

试验工况为：直流母线电压为额定电压；驱动电机系统处于空载、热态、电动工作状态。

4. 测量参数

按照表11-17的规定测量相关参数，但可只测量输出转速和相应的时间。

5. 试验条件

试验条件与转矩-转速特性试验相同。

6. 试验流程

该试验分5次进行，沿驱动电机转子圆周取5个点作为各次试验的起始位置。各次试验开始时，电机均处于静止状态，给电机设定转速目标值，同时记录该时刻(t_0)，使电机加速至稳定的转速，记录达到稳定转速的时刻 t_1，转速响应时间为 t_1-t_0。

将 5 次试验所得到的转速响应时间的最大值作为驱动电机系统的转速响应时间。

对于异步驱动电机，由于转子位置对转速响应时间影响较小，可以只在任意一个转子位置进行试验。

十、永磁同步驱动电机空载反电动势的测量

1. 试验目的

在型式检验时，测量不同转速下的空载反电动势，以便与设计值进行比较。在出厂检验时，测量某一固定转速（如额定转速）的反电动势，并与典型值比较，以验证批量产品的一致性。

2. 试验配置、试验仪器和试验流程

试验可以采用以下两种方式：发电法和电动法。

1）发电法

被试电机由陪试电机拖动，采用图 11-1(c) 的试验配置图，接线端子开路，测量三相绕组之间的电压及波形。所测得的电压即为反电动势。根据反电动势的波形可以得出反电动势基波分量的有效值、尖峰值以及畸变率。在型式检验时，可测量到接近零转速到最高转速之间的不同转速下的空载反电动势及波形，并绘制出反电动势基波分量有效值、峰值与转速之间的函数曲线。

采用发电法测量反电动势直接准确，且可以得出反电动势波形。但必须将电机安装在试验台上且与原动机机械连接，试验准备时间较长。因此发电法一般用于型式检验。

2）电动法

被试电机由合适的通用变频器供电，采用图 11-1(b) 的试验配置图，接线端子与通用逆变器相连接，测量永磁同步驱动电机的电压和电流。在零转速和零电压下，小幅度调节通用逆变器的输出电压，起动永磁同步驱动电机一直到预期转速（如额定转速）。继续调节通用逆变器的输出电压，当三相电流最小时，停止调节电压，此时的电压即为永磁同步驱动电机的反电动势。采用相同的方法，可以测出从零转速到最高转速下反电动势与转速之间的曲线。在进行出厂检验时，可以只测量一点，一般选取额定转速点。

采用电动法测量反电动势时，被试电机可以不需要与陪试电机机械连接，可以将被试电机直接放在试验平台上进行试验，试验方便、试验准备时间短，缺点是不能采集反电动势的波形，因此电动法一般用于出厂检验。在进行反电动势测量时，可以同时完成振动试验、旋变波形测量等试验项目。

十一、异步驱动电机的空载试验

1. 试验目的

空载试验的试验目的是验证异步驱动电机在最饱和时的空载电流的一致性，侧面反映励磁电感的一致性。

2. 试验配置和试验仪器

空载试验的试验配置图见图 11-1。

试验仪器的要求见本章第四节,电参数测量仪器可采用适合正弦电源的测量仪器,也可采用功率分析仪。

3. 试验工况

根据 QC/T 1068—2017,无论是型式检验还是出厂检验,都可只在工频、计算电压 U_0 下进行空载试验,即只进行一点的空载电流的测量。其中 U_0 为计算值,在该工频电压下所产生的磁通为异步驱动电机在整个运行范围内的最大磁通。

但为了测取更多的信息,建议在出厂检验时,测量工频下的空载电流、空载电压(即 U_0)、功率因数和输入功率。如果试验条件允许,建议在型式检验时,测量不同频率(含工频和额定频率)下的空载电流、功率因数和输入功率与空载电压的关系。

4. 测量参数

测量参数为频率、电压、电流、输入功率和功率因数。

5. 试验条件

试验在冷态下进行,一般不加额外的冷却条件(如水冷电机,可以不通水进行试验)。

6. 试验流程

对于出厂检验,在空载状态下进行试验。给电机施加有效值为 U_0 的工频电压,测量并记录空载电压 U_0、空载电流、功率因数和输入功率。

对于型式检验,可按照 GB/T 1032—2012 所给定的方法,测量不同频率下的空载电流、功率因数、输入功率和空载电压的关系,并通过损耗分离,求出该频率下的机械损耗和各电压下的铁耗。其中起始电压为 $1.2U_{0f1}$。其中 U_{0f1} 为计算电压,在该电压和频率 f_1 下所产生的磁通为异步驱动电机在整个运行范围内的最大磁通。

7. 试验判据

以前 4 台电机工频下的空载电流作为试验基准,这 4 台电机在工频电压 U_0 下的空载电流平均值作为典型值 I_{0D}。包含第 5 台电机在内的后序电机在工频电压 U_0 下的空载电流值不得偏离典型值 I_{0D} 的 ±10%。

十二、异步驱动电机的堵转试验

1. 试验目的

堵转试验的目的是验证异步驱动电机在堵转电流时的一致性,侧面反映异步驱动电机定、转子漏感的一致性。

2. 试验配置和试验仪器

堵转试验的试验配置图见图 11-4。

试验仪器的要求见本章第四节，电参数测量仪器可采用适合正弦电源的测量仪器，也可采用功率分析仪。

3. 试验工况

根据 QC/T 1068—2017，无论是型式检验还是出厂检验，都可只在工频、堵转电压 U_k 下进行堵转试验，即只进行一点的堵转电流的测量。其中 U_k 在第一台电机上通过试验求得，在该工频电压下，堵转电流为额定电流，该电压也是后序所有电机的试验电压。

但为了获取更多的信息，建议在出厂检验时，测量工频下的堵转电流、堵转电压(即 U_k)、功率因数和输入功率。如果试验条件允许，建议在型式检验时，测量不同频率(含工频和额定频率)下的堵转电流、功率因数和输入功率与堵转电压的关系。

4. 测量参数

测量参数为频率、电压、电流、输入功率和功率因数。

5. 试验条件

试验在冷态下进行，允许不加额外的冷却条件(如水冷电机，可以不通水进行试验)。但为避免试验电流对电机的温度影响，试验应尽快完成。

6. 试验流程

在第一台异步驱动电机上，将电机转子堵转，首先施加较小的工频电压，然后逐步增加电压，一直到 $1.2U_k$。试验中测量并记录 5～7 个点的频率、电压、电流、功率因数和输入功率，其中必须包括产生额定电流的运行点的相关数据(堵转电压为 U_k)。

对于出厂检验，给电机施加有效值为 U_k 的工频电压，测量并记录堵转电压 U_k、堵转电流、功率因数和输入功率。

对于型式检验，可按照 GB/T 1032—2012 所给定的方法，测量并记录在不同频率下的堵转电流、功率因数和输入功率等，可得到以上参数与堵转电压的关系，并计算出转子电阻和定转子漏感之和。具体试验流程为：将电机转子堵转，首先施加较小的电压(频率为 f_1)，然后逐步增加电压，一直到 $1.2U_{kf1}$。试验中测量并记录 5～7 个点的频率、电压、电流、功率因数和输入功率，其中必须包括产生额定电流运行点的相关数据(堵转电压为 U_{kf1})。

7. 试验判据

以前 4 台电机工频下的堵转电流作为试验基准，该 4 台电机在电压 U_k 下的堵转电流的平均值作为典型值 I_{kD}。包含第 5 台电机在内的后序电机在电压 U_k 下的堵转电流值不得偏离典型值 I_{kD} 的 ±5%。

第六节　研发验证试验

研发验证试验是为了验证所开发的驱动电机系统是否满足预定目标或者为了获得额外信息，由开发商自主进行的"额外"的研究性试验。一般情况下，试验结果不影响产品的验收。

严格来说，所进行的试验项目及相应的要求必须满足 GB/T 18488—2015 和与用户签订的技术协议。

额外的试验可以为增加试验项目，或者对那些已进行认证测试试验的试验项目提高要求再进行试验。验证试验可分为以下五类：①性能试验；②环境适应性试验；③可靠性和耐久性试验；④安全性试验；⑤性能标定试验。

一、性能试验

相对来说，GB/T 18488—2015 对驱动电机性能方面的试验项目比较全面，但对于电机控制器的试验项目略显不足。根据需要，可以分别对驱动电机和电机控制器进行补充性能试验。

1. 驱动电机

可补充以下试验项目。

1）振动试验

振动试验是为了验证电机的平衡性，对于所有类型的电机，该试验为出厂检验项目，试验可在额定转速或者最高转速下进行。试验方法和试验要求按《轴中心高为 56mm 及以上电机的机械振动　振动的测量、评定及限值》（GB 10068—2020）执行。

2）噪声试验

噪声是驱动电机的重要指标之一，也是所有电机必须进行的一个型式检验项目。

由于噪声评价指标体系比较复杂，在 GB/T 18488.1—2015 中没有对驱动电机的噪声及其试验方法提出要求。可以下标准或者方法进行试验：①《电动汽车电驱动总成噪声品质测试评价规范》（T/CSAE 176—2021）；②《电动汽车用电动动力系噪声测量方法》（QC/T 1132—2020）；③IEC 60349-2 附录 C；④《旋转电机噪声测定方法及限值　第 1 部分：旋转电机噪声测定方法》（GB/T 10069.1—2006）；⑤根据与用户的要求共同确定噪声限值和试验方法进行试验。

3）温升试验

在 GB/T 18488—2015 中规定了额定工况和峰值工况下的温升试验。为了充分验证驱动电机的温升能否满足其他工况的要求，可以增加以下两个试验：

（1）为了验证驱动电机在不同线路条件下的温升，可以增加线路循环工况的温升试验；

（2）最高转速下 30min 定额的温升试验。

另外，在 GB/T 18488—2015 中，只根据 GB 755—2008 要求规定了定子绕组的温升限值,但没有对温度很敏感的轴承和转子温升(含永磁同步驱动电机的永磁体)提出要求,因此在具体温升试验时应对轴承和转子提出温升限值要求。

4)流阻特性试验

对于液冷电机,GB/T 18488.1—2015 只提出了密封性能试验。但对于液冷电机,当流量一定时,流阻直接决定冷却系统的功率。为此,应增加流阻特性试验,并且额定流量下的流阻不得大于用户和供应商达成的协议值。

另外,温升试验进出口液体的温度会影响到散热器的功率,为此,在进行温升试验时,应增加液体出口温度的测量,并要求进出口液体的温差不得大于用户和供应商达成的协议值。

2. 电机控制器

对于电机控制器,可以参考 GB/T 25122.1—2018 补充以下试验项目:①温升试验(除 GB/T 18488.1—2015 规定的其他工况的温升试验);②换流试验;③轻载试验;④功率损耗测量;⑤供电过电压和瞬态能量试验;⑥负载突变试验;⑦直流母线电压跳变试验;⑧噪声测量;⑨短时供电中断试验。

二、环境适应性试验

1. GB/T 18488—2015 环境适应性试验内容

工作环境条件恶劣是驱动电机系统与工业用电机的重要区别之一。因此驱动电机系统的环境适应性试验验证对保证驱动电机系统的寿命和可靠性具有十分重要的意义。

GB/T 18488—2015 对环境适应性试验做出了一些规定,试验项目包括高低温贮存、高低温工作、湿热、盐雾、耐振动试验和防尘防水试验等,但根据实际应用情况,这些试验项目明显不够,并且对试验项目的要求也较低,具体体现在:

(1)试验时间和试验温度基于 GB/T 18488.1—2006 标准规定的最高和最低环境温度,但实际上电动汽车驱动电机系统的环境温度已超出了该标准的范围(而且该标准对环境温度没有约定);

(2)试验项目不完整;

(3)试验判据不完整、不合理。

2. 环境适应性相关标准

电气系统环境适应性试验的标准有:GB/T 2423《电工电子产品环境试验》系列标准、GB/T 28046《道路车辆 电气及电子设备的环境条件和试验》系列标准和 QC/T 413—2002。

GB/T 2423 为电工电子产品基本环境试验规程,是电工电子产品环境适应性试验的基础标准。而 GB/T 28046 是以 GB/T 2423 系列标准为基本,根据道路车辆的特点而提出的环境试验方法,该标准由 5 部分组成:①第 1 部分:一般规定;②第 2 部分:电气负荷;③第 3 部分:机械负荷;④第 4 部分:气候负荷;⑤第 5 部分:化学负荷。

在 GB/T 28046 系列标准中规定的电气及电子设备的气候负荷和化学负荷的环境适应性项目有：①低温试验；②高温试验；③温度梯度试验；④规定变化率的温度循环试验；⑤规定转换时间的温度快速变化试验；⑥水飞溅试验；⑦浸没试验；⑧耐盐雾试验(包括腐蚀、渗漏和功能试验)；⑨湿热循环试验；⑩稳态湿热试验；⑪流动混合气体腐蚀试验；⑫太阳光辐射试验；⑬防尘、防水试验。

GB/T 28046.3—2011 对机械负荷的适应性试验项目主要包括：正弦振动、随机振动、机械冲击、自由跌落、振动加温度综合试验等。同时根据产品的安装位置分为乘用车发动机、乘用车变速器、乘用车柔性气室、乘用车弹性体、乘用车非弹性体、商用车发动机和变速器、商用车弹性体、商用车分体式驾驶室、商用车非弹性体 9 种不同试验方法，其中安装在发动机、变速器等部位的产品还给出了正弦和随机两种试验条件，这样的分类明确、可操作性强、试验方法科学。

QC/T 413—2002 为汽车电气设备的行业标准，该标准规定的气候负荷和化学负荷的环境适应性试验项目包括：①耐低温性能试验；②耐高温性能试验；③温度变化试验；④温度/湿度组合循环试验；⑤振动试验；⑥盐雾试验；⑦工业溶剂试验；⑧涂覆层和化学处理层检验；⑨油漆层检验(包括外观检查、附着力检查、耐温度检查、耐盐雾检查)；⑩防护等级试验。

关于机械负荷的适应性试验，QC/T 413—2002 只规定了正弦振动试验方法，没有给出机械冲击、自由跌落和随机振动等试验内容，且所规定的正弦试验条件过于笼统，没有根据产品在汽车上的安装部位进行分类，试验时需要设计人员自行选择试验条件，可操作性较差。

3. 建议的试验项目及试验判据

GB/T 2423 系列标准是环境适应性试验的基础标准，GB/T 28046 系列标准是针对道路车辆电气电子设备环境适应性的纲领性标准，这两个标准对电动汽车驱动电机系统的环境适应性试验验证具有指导意义。

驱动电机环境适应性试验的试验项目和试验参数的选择可以以这两个标准为基础，根据驱动电机或者电机控制器的安装位置、运行环境来选择。

环境适应性试验后，可从不同维度检查判断环境适应性对试验部件(驱动电机、电机控制器)可能造成的损害，并作为各试验项目后的试验判据。为了后面叙述的简洁，表 11-20 给出了环境适应性试验后检查项目的代号。

严格意义上讲，环境适应性试验后，应按 GB/T 18488—2015 对驱动电机和电机控制器进行全面的试验，以判断环境试验对驱动电机系统的性能、可靠性及安全性的影响。

但是对于驱动电机或者电机控制器，只要试验前后某些性能参数不变，并能通过安全性试验，就可判断出驱动电机系统能否正常工作。因此为简化试验，降低试验时间和试验成本，可以只进行相应的性能测量和安全性试验。

表 11-20　环境适应性试验后部分检查项目代号

检查项目		要求	代号[①]
目测	外观质量	外观无变形等现象	A.1
	外观油漆镀层	油漆无脱落和掉块等现象	A.2
	螺栓等机械连接件	无松动现象	A.3
	电路板、密封件质量	无发脆等失效现象	A.4
	轴承系统	轴承表面良好； 油脂无发黑现象； 非接触密封件无擦痕的现象	A.5
	定子线圈	无损坏的现象	A.6
	转子	无损坏的现象	A.7
	水、尘的检查	无水、尘进入部件内部	A.8
	其他部件的质量	无损伤现象	A.9
绝缘电阻和耐压检测	绝缘电阻测量	各部位的绝缘电阻试验前绝缘电阻值大于80%	B.1
	耐压试验	给各部位施加80%试验前耐压试验电压值，无击穿和闪络现象	B.2
台架试验		用电机控制器给驱动电机供电，能达到转矩-转速的外包络线特性	C.1
		给电机控制器通电，电机控制器能正常起动	C.2

① 其中的代号是为了简化表 11-21 中"试验判据"的描述而设置的，对应的是表中的要求。

表 11-21 给出了环境适应性验证试验的试验项目、试验方法、试验基本参数及试验判据。其中代号含义见表 11-20。

表 11-21　环境适应性验证试验的试验项目、试验方法、试验基本参数及试验判据

序号	试验项目	试验方法	试验基本参数	试验判据(代号)
1	低温贮存	GB/T 2423.1—2008	温度：−40℃ 持续时间：24h 试验负载：不带电	A.4, B.1,B.2
2	低温运行	GB/T 2423.1—2008	温度：最低贮存温度 时间：24h 试验负载：不带电	A.4, B.1,B.2 C.2
3	高温贮存	GB/T 2423.2—2008	温度：最低贮存温度 时间：48h 试验负载：不带电	A.4, B.1,B.2
4	温度梯度	GB/T 28046.4—2011	5.2.2(GB/T 28046.2—2011)	A.4,B.1,B.2
5	规定变化率的温度循环	GB/T 28046.4—2011	5.3.1.2(GB/T 28046.4—2011)	A.4,B.1,B.2
6	规定转换时间的温度循环	GB/T 28046.4—2011	5.3.2.2(GB/T 28046.4—2011)	A.4,B.1,B.2
7	湿热循环试验	GB/T 2423.4—2008	上限温度：−55℃； 循环周期：6	A.4,B.1,B.2
8	温度/湿度组合循环试验	GB/T 2423.34—2012	上限温度：−55℃； 循环周期：10	A.4,B.1,B.2

序号	试验项目	试验方法	试验基本参数	试验判据(代号)
9	稳态湿热	GB/T 2423.3—2016	持续时间：21 天	A.4,B.1,B.2
10	流体混合气体湿热试验	GB/T 2423.54—2005	持续时间：21 天	A.4,B.1,B.2
11	水飞溅试验	GB/T 28046.4—2011	5.4.2.1(GB/T 28046.4—2011)	A.8
12	浸没试验	GB/T 28046.4—2011	5.3.3.1(GB/T 28046.4—2011)	A.8
13	防尘、防水试验	GB/T 4942—2021[1] GB/T 4208—2017[2]	IP67	A.8
14	盐雾试验	GB/T 2423.18—2021	256h	A.2,B.1,B.2
15	工业溶剂试验	QC/T 413—2002	3.14(QC/T 413—2002)	A.2,B.1,B.2
16	表面防护试验	QC/T 625—2013[3]	QC/T 625—2013	A.2
17	机械振动试验	GB/T 28046.3—2011	4.1(GB/T 28046.3—2011)(根据安装位置选择试验类别)	A(A.1~A.9) B.1,B.2 C.1,C.2
18	机械冲击试验	GB/T 28046.3—2011	4.2(GB/T 28046.3—2011)(根据安装位置选择试验类别)	A(A.1~A.9) B.1,B.2 C.1,C.2
19	自由跌落(部件)	GB/T 28046.3—2011	4.3(GB/T 28046.3—2011)	A.1 B.1,B.2
20	自由跌落(带包装箱)	GB/T 28046.3—2011	4.3(GB/T 28046.3—2011)	A.1 B.1,B.2
21	外表强度/划痕和耐磨性能	根据协议确定	根据协议确定	A.2
22	砂石轰击试验	根据协议确定	根据协议确定	A.2

三、可靠性和耐久性试验

可靠性是指驱动电机系统故障发生的频次，而耐久性代表的是驱动电机系统的寿命。

可靠性、耐久性试验是驱动电机系统研制和生产过程中改进设计、评价和考核其各项质量性能是否达到预期水平的手段，是驱动电机系统研制和生产中的重要试验项目，也是可靠性工作的重要组成部分。

按惯用分类法，可以将可靠性试验分为环境试验、可靠性增长试验、可靠性增长摸底试验、筛选试验、可靠性测定(摸底)试验、鉴定验收试验、寿命试验、现场统计试验、HALT(highly accelerated life test，高加速寿命试验)/HASS(highly accelerated stress screening，高加速应力筛选试验)等，如图11-8所示[4]。

从广义上讲，凡是为了了解、评价、分析和提高驱动电机系统可靠性水平而进行的试验，均可称为可靠性试验，包括本章第四节所介绍的试验项目。具体来说，可靠性、耐久性试验是指采取加大失效因子的方法来缩短试验时间，从而获得可靠性和寿命指标。

影响驱动电机系统可靠性的因素众多，包括驱动电机系统本身的设计、气候应力、机械应力、电气应力和化学应力等。每种应力对驱动电机、电机控制器整机以及它们内部的各个零部件的作用原理和失效机理均不尽相同，并且在实际应用中，驱动电机及电机控制器会受到多种应力的联合作用。

除了温度应力对电机绝缘系统的寿命预测模式比较准确外，单一应力对其他零部件，包括驱动电机、电机控制器的寿命预测尚无准确模型。因此设计一种单应力因子对驱动电机系统进行可靠性、耐久性试验非常困难，更谈不上设计一种考虑各种应力联合作用的试验方法。

尽管如此，仍然可以按照图 11-8 的分类法，采用理论和试验相结合的模式，从材料、部件到系统，探索最小单元单个应力到多个应力的可靠性和耐久性等基础数据，得到基于增加应力以缩短试验时间的加速模型，为可靠性和耐久性试验奠定基础。

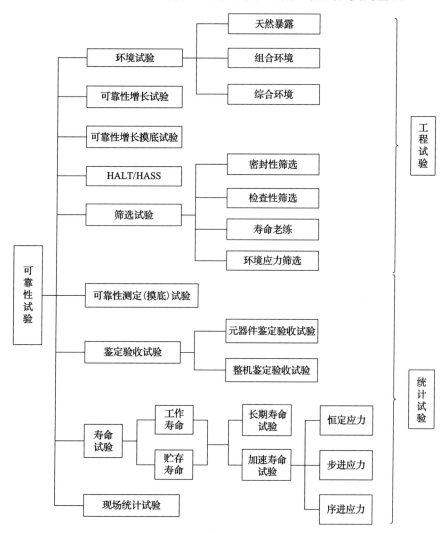

图 11-8　可靠性试验方法分类

四、安全性试验

安全性是车载设备所必需的。在 GB/T 18488—2015 中，与驱动电机系统的安全性相关的试验项目有：①绝缘电阻的测量(含驱动电机和电机控制器)；②工频耐压试验(含驱动电机和电机控制器)；③安全接地检查(含驱动电机和电机控制器)；④电机控制器的保护功能；⑤电机控制器支撑电容放电时间、接地电阻。

驱动电机系统必须按照《电动汽车安全要求》(GB 18384—2020)的相关安全要求的进行相应的试验。

另外《中小型旋转电机通用安全要求》(GB 14711—2013)是中小型电机安全性的强制性标准，同样适用于驱动电机。在驱动电机设计时，除了按照该标准选定合适的参数和标识外，还必须补充以下安全性试验项目：①标志试验；②撞击试验；③接线盒(如有)静压力试验；④接线盒(如有)端子强度试验；⑤吊运装置；⑥引线(软电缆)(如有)夹紧装置；⑦绝缘评定；⑧非金属材料老化试验；⑨耐热变形性试验；⑩燃烧试验；⑪耐漏电起痕性试验；⑫防锈。具体试验方法按 GB 14711—2013 执行。另外，目前电机控制器没有类同于 GB 14711—2013 的安全性标准，但除了按照 GB 18384—2020 进行安全方面的试验外，也可参考 GB 14711—2013，根据电机控制器的特点进行相关试验。

五、性能标定试验

性能标定试验通过软件调整和试验验证等手段，保证驱动电机系统满足相关标准规定的性能要求，保证驱动电机系统与整车应用的匹配性能最优。另外，可以通过标定，获得标准规定之外的驱动电机性能，根据这些性能，整车和用户可以最大限度地有效利用驱动电机性能[5]，即"设计决定上限，标定决定表现"。

标定是型式检验前的摸底和准备工作，主要目的是顺利通过型式检验。标定试验也可以说是型式检验的补充，通过标定试验，可以获取用于保护等方面的实际性能参数和输出能力。因此，标定试验只需在新型驱动电机系统上进行。

标定包含两方面的内容，一是型式检验前控制参数的调整，二是标准规定之外额外性能的测取。

1) 型式检验前控制参数的调整

型式检验之前，通过获取驱动电机参数、准确的旋变位置角度、软件参数的调整等工作，来保证驱动电机系统满足标准、协议规定的输出转矩控制精度、效率分布等要求。永磁同步驱动系统主要标定内容包括：①驱动电机初始零位角度的测取；②磁链参数；③最优电流角；④不同电压、不同转速点、不同转矩所需要的 I_d 和 I_q 值；⑤满足整车振动噪声的转矩控制的 PID 参数的标定。

当然，随着驱动电机所提供的用于控制的参数的准确性的提升，上述工作量会大幅度降低。

2) 额外性能的测取

通过标定，还可以通过试验获得驱动电机系统超出标准和协议规定之外的其他能力：①永磁同步驱动电机在堵转时不同转矩的持续时间；②驱动电机系统在某一转速下不同输出转矩(功率)的持续时间；③不同直流母线下的最大输出能力(转矩、电流与转速之间的关系)。

根据这些"试验"获得的参数，一方面，驱动电机系统可以设定最优的保护参数；另一方面，整车和用户可以最大限度地有效利用驱动电机系统的性能。

参 考 文 献

[1] 中华人民共和国国家质量监督检验检疫总局, 中国国家标准化管理委员会. 旋转电机整体结构的防护等级(IP 代码)分级: GB/T 4942—2021[S]. 北京: 中国标准出版社, 2021.

[2] 中华人民共和国国家质量监督检验检疫总局, 中国国家标准化管理委员会. 外壳防护等级(IP 代码): GB/T 4208—2017[S]. 北京: 中国标准出版社, 2017.

[3] 中华人民共和国工业和信息化部. 汽车用涂镀层和化学处理层: QC/T 625—2013[S]. 北京: 中国计划出版社, 2013.

[4] 潘勇, 黄进永, 胡宁. 可靠性概论[M]. 北京: 电子工业出版社, 2015.

[5] 谭明作. 某 A00 纯电动汽车驱动电机的匹配及其标定[J]. 装备制造技术, 2018, (12): 137-140.

第十二章

安装、调试和维护

驱动电机系统的可靠性主要由设计与制造所决定，但正确地运输、贮存、安装调试和维护也是保证其可靠运行的重要环节。本章将介绍驱动电机和电机控制器的安装、调试、运输、贮存和维护。

需说明的是，驱动电机和电机控制器供应商在交付相关产品时，会同时提供产品的使用说明书、维护和保养手册、电路原理手册等使用维护说明文件，并最终形成整车的使用维护说明书。在使用维护说明书中会对相关产品的运输、贮存、安装、调试和维护做出明确详细的规定。使用维护说明书是用户在"安装、调试、运输、贮存和维护"具体操作时的指南和规范。

驱动电机和电机控制器的技术型式各异，因此本章以采用分立式结构的商用车驱动电机系统为例，介绍适合大部分驱动电机和电机控制器的"共性技术"，这些"共性技术"也可作为供应商编制具体产品，包括其他类型电动汽车驱动电机、电机控制器以及第二章所阐述的各类集成式驱动电机系统的使用维护说明书的参考。

无论驱动电机和电机控制器采用何种技术型式，在运输、贮存、安装、调试和维护时，必须注意以下事项：

(1) 必须熟读供应商所提供的产品使用维护说明书，并严格按照使用维护说明书所提出的规范和要求操作，尤其是有关安全注意事项要求。任何不按规定的操作都有可能造成人员伤亡或者相关设备的损坏。

(2) 进行操作的人员必须具有相关资质，并进行了相关培训。

(3) 驱动电机和电机控制器必须在规定的使用条件下运行、运输和贮存。

(4) 在切断电机控制器的电源后，一般应等待 10min（以电机控制器使用维护说明书为准）才能进行保养等操作。

(5) 所有安装固定的螺栓必须按照使用维护说明书规定的拧紧扭矩紧固。

第一节 安 装

安装是指将驱动电机、电机控制器安装到整车上，并连接相关线束。具体工作包括机械安装、高压线束的连接、低压线束的连接、接地线的连接以及冷却水管（对于水冷驱动电机系统）的连接等。

一、安装前的准备工作

在安装驱动电机和电机控制器之前，应至少进行如下准备工作。

(1)仔细学习产品使用维护说明书，熟悉和了解它们的基本原理和功能、各部分之间的机械关联关系、电气关联关系和冷却关联关系图、各部分的安装尺寸和安装空间要求、操作方法和程序等。图 12-1 为某一驱动电机系统的关联关系图。

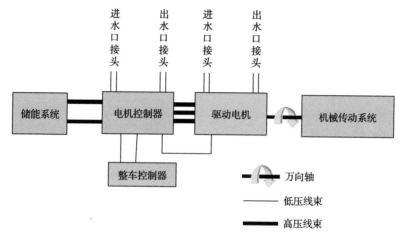

图 12-1 驱动电机系统关联关系图(示意)

(2)开箱后，检查确认驱动电机和电机控制器的型号规格、铭牌数据及随机附件是否准确、完整。

(3)检查驱动电机和电机控制器各部件的外观等，确保各部件没有损伤、锈蚀和受潮等，能够进行正常的安装。

(4)取下驱动电机或电机控制器接线盒、电气插座和轴端等位置的运输专用护套或堵头，清除电机和变速箱等轴端和安装面的防锈油。

(5)打开驱动电机和电机控制器的电源和动力连接器防护盖或接线盒盖，取下各接线座上的端子固定螺栓以及所有需要接线束的电缆接头压紧螺帽，确保驱动电机、电机控制器达到可以安装的状态。

(6)根据使用维护说明书及安装需要，选用合适的吊装和托举工装设备。

二、接地线连接

在驱动电机和电机控制器上均有接地柱，并配有接地螺栓，在接地柱旁边有接地标识。图 12-2 为某驱动电机的接地柱及接地标志。

拧下驱动电机或电机控制器的接地螺栓后，将接地线端子用接地螺栓固定并拧紧。待驱动电机安装到位后，将接地线的另一端与车架上的接地柱连接。连接前应清除接地柱上的绝缘涂层，清洁所有接头，以确保接地的导电路径可靠。

图 12-2 驱动电机接地柱及接地标志

三、驱动电机的安装

1. 安装空间的确定

尽管在设计阶段驱动电机在整车上的布置已完全确定，但仍建议在首次装车前根据整车实际空间布置情况确认电机的装配次序和安装位置，如安装操作空间、安装支架的刚度、维护空间以及电缆线和低压线、冷却水管走线是否合适。

2. 操作

安装包括驱动电机本体安装到车架上和与机械传动部分的连接两项工作。当驱动电机带分立式减速箱时，在驱动电机安装到车架前，一般先将减速箱安装到驱动电机上，二者成为一整体后再安装在车架上。

1) 驱动电机与减速箱的连接

驱动电机与减速箱之间一般通过花键和止口连接，即在驱动电机传动端端盖上通过止口和定位销进行驱动电机安装接口的定位，驱动电机转轴与减速箱传动轴通过花键连接进行动力传输。

在安装前，建议在驱动电机与减速箱的花键上涂油脂以增加花键的使用寿命[1]，在端盖止口面涂密封胶，在连接螺栓上涂螺纹紧固胶。

安装时，减速箱的花键先套入驱动电机传动端花键中，将驱动电机传动端安装止口和定位销钉与减速箱接口对准，将两者的安装面完全贴合即装配到位，再按照使用维护说明书的规定用螺栓紧固。

安装完成后，拨动减速箱输出法兰，检查电机与减速箱总成的转动情况。图 12-3 为某驱动电机与减速箱安装后的状态。

2) 安装驱动电机法兰

当驱动电机不带减速箱，即采用直驱传动方式时，驱动电机必须安装法兰。一般情况下驱动电机自带法兰。当驱动电机不带法兰时，在驱动电机安装到车架前，首先应安装连接法兰。图 12-4 为某驱动电机与法兰装配后的状态。

图 12-3　驱动电机与减速箱安装

图 12-4　带法兰的驱动电机

法兰与驱动电机之间一般采用花键连接、平键带锥度连接以及锥度面过盈连接等型式。可根据使用维护说明书将法兰安装到驱动电机轴伸上。当采用花键连接时，同样建议在驱动电机与法兰的花键上涂油脂以增加花键的使用寿命。

3）驱动电机与车架安装

根据不同的安装方式，通过吊装或者托举的方式将驱动电机安装到车架上的托架接口上，然后将固定螺栓用规定的紧固力矩拧紧。由于传动轴有一定的自适应量，一般不需要对驱动电机安装后的位置进行检测和调试。为了减少运行的震动，一般在驱动电机与车架之间安装绝缘减震垫（图 12-5）。在安装时，采用工装将驱动电机安装到车架上（图 12-6），并用螺栓按规定的力矩紧固，以保证与车架可靠固定。

4）驱动电机法兰与万向轴连接

驱动电机（或带减速箱）的法兰与万向轴的万向节通过止口定位，法兰上的自带螺栓与万向节的螺栓孔对准装配到位后用螺栓进行紧固固定（图 12-7）。

减震垫

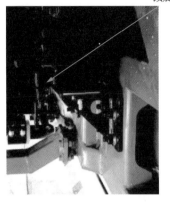

图 12-5　驱动电机与车架的安装

图 12-6　驱动电机安装

图 12-7　驱动电机法兰与万向轴安装

3. 要点

在安装驱动电机以及安装后的检查过程中，要注意以下几个要点。

(1)驱动电机与减速箱(如有)、车架的固定以及与万向轴连接的所有紧固件的类型、强度等级和表面处理等需符合使用维护说明书。

(2)驱动电机本体的固定、传动部分连接所有紧固件的拧紧扭矩需符合使用维护说明书，需要采用机械防松(如止动垫片)或者永久防松(如厌氧胶)等措施，做好紧固标记，作为日后保养检查之用。

(3)为保证接插件、电缆线、线束和水管等的工作可靠性和防护性能，一般都有安装距离和弯曲半径的要求，因此驱动电机各插座接口、接线座和水管接头处都需要预留足够的安装维护空间。

(4)考虑到在整车上的调试和维护需要，驱动电机接线盒盖板和接插件上方需要预留安装维护空间。

(5)确认驱动电机安装维护接口与整车维护保养接口的位置和距离是否合适，应当保证能够通过整车维护保养接口对电机接线盒盖板和低压接插件进行拆卸和安装。如果两者相对位置不合理，将为后续调试和维护保养工作带来困难。

（6）反复的车轮溅水冲刷容易引起电机防护失效，因此需保证电机转轴和插座接口位置避开车辆在运行过程的雨水或地面溅水散落区域。

（7）驱动电机安装、更换或者落车维护时，可能需要将传动轴从内花键孔中插入或退出，驱动电机非传动端需要预留一个大于轴伸长度的空间，才能保证当电机或者减速箱安装和更换等操作时不需要将驱动系统和传动系统整体进行装配和拆卸。

（8）安装时应小心轻放，避免损坏部件和划伤油漆，避免挤压电缆、连接器等部件。

（9）驱动电机应在专用垫块上用吊具和工装进行翻转和放置。倒置、侧翻和放到坚硬的地面上都会造成电机壳体变形和破裂等。

四、电机控制器的安装

1. 安装空间的确定

同样，尽管在设计阶段电机控制器在整车上的布置已完全确定，但仍建议在首次装车前根据整车实际空间布置情况确认电机控制器的装配次序和安装位置，如安装操作空间、安装支架的刚度、维护空间以及电缆线和低压线的走线是否合适。

2. 操作

电机控制器的安装相对简单，一般用吊装的方式，将电机控制器安放到车架上的安装平台上（图 12-8）。在电机控制器与车架的安装接合面上一般放置减震垫，再将电机控制器对准安装接口放置上去，装上螺栓并逐一紧固即完成安装。

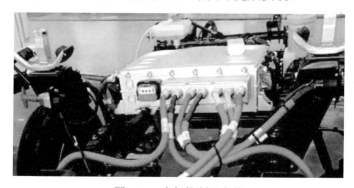

图 12-8　电机控制器安装

3. 要点

在安装电机控制器以及安装后的检查过程中，要注意以下几个要点。

（1）电机控制器的接线端子等位置依靠自然散热，因此安装空间应考虑空气散热通道的畅通。

（2）为保证接插件、电缆线、线束和水管等的工作可靠性和防护性能，一般都有安装距离和弯曲半径的要求，因此各插座接口、接线端子和水管接头处都需要预留足够的安装维护空间。

(3)考虑到在整车上调试和维护的需要,电机控制器上方即接线盒盖板上方都需要预留安装维护空间,通常不小于100mm。

(4)反复的车轮溅水冲刷容易引起电机控制器防护失效,因此需要保证电机控制器整体位置应避开车辆在运行过程的雨水或地面溅水散落区域。

(5)确认电机控制器安装维护接口与整车维护保养接口的位置和距离是否合适,应当能够保证通过整车维护保养接口对电机控制器接线盒盖板和低压接插件进行拆卸和安装。

五、高压线束的连接

高压线束包括电机控制器与储能系统之间的直流侧的连接线束、电机控制器与驱动电机之间的交流侧的线束。

高压线束一般采用屏蔽电缆线,以传统的接线座和连接器两种连接较为常见。

(1)接线座连接:安装前需要卸下电机接线盒盖板的螺栓和密封垫(如有),打开接线盒盖,拆下接线端子连接螺栓。根据相序标识依次拆下金属电缆防水接头的螺纹卡扣和密封圈,穿至对应的电缆线束上,将电缆线束穿过接线盒上的金属电缆防水接头后,压装到接线座上对应的安装位置,并装上连接螺栓。将金属电缆防水接头的螺纹卡扣和密封圈装回接线盒。接着将接线盒盖和密封垫(如有)安装到接线盒上,按规定的拧紧力矩紧固螺栓。

图12-9为高压电缆与接线盒和电缆接头连接状态的示意图。

图12-9　高压电缆与接线座连接

(2)连接器连接:当采用连接器连接时,驱动电机、电机控制器以及储能系统均自带了连接器的高压线束,图12-10为高压线束和带连接器的驱动电机。驱动电机与电机控制器的交流连接器、电机控制器与储能系统的直流连接器为配套安装。

由于连接器都有防呆防错设计,连接简单便捷。安装时将电缆线拉拽至插座处,对准插座插入,插入到位后会有"咔"的声音。然后将锁扣锁紧或者将连接防松螺钉拧紧。

在连接准备和安装过程中,应注意以下几点:

(1)在连接线路时,一定要先确认没有通电,车辆上所有电源开关处于断开状态。

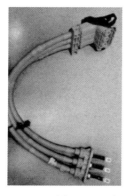

图 12-10　高压线束和带连接器的驱动电机

(2)在连线时根据车辆实际布置情况确定好导线长度,导线布置尽可能做到既美观又相互之间没有干扰,最好提前定制成专用线束,线束的端部有每根导线和各个接头的定义标识,方便安装和调试。

(3)接地螺栓与接地端子规格需匹配,拧紧力矩符合使用维护说明书的具体规定。

(4)保存好接线盒上拆下的螺钉、垫圈、盖板和密封垫,装好电缆后这些零件还需要装回去。

(5)确认金属电缆接头与电缆线屏蔽层接触良好且与电缆导体没有接触,否则会引起接地短路和屏蔽失效等问题。

(6)确认接线端子或者螺栓规格一致,按使用维护说明书规定的力矩将连接螺栓拧紧,此时电缆线接线端子与接线板导体应平行且完全接触。接线端子不平或者没有压紧将影响驱动电机系统的正常运行。

(7)由于电机和电机控制器接线盒空间有限,一般需要专用工具来拧紧螺纹卡扣。需要注意的是此处的拧紧力矩并没有合适的工具进行控制,拧紧程度需人工把控,一般是将密封圈接触到电缆线一段距离即可,过紧会损坏密封圈和电缆,引起金属电缆接头防护失效。

(8)接线盒盖在装配前应清洁其接触面,接线盒盖紧固螺钉需重新涂密封胶;选用合适的力矩扳手,避免螺纹受损。

(9)电缆弯曲半径需符合使用维护说明书的要求,电缆靠近接头处需固定,防止出现松动脱落等情况。

(10)连接器连接前的自带密封件应完好,否则影响后续使用。

(11)连接器及其锁紧卡扣插入时要注意方向和角度,注意安装到位时一般有"咔"的声音或者标识指示安装到位。

六、低压线束的连接

低压线束主要包括驱动电机与电机控制器、电机控制器与整车控制器之间的线束。

低压输入输出信号线束均自带连接器,因此连接简单方便。只需按照使用维护说书的规定,安装时将电缆线拉拽至插座处,对准插座插入到位,然后将锁扣锁紧或者将连接防松螺钉拧紧(图 12-11)。

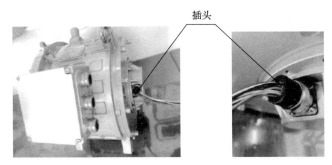

插头

图 12-11　带低压线束和插头的驱动电机

在连接过程中，应注意以下几点：

(1)不能触碰插头的导体部分。

(2)对空置的引脚需专用堵头进行封堵。

(3)测试和调试拆下的引脚，相关工作完成后必须更换，以免松动引起行车故障。

(4)电气接头附近需设置固定点对线束进行固定。

(5)线束和线束接头需避开雨水或地面溅水散落区域。如果无法避免，则保证线束接头处于线束的相对高点，且接口方向向下，让水沿线束远离接头。

七、导线的固定

在确定全部导线连接正确后，将导线固定。固定导线是为了防止在车辆行走时，车辆的振动引起导线的振动使导线与车体之间或导线与导线之间相互摩擦，长时间的摩擦会使导线的绝缘层磨损；长时间的导线振动导致接头引脚松动和防护失效，引起信号故障。

固定导线一定要牢固可靠，不得有松动，而且要注意整体的美观。图 12-12 为线束在车辆上的布置情况。

图 12-12　线束在车辆上的布局

对于导线与尖锐的金属边缘相接触的地方，在金属上要包上一层绝缘橡胶材料，以免金属将导线的绝缘层直接割坏。当然最好避开这种接触。

控制回路线束和高压回路线要分开布置，在需要交叉的地方，尽量垂直布线，避免平行走线，以免高压回路对控制回路产生干扰。

当两者不可避免地要并排布置时，高压回路导线和控制回路线束一定要间隔一定距离（通常不小于300mm），严禁把控制回路线和高压回路线捆绑在一起。

八、冷却水管的连接

冷却系统由水泵、散热器和膨胀水箱等部件组成，图12-13为常用的水冷系统的构成图。冷却水管的连接包括水泵到电机控制器、电机控制器到驱动电机以及驱动电机到散热器之间的连接。

冷却水管一般采用耐压橡胶软管。安装时按照使用维护说书规定的连接顺序依次进行连接，接头处用密封胶带密封，并用喉箍或锁扣等锁紧（图12-14）。

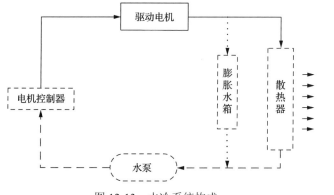

图12-13　水冷系统构成

图12-14　安装后的冷却水管

在连接过程中，注意事项如下：

（1）驱动电机和电机控制器对进水口和出水口都有明确标注，不能装反，否则影响工作的温度反馈和整车性能。

（2）水管和接头的接触长度需不低于使用维护说明书要求。

（3）水管接头处以及每隔一段距离设置固定点。

（4）冷却液需符合使用维护说明书对流动性、导热性、凝固点、沸点、防腐蚀、防锈、阻垢和流动性等方面的要求。

（5）冷却水管的规格和弯曲半径需满足使用维护说明书要求，冷却水管应尽可能短，避免折弯、直角和锐角转弯等，以免导致流阻增大。

第二节　调　试

当驱动电机系统安装工作结束以后，对驱动电机系统进行调试，以检查驱动电机和电机控制器的安装质量、接线的正确性和基本功能是否正常。

调试一般是在整个车辆所有设备安装到位后,按整车调试大纲进行。调试工作主要包括:一般检查、绝缘检查、试运行、道路运行测试和收尾。

一、调试前的准备工作和注意事项

调试人员应充分了解相关调试大纲内容并进行了相关培训,只有具备相关资质的人员才能上岗。

调试前,应先了解驱动电机系统的工作原理和要求达到的各项指标,熟悉系统中各个部件的性能参数和调试所需仪器设备的使用方法。在此基础上按调试大纲要求进行调试。

试运行之前,应确保整车制动系统、紧急停车和断电等系统能正常工作。运行过程中如果发现驱动电机有异响和振动、驱动电机和控制器温度异常升高等现象,应立即停止运行,切断电源,对驱动电机及传动机构进行检查,排除故障后方可再次试运行。

二、一般检查

一般检查主要包括以下工作:

(1)检查驱动电机和电机控制器外观是否完好。

(2)核对驱动电机和电机控制器的型号规格是否正确。

(3)检查驱动电机和电机控制器的接地线、整车的接地系统及屏蔽系统是否符合设计要求;根据接线图检查各部件及外部连接是否正确。

(4)检查各连接插头是否有松动、短路和接触不良等情况或者隐患。

(5)检查冷却系统是否加注了冷却液以及是否有渗漏现象。

三、绝缘检查

用绝缘检测仪检测整车高压电路对车体的绝缘电阻。如果驱动电机系统自带绝缘检测功能,车辆启动时仪表上没有出现绝缘检测故障的系统代码即认为绝缘正常。

四、试运行

试运行一般按以下几个步骤进行。

1)接通控制电源

接通控制电源,正常情况下驾驶室仪表上会显示控制总成的相关信息(包括电机控制器的生命信号、电机控制器温度、驱动电机温度、驱动电机的电压、驱动电机的电流、驱动电机的转矩、驱动电机的转速及工作模式等),电机控制器温度和驱动电机温度值与环境温度接近。此时没有高压,仪表上会显示控制总成欠压故障,如图 12-15 所示。

自动进入诊断模式,检查冷却系统水泵和风扇是否能正常工作,检查挡位信号和踏板信号是否正常。

2)接通高压电源

在接通高压电源之前,需要保证方向信号处于空挡位置,车辆处于手刹抱紧状态。

接通高压电源之后，正常情况下仪表显示的电压值等于实际电压，控制总成没有报任何故障信号。

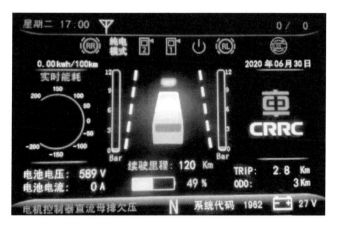

图 12-15 接通控制电源后仪表显示

原地打方向盘，测试转向助力系统是否正常工作；检查空压机是否工作，检查制动排气是否正常（对采用气压制动的车辆）。

3）试车

踩下制动踏板，把换挡开关置于向前挡，松开手刹，踩油门踏板，正常情况下车辆就会向前行进；踩下制动踏板，把换挡开关置于倒挡，踩油门踏板，正常情况下车辆会向后行进。

五、道路运行测试

整车下线后一般需要完成一定里程的道路运行测试，目的是检查车辆整体状况及各零部件运行状况是否正常。在道路运行测试过程中，需要测试驱动电机系统起步加速、高速持续运行、回馈制动等功能是否正常，需要测试驱动电机系统噪声、振动参数是否正常。

运行过程中，当驱动电机或电机控制器温度达到设定值后，冷却系统的水泵和风机会正常开启并且温度不再持续上升。

六、收尾

在道路运行测试结束后，对道路运行测试过程中的问题进行闭环处理，做好售后服务人员的培训及相关资料的整理和移交。

第三节　维　护

尽管从设计理念上讲，驱动电机系统与车辆等寿命，即在整个生命周期内不需要维护。但驱动电机系统在运行中，机械部件可能出现磨损、间隙增大和润滑不良等现象，电气部件出现老化、积灰、导体表面氧化和松动等现象。这些情况的出现均会影响驱动电机系统的稳定性和可靠性,甚至导致其无法正常运行。为保证驱动电机系统始终处于良好的技术状态,减少故障停机和维修成本、达到规定的使用寿命、确保车辆安全,在电动汽车全生命周期内有必要对驱动电机系统进行维护。

维护一般分为日常维护和定期维护。日常维护一般随整车日常点检和巡检进行,理论上每换一班都要进行一次。定期维护是在以预防为主的思想指导下,根据整车的维护周期(运行时间或者行驶里程),对驱动电机系统进行保养。

一、维护前的准备工作和注意事项

在维护前,应仔细阅读驱动电机、电机控制器或者驱动电机系统的使用维护说明书。所有维护人员必须具备相关资质并接受了相关培训。

在维护过程中要注意人身安全,维护之前必须先把整车的高压电源开关断开,等待一定时间(建议 10min)再进行操作,不得在没有看护人的情况下独自一人操作。

二、日常维护

日常维护即为日常保养,是指对驱动电机系统的运行情况进行检测和记录,并上报其运行中的不正常现象,供今后维护和检修时参考。日常维护主要的工作内容包括:

(1)司乘人员检查驱动电机系统是否有故障代码提示(指不影响运行的故障代码提示)。如有故障代码提示,按维护和保养手册排除故障,无法排除则进行记录并反馈给相关部门。

(2)将电动汽车运行情况、运行时长、环境温度以及电机控制器和驱动电机的工作温度和绝缘电阻等进行检测和记录,并上传相关部门。

三、定期维护

定期维护是指一定时间内对驱动电机系统进行较为全面的检查和维护。对于电动客车,定期维修包括一级维护和二级维护。其中:

(1)营运车辆:一级维护的时间为运行 5000~10000km 或者 1 个月;二级维护的时间为运行 20000~30000km 或者 6 个月。

(2)非营运车辆:一级维护的时间为运行 5000~10000km 或者 6 个月;二级维护的时间为运行 20000~30000km 或者 12 个月。

1)一级维护

表 12-1 为一级维护的项目及要求。

表 12-1 一级维护项目及要求

序号	作业项目	作业内容	要求
1	冷却液的液位和浓度检查	检查冷却液的液位和浓度,必要时添加冷却液和校准冷却液冰点	液位在指示刻度范围内,冰点根据使用维护说明书的要求操作校准
2	驱动电机安装情况	目视检查驱动电机外观与安装支架	驱动电机外观无裂纹、无破损,安装支架无歪斜开裂等故障现象
3	电机控制器安装情况	目视检查电机控制器外观与安装支架	电机控制器外观无裂纹、无破损,安装支架无歪斜开裂等故障现象

2）二级维护

表 12-2 为二级维护基本作业项目及要求。

表 12-2 二级维护基本作业项目及要求

项目	作业内容	要求
驱动电机	三相接线端子	无电击、烧蚀现象
	三相接线端子螺栓	无松动
	三相屏蔽线	无短路，绝缘电阻满足使用维护说明书要求
	接插件	紧固，防水有效
	三相电缆防护	波纹管无破损或老化
	电机信号线插件	紧固，防水有效
电机控制器	输入、输出端接线端子	无电击、烧蚀
	输出端三相电缆线螺栓	无松动
	输出端三相屏蔽线	无短路，绝缘电阻满足使用维护说明书要求
	接插件	紧固，防水有效
	输入端电缆线防护	波纹管无老化，破损
	输入端电缆线螺栓	无松动
绝缘检查	驱动电机三相对车体绝缘电阻	满足使用维护说明书要求
	电机控制器正极对车体绝缘电阻	满足使用维护说明书要求
	电机控制器负极对车体绝缘电阻	满足使用维护说明书要求
冷却检查	电机通风（如有）	正常
	电机冷却风扇（如有）	工作正常
	冷却水泵（如有）	工作正常，冷却液液位在规定范围内
	冷却管路（如有）	接头无渗漏，管路无破损

第四节 包装、运输与贮存

一、吊运或者搬运

当驱动电机及电机控制器必须吊运时，只能利用其上方的吊孔水平地缓慢吊起，水平移动。当将驱动电机及电机控制器放到平台或者地面时，也必须缓慢放下。当电机控制器较轻时，可以徒手搬运。此时应抓牢电机控制器壳体，避免其掉落，并轻拿轻放。

二、包装

只有经过检验合格的驱动电机和电机控制器方可进行包装。

驱动电机在包装装箱前，必须对电缆接头、电气插座、水管接头、安装接口和轴承等部位采取必要的防护措施。

驱动电机和电机控制器必须可靠固定在包装箱内。

包装后的产品能用任何交通工具运输，当长途运输时，建议采用封闭的箱体。

包装箱应保证驱动电机或者电机控制器不因恶劣的路面情况而受到损伤。

三、运输

运输途中注意保护好包装箱，以免受潮和损坏，禁止在运输途中将驱动电机或者电机控制器倒置或倾倒。在运输过程中应避免出现碰撞、剧烈振动、雨雪淋袭、水浸等现象。

中途转运时不得存放在露天仓库中，运输后产品不能有任何损伤和性能下降。

驱动电机运输装车时，建议将转子轴与行进方向呈直角放置(图 12-16)。

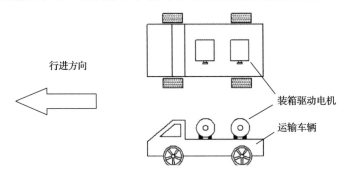

图 12-16　驱动电机转子轴与行进方向示意图

四、贮存

驱动电机和电机控制器贮存温度和相对湿度应满足使用维护说明书的规定。

原则上，驱动电机和电机控制器应存放在干燥、清洁、通风、无化学药品、无酸碱及腐蚀性气体的室内，并用防尘罩盖好。应避免放置在高温的场所。

驱动电机和电机控制器不能直接放在地上，而要放置在适当的平台上进行保管。

无论是驱动电机还是电机控制器，均不可堆叠存放，在其上面不可放置其他重物。

对于机壳液冷驱动电机或者液冷电机控制器，在贮存时，驱动电机和电机控制器内的冷却液必须清理干净，并用橡胶塞堵上冷却液进出口。

如果驱动电机需要长期贮存，要在配合面(转轴轴伸表面、安装面、法兰面等)涂防锈油，并在轴伸上套防护套，防止轴伸碰伤。最好使用防潮剂，避免电机受潮。

驱动电机贮存超过 6 个月时，需定期将电机转轴转动几转，转动前需确认驱动电机三相引出线未与外部电气设备相连、未搭接、与操作人员保持安全距离；启用时需特殊处理：用兆欧表检查定子绕组对机座的绝缘电阻。对实际冷态下绝缘电阻达不到要求的驱动电机按使用维护说明书进行整体去潮处理。

第五节　常见故障处理及维修

电动汽车运行过程中，驱动电机系统可能由于自身硬件损坏或外围条件不满足要求而出现故障，影响车辆正常运行。因此及时发现故障、确定故障原因并采取相应的处理措施，对提高车辆的可用性具有十分重要的意义。

一、故障现象及处理方法

在车辆实际运行中，故障现象有以下两种类型：①驾驶室仪表报警；②驱动电机(含机械传动系统)出现异常噪声和振动。

一般在驱动电机、电机控制器或者驱动电机系统的使用维护说明书中，对故障现象、原理及处理方式都会做出比较详细的规定。

故障处理方式一般根据严重程度采取提示、一般限功、严重限功、跛行和紧急停车等措施。一旦出现高于"提示"等级的故障报警，即表明驱动电机系统出现某种影响车辆的正常运行的故障，此时需要客户尝试按照使用维护说明书中提供的故障处理方法，解除故障或者初步定位故障原因，以便故障及时、快速得到解决。

下面介绍两种故障类型的故障现象和处理方式。

1) 驾驶室仪表报警

为了保护驱动电机系统，一般在驱动电机系统中设置了大量的保护功能，主要包括电机控制器过温、驱动电机过温、绝缘电阻低、接地、过流等。一旦出现故障，驾驶室的仪表盘会显示故障原因及处理方式。图 12-17 为某纯电动客车仪表盘的显示内容，包括相应的故障代码(1739)和采取的措施("限功")。

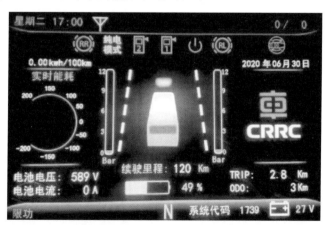

图 12-17　某纯电动客车驾驶室仪表

当出现这些故障时，如果不影响行车，可以继续行驶；如果出现动力性严重下降，则需跛行至服务站，联系售后工作人员进行处理；如果车辆出现报警灯亮、报警器鸣叫等情况，需立即停车检查，故障排除后方可继续行驶。

表 12-3 给出了驾驶室仪表报警的故障原因及处理方式。

表 12-3 驾驶室仪表报警的故障原因及处理方式

序号	故障现象	故障原因	处理方法
1	驱动电机或电机控制器过温	负载过大，电机或者 IGBT 温度达到停止运行温度阈值	降低车辆行驶速度或靠路边停车待警报解除
		冷却系统异常	排查冷却系统方面的问题，包括检查冷却液、水泵、风扇、管路等是否正常
		驱动电机与电机控制器之间的信号线束异常	检查接插件是否牢固，拔出接插件检查是否有退针现象；检查导线是否断裂或破损
		驱动电机或电机控制器自身损坏	更换驱动电机或电机控制器，详细记录故障现象，将换下来的故障品返回厂家进行修理
		温度传感器信号插头松动	检查接插件是否牢固，拔出接插件检查是否有退针现象并处理
		驱动电机或者传动部件机械故障，导致驱动电机载荷异常增大	更换故障驱动电机或传动部件
		控制板温度采样通道故障	出现温度检测短路或者开路，采样更换到备用通道
2	驱动电机系统过压	动力电池 SOC(荷电状态)不准	校正动力电池 SOC
		控制板电压采样通道故障	检查线束是否有松动、退针等现象
		电压传感器故障	更换电压传感器
		运行过程中主回路切断	检查主接触器，更换控制板
3	驱动电机系统过流	三相电流传感器损坏	更换电机控制器
		驱动板电路损坏	更换电机控制器
		控制板电流采样通道故障	检查线束是否有松动、退针等现象
		控制板电路损坏	更换电机控制器
4	电机控制器模块故障	逆变器模块短路	更换电机控制器
		驱动板通信故障	检查线束是否有松动、退针等现象
		IGBT 或驱动板损坏	更换电机控制器
5	主回路故障	接触器不能分断	测量高压维修开关处的电压，如果能测量到电压值，说明接触器损坏，更换接触器；如果测量不到电压说明接触器已断开，是误报
		充电电路故障	更换电机控制器
		IGBT 模块故障	更换电机控制器
		通信故障	线束问题，检查线束是否有松动、退针等现象
6	驱动电机接地	绝缘检测故障	检查线束绝缘电阻，低于使用维护说明书规定值则更换线束；绝缘检测器件损坏，更换绝缘检测器件
		绝缘故障	驱动电机防护失效或者绝缘失效，绝缘故障达到紧急停车等级；更换驱动电机

续表

序号	故障现象	故障原因	处理方法
7	电机控制器接地	绝缘检测故障	检查线束绝缘电阻，低于使用维护说明书规定值则更换线束； 绝缘检测器件损坏，更换绝缘检测器件
		绝缘故障	电机控制器防护失效或者绝缘失效，绝缘故障达到紧急停车等级，更换电机控制器

2) 驱动电机出现异常的噪声和振动

当车辆运行时，若在驱动电机附近产生异常的噪声并伴随振动，一般是出现了机械或者控制方面的异常。

表 12-4 给出了驱动电机出现异常的噪声和振动的原因及处理方式。

表 12-4 驱动电机出现异常的噪声和振动的原因及处理方式

序号	故障原因	处理方法
1	悬挂螺栓松动	紧固螺栓并进行防松处理
2	减震垫损坏	更换减震垫
3	驱动电机花键磨损	更换驱动电机
4	驱动电机轴端与传动轴连接器松动或者螺栓脱落	重新安装轴端连接器
5	驱动电机轴承损坏	更换驱动电机轴承
6	转子动平衡破坏	电机转子重新动平衡校正
7	减速箱(如有)轴承、齿轮故障	更换减速箱
8	传动轴损伤或变形	检测和更换传动轴

二、维修

当出现故障，不能采取上面提到的诸如拧紧插接头等临时措施来排除故障时，可能是驱动电机或者电机控制器内部部件出现了功能失效。

对于电机控制器，当维修空间足够时，可以更换某些部件，如控制板。而当不能通过更换部件来消除故障时，必须对电机控制器落车，更换备品，在地面对故障品进行维修。

一般情况下，一旦驱动电机出现内部部件功能失效，必须对其落车，更换备品，在地面对故障品进行维修。

驱动电机及电机控制器落车的顺序与装车的顺序相反，一般在其使用维护说明书中会做出规定。

参 考 文 献

[1] 孙玉亮, 孙健, 周志浩. 渐开线花键联接的脂润滑分析[J]. 金属加工(冷加工), 2008, (20): 12-16.